KB169789

대화 분석을 통한 **외국인의**
한국어 구어 사용 연구

이정희 외

도서
출판 眞雨

대화 분석을 통한 외국인의 한국어 구어 사용 연구

초판 발행   2013년 12월 30일 1쇄

지은이   이정희 외
펴낸이   박민우
기획팀   송인성, 김선명
편집팀   박우진, 박영숙, 김영주, 김정아, 최미라
관리팀   임선희, 정철호, 김성언, 라영일
펴낸곳   (주) 도서출판 하우

주소   서울시 중랑구 망우로68길 48
전화   (02)922-7090
팩스   (02)922-7092
홈페이지   http://www.hawoo.co.kr
e-mail   hawoo@hawoo.co.kr
등록번호   제 306-2004-22 호

값 22,000원
ISBN 978-89-7699-935-1   93710

이 책은 저작권법에 따라 보호받는 저작물이므로 무단전재와 무단복제를 금지하며,
이 책 내용의 전부 또는 일부를 이용하려면 반드시 저작권자와 도서출판 하우의 서면 동의를 받아야 합니다.

대화 분석을 통한 **외국인의**
한국어 구어 사용 연구

이정희 외

이 책은 한국학술진흥재단의 연구비 지원(과제 번호 : 20071126, 20081091)에 의한 결과물임.
(This work was supported by National Research Foundation of Korea(NRF) grant funded
by the Korean Government(20071126, 20081091).

서 문

이 책은 한국에 거주하고 있는 외국인의 한국어 구어 담화의 특징을 정리한 것이다. 구체적으로는 2007년과 2008년 한국학술진흥재단의 지원으로 이루어진 "여성 결혼이민자와 외국인 유학생의 한국어 사용 양상 비교 연구(과제번호: 20071176, 20081091)" 과제 수행의 결과물이다.

외국인의 구어 담화를 녹취하고 분석하면서 외국인의 담화에 나타나는 여러 가지 현상과 그 특징에 주목하게 되었다. 두 집단을 비교하고자 하였던 목적은 결혼이민자와 외국인 유학생의 언어 습득 과정이 다르다고 생각했기 때문이다. 자연적인 습득 과정을 겪은 결혼이민자와 공식 교육을 통해 한국어를 습득한 유학생의 언어 능력과 언어 수행 과정에는 어떤 차이가 있는지 살펴보고자 했다. 인터뷰에 정기적으로 참여할 수 있는 외국인을 모집하는 것부터 이 년이 넘는 긴 시간 끝도 없이 이어진 전사 과정에 이르기까지 정말 많은 어려움이 있었다. 그러나 그 과정에서 산출된 자료를 분석하여 제자들이 한 편씩 논문을 완성해 나갈 때마다 느끼는 기쁨은 크지 않을 수 없었다.

이 책에 실린 주제는 크게 두 부분으로 나눌 수 있는데 1부는 '외국인의 구어 담화 분석'에 대한 것이다. 여기에는 의사소통의 실패, 대화 수정, 대화의 적절성, 끼어들기 등에 관한 논문 7편을 수록하였고, 2부는 '외국인의 구어 오류'에 대한 것으로 연결어미, 종결어미, 관형사형 어미에서 나타나는 오류를 고찰한 논문 5편을 수록하였다. 그리고 '부록'을 두어 연구 과정에서 핵심적인 개념으로 살펴본 용어를 골라 그 개념과 예시를 정리하였다. 이를 통해 구어 사용 연구에 관심을 가지고 있는 한국어 교사와 전공자, 그리고 독자의 이해를 돕고자 했다.

이 프로젝트를 수행하면서 정말 많은 분들의 도움을 받았다. 먼저 힘든 내색 한 번 없이 연구보조원으로 처음부터 끝까지 함께 일해 준 유수정 선생에게 고마움을 전하고 싶다. 또한 인터뷰의 진행과 길고 힘들었던 전사 작업을 도와준 김선주, 유해헌, 천민지, 노혜남, 김세화 선생과 마무리 작업을 도와준 윤혜리 선생에게도 고마움을 전하고 싶다. 또한 프로젝트의 인터뷰 주제를 함께 고민해 주신 Hunter College, CUNY의 오중환 교수님과 항상 지원과 격려를 아끼지 않으시는 최상진 교수님, 김중섭 교수님, 김정숙 교수님, 조현용 교수님께도 고개 숙여 감사드린다. 사실 이렇게 연구물들을 한 권의 책으로 묶어 보아야겠다는 생각은 2012년 버지니아에서 시작되었다. 낯선 땅에서 연구년을 보내는 동안 항상 걱정해 주시고 도와주셨던 '열린문 한글학교' 박희진 선생님과 이희용 선생님께는 말로 표현할 수 없는 감사의 마음을 전하고 싶다. 그리고 항상 믿고 지원해 주는 가족들, 특히 공부하는 엄마를 탓하지 않고 늘 스스로를 챙기면서 씩씩하게 자라고 있는 우리 삼남매 지은, 재욱, 채은에게 너희는 변치 않는 엄마의 희망이고, 꿈이고 사랑이라고 다시 한 번 고백해 본다.

끝으로 이 책이 나오기까지 함께 고생한 공동 저자들과 세심하게 편집하고 출판하는 데 애써 주신 하우출판사 박영호, 박민우 사장님과 박우진 편집주간님 그리고 김영주 선생님께도 감사의 마음을 전하고 싶다.

2013년 12월 23일
저자 대표 이정희 씀.

차례

서문

PART 1.
외국인의 한국어 구어 담화 분석 연구

PART 2.
외국인의 한국어 구어 오류 연구

PART 1. 외국인의 한국어 구어 담화 분석 연구

외국인 유학생과 여성 결혼이민자의 언어 사용 양상 비교를 위한 기초 연구

이정희 _경희대학교

1. 연구의 필요성 및 목적

이 연구는 '여성 결혼이민자'와 '외국인 유학생'의 한국어 사용 양상의 차이를 살펴보기 위한 기초 연구로서, 연구의 필요성을 살펴보고 연구의 목적에 맞는 적절한 연구 방법을 수립하는 데 그 목적이 있다.

국내 한국어교육의 양적 확대에 큰 영향을 끼친 것은 두 가지로 압축될 수 있다. 첫째는 1993년 한중 수교 이후 급격히 늘고 있는 중국 유학생을 중심으로 한 "유학생"층이며 둘째는 국제결혼으로 인해 생기고 있는 "여성 결혼이민자"층이라고 할 수 있다. 2006년 하반기에 발표된 교육인적자원부의 국내 외국인 유학생 현황은 사상 최대치인 30,000명의 학생이 공부하고 있는 것으로 나타나고 있으며, 2006년 한 해 동안만 해도 32,557명의 여성 결혼이민자가 발생해 이 두 집단의 숫자가 무려 60,000명을 넘어 서고 있는 것으로 나타나고 있다.

이러한 두 집단의 양적인 증가에 따라 이들을 위한 효과적이고 효율적인 한국어교육을 위한 다양한 연구들이 발표되고 있다. 그러나 연구의 내용들이 주로 이 두 학습자 집단의 현황 및 이들을 위한 바람직한 한국어교육을 위한 '방안'으로 집중되어 있으며 실제 이들의 언어 사용에 대한 관찰 연구나 실험 연구들은 거의 찾아보기 힘들다. 언어 교육의 내용 수립 이전에 진단적 성격으로서 혹은 요구 조사의 차원에서 언어 사용 양상을 살피는 것은 매우 중요한 작업이라고 할 수 있다. 이러한 내용에 기초하여 '무엇을', '어떻게' 가르칠 것인가에 대해 구체화해야 할 것이다.

이를 위해 본 연구에서는 연구 대상이 되는 유학생 및 여성 결혼이민자의 개념과 현황에 대해 살펴보고 이들과 관련한 각종 용어의 사용에 대해 정리해 본 후 연구 방법을 정립해 보고자 한다.

2. 연구 대상 및 선행연구 정리

이 연구에서 연구 대상으로 하는 집단은 외국인 유학생과 여성 결혼이민자이다. 이 두 집단은 Krashen(1981)이 구분한 '습득(비공식 교육, 자연 언어 습득)'과 '학습(공식 교육, 학습을 통한 언어 습득)'의 각기 다른 언어 습득 과정을 겪고 있는 집단으로 '외국어로서의 한국어교육'만이 아닌 '제2언어로서의 한국어교육' 연구를 시도해 보고자 하는 의도에서 선정하였다. Krashen(1981:99)은 성인 학습자들의 언어 발달을 두 가지 과정으로 구분하고 있는데, 전자는 아동의 모국어 습득의 양상과 비슷한 과정으로 볼 수 있는 무의식적 과정인 습득(acquisition)이고, 후자는 언어 형태와 문법적 구조 등에 대한 관심을 가지고 언어를 배우는 의식적 과정으로서의 학습(learning)이다.

이 연구에서 제2언어로서의 한국어(Korean as a Second Language)라고 함은 한국어를 목표어로 한 외국인 및 재외동포 학습자가 한국어 환경에서 살고 있는 경우를 말한다. 이에 비해 외국어로서의 한국어(Korean as a Foreign Language)는 한국어를 학습하고 나서 본국으로 돌아가는 일반적인 어학 유학 내지는 학위 과정 유학생을 대상으로 한 한국어 교육을 지칭할 수 있다. 지금까지는 대부분의 한국어 교육이 '외국어로서의 한국어 교육'에 초점을 두고 이루어져 왔으나 국제결혼을 통한 '여성 결혼이민자'를 대상으로 하는 한국어교육은 본격적인 '제2언어로서의 한국어(Korean as a Second Language)'라고 할 수 있다.

2.1. 연구 대상

1) 외국인 유학생의 개념 및 현황

'외국인 유학생'이란 현재 한국의 정식 교육기관[1]에서 공부하고 있는 외국의 국적을 가진 학생[2]이라고 정의할 수 있다. 이러한 외국인 유학생은 '학비 부담의 주체'와 '재적 신분'을 기준으로 아래와 같이 나눌 수 있다.

---

1) 여기서 말하는 한국의 정식 교육 기관이란 전문대학, 4년제 대학, 대학원, 원격대학, 각종 학교 및 정규 학위 과정과 대학 부설 한국어 연수기관을 말한다.
2) 순수 외국인과 외국 국적의 재외 동포까지 외국인 유학생의 개념에 포함한다.

<표 1> 외국인 유학생의 구분 기준

구분	명칭
학비 부담 주체	정부 초청 장학생, 외국 정부 파견 유학생, 자비 유학생, 대학 교류 유학생
재적 신분	어학 연수생, 학부 유학생, 석사 과정생, 박사 과정생, 기타 연수생

위의 유학생 중에서 본 연구에서 대상으로 삼고자 하는 학생은 특정 전공이나 목적을 가지고 공부하고 있는 학생이 아닌 일반적이고 가장 전형적인 과정을 통해 한국어를 학습하고 대학이나 대학원에 진학한 학생으로 한정하고자 한다. 이들을 위의 기준으로 보면 학비 부담 주체로는 '자비'부담으로 유학을 온 학생, 그리고 재적 신분으로는 '학부, 대학원'등 학위 과정의 유학생이다.

외국인 유학생의 수는 2006년에는 32,557명으로 이는 2001년도와 대비하여 5년 새 178%가 증가한 추세이다. 이러한 급격한 증가 현상은 한류와 경제 성장의 모델로서 한국에 대한 관심 증가와 국내 대학의 외국인 유학생을 대상으로 한 적극적인 홍보 그리고 정부의 외국인 유학생 유치 정책(study korea project)[3]의 결과라고 할 수 있다.

외국인 유학생의 어학연수, 대학, 대학원, 기타 연수 기관에서의 과정별 현황을 살펴보면 2006년에는 대학 이상의 학위 과정에 재학 중인 외국인 학생의 비율이 어학연수 기관의 학생의 비율보다 높은 것을 볼 수 있다. 이를 통해 한국에서의 단기 어학연수보다는 학문적 목적을 가진 장기 학위 과정의 유학생이 증가한 것을 알 수가 있다. 유학 형태별 외국인 유학생은 자비 유학생이 전체의 80.9%를 차지하고 있고 나머지 19.1%만이 정부초청장학생, 대학초청, 외국정부파견, 기타의 형태를 차지하고 있다. 국가별 현황은 중국, 일본, 미국, 베트남, 대만 순으로 나타나고 있는데 이 중 중국의 유학생 수는 20,080명으로 전체의 61.7%를 차지하고 있다. 중국인 유학생의 경우 학위 과정을 목표로 한국에 유학을 오는 경우가 많다.

2) 여성 결혼이민자의 개념 및 현황

"여성 결혼이민자"란 일반적으로 '이주 여성'이라고 불리는 결혼을 통해 한국에 이민을 오게 된 여성들로 국내 인권단체에서는 '① 여성 이주노동자 ② 여성 결혼이민자 ③ 성매매 종사

---

3) 교육인적자원부는 2004년 11월 'Study Korea 프로젝트'라는 '외국인 유학생 유치 확대 종합방안'정책을 발표하였다. 이 프로젝트는 2010년까지 아시아권 우수 유학생을 5만 명 유치해 해외 인적자원 개발을 통한 동북아 중심국가로 도약한다는 내용을 핵심으로 하고 있다.

외국인(또는 이민자) 여성 ④ 국제적 인신매매 피해 여성'을 포함하는 복합개념으로 정의하고 있다. 본 연구에서 연구 대상으로 하고 있는 혼인 이민자를 지칭하는 용어로는 적합하지 않기 때문에 여기에서는 김일란(2007)에서 정의한 바 있듯이 한국인 남성과 결혼한 외국인 여성을 "여성 결혼이민자"라 표현하고자 한다. 여성가족부의 '다문화가족지원법'에서 결혼이민자를 "대한민국 국민과 혼인한 후 대한민국에 거주할 목적으로 체류하고 있는 외국인"으로 정의한 바, "여성 결혼이민자"를 '대한민국 남성과 혼인한 후 대한민국에 거주할 목적으로 체류하고 있는 외국인 여성'으로 정의할 수 있다.

이주여성의 경우 통계청(2007)에 의하면 2000년부터 2006년까지 국제결혼을 통한 이주 여성은 134,523명으로 실로 몇 년 사이에 엄청난 숫자가 국제결혼을 통해 가정을 꾸렸다. 2006년에 한국인 남성과 외국인 여성의 국제결혼이 3% 정도 감소한 원인을 통계청에서는 2006년 "방문취업제" 시행 예고로 중국교포 등의 국내 입국과 취업이 용이해짐에 따라 큰 폭 으로 감소한 것으로 파악하고 있으나 실제 혼인 내적인 갈등 – 문화적 갈등, 언어 능력 부족 등—으로 인한 이혼도 늘어나고 있다고 볼 수 있을 것이다.

2.2. 선행 연구

1) 외국인유학생 대상 연구

최근 대학 수학 목적으로 하는 한국어 학습자들이 증가하면서 외국인 유학생에 초점을 둔 연 구가 활발히 진행되고 있다. 외국인 유학에 관한 연구는 다양하게 연구되고 있는데 크게 네 가 지 분야에 대한 것으로 나눌 수 있다. 여기에는 크게 외국인 유학생 관리 및 유치, 요구 분석 및 교육 과정 설계, 학문목적 기능별 언어 교육, 상담 및 문화 적응이 있다.

① 외국인 유학생 유치 및 관리

외국인 유학생 유치 및 관리에 관한 연구는 한국의 국제화에 대한 중요성이 대두대면서 세 계 교육 시장에서의 국제 경쟁력에 대한 제고를 위해 시작되었다. 현재까지 이루어진 연구를 보면 외국인 유학생 유치 및 국제화에 대한 연구(박혜진 1997, 원길상 2004, 오경식 2004, 김화영 2005)가 있으며 이 중에는 외국인 유학생 유치 및 학생 관리(원길상 2004, 오경식 2004)까지 논의하고 있는 연구도 있다.

② 학습자 요구 분석 및 교육 과정 설계

외국인 유학생을 대상으로 한 요구 분석 및 교육 과정 설계는 늘어난 대학교 진학 이상의 유학생의 수요에 발맞추어 최근 활발히 연구된 분야라고 할 수 있다(김정숙 2000, 김인규 2003, 이덕희 2003, 이해영 2004, 김민재 2004, 황현주 2006, 신문경 2006, 최정순 2006 등).

③ 기능별 언어 교육

외국인 유학생을 대상으로 한 연구 중에는 고급 한국어 학습자를 대상으로 한 학문 목적의 한국어 교육이 활발하게 연구가 이루어지고 있다. 이 중에는 읽기, 쓰기, 구어 및 담화, 듣기, 어휘 등으로 세분화되어 분야별로 많은 논문이 발표되었다. 어학 연수 기관에서 한국어를 학습한 후 대학 또는 대학원에 진학하는 많은 수의 외국인 유학생들은 입학 후 학교 수업에 잘 적응하지 못 하는 것으로 알려져 있다. 이는 어학 연수 기관에서 받은 전반적인 언어 능력과 대학, 대학원에서 필요로 하는 수학 기능의 차이에 있다고 볼 수 있다. 그래서 외국인 유학생들이 선호하는 전공(상경계, 경영학, 한국어 교육 등)을 중심으로 한 연구 논문이 발표된 바가 있다(신상성 2004, 노구치 타카히로, 박동규 외 2005, 윤혜리 2006, 양민애 2006).

④ 상담 및 문화 적응

외국인 유학생의 증가로 대두되고 있는 문제는 학교생활 및 한국 생활을 적응하는 가운데 발생하는 여러 가지 문제가 있다. 이러한 필요성에 의해 외국인 유학생의 상담 및 문화 적응에 관한 논문도 연구되고 있다. 지속적인 상담 및 문화 적응을 돕는 프로그램을 통해 외국인 학습자를 돕는 것은 외국인 학생 자신과 한국 교육 기관 양측에 모두 큰 도움이 된다고 생각된다(이장호 1979, 전남진 1988, 조흥식 외 1993, 박아청 1999, 엄혜경 2004, 장연 2005). 이 외에 외국인 유학생들의 주거 형태, 한국 음식의 기호도 및 만족도, 교육 서비스 품질 조사, 선교를 목적으로 한 종교관 분석등의 조사(이명관 2003, 지문선 2003, 이유우 2004, 이성미 2006) 등 다양한 방면으로 연구되고 있다(두경자 2003, 서경화 2003, 안선민 2004, 김립인 2005, 신경주 외 2006).

2) 여성 결혼이민자 관련 연구

여성 결혼이민자와 관련한 연구는 외국인 여성이 한국 남성과 국제결혼을 통해 입국하기 시작하면서 같이 시작되었다. 1980년 세계평화통일가정연합을 통한 일본 여성과의 국제결혼을 시작으로 1990년대 중반부터 여성 결혼이민자의 국적이 다양해지고 그 수도 늘어나면서 이에 대한 연구도 증가하였다. 여기에서는 여성 결혼이민자와 관련된 연구를 크게 세 가지로 구분하여 살피고자 한다. 첫째는 여성 결혼이민자의 한국어 및 한국 실태 및 정책 수립을 다룬 연구이고 둘째는 이들을 교육하기 위한 교육과정4)과 관련한 연구이다. 이 연구에서 본격적으로 살펴보고자 하는 부분은 세 번째 영역으로 여성 결혼이민자의 언어 사용 실태 혹은 언어 습득 양상 등에 관한 연구로 나누어 살펴보겠다.

① 여성 결혼이민자의 한국어 및 문화 적응 실태 및 정책 수립

여성 결혼이민자의 한국어 및 문화 적응 실태를 다룬 연구에는 설동훈 외(2005), 왕한석·한건수·양명희(2005), 전만길(2005), 이정옥(2006), 권미경(2006), 박영순(2006), 유영은(2007), 김현숙(2008)이 있다.

설동훈 외(2005)는 여성 결혼이민자의 보건 복지 정책을 개발하기 위해 전국 단위로 처음 실시한 실태조사로 국내 국제결혼 가정의 전국 단위 현황과 함께 결혼생활에서 일어나는 부부 간의 한국어 의사소통 문제를 보여주고 있다. 이 연구에서 여성 결혼이민자는 자신의 한국어 사용 능력 중 쓰기가 가장 부족하다고 대답했으며 이들의 출신국에 따라 한국어의 말하기, 듣기, 읽기, 쓰기의 영역에서 유의미한 평균 차이가 발견된다고 보고하고 있다. 왕한석·한건수·양명희(2005)에서는 전라북도에 거주하는 여성 결혼이민자가 한국어를 학습해 나가면서 겪는 언어 및 문화 적응 실태를 조사한 후 한국어 교육 프로그램과 한국어 교재, 한국어 교사 훈련에 관련된 한국어 교육 방안을 제시하였고, 전만길(2005)에서는 나주, 대전, 옥천, 청주의 여성 결혼이민자의 안정된 정착을 위해 한국어 교육과 문화 관련 프로그램이 큰 도움이 된다는 것을 설문 조사로 보여 주었다. 이정옥(2006)은 경상북도의 여성 결혼이민자의 현황 및 한국어와 한국 문화에 대한 적응 상황을 정리하고 있다. 또한 여성 결혼이민자와 다문화 자녀를 위한 제2언어 교육의 방향을 제시하고 여성 결혼이민자의 한국어 교육 정책을 중앙정부, 지방 정부, 비전문 민간단체, 전문기관의 역할로 구분하여 보여주면서 이들을 위한 한국어 교육방안을 제시한 박영순(2006)의 연구도 있다.

연구의 가장 기초가 되는 각종 실태 조사들이 위의 연구를 통해 이루어지고 있지만 단위가

---

4) 여기에서 교육과정(curriculum)이라고 하는 것은 교육을 하기 전에 교육의 목적을 세우고 그 목적에 도달할 수 있도록 교육의 내용과 방법에 대한 구체적인 내용을 수립하는 것 모두를 지칭하는 것으로 여기에는 교수요목, 교재, 교육 방법, 평가까지 포함된다고 할 수 있다.

주로 지방으로 한정되어 있다는 점과 다양한 연구 방법이 아닌 설문 조사를 통한 요구 분석 등이 주를 이루고 있다는 점이 아쉽다고 할 수 있다.

② 여성 결혼이민자를 위한 교육과정 연구

여성 결혼이민자를 위한 교육 과정과 관련한 연구로는 김정민(2002), 구지은(2006), 이은주(2006), 이진영(2006), 장수정(2006), 정희원(2006), 김일란(2007), 이민경(2007)이 있다.

이진영(2006)에서는 교재 분석을 활용하여 문화 어휘를 주제별로 제시하고 있고, 정희원(2006)에서는 여성 결혼이민자를 위한 외래어 교육 방안을 제시하고 있다. 교수요목을 다루고 있는 연구에는 황선영·조선경(2006)과 김일란(2007)이 있는데 황선영·조선경(2006)에서는 요구 조사를 바탕으로 중급의 실제 교수요목을 설계하고 있다. 이 연구에서 제시된 주제와 상황 및 과제로 이루어진 통합형 교수요목은 여성 결혼이민자에게 실질적인 도움이 될 것이다. 그런데 실제 교수요목에 문법 및 어휘 표현이 제시되지 않아 한국어의 정확성과 유창성의 불균형이 초래될 위험도 있다고 본다. 김일란(2007)에서는 결혼 여성이민자를 위한 교수요목의 마련을 위한 기초 연구 결과를 제시하고 있다. 결혼 여성이민자를 위한 교재 개발 연구에는 초급 단계의 여성 결혼이민자 대상 어휘 교재를 연구한 구지은(2006), 이은주(2006), 이민경(2007)이 있다.

③ 여성 결혼이민자의 언어 사용 실태에 관한 연구

김정민(2002)은 한·일 국제결혼 가정의 호칭에 대한 연구를 통해서 두 가지 언어가 존재하는 국제결혼 가정이지만 거주국(한국)의 호칭을 훨씬 더 많이 사용한다는 것과 두 가지의 언어 환경에서 자라는 다문화 자녀가 반드시 두 가지의 언어가 다 가능한 사람(bilinguist)이 되는 것은 아니라고 주장하였다. 왕한석·한건수·양명희(2005)에서는 전북 임실군 일원 지역을 방문하여 그 지역에 거주하고 있는 결혼 여성이민자를 대상으로 그들의 언어 사용 실태를 몇몇의 예를 통해 밝히고 있다. 정은희(2004)는 농촌 국제결혼 가정 아동의 언어발달정도에 영향을 주는 요인으로 여성 결혼이민자를 보고 그들의 언어 사용에 대한 관찰을 통해 어머니들의 한국어와 한국문화 학습이 절대적으로 필요함으로 강조하고 있다. 또한 강나영(2007)은 전북지역의 여성 결혼이민자의 언어 사용 실태를 호칭어를 중심으로 살피고 있으며, 조선희(2007)는 음성학적 접근을 통해 여성 결혼이민자의 언어 실태를 분석하고 있다.

3. 중간언어의 특성 및 변이

3.1. 중간언어의 개념 및 특징

중간언어(interlanguage)라는 용어는 Weinreich의 'interlingual'에서 차용하여 Selinker가 처음 사용하였는데, 이후 많은 학자들이 중간언어의 개념에 또 다른 명칭을 붙이게 되었다. 이 외에 '과도기적 능력(transitional competence)', '특이한 방언(idiosyncratic dialect)', '학습자 언어(learner language)' 등이 있다(Gass&Selinker 1994:13 재인용). 이러한 용어들은 조금씩 초점을 달리 하지만, 일반적으로 자주 쓰이는 용어는 중간언어이다. Selinker(1972)는 외국어 학습자가 사용하는 불완전한 상태의 목표 언어라고 정의하였으며, Nemser(1971)는 외국어 습득자가 목표언어의 정확한 언어체계로 접근하는 과정에서 설정한 특수한 언어체계인 '근사체계(approximative system)'라고 보았다.

Selinker(1972)는 중간어의 구조화 과정에는 언어전이, 훈련전이, 언어학습 전략, 제2언어 의사전달 전략, 목표어 언어요소의 과잉일반화의 5가지 인지 과정이 있다고 하였으며 이러한 과정은 학습자의 잠재적 심리구조에 존재한다고 보았다(Eiils 1994:351).

언어전이(Language Transfer)란 나타나는 현상 전체가 그렇다고 할 수는 없지만 대부분이 학습자의 모국어가 원인이 되어 나타나는 중간어 현상이다. 중국인 학습자들은 종종 조사 '-은/는'을 생략하고 '*나 학생입니다(我是學生).(중국, 초급)'로 사용하는데 이것은 조사 체계가 발달하지 않은 중국인 학습자의 모국어인 중국어의 영향이며, '저는 *꽃이 좋아합니다.(일본, 초급)'와 같은 문장은 일본인 학습자가 한국어에서 '-을/를 좋아하다', '-을/를 알다' 등의 타동사로 쓰이는 동사들을 일본어와 대응시키면 자동사가 되기 때문에 일어나는 중간어 현상이라고 할 수 있는데 이러한 경우 언어 전이 현상으로 볼 수 있다.

두 번째 훈련전이(transfer of training)는 화석화된 언어체계가 학습의 훈련 과정에 기인하는 중간어 현상으로 목적격 조사 '-을/를', 공동격 조사 '-와/과'와 같이 이형태 조사를 학습할 경우 어느 한쪽에 중심을 두고 연습한 결과 사용 환경을 구분하지 못하고 '-을', '-와'로, 습관적으로 사용하는 경우를 들 수 있다.

세 번째 제2언어 학습전략(strategies of second language learning)은 학습자가 복잡한 목표어의 체계를 더 단순한 체계로 수정하여 사용하는 중간어 현상으로 '*내가 그때 잠하고 먹는 것이 아주 힘들었어요.'와 같은 문장에서 '-는 것'이라는 문형을 단순화하여 사용한 경우로 학습자는 '잠자는 것'이라는 명사구를 '잠'이라는 명사로 간략화하여 사용함을 볼 수 있다.

네 번째 제2언어 의사소통 전략(strategies of second language communication)으로 학습자가 목표어 화자와의 의사전달을 위하여 화석화된 항목이나 규칙을 적용시킬 때 나타나는 중간어 현상이다. 특정한 단어가 생각나지 않을 때 '아파트 앞에 *세탁가게(√세탁소)와 교희가 있습니다.(인도네시아, 초급)'처럼 의사소통을 목적으로 신조어를 만들어 내는 경우가 있다.

다섯 번째는 목표어 언어요소의 과잉일반화(overgeneralization of target language linguistic material)로 목표어의 규칙을 지나치게 적용시키는 중간어 현상이다. 불규칙 활용을 학습한 후에 '한국어를 어*려우(√렵)지만 재미있습니다.(인도네시아, 초급)'이나 '저는 점점 더 많이 기운이 없었기 때문에 입원하*셨(√∅)어요. (미국, 초급)'처럼 목표어규칙의 과잉일반화가 나타나는 것도 중간언어를 구성하는 과정이라고 할 수 있다.

이러한 중간언어는 수많은 요소로 구성되어 있는데, 이 중 적지 않은 부분이 모국어와 목표어에서 온 것이라고 할 수 있지만 모국어나 목표어 어느 것에서도 그 기원을 찾을 수 없는 중간언어의 요소들도 있다. 중요한 것은 학습자가 자신의 구문을 이용하여 내재화된 체계를 형성한다는 것이다. 이러한 내재화 과정에서 학습의 유무는 매우 중요한 역할을 한다고 할 수 있다. 이 연구에서는 이러한 공식적 학습이 이루어진 유학생 집단과 공식적 학습 없이 한국어를 습득한 집단 간의 언어 사용 양상의 차이를 언어 변이에 초점을 두어 살펴보고자 한다.

3.2. 언어 변이

변이(variation, 變異)란 사회언어학의 가장 핵심적인 개념으로 공시적 언어체계에서 하나의 언어형태가 두 개 또는 그 이상의 형태로 분화되어 실현되는 것을 말한다. 언어변이란 한 언어 내에서 발음, 문법, 또는 단어 선택의 차이를 말한다. 언어 변이는 지역, 사회 계층 또는 교육적 배경, 언어 사용 상황의 형식성 정도와 관련이 있으며 학습자 언어 변이는 학습자가 언어를 사용하는 다양한 맥락과 학습자의 다양한 변인에 따라 나타나는 학습자 언어의 다양한 모습을 말하는 것으로 변이에는 정확한 발화와 부정확한 발화가 다 포함되며, 같은 의미를 지니는 발화라고 할지라도 상황에 따라 다양한 형태로 나타나는 모든 발화가 다 포함된다.

한국어교육에서 학습자의 언어 변이를 다룬 논의는 이해영(2004), 이정란(2004), 정소아(2005), 신현정(2006)이 있는데 네 가지 연구 모두 어학 과정 유학생을 대상으로 하여 국적, 과제 유형에 따른 변이를 고찰하고 있다. 지금까지 이루어진 한국어변이 연구와 본 연구에서 살펴보고자 하는 내용을 비교해 보면 다음과 같다.

<표 2> 학습자의 언어 변이를 다룬 연구

	이해영(2003)	이정란(2004)	정소아(2005)	신현정(2006)	본 연구
연구 내용	과제유형에 따른 시제표현 습득	국적별 연결어미 변이	과제유형에 따른 대용어 습득	국적별 시제 변이	구어 사용 전반
자료 수집 및 분석	잠입도형검사, 문법 시험, 인터뷰	문법성판단테스트, 인터뷰	문법성판단테스트, 그림보고 이야기 꾸미기, 절차적 말하기, 인터뷰	문법성판단테스트, 인터뷰, 번역과제	포커스 그룹 인터뷰
연구 대상	어학과정 유학생	어학과정 유학생	어학과정 유학생	어학과정 유학생	도시 지역 이주여성 및 학위 과정 유학생
	영어권 모어화자	일본어, 중국어, 영어 모어 화자	일본어권 모어 화자	일본어, 중국어, 영어 모어 화자	베트남, 중국, 일본
연구 기간	밝히지 않음.	1개월	3개월	1개월	12개월
연구 참여자 수	16명	40명	49명	85명	18명

4. 연구 방법

4.1. 연구 내용

"여성 결혼이민자"들은 경제적, 시간적 제약으로 인해 교육기관을 통해 한국어를 배울 기회를 갖지 못하고 일상생활에서 가족들과 접촉하면서 기본적인 일상어와 의사소통 방법을 배우고 있는 상황이다. 따라서 이들이 어떤 상황에서 어떤 단계를 거쳐 한국어를 습득하고 있는지를 살펴보는 것은 매우 필요한 작업이다. 그렇지만 선행 연구에서 살펴보았듯이 현재까지 이루어지고 있는 한국어교육 연구들이 "외국어로서의" 한국어 학습 관한 것들이어서 연구의 내용 대부분이 정확한 한국어 학습에 초점을 두고 있다. 따라서 일상생활에서 자연스럽게 한국어를 습득해야만 하는 "여성 결혼이민자"들에 대한 연구는 거의 이루어지고 있지 않다.

본 연구는 이러한 결핍을 해소하는 시도로 "외국인 유학생"와 "결혼 여성이민자"의 언어 양상을 비교할 것이다. 이 과정에서 두 집단 간의 언어 학습 경험과 사회적 상황 등을 비교함으로써 서로 어떤 차이가 있는지를 알아보는 것이 궁극적 목적이며, 이를 위해 다음과 같은 내용을 중심으로 연구를 진행하였다.

먼저, 연구에 참여할 연구 대상자를 선정하여 이들에게 연구 참여자로서 활동할 수 있는지에 대한 동의를 얻은 후 대상자들의 기본 인적 사항 및 교육 배경에 관한 인터뷰를 실시하였다. 인터뷰 항목은 다음과 같다.

현재 살고 있는 곳, 모국어, 고향, 민족, 어머니 출생지, 아버지 출생지, 집에서 사용하는 언어, 최종학력, 직업, 한국 체류 기간, 오래 대화하는 사람, 자녀의 이중언어 사용, 가장 자주 만나는 사람, 만나서 사용하는 언어, 한국말을 많이 쓰게 되는 상황

둘째, 이들의 구어적 능력은 인터뷰 과정에서 측정하고 문어적 능력을 살펴보기 위해 한국어능력시험(TOPIK) 기출 문제 중 4급과 5급의 어휘문법 시험 50문항을 골라 테스트를 실시하였다. 시험 실시 결과 두 집단 간의 문어능력 차이는 매우 큰 것으로 나타났다(유학생 집단 점수 평균 92점, 이민자 집단 평균 65점).

셋째는 개별 인터뷰를 통해 외국인 유학생과 여성 결혼이민자가 한국어를 사용할 때 겪는 어려움은 무엇인지 알아보고 "포커스그룹" 운영을 통해 상호작용 과정에서 어떤 원인으로 의사소통에 실패하는지 이때 사용하는 전략은 무엇인지를 관찰하였다. 대략적인 두 집단의 특징을 살펴보면 다음과 같다.

먼저 자연스러운 노출 환경에 있는 여성 결혼이민자의 경우 자연스러운 노출을 통해 한국어를 습득하고 있기 때문에 대화 진행이 매우 빠르게 이루어지고 끼어들기 빈도도 매우 높게 나타났다. 이에 비해 공식교육 기관에서 초급-고급까지 과정을 수료하고 대학 혹은 대학원에 진학한 외국인 유학생의 언어는 이해가능하고, 유의미하고, 유목적인 입력보다는 문법적, 어휘적 난이도에 따라 배열된 언어 학습을 받았기 때문에 문법적으로 정확한 표현을 사용하고 있으며 끼어들기나 의미 협상이 그다지 많이 이루어지지 않았다는 것이다.

넷째, 개별 인터뷰와 포커스그룹을 통해 얻어진 자료들을 전사하고 분석하여 언어 사용에 어떤 차이가 있는지를 '언어 변이' 비교를 통해 밝히고자 하였다. 앞으로 살펴볼 수 있는 항목들을 보면 다음과 같다. 먼저 어휘 사용의 양상에 대해 고찰해 볼 수 있는데 즉, 상황에 맞는 어휘를 구사하는지, 한자어/고유어/외래어 사용 양상은 어떤지, 대용어 사용은 적절한지를 통해 살펴보고 문법적인 사용은 문장 구성을 어떻게 하는지 단문과 복합문을 적절하게 사용하고 있는지, 조사를 정확하게 사용하는지, 적절한 연결 어미를 사용하는지를 분석하고, 또한 화용적 능력을 이야기의 시작은 어떻게 하는지, 어떤 의사소통 전략을 사용하는지, 대화 차례를 어떻게 지키는지, 오류 수정은 어떻게 하는지로 나누어 분석할 수 있을 것이다.

<표 3> 여성 결혼이민자와 외국인 유학생의 언어 양상 비교

연구 대상	구분	습득 환경	입력의 종류	산출된 언어의 특징(가설)
여성 결혼이민자	습득	가정에서 자연스러운 언어 환경에 노출	이해 가능한, 유의한, 유목적적인 입력이 요구됨; 독립적이고 자발적; 제도적인 교육의 책임이 낮음	1. 가정에서 습득한 언어이기 때문에 형태의 생략이 많이 나타날 것이며, 사용하는 형태가 몇 개로 한정되어 나타날 것이다. 2. 대화를 할 때 자기차례를 잘 이해하며, 실수로 발화된 언어에 대해 민감하지 않으며 자기 수정의 횟수가 외국인 유학생에 비해 적을 것이다. 3. 자신의 의사를 전달하기 위한 전략의 사용 횟수가 많을 것이다.
외국인 유학생	학습	문법 및 어휘의 난이도에 맞추어 공식적인 교육기관에서 학습	이해가능하고, 유의한, 유목적적인 입력이 필요하지 않음; 학습이 요구됨; 제도적인 교육의 역할이 큼	1. 공식적인 교육을 받았기 때문에 비교적 다양한 형태를 사용하며 여성 결혼이민자 집단에 비해 생략의 빈도가 낮을 것이다. 2. 대화에서 자기차례에 대한 인식 정도가 낮으며, 실수에 민감하며 즉각적인 자기 수정 빈도가 높게 나타날 것이다. 3. 의사소통 전략 중 '포기' 혹은 '전환'의 사용 횟수가 비교적 많을 것이다.

4.2. 포커스그룹 인터뷰 실시 및 샘플 전사 결과

포커스그룹은 일종의 그룹 인터뷰에 해당하며 참여 관찰과 개방형 인터뷰 이 두 가지 질적 자료 수집 방법에서 중간 위치를 차지한다고 할 수 있다. 포커스그룹 앞의 두 가지 연구 방법과 다른 독특한 특성은 개별 인터뷰나 참여 관찰에 의해 수행된 연구를 전적으로 대체하는 방법이 될 수 없는 반면, 다른 두 가지 방법으로는 쉽게 얻을 수 없는 형태의 자료를 얻을 수 있다. 특히 이 방법의 장점은 특정 주제에 대한 상호작용을 관찰할 수 있다는 데 있으며 개별 인터뷰에 비해 연구 참여자의 긴장도가 낮아진다는 것이다. 이것은 Krashen의 감정여과가설에 입각해 비교적 낮은 긴장 속에서 자연스럽게 발화할 수 있게 한다는 장점이 있다.

자연스러운 언어 사용 양상을 관찰하기 위해 이 연구에서는 10가지의 주제를 선정하여 포커스그룹 형식으로 인터뷰를 진행하였다. 이 과정에서 연구자는 비참여관찰자이며 인터뷰의 진행은 보조연구원이 그룹 내에서 실시하였다. 포커스그룹은 두 집단이 한 달에 한 번씩 모여서 해당 주제에 대해 2-30분 정도 자신의 생각들을 나누는 방식으로 진행하였다.

외국어인 한국어로 의사소통을 해야 한다는 점을 감안하여 베트남-일본-중국을 1개조로 편성하여 총 6개조로 나누어 토론을 진행하였으며 토론의 주제와 녹화 분량은 다음과 같다.

<표 4> 인터뷰 토론 주제와 녹화 분량

주제		결혼이민자팀			외국인 유학생		
		1팀	2팀	3팀	1팀	2팀	3팀
1	자기 자신과 가족을 소개해 봅시다.	59	46	61	41	61	25
2	한국과 여러분 나라의 교통 제도를 비교해 봅시다.	49	38	37	29	37	35
3	한국의 자선과 기부 문화에 대해 어떻게 생각합니까?	27	40	25	19	60	21
4	가장 기억에 남는 명절에 대해 이야기해 봅시다.	39	23	20	27	25	22
5	한국의 교육제도의 장점과 단점에 대해 이야기해 봅시다.	36	26	22	42	22	33
6	한국 사람에게 배우고 싶은 것과 배우고 싶지 않은 것	18	21	20	25	20	21
7	스트레스를 언제 받고 어떻게 스트레스를 푸는지?	22	22	20	22	25	23
8	가장 좋아하는 한국 드라마나 연예인은?	20	23	17	14	20	25
9	한국에 살면서 남녀차별을 느낀 적이 있는지?	20	20	20	22	30	22
10	하루의 일과를 자세히 이야기해 봅시다.	32	22	22	29	32	24

원활한 토론 진행을 위해 간단한 질문지를 작성하여 항목별로 이야기를 할 수 있게 하였으며 6주제 이후부터는 주제만 제시한 후 자유 토론의 형식으로 진행하였으며 보조연구원의 개입도 최소화하였다. 먼저 포커스그룹에 참가한 참가자의 간단한 인적 사항은 다음과 같다.

<표 5> 여성 결혼이민자 기초 인터뷰 자료

	일-1	일-2	일-3	베-1	베-2	베-3	중-1	중-2	중-3
연령대	40대	40대	40대	30대	30대	30대	30대	30대	30대
거주지	서울	서울	서울	서울	서울	서울	서울	서울	서울
성별	여	여	여	여	여	여	여	여	여
모국어	일본어	일본어	일본어	베트남어	베트남어	베트남어	중국어	중국어	중국어
집에서 사용하는 언어	한국어 50 일본어 50	한국어 96 일본어 5	한국어 90 일본어 10	한국어 100	한국어 100	한국어 95 베트남 5	한국어 100	중국어 95 한국어 5	중국어 90 한국어 10
최종 학력	고졸	고졸	전문대졸	고졸	중졸	고졸	대졸	대졸	대졸
직업	없음	영업	없음	없음	없음	베트남어 강사	중국어 강사	중국어 강사	중국어 강사

한국 체류기간	15년	12년	15년	6년	6개월	4년반	2년 1개월	3년	4년
오래 대화하는 사람	가족 (자녀)	가족 (자녀)	가족 (자녀)	가족 (시댁 식구)	가족 (자녀)	가족 (남편)	가족 (남편)	가족 (애들)	가족 (남편)
자녀의 이중언어 사용	한국어 50 일본어 50	한국어 90 일본어 10	한국어 80 일본어 20	한국어 100	한국어 100	한국어 95 베트남 5	한국어 100	한국어 50 중국어 50	한국어 100
자주 만나는 사람	고향 친구 (일본)	고향 친구 (일본)	가족 (자녀)	가족	베트남 친구	베트남 친구	가족	중국 친구	가족
만나서 사용하는 언어	일본어	일본어	한국어	한국어	베트남 어	베트남어	한국어	중국어	한국어
한국말을 많이 사용하는 장소	공공 기관 이용 시	생활 전반	자녀와 대화할 때	남편과의 대화	병원이 나 공공 기관	시장, 남편이랑 대화	시장, 한국어 학교	시장	사무실 에서

<표 6> 유학생 기초 인터뷰 자료

	일-1	일-2	일-3	베-1	베-2	베-3	중-1	중-2	중-3
연령대	20대	240대	20대	20대	20대	20대	20대	20대	20대
거주지	서울	서울	서울	서울	서울	서울	서울	서울	서울
성별	여	여	여	여	여	여	여	여	여
모국어	일본어	일본어	일본어	베트남어	베트남어	베트남어	중국어	중국어	중국어
집에서 사용하는 언어	한국어 (60), 일본어 (40)	한국어 (60), 일본어 (40)	한국어 (70), 일본어 (30)	영어 (기숙사)	한국어 (기숙사)	영어 (기숙사)	중국어 (50), 한국어 (50)	중국어 (80), 한국어 (20)	중국어 (40), 한국어 (60)
최종 학력	대학생	대학생	대학원	대학원	대학생	대학원	대학원 재학	대학원 재학	대학원 재학
전공	국어 국문	국어 국문	국어 국문	국어 국문	국어 국문	국어 국문	국어 국문	국어 국문	무역학
한국체류 기간	3년	4년	3년	2년	4년	1년 5개월	7년	2년	2년
오래 대화하는 사람	한국 친구 (한국어)	한국 친구 (한국어)	한국 친구 (한국어)	한국 친구 (한국어)	한국어 선생님	한국 친구 (한국어)	한국 친구 (한국어)	한국어 선생님	친구
자주 만나는 사람	외국 (다국적) 친구	베트남 친구	다국적 친구	외국 (다국적) 친구	베트남 친구	베트남 친구	외국 (다국적) 친구	베트남 친구	중국, 한국 친구

만나서 사용하는 언어	한국어 (100)	한국어 (100)	한국어 (100)	한국어 (100)	한국어 (100)	한국어 (95), 베트남어 (5)	한국어 (100)	한국어 (100)	중국어 (50) 한국어 (50)

4.3. 전사 지침 및 샘플 전사 결과

녹화 자료의 상태를 확인 후 1차적인 전사를 실시한 후 전사 과정의 문제점에 대해 다음과 같이 논의하고 〈세종 전사 지침〉에 의거하여 다음과 같은 전사 지침을 마련하였다.

<표 7> 전사 지침 및 기호

	전사 지침 및 기호	전사의 예
원칙	철자법을 원칙으로 하되, 표준 발음이 아닌 경우는 소리 나는 대로 전사하고 괄호 안에 표준형을 밝힘.	IC3: 그냥 산 닌 챈(3년 전)-
띄어쓰기	맞춤법 규정대로 전사	
숫자, 영문	한글로 표기	
끊어진 단어	=	IV2: 남편 착한 착하=착하면 좋겠어.
담화표지	~	IV2: 근데~ 또 의심해요.
하강 억양	.	IC3: 응. 구십구년.
상승 억양	?	IJ1: 그래요?
약한 상승	,	
기운찬 어조 또는 감탄의 어조	!	IJ1 : 아, 구쩍! 〈vocal desc='웃음, 하하´〉
끊어진 억양 단위	-	IC3: 근데~보통 다:: 좋은- IJ1: 응. IC3: -성격, 좋은 사람 되고 싶어.
휴지	{ }	IV2: 그래요? IC3: 응. IV2: {1.5}제 남편 때문에-
장음	::	SV2: 진짜요. 근데~:: 일본 가 일본:: 그 모습 일본 어떤 일본 스타일
겹치는 발화	[ ]	IV2: [1제가1] IC3: [1진짜1] 잘 먹어[2요::.2] IV2: [2한2]국 왔어요.
웃음	〈vocal desc= '웃음,하하'〉	IC3: 아, 좋겠다. 〈vocal desc= '웃음,하하´〉
목청 가다듬는 소리 (음, 으음)	〈vocal desc= '목청 가다듬는 소리,으음'〉	SV9: 〈vocal desc= '목청 가다듬는 소리, 쓰읍'〉 아니, 우리 중국 사람이-

웃으면서 말하는 부분	〈@ @〉	SV9: [1저는::1] 내일 모레 아, 목요일 날 〈@갈 거예요.@〉
박수치면서 말하는 부분	〈# #〉	IJ1: 〈#아! 맞다, 맞다. XX하는데#〉
잘 들리지 않는 부분	〈X X〉	IJ1: 응, 바꿨어요. 그래서 〈X한국이리단,X〉-
들리지 않는 음절	음절의 수만큼 X	IJ1: 아! 맞다, 맞다. XX하는데-
전혀 안들리는 부분	…	IV2: 그래요? … 더 낫대.

샘플 전사를 통해 관찰할 수 있었던 특징은 여성 결혼이민자팀의 발화에서 부정확한 단어의 빈도가 높게 나타나고 발음 역시 부정확하다는 특징(1-ㄱ)이 있었다. 그러나 이러한 부정확한 단어의 사용이 대화의 중단을 이끌지는 않는다는 것이다. 서로 간의 적극적인 의미협상 과정을 통해 정확하게든 부정확하게든 대화가 계속 진행된다는 특징 또한 관찰할 수 있었다 (1-ㄴ). 또한 모국어 영향으로 인한 억양이 심하게 나타나는 경우(1-ㄷ)가 많았다. 이러한 이유로 유학생의 발화보다 전사하기 까다롭다는 문제가 있었다. 또한 여성 결혼이민자팀의 발화가 유학생들의 발화보다 더 구어적이고 자유분방(casual)하며 반복하여 말하거나 얼버무리는 경우도 자주 나타나며 가끔 반말을 사용하기도 한다는 특징이 있다. 이러한 특징은 처음 만남에서부터 시작되며, 익숙해지기까지 시간이 오래 소요되는 유학생들과 차이를 보인다고 할 수 있다.

(1) ㄱ. IC3[5]: 그냥 산닌챈(삼년 전)-

　　IJ1: 응?

ㄴ. IJ1: 아픈 것 같지 않아요?(0.2)날씬하니까 그렇게 보이나요? 건강

　　IC3: 건가 뭐에요?

　　IV2: 건강

　　〈vocal desc='웃음,하하〉

　　IV2: 건강

　　IJ1: 건강

　　IV2: 건강

　　IJ1: 건강, 강

　　IV2: 공항 아니고

---

5) 표기된 영문은 I는 여성 결혼이민자, S는 유학생, J는 일본, C는 중국, V는 베트남의 약어이다.

       IJ1: 그래요?⟨vocal desc='웃음, 하하'⟩

       IV2: 건강한 사람

       IC3: 건강한 사람

       IJ1: 응, 응

  ㄷ. IV2: 남펑 모임에 제가 같이 카[1요.1]

       IC3: [1⟨@네@⟩1]

       IV2: 내가:: 남편 몬 머커. 제가 ⟨@다 먹어요.@⟩

또한 단어의 반복 사용이나(2-ㄱ, ㄴ), 단어 발화시의 끊어짐 또는 어절 발화시의 끊어짐 (2-ㄷ)이 이주여성팀의 경우 유학생에 비해 더 빈번하게 나타나고 있다.

(2) ㄱ. IV2 : 제가 베트남에서 사는데 예쁜 예쁜다고 자만 들어봤어요

    ㄴ. IV2: 남편..남편 착한..착하..착하면 좋겠어.

    ㄷ. IC3: [1그러니까 모르니까.1] 가! 가서 먹어=먹었어. 맛없어. [2⟨vocal
          desc='웃음, 하하'⟩2]

또한 서로 간에 알아듣기 어려운 단어의 발음이 발화에 나타났을 경우, 타인주도적 자기 수정 즉, 화자 본인보다 상대방의 제기에 의해 발화가 수정되는 경향이 나타난다. 유학생들과는 대조적인 부분으로 유학생들은 자기 발화를 스스로 수정하는 경향이 나타나지만 이 또한 전사된 자료의 양이 충분하지 않기 때문에 추후 점검이 필요한 부분이라고 할 수 있다. 또한 말겹침과 끼어들기의 빈도가 높은 것도 특징이라고 할 수 있다.

(3) ㄱ. IC3: 중국사람, 응, 쳐른 투 살, 아, 서른 한 살.

      IJ1: 에에?

      IC3: 서른 한 살.

      IJ1: 서른? 아~~쳐른

    ㄴ. IC3: 아..구구년,

      IV2: 응, 구?

      IC3: 응. 구십구년.

      IV2: 아, 구십구년.

      IJ1: 구::년

ㄷ. IJ7: 오 항국말도 하고, 대학교도 가고 싶다:: 그런 말[도 하고. 예::]

　　　IC9: [마자요. 마자요.]

ㄹ. IJ1: [왜냐]하면

　　　IV2: [거기] 나쁜 점도 안 보여 주고

　　　IJ1: 응. 응. 〈vocal desc='웃음, 하하'〉성격이 조금 조금 네*, 어려운 사람이나 그렇다[면]

　　　IV8: [아]니면은 항상 -

　외국인 유학생의 경우 특히 어절이 끝나는 부분에서 말끝을 길게 발화하며 전체적으로 장음 발화가 많은데 이는 유학생들의 경우 자기 발화를 스스로 모니터링을 하고 신중하게 발화하려는 의도로 볼 수 있다. 또한 이러한 자기 모니터링은 유학생들의 발화가 여성 결혼이민자의 발화보다 정확한 발화를 이끌고 있다고 볼 수 있다. 또한 결혼이민자와 달리 상대방의 제기에 의한 발화 수정보다 스스로 자신의 발화를 발화 중간에 수정하는 경향을 보인다.

(4) ㄱ. SV8: 저는 베트남에 있었을 때:: 내성적. 이었어요. 여기 와서:: 어:: 자원 봉사 하게 되었어요. 국제 대학=대학생 자원 봉사 연합회에 가입 했=했고, 회원으로:: 이:: 가서 뭐, 모르는 사람 처음 만났을 때:: 그 사람들이 저한테 와서:: 물어보고:: 또 같이 자원 봉사 하게 되니깐:: 그 사람이 너무 따뜻해요. 사랑도 많으시고::

　　ㄴ. SJ7: 어:: 우리 가족은 아빠, 엄마, 여동생 한 명 있구요. 나까지 포함해서 네 명이예요. 어:: 아빠는:: 일반 회사 다니시구요. 에:: 출장이 많아 가지구 미국이나:: 중국이나:: 한국이나:: 에:: 외국이랑 일본이랑 왔다 갔다 하셔요.

　　ㄷ. SV9: 〈vocal desc='목청 가다듬는 소리, 쓰읍'〉아니, 우리 중국 사람이 그 중국에서는 항상 뭐 항상 열심히 하고:: 시험 기간은 거의 안하구:: 그래요. 근데 한국 사람=어, 한국 학생은 시험 기간 뭐 일주(1주), 이주(2주)일 정도 막 하구::

　　ㄹ. SV8: [1자주 다녀[2와요?2]1]

　　　SV9: [1저는::1] 내일 모레 아, 목요일 날 〈@갈 거예요. @〉〈vocal desc='웃음, 허어'〉

5. 마무리

　이 연구의 시작은 한국어를 '학습'하고 있는 외국인 학습자와 한국어를 '습득'하고 있는 여성 결혼이민자의 언어 사용 양상을 객관적으로 관찰함으로써, 영어교육 분야의 연구 (ESL/EFL의 차이에 대한) 결과를 한국어교육에 그대로 '수용'하는 것이 아닌, 그 이론을 한국어 교육에 맞게 '적용'하는 연구를 시도하고자 함이었다. 분명한 차이가 있는 두 집단의 언어 사용을 비교함으로써 언어 변이 양상에 차이가 있는지는 밝혀보기 위한 기초 연구이다. 샘플 전사 자료를 통해 얻은 결과는 다음과 같다. 먼저 여성 결혼이민자의 발화에서는 부정확한 단어의 빈도가 높게 나타나고 발음 역시 부정확하다는 특징이 있지만 부정확한 단어의 사용이 대화의 중단을 이끌지는 않는다는 것이 매우 특이한 점이었다. 이에 비해 유학생의 경우 말늘어짐이 특징적으로 나타났는데 이는 발화 과정에서 자기모니터링을 통해 정확한 발화를 하고자 하는 과정에서 나타나는 현상이라고 볼 수 있다. 또한 대화 수정의 양상이 두 집단에서 다르게 나타나고 있는데 여성 결혼이민자의 경우 타인주도적 자기 수정이, 유학생의 경우 자기주도적 자기 수정이 빈번하게 나타난다는 것이다.

향후 연구에서는 앞에서 이루어진 인터뷰 자료의 전사를 통해 각 범주별로 집단 간의 차이점이나 특징을 세밀하게 관찰 분석하는 연구가 이루어져야 할 것이다. 이러한 대량의 구어 자료의 전사를 통해 일반화하지는 못하더라도 대체적인 경향성을 파악하고 향후 장기적인 연구 방향을 제시할 수 있는 연구를 실시해야 한다고 본다.

<Abstract>

A fundamental study of comparing the patterns of Korean language use among non-native Korean language students and wives of interracial marriage in Korea

Lee, Jung Hee (Kyung Hee University)

According to the increase of 'marriage female immigrants' and 'foreign students', various studies for effective and efficient Korean education are being published for them. However most of them centered on status of two groups and 'scheme' for desirable Korean education. It is hare to find observation studies or experiment studies on their actual language usage. I am going to compare language aspect of 'foreign students' and 'marriage female immigrants' as the beginning of solving this lack. I am going to search what kind of differences there are comparing experience of language learning and social situation between them. For this, the study aims at examining whether this study is necessary and establishing an appropriate method of study conformed with the purpose.

Therefore I am going to examine concept and status of the subjects of the study, foreign student and marriage female immigrants and establish method of study after arranging use of various term. First, this study examines language characteristic of marriage female immigrants who are exposed the natural environment to examine differences in aspect of 2 groups' Korean language use. Secondly, two methods(Korean Language Proficiency Test and Interview) are conducted to look into the relationship between basic background and Korean language proficiency of the subjects. Thirdly, as a qualitative research, I am going to search what kind of difficulty foreign students and marriage female immigrants have when they use Korean language through individual interview and observe what causes communication failure in the interaction and which strategies they use through operating of 'focus group'. With transcribing and analyzing data from individual interview and focus group, I am going to clarify what kind of differences are through 'language variation' comparison.

This kind of basic study is necessary in that this can offer basic information on educational policy establishment and an appropriate curriculum establishment for marriage female immigrants who don't have official language and culture education in the Multicultural families, and learning Korean individually for communication with families.

Key Words

wives of interracial marriages(여성 결혼이민자), foreign students(외국인 유학생), qualitative research(질적 연구), communication failure(의사소통 실패), language variation(언어 변이)

여성 결혼이민자의 구어 담화 특징 연구* **

이정희 _경희대학교

1. 서론

현재까지 이루어진 한국어교육 연구는 '외국어로서의 한국어교육학'이라는 학문적 기초를 확립하기 위한 내용을 중심으로 이루어졌다. 한국어교육과정의 마련과 한국어교육용 문법 및 어휘 목록의 확정 그리고 한국어 특성에 맞는 교수법의 개발 등이 그 내용이라고 할 수 있다. 이 중에서 교육에 필요한 언어 내용을 다루는 영역의 연구 방법은 언어의 형식과 내용에 대해 해설해 내는 연역적 방법으로 이루어진다. 그러나 최근 한국어교육의 수요자 증가와 수요 계층의 다양화로 인하여 외국어로서의 한국어교육을 바라보는 시각 및 접근법이 다양해졌을 뿐만 아니라 실제 연구 방법까지 다변화되고 있다.

국내 한국어교육의 양적 확대에 영향을 끼친 것은 크게 두 가지로 압축할 수 있는데 첫째는 1993년 한중 수교 이후 급격히 늘고 있는 중국 유학생을 중심으로 한 학문 목적의 학습자인 '유학생' 층이며, 둘째는 국제결혼으로 인해 자연스럽게 발생한 '여성 결혼이민자' 층이라고 할 수 있다.1) 유학생의 경우 졸업 및 학위 취득이라는 목적을 달성하고 일정한 기간이 지나면 본국으로 돌아가는 경우가 대부분이지만, 후자의 경우에는 한국인으로서 한국 가정에서 '삶을

---

* 이 논문은 2007년 정부(교육인적자원부)의 재원으로 한국학술진흥재단의 지원을 받아 수행된 연구임 (KRF-2007-332-B00442).

** 이 논문은 이중언어학 39호에 수록되었던 글임.

1) 교육인적자원부 국립국제교육원의 자료에 의하면 2008 국내 외국인 유학생은 63,952명으로 2004년에 비해 무려 57,120명이 증가하였고 행정안전부 2008년 통계자료에 의하면 여성 결혼이민자는 국적취득자 및 미취득자를 포함해 127,683명으로 보고되고 있다.

영위해야 하므로 그들이 한국에 살아가는 데에 필요한 언어-문화적응 문제는 매우 절실한 것이다.[2]

여성 결혼이민자를 대상으로 한 연구는 한국어교육뿐만 아니라 인류학적, 사회학적, 아동교육적 관점에서 다양하게 이루어지고 있다. 그러나 초기 연구의 내용들이 주로 대상 집단의 현황 및 문제점 등에 착목하고 있어 현재까지 이루어진 연구 역시 그러한 문제점을 해결하기 위한 '방안'으로 집중되어 있다. '언어교육적' 측면에서는 먼저 이루어져야 하는 것이 실제 언어 사용을 분석하는 것이다. 언어 사용에 대한 고찰이 이루어져야 이에 기반한 교육과정도 수립될 수 있으며 사회적 차원에서의 프로그램 개발과 교재 개발도 가능할 것이다. 특히 언어 교육의 내용 수립 이전에 진단적 성격으로서 사용 양상을 살피는 것은 매우 중요한 작업이라고 할 수 있다. 이러한 내용에 기초해야 그들에게 필요한 언어 학습을 지원해 줄 교육과정과 교육 내용을 수립할 수 있을 것이다. 그러나 아쉽게도 여성 결혼이민자를 대상으로 한 연구의 증가에도 불구하고 이들의 언어 사용에 대한 관찰 연구나 실험 연구들은 거의 찾아보기 힘들다. 특히 일상생활에서 한국어를 구사할 기회가 많고 문어보다는 구어적 접촉이 빈번하기 때문에 이들을 대상으로 한 구어 담화 분석은 매우 필요하다고 할 수 있다. 여기에서는 여성 결혼이민자의 구어 담화에 나타나는 특징을 살펴보기 위해 2장에서는 선행 연구들을 정리해 보고 3장에서는 연구 방법을 정리한 후 4장에서는 언어 사용 특징을 발음, 통사, 어휘, 담화로 나누어 살펴보고자 한다.

2. 선행 연구

언어 관찰에 관한 본격적인 연구는 아니지만 다문화가정 아동의 언어 환경을 조사한 연구인 정은희(2004:33-52)가 있다. 이 연구에서는 국제결혼 가정 아동의 언어 환경을 둘러싼 변인 중의 한 가지로 외국인인 어머니의 언어특성을 밝히고 있는데 어머니의 한국어 학습기간 및 교육 기관에 대한 질문에 68%가 별도로 학습한 적이 없고 결혼 후 자연 습득되었다고 밝히고 있다. 특히 아동의 표현 언어 발달에 있어서는 68%의 아동이 표현 언어 발달 지체 가능성을 보여주고 있다. 이는 여성 결혼이민자의 언어 습득이 얼마나 중요한지를 반증해 주는 자

---

2) 한국사회 적응의 장애요인을 정리한 권미경(2006:126-158)에서는 장애요인으로 의사소통의 어려움, 문화차이의 벽, 순종적 여성에 대한 요구, 높은 취업의 문턱, 교육정보 부족과 지나친 교육열, 차별과 편견의 여섯 가지를 정리하였는데 이 중에서 의사소통의 어려움을 첫 번째로 꼽고 있다. 특히 교육기관이나 교재를 통해 한국어를 제대로 배워 본 적이 없기 때문에 일상적인 한국어 사용조차도 무척 어려워하며 가족과의 의사소통에서 어려움을 많이 겪고 있다고 보고하고 있다.

료라고 할 수 있다.

광주 전남 지역의 여성 결혼이민자의 언어 사용 능력에 대한 연구인 김현숙(2008:41)에서는 한국어 능력의 차이와 다른 변수와의 분산분석을 실시하여 여성 결혼이민자의 한국어 능력은 사용 언어, 본인 국적, 결혼지속 기간, 남편의 학력이 유의미한 차이를 밝혔다. 그러나 이 연구는 언어적응 요인 구성을 5단계의 리커트척도로 한국어 능력 4문항과 남편의 아내 모국어 사용 능력 4문항으로 구성하고 있어 매우 주관적이라는 것이 한계라고 할 수 있다.

김선정(2006:6-11)에서는 대구경북지역 결혼 이주여성 한국어교육에 대한 연구를 통해 여성 결혼이민자 언어의 대략적 특징을 다음과 같이 제시하고 있다.

(1) 표준어보다 지역 방언에 익숙함.
(2) 체류기간이 오래된 학습자일수록 읽기·쓰기에 더 큰 관심을 보임.
(3) 언어예절에 대한 체계적인 지식이 부족함.
(4) 잘못 습득된 언어표현이 많고 이 표현들이 고쳐지지 않음.
(5) 부정확한 발음이 많음.
(6) 실생활 어휘를 많이 알고 있음.
(7) 문법에 대한 지식 없이도 바로 문장을 생성함.

위의 내용 중 (2)는 언어 사용과 다소 거리가 있지만 나머지 항목 특히, (4), (6), (7)의 경우 Krashen & Terrell(1983:27)이 설명하고 있는 습득의 특징을 그대로 보여준다고 할 수 있다. 특히 문법적 지식을 습득하는 학습이 아닌 생활 속에서 한국어를 받아들이고 있는 습득으로서의 특징을 보여준다고 할 수 있다. 공식적인 교육보다는 자연스러운 습득의 과정에 있기 때문에 나타나는 특징이라고 볼 수 있다. 글말보다 입말을 통해 언어를 먼저 습득하기 때문에 잘못 습득된 언어표현을 고치지 못하고, 문법에 대한 지식 없이도 바로 문장을 생성할 수 있다는 것은 '습득'의 일면을 그대로 보여준다고 볼 수 있다.

여성 결혼이민자의 언어 사용에 대해 본격적으로 살펴본 연구는 왕한석(2007:71-348)에서 이루어졌는데, 인류학적인 접근과 사회적인 적응에 대한 관찰을 통해 참가자들의 언어적 특징을 분석하고 있다. 계량적인 방법이 아닌 대략적인 특징을 기술하는 방식을 통해 농촌지역 여성 결혼이민자의 언어 사용 특징을 간략히 기술하고 있다. 언어 사용에 관한 특징을 음운적인 특징, 문장 구성상의 특징, 조사, 높임법, 시제-상, 부정법, 대명사 사용, 호칭 등으로 정리하였는데 몇 가지 주요 특징을 정리해 보면 다음과 같다.

(1) 음운적인 특징

ㄱ. 예사소리, 거센소리, 된소리 구분 불가

ㄴ. 받침 발음 오류가 많음.

ㄷ. 이중모음이 부정확하며, 모음 /ㅡ/와 /ㅣ/의 삽입이 빈번함.

(2) 어순 및 문장 구성의 특징

ㄱ. 베트남 여성의 경우 모국어의 영향으로 SVO 어순이 가끔 나타남.

ㄴ. 단어 나열식 문장 구성이 많음

ㄷ. 복문은 거의 등장하지 않음.

(3) 높임 표현

ㄱ. 덩어리로 높임법 표현

ㄴ. 일본인의 경우 완벽한 높임법 실현

이처럼 여성 결혼이민자를 대상으로 한 언어 사용에 대한 연구는 많지 않으며, 몇 편의 연구에서 정리한 언어 사용의 특징 역시 질적 연구의 부차적 요소이거나 아동 언어 발달을 관찰하기 위한 변인으로서 교재 개발을 위한 사전 요구분석적 성격 등으로 이루어져 언어 자체에 대한 본격적인 관찰은 이루어지지 못하고 단지 부차적인 요소로 이루어지고 있다고 볼 수 있다.

3. 연구 방법

3.1. 연구 대상 및 연구 절차

이 연구의 대상인 여성 결혼이민자는 '습득(비공식 교육, 자연 언어 습득)'의 과정으로 한국어를 접하고 있다고 할 수 있다(Krashen & Terrell, 1983:27-47).[3] Krashen & Terrell에서는 문법 중심의 언어 학습에 대한 비판을 통해 '습득'의 과정은 일상 대화를 통해 이루어진다고 보았으며, 이러한 일상 대화는 문법적 정확성을 생각할 정도로 천천히 이루어지지 않으

---

3) Dulay and Burt (1980)은 학습자들이 미리 결정된 정확성의 기준 - 보통 90 퍼센트 - 을 위해서 자질을 사용해야 한다고 보았다. 따라서 '출현(emergence)' 혹은 '개시(onset)'로서의 습득과 '정확한 사용(accurate use)'으로서의 습득으로 구별할 수 있다. 그러나 여기에서 사용하는 '습득'은 언어를 정확하게 사용하는 것에 초점을 둔 것이 아닌 의사 표현 가능성 정도에 초점을 두고 논의를 진행하고자 한다.

며 화자의 관심이 어떻게 말하느냐가 아니라 무엇을 말하는가에 무게가 실린다고 주장하고 있다. 특히 습득과 학습을 모국어 습득과 언어 학습으로 나누고 있는데 다음과 같은 표로 정리하고 있다.

<표 1> 습득과 학습의 구분(Krashen & Terrell 1983: 27)

습득과 학습의 구분	
습득	학습
어린이의 모어 습득과 유사	언어에 대한 공식적인 지식
언어를 'picking up 하는 것'	언어에 대해 '아는 것'
무의식적	의식적
암시적 지식	명시적 지식
공식적 교육이 도움이 되지 않음.	공식적 교육이 도울 수 있음.

학습은 언어에 대한 공식적인 지식이며, 언어에 대해 '아는 것'이라고 보았다. 그리고 학습을 통해 언어 지식을 명시적으로 학습하고 있다고 보았으며 공식적인 교육이 언어 지식을 학습하는 데 도움이 된다고 보았다. 반면 습득은 어린이의 모어 습득과 유사하며, 언어를 'picking up(줍는 것)'이라고 보고 있다. 또한 언어에 대해 무의식적인 인식 과정을 거치며, 암시적 지식을 통해 습득된다고 하였다. 특히 공식적인 교육이 언어 습득에 도움이 되지 않는다고 주장했다. 단지 의식적으로 학습된 지식은 발화의 정확성을 모니터링하는 역할을 할 뿐이라고 보았다. 그러나 의식적인 학습은 실제 발화의 정확성을 모니터링 할 수 있을 뿐만 아니라 실제 언어 사용을 가능하게 하며, 단순 입력만으로 이해하지 못하는 것들을 이해하도록 한다.

습득과 학습을 구분하지 않고 사용할 때 공식적인 교육 즉 학습이 언어 습득에 전혀 도움이 되지 않는 것은 아니다. 오히려 공식적인 언어 학습 경험이 없는 여성 결혼이민자의 경우 발화의 완결성이 낮고 자신의 발화에 대한 자신감이 무척 낮다는 것을 알 수 있다. 비록 '습득'의 과정과 비슷하지만 성인이기 때문에 '구조적 지식'에 대한 '학습'은 '습득'을 촉진하게 하는 견인차 역할을 한다고 할 수 있다.

대부분의 제2 언어 학습자들이 그렇듯이 언어 습득의 초기 단계에는 발화의 정확성이 매우 낮고, 완전한 문장의 형태가 아닌 간단한 구조를 사용한다. 또한 기능어 혹은 문법적 표지를 거의 포함하지 않는다. 한국어와 전혀 다른 구조나 특성을 지닌 언어를 모국어로 하는 화자의 경우 한국어와 비슷한 언어적 특성을 지닌 언어의 모어 화자들보다 앞에서 말한 초기 언어와 같은 발화의 지속 시기가 길어질 것이다. 이러한 시기를 단축시키는 데에 필요한 것이 '구조 적 지식'이라고 볼 수 있다. 목표 언어에 대한 구조적 이해가 이루어질 때 좀 더 복잡한 구조 의 습득이 앞당겨질 것이다.[4]

여성 결혼이민자들은 경제적, 시간적 제약으로 인해 교육기관을 통해 한국어를 배울 기회 를 갖지 못하고 일상생활에서 가족들과 접촉하면서 기본적인 일상어와 의사소통 방법을 배우 고 있는 상황이다. 따라서 이들이 어떤 상황에서 어떤 단계를 거쳐 한국어를 습득하고 있는지 를 살펴보는 것은 매우 필요한 작업이다. 그렇지만 선행 연구에서 살펴보았듯이 현재까지 이 루어지고 있는 연구가 "외국어로서의" 한국어 학습에 관한 것들이어서 연구의 내용 대부분이 정확한 한국어 학습에 초점을 두고 있다. 따라서 일상생활에서 자연스럽게 한국어를 습득해야 만 하는 "여성 결혼이민자"들에 대한 연구는 거의 이루어지고 있지 않다.

이 연구에서는 일상생활 속에서 언어를 습득하고 있는 "여성 결혼이민자"의 자연스러 운 언어 사용 양상을 관찰하기 연구 참여자를 선정하였다.[5] 연구 참여자는 일본, 중국, 베트남 여성 결혼이민자로 일본어 모어 화자의 연령대는 40대 초반이며 한국 거주 기간 은 약 15년, 중국어 모어 화자는 30대 중반으로 한국 거주 기간은 약 3년 정도이다. 이 에 반해 베트남어 모어 화자는 20대로 한국 거주 기간은 평균 4년 정도이다. 학력은 중 학교 졸업 1명, 고등학교 졸업 4명, 전문대학 졸업 1명, 대학 졸업 3명이다. 가정에서는 대부분 한국어를 사용하지만 중국어 모어 화자의 경우 중국어 사용이 90%를 넘는데 이 는 대화 상대자인 남편이 중국어 구사가 가능한 경우이다. 이 외에는 대부분 가정에서 한국어를 주로 사용하고 있으며 주된 대화 상대자는 자녀가 있는 경우는 자녀이며, 자녀 가 없는 경우에는 남편이라고 대답하였다. 한국어가 가장 필요한 경우를 물었을 때 생활 전반, 공공 기관, 가정, 직장의 순으로 대답하였다.

---

4) Ellis(1994:654-660)에서 교실 교육의 의의와 필요성에 대해 자세히 정리하고 있다.

5) 이 외에도 불규칙 동사 활용이 제대로 이루어지지 못하는 특징과 '남편랑-남편이랑(IC6), 주차 공간가 없어서-주차 공간이 없어서(IC6), 자동차이나-자동차나(IV4)와 같은 이형태 사용의 부정확성도 특징 적으로 나타났다.

<표 2> 연구 참여자 기본 정보

	일-1 (IJ1)	일-2 (IJ2)	일-3 (IJ3)	베-1 (IV1)	베-2 (IV2)	베-3 (IV3)	중-1 (IC1)	중-2 (IC2)	중-3 (IC3)
집에서 사용하는 언어	한국어 50 일본어 50	한국어 95 일본어 5	한국어 90 일본어 10	한국어 100 베트남 0	한국어 100 베트남 0	한국어 95 베트남 5	한국어 100 중국어 0	한국어 5 중국어 95	한국어 10 중국어 90
직업	없음	영업	없음	없음	없음	외국어 강사	외국어 강사	외국어 강사	외국어 강사
체류 기간	15년	12년	15년	6년	4년	4년 반	3년	3년	4년
공식교육경험	없음	없음	없음	없음	없음	없음	없음	없음	없음
대화 상대	자녀	자녀	자녀	가족	자녀	남편	남편	자녀	남편
한국어 사용	공공 기관	생활 전반	자녀와 대화	남편과 대화	공공 기관	생활 전반	생활 전반	공공 기관	직장

연구 절차를 살펴보면 다음과 같다. 먼저 장기 연구로 진행되었기 때문에 연구 참여자로서의 활동이 가능한 대상자를 선발하여 이들에게 연구 참여자로 활동할 수 있는지에 대한 사항과 자료 사용에 대한 동의를 얻은 후 실시되었다. 첫 모임을 가진 후 연구 대상자의 기본적인 인적 사항 및 교육 배경에 관한 인터뷰를 아래의 항목에 따라 실시하였다.

　　현재 살고 있는 곳, 가족, 모국어, 고향, 민족, 어머니 출생지, 아버지 출생지, 집에서 사용하는 언어, 최종학력, 직업, 한국 체류 기간, 주된 대화 상대, 자녀의 이중언어 사용, 가장 자주 만나는 사람, 만나서 사용하는 언어, 한국말을 많이 쓰게 되는 상황6)

　　둘째, 이들의 언어 능력을 진단해 보기 위해 한국어능력시험(TOPIK) 기출 문제 중 4급(50%)과 5급(50%)의 어휘·문법 시험 50문항을 골라 시험을 실시하였다. 시험 실시 결과 평균 65점을 획득하여 문어적 능력은 TOPIK 기준 4급 정도의 수준으로 나타났다. 이는 한국어교육기관에서 약 800시간 정도의 학습이 진행된 학습자의 언어 능력과 비슷하다고 볼 수 있지만 읽기, 쓰기, 듣기 영역에 대한 평가는 배제하였고 세밀하게 측정된 평가가 아니었기 때문에 일반화하기에는 무리가 있다.

---

6) 질문 항목은 서상규·구현정(2002: 83-84)을 참고하였고 연구의 특성 상 언어 사용에 대한 질문을 몇 가지 추가하였다.

셋째, 중국, 일본, 베트남으로 구성된 3인 1조 포커스 그룹 형식의 그룹 인터뷰를 통해 이들의 언어 사용 양상을 관찰하였다.[7] 그들의 구어 담화에 나타나는 언어적 특징을 포커스 그룹 토론 방식을 통해 자료를 수집하여 분석하였다.

넷째, 그룹 인터뷰 과정에서 녹화 및 녹취한 자료들을 전사하였다. 전사는 철자법 수준에서 이루어졌으며 구어의 특징을 반영하기 위해 휴지 및 대화 겹침 등을 함께 표기하였다. 아직 자료에 대한 분석이 완전히 끝나지 않았기 때문에 이 연구에서는 발음, 통사, 어휘, 담화 차원의 대략적인 특징들을 살펴보겠다.

3.2. 포커스 그룹 인터뷰

포커스 그룹 인터뷰는 개별 인터뷰나 참여 관찰에 의해 수행된 연구를 전적으로 대체할 수는 없지만, 개별 인터뷰나 참여 관찰 방법으로는 쉽게 얻을 수 없는 형태의 자료를 얻을 수 있다는 특성이 있다. 특히 이 방법의 장점은 특정 주제에 대한 상호작용을 관찰할 수 있다는 데 있으며 개별 인터뷰에 비해 연구 참여자의 긴장도가 낮아진다는 것에 있다(David 1997:5-17).

이것은 이해가능한 입력의 중요성을 강조하면서도 이러한 이해가능한 입력이 전부가 아니라 정의적인 전제조건이 중요하다고 주장한 Krashen(1985)의 의견과도 일치한다. 즉, 입력이 습득 과정에 완전히 사용되기 위해서는 발화자가 편안한 상태에서 대화 상대자에 대한 긍정적인 태도와 자신에 대한 자신감이 전제된다는 것으로 인터뷰에서 낮은 긴장 속에서 자신의 언어 사용을 편안하게 하기 위한 가장 적절한 방법이 포커스 그룹 인터뷰이다. 실제로 인터뷰 진행 과정을 관찰해 보면 연구 참여자들이 인터뷰 초반에 비해 중후반부로 갈수록 카메라, 녹음기 그리고 녹음실 분위기를 어색하게 느끼지 않고 자연스럽게 발화하는 것을 관찰할 수 있었다.

자연스러운 언어 사용 양상을 관찰하기 위해 이 연구에서는 10가지의 주제를 선정하여 포커스 그룹 형식으로 인터뷰를 진행하였다. 주제는 주제에 대한 연구 참여자의 친근감 정도 및 자연스러운 구어 담화가 가능할 정도의 사회적 주제가 무엇인지를 고려하여 선정하였다. 인터뷰 과정에서 연구자는 비참여관찰자이며 인터뷰 진행은 보조연구원이 그룹 내에서 실시하였다.

---

7) 국적의 선택 기준은 국제결혼을 한 2006년 법무부(자료: 법무부, 『국내 결혼이민자 현황』 데이터베이스 원자료, 2006 계산.)자료에 따라 중국, 베트남, 일본으로 정하였다. 2008년 6월 법무부 자료 결과에도 1위는 중국, 2위 베트남, 3위 일본으로 나타났다.

포커스 그룹은 한국어 의사소통 과정에서 모어 개입의 가능성을 최소화하기 위해 베트남-일본-중국을 1개 조로 편성하여 한 달에 한 번씩 모여 해당 주제에 대해 2-30분 정도 토론을 하는 방식으로 진행하였다. 토론의 주제와 녹화 분량은 다음과 같다.

<표 3> 토론 주제 및 녹화 분량

	주제	녹화 분량(분)		
		1팀	2팀	3팀
1	자기 자신과 가족을 소개해 봅시다.	59	46	61
2	한국과 여러분 나라의 교통 제도를 비교해 봅시다.	49	38	37
3	한국의 자선과 기부 문화에 대해 어떻게 생각합니까?	27	40	25
4	가장 기억에 남는 명절에 대해 이야기해 봅시다.	39	23	20
5	한국의 교육제도의 장점과 단점에 대해 이야기해 봅시다.	36	26	22
6	한국 사람에게 배우고 싶은 것과 배우고 싶지 않은 것	18	21	20
7	스트레스를 언제 받고 어떻게 스트레스를 풉니까?	22	22	20
8	가장 좋아하는 한국 드라마나 연예인은 누구입니까?	20	23	17
9	한국에 살면서 남녀차별을 느낀 적이 있습니까?	20	20	20
10	하루의 일과를 자세히 이야기해 봅시다.	32	22	22

원활한 토론 진행을 위해 토론의 전반부인 5주제까지는 간단한 질문지를 작성하여 7-8개의 항목을 구체화하여 이야기를 할 수 있게 하였으며, 6주제 이후부터는 주제만 제시한 후 자유 토론의 형식으로 진행하였으며 보조연구원의 개입도 최소화하였다.

3.3. 담화 전사

녹화 및 녹음 자료의 상태를 확인 후 철자법 수준의 1차적인 전사를 실시하고 다음과 같은 전사 원칙을 정하였다. 가장 기본적인 원칙은 철자법을 원칙으로 하며 표준 발음이 아닌 경우는 소리 나는 대로 전사하고 괄호 안에 표준형을 밝히고자 하였다(예: IC3: 그냥 산 닌 챈(3년 전)-). 이러한 변이형은 별도의 파일로 정리하여 표준형에서 발생하는 다양한 변이형의 목록을 별도로 작성하였다. 띄어쓰기는 띄어쓰기 원칙에 맞게 입력하였으며 숫자는 한글로 표기하였다.

여러 사람이 동시에 같은 대답을 하는 경우 '[1.2.3. 네]'로 정하였으며 유난히 웃음이 많은 여성 결혼이민자의 웃음소리를 〈vocal desc = '웃음, 하하'〉로 정하였다. 구어의 특성을 살리기 위해 줄바꿈의 경우 억양의 단위에 따라 줄바꿈을 하여 다음과 같이 처리하였다. 또한 잘

들리지 않는 부분은 세종 표기에 따라 〈X X〉와 같이 표기하였다. 구어의 가장 중요한 특성이 반영된 짧은 침묵, 긴 침묵, 말 줄임, 등은 {침묵 시간}으로 표기하였다. 그리고 어떤 소리인지 분명하게 인식할 수 없는 '음, 어, 웅, 그, 저기, 그거, 에, 아' 등과 같은 담화표지 경우 '~' 로 표기하는 것을 원칙으로 정하였다. 또한 겹침 발화의 경우 어느 발화가 겹쳤는지 번호를 붙여 표시하였으며 상대방이 말을 하고 있을 때, 듣는 사람이 상대방이 말하는 중간 중간 "웅"이라는 대답을 계속 할 경우 시작점과 끝나는 지점을 함께 표기하였다. 구어 담화에서 반복적으로 나타나는 목청 가다듬는 소리는 〈vocal desc='목청 가다듬는 소리, 으음'〉로 표기하였다. 전사 전에 녹화 자료의 상태를 먼저 확인한 후 1차적인 전사를 실시하였고 전사 과정의 문제점을 검토한 후 〈세종 전사 지침〉에 의거하여 다음과 같은 전사 지침 체계를 마련하였다.

〈표 4〉 구어 전사 지침 및 기호

	전사 지침 및 기호	전사의 예
끊어진 단어	=	IV2: 남편 착한 착하=착하면 좋겠어.
담화표지	~	IV2: 근데~ 또 의심해요.
하강 억양	.	IC3: 웅. 구십구년.
상승 억양	?	IJ1: 그래요?
휴지	{ }	IV2: 그래요? IC3: 웅. IV2: {1.5}제 남편 때문에-
장음	::	SV2: 진짜요. 근데~:: 일본 가 일본:: 그 모습 일본 어떤 일본 스타일
겹치는 발화	[ ]	IV2: [1제가1] IC3: [1진짜1] 잘 먹어[2요::.2] IV2: [2한2]국 왔어요.
웃으면서 말하는 부분	〈@ @〉	SV9: [1저는::1] 내일 모레 아, 목요일 날 〈@갈 거예요.@〉
박수치면서 말하는 부분	〈# #〉	IJ1: 〈#아! 맞다, 맞다. XX하는데#〉

4. 구어 담화의 특징

여성 결혼이민자의 발화에서 나타나는 중간언어적인 특징의 발현에 영향을 미치는 변인에는 사회적 거리감과 연령을 꼽을 수 있다. 먼저 Gass & Selinker(2001)에 의하면 아이들이 더 빨리 습득하는 이유로 사회심리학적 원인을 들고 있는데 첫째, 성인들은 자신의 억양에 부여하는 자아감을 포기하지 않기 때문이며[8] 둘째, 아동보다 더 훌륭한 인지적 능력이 있지만 반대로 한 언어를 학습하는 과업에 특정한 언어습득 장치의 인지적 능력을 활용하는 것이 덜 성공적인 학습의 결과를 가져올 것이라고 가정했다. 셋째는 두뇌의 유연성 또는 융통성의 상실도 성인 학습자의 문제로 들고 있다. 넷째로 아동들은 성인이 아동의 이해를 위해 조정된 유형의 언어학습에 대한 더 나은 입력을 접하게 되기 때문이라고 보았다.

연령과 관련된 많은 실험 연구가 있지만 Johnson & Newport(1989)의 실험에 의하면 제2언어가 사용되는 나라에 도착한 연령의 차이를 기초로 해서 숙달도를 조사하였는데 학습자들이 그 나라에 도착했을 때의 연령 분포는 3세부터 39세까지였다. 제2언어의 통사적 지식을 측정하기 위한 검사에서 학습자들의 수행은 단지 사춘기까지만 도착 연령과 직접적으로 관련되었다고 밝혔다. 사춘기 이후의 학습자들은 일반적으로 숙달도가 낮았지만 도착 당시의 연령과는 관계가 없었다고 밝히고 있다(Gass & Selinker 2001:335-344).

이 연구에서는 성인 학습자 혹은 언어 습득자로서의 여성 결혼이민자 언어가 가지는 구어 담화의 특징을 발음, 통사, 어휘, 담화 범주로 나누어 살펴보고자 한다.

4.1. 발음의 특징

여성 결혼이민자의 경우 전반적으로 발음의 정확성이 낮다고 볼 수 있다. 이는 자신이 발화한 소리의 정확성보다는 자기가 표현하고자 하는 내용 전달의 성공 여부에 관심을 두기 때문인 것으로 보인다. 또한 가정 내에서 자신의 발음을 정확하게 이끌어주는 과정 없이 개인적으로 소리를 듣고 흉내 내면서 배우기 때문에 잘못된 습관이 화석화되어 발생하는 오류들도 많이 나타난다.[9]

한국어 발화 시 구현되는 발음이나 운율은 모국어의 음절구조, 강세, 억양의 영향을 많이 받는 부분이기 때문에 언어권별로 상이한 양상을 나타낼 수밖에 없다. 여기에서는 언어별로 양상은 다르지만, 같은 분야에서 나타나는 특징을 중심으로 정리하였다.

먼저 개별 음소 발음과 음절의 오류이다. 언어권별로 양상은 다르지만 대체적으로 모국어

---

8) 이러한 사회심리학적인 문제는 여러 가지에서 발견되는데 Schumann(1978a, 1978b)은 문화 변용 모형을 통해 문화 변용(사회적·정서적 변인으로 구성된)은 제2언어 습득의 원인이 되는 변인으로 꼽았다. 즉, 학습자가 문화 변용을 하면 학습을 할 것이고, 문화 변용을 하지 못하면 학습하지 못한다고 보았다. 그러므로 문화 변용은 중간단계의 접촉과 마지막 결과인 습득을 포함하는 연쇄 반응을 일으킨다고 보았다(Gass & Selinker 2001:332-335).

9) 이 부분은 전사 과정에서도 드러났는데 어휘적 오류로 인한 것보다 훨씬 심각한 수준의 발음 오류가 많았기 때문에 전사를 하는 데에 시간이 많이 소요되는 요인으로 작용하였다.

에는 없는 음운을 발음하여 구현할 때 오류가 많이 나타났다. 일본어 모어 화자의 경우 음절말 자음 'ㄴ', 'ㅇ', 'ㅁ'의 발음 오류가 공통적으로 나타났다. 일본어의 음절말 자음 [n]과 [ŋ]은 「ん」이 실현되는 환경의 변이음으로 나타나기 때문에 한국어 발음에도 영향을 미치는 것으로 보인다.

그리고 모음 발음에 있어서도 일본어 모음 체계에 없는[ㅓ], [ㅡ],[ㅜ] 발음의 오류도 많이 나타났으며 가족[가조끄], 추석[추석끄]와 같이 음절말 폐쇄 자음 발음 시 'ㅜ'모음 삽입 오류가 다른 화자에 비해 두드러지게 나타나고 있다. 이는 다른 언어권 화자에게서는 볼 수 없는 현상으로 한국어와 일본어의 음절 체계 차이로 인한 간섭 현상에서 비롯된 오류라고 볼 수 있겠다.

(1) ㄱ. IJ5: 네네~그때는 오쇼가쯔 때는 이렇게 하고 끝나요. 네 집에서 그 <u>가조끄</u>들이 모여서 일월 일일을 거 식사 같은 거 트 특별히 만들 만들고

ㄴ. IJ5: 아 일본은:: 여름에 해요. 무덤 무덤에, 겨울에는 추우니까 무덤에 안 가고 일본은 <u>추석끄</u>도 있어요. 추석 때 무덤

중국어 모어 화자들은 음소 발음 시 평음과 경음, 마찰음의 잘못된 실현이 눈에 띈다. 또한 설측음의 오류가 두드러지게 나타났는데 특히 특정 화자의 경우 유음이 첫 음절의 받침으로 오는 경우 생략하고 할머니[하머니], 칠월[치월]로 발음하는 경우가 많았다. 중국어에는 없는 이중모음 [ㅓ]발음의 오류는 공통적으로 나타났다.

(2) ㄱ. IJ2 : 구월 구일 모르겠어요. 구월 구일 뭐 뭐이가 있나?

IC3: 어:: <u>하머니 하버지</u>

IJ2 : 할아버지 할머니?

베트남어 모어 화자들의 경우 개별 음소 발음은 다른 모국어 화자에 비해 정확하게 구현하는 편이었는데 이는 베트남어가 단음절어적 경향이 강한 언어이기 때문에 나타나는 현상으로 보인다.

다음으로 음운 규칙 실현의 오류 현상이다. 일본어 화자의 음운 규칙 실현에 있어서는 유음화와 비음화 구현에서 오류를 보였다(설날[설:날], 양력[양:력]). 일본어에서는 비음화를 거의 적용하지 않기 때문에 나타나는 오류로 보인다. 이 음운 규칙의 오류는 중국어 모어 화자에게서도 나타나는데 중국어에는 비음화와 유음화가 없기 때문이다. 베트남어 모어 화자의 경우

베트남어는 단음절어적 경향이 강한 언어로 이 영향 때문에 한국어 문장 발화 시 말토막이나 말마디 단위로 발화하기보다는 음절 단위로 끊어서 발화하는 경향이 강했다. 따라서 음운 규칙이 실현되지 못하는 경우가 많았고 어절 간 연음 현상도 적용되지 않는 경우가 많았다. 그리고 각 음절을 길고 정확하게 발음하다 보니 단어나 어절, 문장 사이에 나타나야 하는 휴지가 한 단어 안에서 나타나는 현상이 두드러졌다(한국에서는[한:국:에서는]). 이로 인해 다른 화자에 비해 문장 발화 시간도 길게 나타났다.

앞에서 지적한 개별 음소 발음과 음운 규칙 실현에서의 오류는 운율 자질 중에서도 악센트(accent)와 억양 구현에도 직간접적인 영향을 끼친다고 할 수 있다. 일본어 모어 화자의 경우 일본어 고저악센트의 영향으로 말토막 사이 첫음절 강세 현상이 두드러지게 나타났다. 또한 말마디 억양구에서 주로 긴 상승조로 발화하는 경향이 강했다. 중국어 모어 화자들의 경우에도 문장 발화 시에도 각 말토막의 첫 어절에 강세를 두고 높게 발음하거나 중국어 성조가 적용되어서 어색하게 느껴지는 경향이 있었다. 또한 문장 발화 시에도 말토막이나 말마디 첫 음절의 길이를 길게 발화하는 경향이 강했는데 베트남어 성조의 영향으로 보인다. 베트남어 모어 화자의 경우 문장 발화 시 말토막 사이 첫 음절의 길이를 길게 발화하고, 음절이나 말토막으로 끊어서 발화하는 경향이 짙었기 때문에 강세구나 억양구와 같은 운율 자질이 거의 실현되지 않는 모습을 보였다.

4.2. 통사적 특징

여성 결혼이민자의 구어 담화에서 나타나는 통사적 특징은 구문 분석을 통해 살펴볼 수 있는 것은 추후 과제로 미루고 전사 과정에서 표면적으로 포착할 수 있는 것만으로 한정하여 정리해 보았다. 한국어 모어 화자의 구어 발화보다 조각문 발화가 빈번히 나타나는데 이는 상황 맥락적으로 이해가능한 것들이 대부분이기 때문에 구문적으로 잘못된 것인지 판단하기가 어렵다. 특히 생략에 대해 어떻게 처리할 것인가가 중요한 문제라고 할 수 있다. 모어 화자의 담화에서 나타나는 생략 현상과 외국인의 생략은 다소 다르게 볼 수 있을 것이다.[10]

통사 혹은 구문 단위에서 나타나는 특징 중 가장 눈에 띄는 것은 첫째, 일본어 모어 화자 연구 참여자의 경우 직접 인용격 조사 '라고'를 과도하게 사용한다는 것이다. 한국어의 간접 인용은 동사의 종류와 문장 유형에 따라 다양한 어미 변화가 수반되기 때문에 이에 부담을 느

---

10) 이숙(2008:221-226)에서는 생략의 대상은 구정보에 해당하는 요소이며 생략 요소의 결정 기준은 정보의미의 중요도에 있다고 보았다. 이러한 생략의 현상을 외국인 화자 발화에서도 발견할 수 있었지만 다르게 나타나는 생략 현상도 발견되었다.

낀 학습자가 이를 피하기 위해 직접 인용 화법을 사용하는 것으로 보인다. 일본인 모어 화자에게만 이러한 현상이 나타나는 것은 일본어의 인용 표현 '(문장)+といいます。'의 직역에 의한 것으로 유추해 볼 수 있다. 이에 비해 베트남어 모어 화자나 중국어 화자에게서는 인용 표지 없이 '비빔밥 어려워? 몰라요'와 같이 그대로 직접 연결하는 경향이 두드러진다.

(3) ㄱ. IJ4: 베트남이나 거기서 시집 왔는데 한 번도 친정집에 못 가는 분들도 있다라고 들었어요.

　　ㄴ. IJ5: 근데 옛날에 한국에는 여자 애기 가지면 수술까지 했다라고 들었는데 그런 거는 일본은 많이 없어.

　　ㄷ. IJ5: 지금은 시어머님이 아주버님이나 남편한테 같이 일해라고 도와줘라고 해요. 하세요.

부정 표현의 경우 "동사+지 않다"를 사용하지 않고, "명사+이/가 아니다"에 쓰이는 '아니다' 또는 부정부사 '아니'나 '아니고'를 동사 뒤에 그대로 사용하는 경우가 발견된다. 또 앞 문장이나 단어 전체를 부정할 때에도 '아니고'를 사용하는 경우가 많다.

(4) ㄱ. IV4: 아니요. 안:: 배우지 아니고 아줌마,. 한국 아줌마처럼 뭐::아니요. 배우지 아니고...

　　ㄴ. IJ2: 괜찮아 아니고 믿어요, 안 믿어요?

　　ㄷ. IJ2: 운동 아니고 여행하는, 사이클링 하는 사람 뭐라고 하나?

　　ㄹ. IV4: 안 봐 아니고 못 봐〈Vocal desc='웃음,흐'〉

이 외에도 문장을 연결해서 길게 발화하지 않고 짧게 여러 문장으로 발화하는 특징이 있는데 이는 구어의 특징이기도 하지만 완전한 메시지 전달이 잘 안 되게 하는 특징 중의 하나이다. 그리고 문장구조 순서가 뒤바뀌거나 하나의 내용이 완료되지 않고 다른 내용으로 전환되거나 원래 내용이 끊겨버리는 특징이 있다.

(5) ㄱ. IJ8: 옛날에 안했죠. 안::했어요. 옛날 옛날 우리 아버지:: 이때는:: 그때는:: 그죠.

　　ㄴ. IC9: 그거 뭐 니가 하다 니가 하라 내가 하라 니가 여자니까 니가 해야 된다 그런 거 없어요.

　　ㄷ. IJ8: 애 들이 보통. 보통. 어:: 보고. 자는 거 다 열두(12) 시 정도에. 열두(12) 시나

　　　　한(1) 시.

　　ㄹ. IC9: 사람이 바::쁘게 움직이 맨날 밥 집에서만 있지 말고 나와서 무료 내가 무료
　　　　　　학원 몇 개 알려줄게 가서 다녀. 여기도 무료 학원 있잖아요. 뭐 춤도 배우
　　　　　　고:: 뭐 이렇게:: 한글도 배우고 한국말 배우고. 아니 요즘에 한국 학원 학교
　　　　　　안 다녀? 낮에?

또한 조사 사용과 관련한 특징이 있는데 이는 한국어의 통사 구조에서 조사가 차지하는 비
중이 크기 때문이라고 볼 수 있다. 문장에서 조사는 단순한 격 기능을 넘어 다양한 의미를 나
타내기 때문에 오류가 많은 편이다. 일반적으로 구조격 기능이 두드러진다고 논의되는 주격,
목적격 조사도 담화 차원에서는 오히려 의미 기능을 강하게 보인다. 이런 점에서 한국어의 조
사는 모두 그 자체가 어휘적 요소라고 해도 과언이 아니다. 가장 많이 드러나는 현상은 목적
격 조사가 쓰일 자리에 주격 조사를 대치하거나 '에'와 '에서'를 잘못 쓰는 경우이다.11)

어휘적으로 굳어진 것처럼 보이는 조사 오류도 발견된다. 다음 예와 같이 '집'이라는 명사의
경우 그것이 장소가 아닌 의미로 사용되었을 경우에도 항상 '에'가 결합되어 나타난다.

　(6) ㄱ. IJ5: 시어머니는 재산은 많이 없는데, 집에 하나밖에 없어요. 그 집에는 장남 아주
　　　　　　버님 거라고.

　　ㄴ. IC9: 그 집에는 시어머니 집이에요.

　　ㄷ. IJ8: 큰 집에보다 좀 예쁘게 봐 주시는 거 같애요.

다음으로 주격 조사와 보조사의 중첩 오류의 예이다. 한국어에서 주격 조사와 목적격 조사
는 다른 보조사와 중첩되어 쓰일 수 없다12). 그런데 다음과 같이 주격 조사 뒤에 '도'나 '은/
는' 등의 보조사를 사용하는 경우가 종종 발견된다.

　(7) ㄱ. IJ2: 친구 없으면 진짜 성격이도 그냥 긍정적인 마인드 없어지고 그냥 집에만 꽉 있
　　　　　　는 스타일 돼 가지고 우울증 되는 사람이 더 많아요.

　　ㄴ. IJ5: 기차밖에 없어요? 비행기가는 너무 비싸서?

---

11) 이러한 현상은 외국인들이 한국어를 배울 때 나타나는 일반적인 오류 현상이므로 여기에서는 살펴보지
　　않기로 한다.

12) 물론 보조사 '만' 등의 경우는 주격, 목적격과 어울릴 수 있으나 이때는 '만'이 쓰인 다음에 이들
　　조사가 쓰여야 한다. 다른 보조사는 연결 순서와 관계없이 중첩 사용 자체가 불가능하다.

4.3. 어휘적 특징

어휘 영역이 다른 영역보다 자연스러운 언어 구사가 돋보인다. 가장 두드러지는 특징은 생활 밀착 어휘의 사용인데 '유치원, 초등학교, 학년, 반, 학원' 등 아이들 교육 관련 어휘, '음식, 식사, 요리, 물가' 등 살림에 관한 어휘, 그리고 '엄마, 아빠, 이모, 남편, 딸, 아들' 등 친족어휘와 같은 어휘를 자연스럽게 사용한다. 또 다른 측면으로 사회적이고 추상적인 어휘 사용에서는 어려움을 겪는 것을 볼 수 있다. 이때 표현하고자 하는 것을 전략적으로 만들어내는 신조어가 나타나는데 '횡단보호, 몸약' 등이 있다.

또한 구어적 어휘 사용을 관찰할 수 있는데 '왜냐면(IV, IJ, IC), 그니까(IC), 그치만(IC), 그면(IV, IJ, IC), 이케(IV, IJ, IC)' 등의 축약이 눈에 띈다. 이러한 축약을 과잉일반화한 것으로 보이는 '스트레스〉스트레, 단독주택〉단독주'와 같은 어휘도 나타난다. 이 외에도 구어적인 표현인 '차를 끌다, 전화를 치다, 욕을 얻어 먹다' 등의 연어 사용도 많다.

어휘 중에서 수사 사용에서 어려움을 겪는 것을 볼 수 있는데 나이, 날짜, 시간, 가격 등을 이야기할 때 두루뭉술하게 이야기하기보다 구체적인 숫자 어휘를 사용해서 이야기하는 경우가 상대적으로 많으며 특히 자신과 관계없는 익숙하지 않은 수사를 사용할 때는 고유어와 한자어 수사 사용을 고민하거나 잘못된 표현을 많이 사용한다.[13)]

(8) ㄱ. IV1 : 집에 우리 조카들이 한 한 개원(일 개월)부터 −

ㄴ. IJ2 : 열, 그래도 열, 몇, 열정도 들었어요?

IV1 : −열점 들었어요.

코드스위칭(code switching)이 두 가지 유형으로 나타나는데 '네그, 난다케, 도까 등'의 간투사를 모국어로 사용하거나 자신이 모르는 어휘를 영어로 말하는 유형으로 나뉜다.

(9) ㄱ. IJ2 : 거 우리:: 그 아차산 근처 도까 간진 난다케? 간진그에 살고 있는데 거기는 큰 아파트랑 그 별로 없어요. 그 어린이공원 근처인데−

ㄴ. IV1 : − 그거 뭐지? 지하철 맵?

IJ2 : 교통 카도?

IV1 : 교통 카드 아니고. 그 맵

---

13) 수사 오류는 모어 화자의 용인가능성이 낮은 영역 중의 하나로 보인다. 수사를 바르게 사용하지 못하는 것은 유창성을 낮게 평가받을 수 있는 가장 분명한 척도인 것으로 보인다.

ㄷ. IV1 : - [십오일마다] 그 문이(달이) 제일 예쁘잖아요.

　　IJ2 : 아 펄문.

　　IV1 : 그날 때문에 그래서 제사는 해요.

4.4. 담화적 특징

담화 구성에서 나타나는 일반적인 특징은 구어 발화에 대해 그다지 부담을 갖지 않으며 그 생산성도 높다는 것이다. 앞에서 살펴본 어휘 및 통사 구조의 자유로운 사용이 이를 반증한다고 할 수 있다. 구체적으로 살펴보면 첫째, 같은 단어의 반복 사용이 빈번히 나타나며, 단어 발화시의 끊어짐 또는 어절 발화시의 끊어짐이 많다는 것이다. 구어의 가장 기본적인 특징인 반복은 잉여적 요소이며 유창성을 떨어뜨리는 요인이 되지만 달리 보면 의미 강조의 역할을 한다고도 볼 수 있다. 여성 결혼이민자의 대화에서 나타나는 반복적인 요소는 잉여적 요소라기보다는 형태 사용에 대한 자신의 발화를 점검해 가는 자기 모니터링 과정으로 작용한다고 유추할 수 있다.

(10) ㄱ. IV2 : 제가 베트남에서 사는데 <u>예쁜 예쁜</u>다고 자만 들어봤어요

　　　ㄴ. IV2 : 남편..남편 <u>착한,, 착하,, 착하면</u> 좋겠어.

둘째, 대화 상대방과의 화계에 맞지 않게 가끔 반말을 사용하는 것인데 이것은 가정에서 입력된 한국어가 반말이기 때문에 일상어에서 자연스럽게 반말이 우선되거나 높임법에 대한 습득이 부분적으로 완성된 상태이기 때문에 나타나는 중간언어적 특징으로 볼 수 있을 것이다.

(11) ㄱ. IV1 : 자기 전에 베트남어 공부해야 돼요. 글면 베트남 못 가.

　　　　IJ2 : 그래요?

　　　　IV1 : 베트남 못 가면 X죽 <u>못 잡아</u>. 〈vocal desc='웃음, 하하〉

　　　ㄴ. IC9 : 그렇게 <u>할라구</u> 했어. <u>둘이 합의했어</u>. 우리 신랑도:: 뭐 그 렇게 뭐:: 그런 편 아니에요. 제 마음대로 해요.

셋째는 발화 수정에서 나타나는 특징으로 이해하기 어려운 단어의 발음이 발화에 나타났을 경우, 화자 본인보다 상대방의 제기에 의해 발화가 수정되는 경향이 나타난다. 이는 천민지(2009:60-77)에서 지적한 것과 일치한다. 이는 대화 내용의 명료화 과정으로 대화 과정에서

적극적인 상호 작용과 함께 의미 협상도 원활히 일어난다는 것을 알 수 있다(Long, 1980). 특히 이 단계는 확인 검증, 이해 검증, 명확성 요구 단계와 같이 다양한 형태의 명료화 작업 이 진행 되는 것을 관찰할 수 있다.

(12) IC3: 아.. <u>구구년</u>.
　　 IV2: 응, 구?
　　 IC3: 응. <u>구십구년</u>.
　　 IV2: 아, <u>구십구년</u>.

넷째는 서로 간의 적극적인 의미협상 과정을 통해 정확하게든 부정확하게든 대화가 계속 진행된다는 것이다. 또한 말 겹침이나 끼어들기의 빈도가 잦았다. 이러한 말 겹침은 대화 내 용보다는 대화 참여자로서 적극적인 역할을 한다고 볼 수 있을 것이다.

(13) IJ1: [왜냐]하면
　　 IV2: [거기] 나쁜 점도 안 보여 주고
　　 IJ1: 응. 응. 〈vocal desc='웃음, 하하'〉성격이 조금 조금 네*, 어려운 사람이나 그렇 다[면]
　　 IV8: [아니면은 항상 -

끝으로 전략적 능력인데 (14)의 예문은 버스 노선도라는 어휘를 모르는 발화자가 '차로수'라 는 전략적 조어를 발화하면서 적극적인 상호작용이 일어나고 있는 예이다. 대화 상대자인 IJ2 가 '차로수'라는 단어를 듣고 계속 '노선'이라는 어휘로 수정하고 있지만 '노선'이라는 어휘를 모 르는 이 대화참여자 IV1은 다시 '풀어말하기 전략'을 사용하고 있다. Krashen(1983)은 모니터 의 이상적 혹은 최적의 사용은 제2 언어화자가 의사소통을 방해하는 것 없이 그들이 배운 규 칙을 사용할 때 일어난다고 하였다. 만약 이 대화가 학습을 통한 자기 모니터링 과정을 겪게 된다면 주저함으로 인해 대화참여가 어렵게 되고 의사소통의 실패를 가져올 수 있다고 본다.

(14) IV1 : 그 버스:: 차로수에서-
　　 IJ2 : 어.
　　 IV1 : - 그거 가는 길 [1그1]
　　 IJ2 : 아:: [1그 노선1] 그냥 다 [2찍힌2]-

IV1 : [2네.2]

IJ2 : -그림 그려져 [3있는 거3]-

IV1 : [3이쪽 가는 거3] [4어디에서 가고4]-

IJ2 : [4어어어.4]

5. 결론

본 연구에서는 여성 결혼이민자의 구어 담화를 포커스 그룹 인터뷰 방식으로 수집하여 발음, 통사, 어휘, 담화 측면의 특징을 중심으로 분석하였다. 이를 통하여 얻은 결론은 다음과 같다.

첫째, 발음에서는 여성 결혼이민자의 경우 전반적으로 발음의 정확성이 낮은 것으로 관찰되었다. 이는 화자가 발음의 정확성보다는 내용 전달의 성공 여부에 더 관심을 두기 때문인 것으로 보인다. 또한 잘못된 발음 습관이 화석화되어 발생하는 오류들도 많이 나타나고 있었다.

둘째, 통사적인 측면에서는 구어이기 때문에 나타나는 조각문 발화가 빈번히 나타나고 있으며, 가능한 짧은 단위로 의미 전달을 한다는 특징이 있다. 또한 부정 표현에서 단어 단위든 문장 단위든 '아니고'를 사용하여 부정을 하는 경향이 있으며 내용이 끝나지 않은 상태에서 다른 의미의 문장으로 쉽게 전환되는 특징이 있다. 또한 어휘적으로 굳어진 채 나타나는 조사 사용과 주격 조사와 보조사 중첩 등도 나타난다.

셋째, 어휘 차원에서 나타나는 특징은 생활 밀착 어휘의 다양한 사용 및 전략적 조어의 사용이 원활하게 일어나며 무엇보다 가장 구어적인 축약어 사용에 능숙하다는 특징이 있다.

넷째, 담화 차원에서 나타나는 특징은 단어의 중복 표현, 화계에 맞지 않는 한국어 사용, 타인주도적인 발화 수정과 대화 참여자의 적극적인 개입 등이 나타난다. 그리고 전략적 능력을 사용하여 모르는 어휘를 대화 상대자와의 적극적인 상호 작용의 결과로 얻게 되는 특징 등이 있다.

앞으로의 연구를 통해 전사 자료를 세밀히 분석함으로써 각각의 층위에서 나타나는 언어적 특징을 밝혀냄으로써 중간언어로서의 한국어의 특성을 살펴보게 될 것이다. 또한 공식 교육을 통해 한국어를 학습하고 있는 유학생들의 한국어 사용 양상과 비교하여 본다면 '습득'과 '학습'의 차이가 언어 사용에 어떻게 반영되는지를 살펴볼 수 있을 것이다.

<Abstract>

A conversational analysis of spoken language of wives of interracial marriages in Korea

Lee, Jung Hee (Kyung Hee University)

According to the increase of 'wives of interracial marriage' and 'foreign students', various studies for effective and efficient Korean education are being published for them. However, most of them centered on status of two groups and 'scheme' for desirable Korean education. It is hare to find observation studies or experiment studies on their actual language usage.

This study examines spoken language characteristic of wives of interracial marriage who are exposed the natural environment. Thus what kind of distinctive features wives of interracial marriage have when they use Korean language through focused group interview and observe what causes communication failure in the interaction and which strategies they use through operating of focused group. Particularly, it briefly looks into phonological, morphological, syntactic and conversational aspects of wives of interracial marriage.

This kind of basic study is necessary in that this can offer basic information on educational policy establishment and an appropriate curriculum establishment for wives of interracial marriage who don't have official language and culture education in the multicultural families, and learning Korean individually for communication with families.

Key Words

conversational analysis(대화 분석), spoken language(구어), interlanguage(중간언어), wives of interracial marriages(여성 결혼이민자), language variation(언어 변이)

여성 결혼이민자와 유학생의 한국어 구어 발화에 나타난 의사소통 문제 연구

신상현 _말레이시아 HELP CAT* 한국학센터

1. 서론

　제2 언어 혹은 외국어 교육의 목적은 원활한 의사소통에 있다고 할 수 있다. 즉 화자는 자신의 의도대로 정확하게 표현을 할 수 있고, 청자는 화자의 의도를 올바르게 이해할 수 있어야 한다. 하지만 실제 의사소통 상황을 살펴보면 화자는 자신의 의사표현에 어려움을 가지고 있고, 청자 역시 화자의 의도대로 이해하기 어려운 경우가 많다. 더욱이 상대방의 발화로 인해 무례함을 느끼는 경우도 발생한다. 이런 의사소통의 문제는 언어적 지식의 부족에 의한, 즉 발음, 어휘, 문법과 같은 지식의 부족에 의한 경우도 있지만 언어 사용에 관한 지식의 부족, 또는 대화 상대자 간의 다른 문화적 배경에서 오는 가치관이나 개인 신념의 차이에서 기인하기도 한다. 이는 화자와 청자의 관계가 원어민과 비원어민이든, 비원어민들 간이든 동일하다. 특히 숙달도 수준이 높은 비원어민 학습자들이라 할지라도 그들이 구성하는 대화에서 맥락에 적합하지 않은 발화가 많고 개인별 문화적인 차이로 인해 의사소통의 갈등이나 장애가 발생하는 경우가 많다. 따라서 학습자들 간의 대화 분석을 통한 의사소통의 문제의 원인은 어느 하나만의 것으로 밝힐 수 없고, 또한 극복하는 것도 쉽지 않다. 그것은 이미 Canale & Swain(1980)에서 정의한 '의사소통 능력'의 개념을 볼 때, 그 구성 개념으로 '문법적 능력'과 '전략적 능력', '담화적 능력', '사회언어학적 능력'이 모두 포함되어 있음을 통해 알 수 있다.

　최근 한국어 교육에서는 과거 문법번역식 교수법에서 탈피하여 의사소통식 교수법, 과제 중심 교수법을 적용, 활용하고 있다. 즉, 교사 중심의 일방적인 지식의 전달이 아닌 학습자들

---

* College of Arts and Technology.

의 실제적 사용 능력의 향상을 중시하고 있고, 학습자들 간의 활동을 통한 적극적인 참여로 학습 효과를 찾으려 하고 있다. 이는 학습자 자신이 외국어 지식을 직접 사용할 수 있도록 하는 것인데, 외국어 습득에 있어서 학습자가 자신의 외국어 지식을 유의미하게 사용할 기회를 갖는, 대화 상대자와의 상호작용을 통해서 학습자 개인의 중간언어를 더 발전시킬 수 있기 때문이다.[1] 이에 따라 원어민 화자와 비원어민 화자 사이의 대화만큼이나 비원어민 화자 사이의 대화도 증가하고 있다. 하지만 기존의 연구들은 주로 원어민 화자와 비원어민 화자 간의 대화 중심의 연구였기 때문에 비원어민 화자들 간의 대화 분석 연구가 필요하다고 할 수 있겠다. 특히 최근 여성 결혼이민자와 유학생의 수가 지속적인 증가 추세에 있다는 것은, 이들을 대상으로 하는 연구의 필요성을 의미한다고 볼 수 있다.

따라서 본 연구는 한국어를 배우는 여성 결혼이민자들 간의 구어 발화와 외국인 유학생들 간의 구어 발화에서 발생되는 의사소통의 문제의 원인을 밝히고 각 대상의 비교를 통해 교육 방안을 마련해 보고자 한다. 특히 의사소통의 문제의 원인을 화용적 실패(pragmatic failure)를 중심으로 밝히려 하는데, 여기서 화용적 실패란 화자의 발화를 청자가 그 의도를 이해하지 못해 발생하는 것으로, 주로 화용적 지식의 부족으로 모호성, 무례함, 부적절함을 유발하는 것이다.[2] 의사소통의 문제의 원인을 분석하기 위해서 한국어 비원어민 화자로 구성된 여성 결혼이민자 집단과 유학생 집단의 대화를 각각 수집하여 대화분석을 통해 밝혀보고자 한다. 그리고 Jenny Thomas(1983)의 이론을 중심으로 의사소통 문제의 양상을 살펴보고, 그 원인을 밝힌 뒤, 각 집단별 특징을 알아보고자 한다.

2. 이론적 배경

2.1. 의사소통 문제

일반적으로 '문제'란 행위자가 어떤 목적에 도달하려고 할 때 저항에 부딪혀 있는 상태를 의미한다.(박용익, 2003) 그리고 문제라는 개념과 의사소통을 연결한 의사소통의 문제와 관련된 용어는

---

1) Ellis, R(1985)은 학습자 간 상호작용을 통해서 학습자 자신이 생산했던 언어적 지식을 변형 또는 보충할 수 있는 기회를 갖게 되어 중간 언어를 발전시킬 수 있다고 하였다.

2) 예를 들어, 화자가 "날씨가 많이 덥네요."라는 발화를 했을 경우, 이 발화는 정말 날씨가 덥다는 의도의 표현일 수도 있지만, 상황에 따라 "문을 좀 열어도 될까요?"라는 의미를 가진 요청의 발화라고도 할 수 있다. 하지만 청자가 그 의도를 모르고 "네, 더워요."라고 답하는 경우 상황에 부적절한 발화로 인한 화용적 실패로 의사소통 문제가 발생했다고 볼 수 있다.

매우 다양하게 사용되고 있다. 이러한 용어로는 화용적 실패(pragmatic failure)(Thomas, 1983), 문제가 있는 의사소통(problematic communication), 의사소통 불일치(miscommunication), 오해(misunderstanding), 의사소통 중단(communication breakoff)(Gass & Varonis, 1991), 부적절한 응답(inappropriate response)(House, 1993), 비교문화적 의사소통 불일치 (cross-cultural miscommunication)(Tyler, 1995), 의사소통 장애(communication breakdown)(Clark, 1996; Ducharme & Bernard, 2001), 의사소통 장애 문제(communication breakoff problems), 그리고 의사소통의 어려움(difficulties in communication)(Dula, 2001) 등이 있다. 각각의 용어 정의의 차이는 접근 방법의 차이에서 비롯된 것으로 볼 수 있지만 대화상 발생하는 의사소통의 문제를 의미하고 있다는 면에서 유사한 개념으로 볼 수 있다.

의사소통 문제를 '화용적 실패'로 정의하는 Thomas(1983)는 화용적 실패에 대해 네 가지로 설명하였다. 첫째, 청자가 화자의 의도한 것보다 강하거나 약하게 화자의 발화를 인식하는 것, 둘째, 청자가 화자가 요정으로 의도했던 발화를 명령으로 인식하는 것, 셋째, 청자가 화자의 발화를 화자의 의도와는 달리 모호하게 인식하는 것, 넷째, 화자는 자신의 발화 의도를 청자가 추론할 수 있다고 기대하나, 화자와 청자가 공유하지 않는 지식이나 신념의 체계에 의존하고 있을 것(Thomas 1983:94)이라고 하였다. 즉, 화용적 실패는 청자가 화자의 발화를 화자가 의도한 의미대로 이해할 수 없는 상태에서 발생한다고 본 것이다.[3]

이상에서 살펴보았을 때, 비원어민들 간의 대화에서 의사소통 문제란 화자나 청자의 목표어 능력의 부족으로 생산이나 이해의 측면에서 발생하는 문제로, 발화의 의도를 제대로 표현하지 못하거나 이해하지 못하는 것이라고 말할 수 있다.

이와 같은 의사소통 문제의 원인으로 제2 언어 학습자의 목표어에 대한 지식의 부족, 모국어의 간섭 현상, 잘못된 교수 내용 및 방법, 학습자의 인지적 문제 등을 제시할 수 있다.[4] 하지만 본 연구는 이상의 다양한 원인을 Thomas(1983)의 이론에 따라 크게 두 가지로 나누어 살펴보고자 한다. 먼저 문장 내적으로 살펴볼 수 있는 문법적 오류와 언어 사용 능력과 관련된 화용적 실패의 두 가지로 구분하여 살펴보고자 한다.

---

3) 화자의 발화의 의도를 이해하지 못한 실패의 예를 들면 다음과 같다.
　A : Is this coffee sugared?(커피에 설탕 넣으셨어요?)
　B : I don't think so. Does it taste as if it is?(아니요, 설탕을 넣으면 더 맛있나요?)
　이 경우에 B는 A의 발화를 불평이 아닌 정중한 요구로 받아들이고 있다. A의 의도는 사과를 받고, 설탕을 가져오게 하려는 것이었다.(Thomas 1983:93)

4) 한상미(2005:20)

2.1.1 문법적 오류

문법적 오류는 '문법적인 능력', '문법적인 지식'의 부족에서 기인한 의사소통 문제의 원인이다. 문장 내의 음성적, 형태적, 어휘, 통사적 차원의 문제에서 기인한 것으로 목표어와의 '불일치' 현상이라고 할 수 있다.(한상미 2005:23) 문법이라는 것은 문장 내적 차원에서 확인이 가능하고, 목표어의 문법에 비추어 볼 때, 옳고 그름을 판별할 수 있는 요소이기 때문이다. 즉, 객관적으로 구별할 수 있는 요인이라고 할 수 있다.

Corder(1967)에서는 문법적 오류를 '명백한 오류(overt error)'라 지칭하고 '숨은 오류(covert error)'와 구분하였다. 여기서 '명백한 오류'란 문법적으로 잘못된 오류로 의사소통에 지장을 주는 것들이라고 할 수 있다. 한국어에서는 '나는 식당에 밥을 먹었습니다.'와 같이 문법적으로 명확하게 오류가 있는 문장들을 예로 들 수 있다. 그리고 '숨은 오류'란 문법적으로는 문제가 없지만 그것이 담화 맥락상으로 부적절한 것을 말한다. 실제 대화 상황에서 '어떻게 오셨어요?'라는 질문에 '지하철을 타고 왔습니다.(?)'라고 대답한다면 문법적인 오류는 나타나지 않지만 담화의 맥락을 이해하지 못했기 때문에 오류라고 할 수 있다.(이정희, 2002) 따라서 Corder(1967)의 '명백한 오류'가 문법적 오류와 관련이 있고, '숨은 오류'는 '화용적 실패'와 관련이 있다고 할 수 있다.

문법적 오류의 판정과 관련해서 이정희(2004:43)에서는 문법적 오류를 분석하기 위해서는 먼저 수집된 대화 자료가 오류인지 아닌지 판단하는 것이 중요하다고 언급하며, 오류 분석을 위해서는 자료 수집만큼이나 수집된 자료를 입력하고 오류문과 정문을 구분하는 것도 중요하기 때문이라고 하였다. 특히 이러한 작업은 본격적인 오류 분석의 첫 단계이자 가장 중요한 단계인데, 오류인지 아닌지를 판단하는 것이 매우 어려운 이유는 실수와 오류의 경계가 분명하지 않기 때문이라고 밝혔다. 학습자가 '틀렸을 때' 이를 실수인지 오류인지 판단하는 기준은 일반적으로 학습자의 태도이다. 즉, 스스로 발화나 표현 후에 즉각적으로 이를 수정할 때는 실수로 보는 것이 타당하며, 반복적이며 교정이 쉽지 않은 경우 오류로 보는 것이 타당하다. 다시 말해 학습자가 무엇을 틀렸는지 모를 때 이를 오류라고 판정하는 것이 원칙이다. 즉, 문법적 오류는 실수(mistake)나 실언(slips)과 구분해야 하는데, 보통 실수나 실언의 경우는 '수정'을 통해 교정되거나 교정될 수 있는 부분이기 때문에 단순 오류(error)나 위반(solecisms)과 구분하도록 한다. 따라서 대화 분석의 문법적 오류를 판별하는 기준에 있어서 실수와 실언을 제외한 오류와 위반의 경우만을 문법적 오류로 구분해야 한다.

문법적 오류의 하위 범주로 한상미(2005:83)에서는 발음, 억양의 오류, 어휘의 대치, 첨가, 생략의 오류, 형태·통사 오류로서 조사의 대치, 첨가, 생략, 형태 오류, 어미의 시제, 종결,

연결, 전성 오류, 어순 오류, 주어 생략 오류, 문장 오류를 제시하였고 마지막으로 표현 오류를 제시하였다. 어휘를 문법적인 요소의 기준으로 설정, 구분한 것과 관련해서 한송화, 강현화(2004)는 어휘 교육은 어휘 낱낱의 의미에 대한 교육이 아니라 어휘의 문법에 대한 교육이 되어야 한다고 지적하면서 어휘 교육에서 학습자에게 어휘의 문법, 즉 연어(collocation)에 대한 중요성을 인식시키고 이를 교육시키는 것이 학습자의 어휘력 향상에 가장 큰 역할을 할 수 있다고 주장했다.

하지만 문법적 오류를 분석을 할 때, 화자가 문법적 오류를 생산하는 것을 피하고자 발화 자체를 의도적으로 회피하고자 하는 경우가 발생할 가능성이 있다. 또한 문법적 오류는 어떤 형태가 맞는 형식으로 표현되었는지가 분석의 초점이라서 의사소통의 본질과 다소 거리가 있는 기계적 분석이라고 할 수도 있다. 따라서 본 연구에서는 의사소통 문제에 있어서 문법적 오류를 제외한, 화용적 실패를 중심으로 분석해 보고자 한다.

2.1.2. 화용적 실패

L2 학습에서 화용적 능력은 비원어민 화자의 의사소통 능력의 한 부분이다. Bachman(1990)은 화용적 능력(pragmatic competence)을 언어 능력(language competence)의 하나로 보고 있다. 그는 언어 능력을 조직적 능력(organizational competence)과 화용적 능력(pragmatic competence)으로 구분하고 조직적 능력을 문법적 능력(grammatical competence)과 담화적 능력(textual competence, 후에는 텍스트적 능력이라고 함)으로 구분하였으며, 화용적 능력을 언표내적 능력 혹은 발화수반 능력(illocutionary competence)과 사회언어적 능력(sociolinguistic competence)으로 구분했다. 언표내적 능력은 화자가 의도했던 의미를 전달하면 수신자가 그 의미를 이해하는 것과 관련되며, 사회언어적 능력은 공손함(politeness), 격식(formality), 은유(metaphor), 언어 사용의 문화적 측면 등과 관련된다.

Thomas(1983:92)는 화용적 능력은 특정 목적을 성취하기 위해 효과적으로 사용하는 능력이고, 또한 맥락 상 언어를 이해할 수 있는 능력이라고 밝혔다. 즉, 맥락에 맞게 적절히 사용하고 이해할 수 있는 능력이라고 할 수 있다.

의사소통 문제와 관련해서 Thomas(1983:94)는 '화용적 오류(pragmatic error)' 대신 '화용적 실패(pragmatic failure)'를 사용하고 있는데, 문법성은 규범적인 규칙(prescriptive rules)에 의해 판단될 수 있지만 화용적 능력은 범주화된 규칙보다는 개연성이 있는 규칙(probable rules)에 의해 다뤄지기 때문이라고 밝혔다. 따라서 화용적 모호성에 대해 발화의 화용적 힘이 '잘못(wrong)'이라고 말할 수 없고, 화자의 목표를 성취하지 못했고 실패했다고 말할 수 있다고 하였다. 따라서 본 연구에서도 의사소통 문제의 화용적 쓰임의 문제는 '화용적 실패'라는 용어를 사용하고 이를 중심으로 분석해보고자 한다.

화용적 실패의 하위 범주로 Thomas는 화용언어적 실패(pragmalinguistic failure)와 사회화용적 실패(sociopragmatic failure)로 구분한다. 〈그림 1〉을 보면, 언어 사용과 관련해서 의사소통의 문제는 화용언어적 실패와 사회화용적 실패에서 기인하는데, 이 둘은 화용적 실패의 하위 개념이다. 문법적 오류는 문법의 지식의 부족이 원인이고, 사회적 오류는 세상에 대한 지식의 부족이 원인이다. 그리고 화용적 실패는 언어 사용에 대한 지식의 부족이 원인이라고 하는데, 문법적 오류, 사회적 오류, 화용적 실패는 명확하게 구분되는 것이 아니라 서로 경계가 겹쳐지는 형태로 나타난다고 밝혔다.

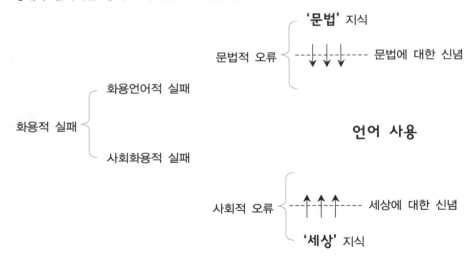

<그림 1> 의사소통 실패의 원인(Thomas 1983:100)

화용적 실패를 화용언어적 실패와 사회화용적 실패로 구분하는 것은 쉽지 않다. 사회적 오류와 관련된 세상에 대한 지식은 곧 사회문화적 지식이라고 할 수 있는데, 언어와 문화는 서로 영향을 주고받는 관계임을 생각해볼 때, 화용언어적 실패와 사회화용적 실패는 연관성이 있기 때문이다. 하지만 Thomas의 구분에 따라 화용언어적 실패를 '언어적'인 문제를 중심으로 살펴보고, 사회화용적 실패를 '사회문화적'인 문제로 구분해서 살펴보도록 하겠다.

1) 화용언어적 실패

화용언어적 실패는 언어적인 문제이지만 '언어 사용'에 관한 지식의 부족에서 기인한 것으로 '언어 자체'에 대한 지식의 부족에서 기인한 문법적 오류와 구분된다. 즉, 문법적 오류가 어휘 · 문법 등의 차원에서의 오류라면 화용언어적 실패는 대화 맥락의 차원에서 발화 의도의 손상과 관련된 것으로 대화의 맥락을 살펴보아야 확인 가능하기 때문이다. 화용적 실패에 대해서 Thomas(1983:99)는 화자에 의해 의도된 화용적 힘이 일반적으로 목표어의 원어민이 할당한 힘과 구조적으로 체계적으로 다를 때 발생하거나, 모국어와 제2 언어로 발화 전략이 부적절하게 전이될 때 발생한다고 하였다.

따라서 본 연구에서는 화용언어적 실패를 분석하기 위한 하위 범주로 한상미(2005)의 연구5)의 틀을 참고하고, 예비 분석 조사를 통해 호칭, 담화표지와 맞장구, 대화 내용의 일관성, 통사적 완화장치를 기준으로 분석해보고자 한다.6)

<표 1> 의사소통 문제 분석 틀 - 화용언어적 실패

		호칭
화용적 실패	화용언어적 실패	담화표지와 맞장구
		대화 내용의 일관성
		통사적 완화장치

2) 사회화용적 실패

사회화용적 실패는 화화용언어적 실패와 마찬가지로 대화 맥락을 살펴보아야 구별할 수 있는 요소로서, 특히 사회문화적인 능력의 부족에 기인한다. 즉, 사회화용적 실패는 특정 사회적 상황에서의 언어 사용에 대해 언급할 때 사용한다.(Thomas 1983:99) Thomas

---

5) 한상미(2005)에서는 Blum-Kulka & House(1989:273)에 제시된 CCARP 프로젝트(the Cross Cultural Speech Act Realization Project : 비교문화 화행 실현 연구)의 분석 지침을 바탕으로 한국어의 특성과 연구 주제에 맞게 수정하여 호칭, 통사적 완화장치, 어휘 · 구 완화장치, 보조화행, 존대법, 화용적 관례어, 담화표지, 그리고 비언어적 요인을 하위 범주로 설정하였다.

6) 한상미(2005)의 연구에서 경어법(존대법) 항목을 제외한 것은 대화 참여자들 간의 사회적 위치의 차이가 없었고, 인터뷰가 진행될수록 친밀도가 높아지면서 상호 간에 경어법을 사용하는 횟수가 줄어들었기 때문이다. 즉, 경어법의 사용의 양상이 인터뷰가 진행됨에 따라 일관성을 드러내지 못해서 사용 오류라고 할 수 없기 때문에 항목에서 제외하였다.

(1983:104)는 덧붙여 사회화용적 착오(sociopragmatic miscalculation)에서 비롯된 화용적 실패를 수정(correcting)하는 것이 화용언어적 실패의 수정보다 훨씬 더 중요하다고 밝혔다. 그 이유는 사회화용적 실패는 언어 행위를 구성하는 데 있어서 문화적인 차이로 인해 다른 인식에서 시작되고, 학습자의 언어적 지식뿐만 아니라 신념(belief)의 체계를 포함하고 있는 것이기 때문이다.

사회화용적 실패의 원인으로 Thomas(1983:104-106)은 네 가지의 요인을 밝히고 있다. 첫 번째는 부담의 크기(size of imposition)로, 문화적인 차이로 인해 갖게 되는 부담의 차이를 일컫는다. Thomas는 예로써, '무료(free)'와 '거의 무료(nearly free)'의 개념이 문화적인 차이로 다르다고 하였다. 그래서 러시아에서 담배는 '무료'이기 때문에, 담배를 요청하고자 할 때 최소한의 정중함만을 표현하면 된다고 하였다. 러시아에서 담배를 빌리기 위해 요청할 때, 어떤 전략을 사용하는 것은 오히려 화자가 의도한 정중함의 정도를 잘못 부호화한 것(화용언어적 실패)이 되거나 부담의 크기를 심각하게 잘못 판단한 것(사회화용적 실패)이 된다고 하였다. 두 번째는 금기(tabus)로, 성, 종교 등과 같이 한 문화에서는 금기시되고 조심스러운 것들이 다른 문화에서는 그 정도의 차이가 다른 것들이 여기에 속한다고 할 수 있다. 세 번째는, 상대적인 힘과 사회적 거리(relative power or social distance)로서, 문화적인 차이로 인해 상대적인 힘과 사회적 거리를 다르게 판단하는 경우 발생한다고 하였다. 예로써, 학생과 교사의 상하 관계에 있어서 교사의 위치가 학생이 예상했던 것보다 더 높은 경우, 더 정중하게 행동해야 하는 것이 있다고 하였다. 즉, 특정 공동체에서의 구성원들 사이에 존재하는 사회적인 거리나 힘의 차이를 다르게 판단하기 때문에 발생한다고 볼 수 있다. 네 번째로, 가치 판단(value judgements)이 원인이 된다. 이것은 가장 어려운 화용적 실패의 유형으로, 정중함(politeness), 신뢰(truthfulness), 정의(justice) 등과 관련이 있다고 하였다. 즉 가치의 차이로 인해 우선순위에서 서로 차이가 발생할 때 사회화용적 실패가 나타난다고 볼 수 있다.

Thomas(1983)의 사회화용적 실패의 네 가지 원인을 보면, 네 가지 모두 의사소통의 상황에서 문제를 일으킬 때, 상대방에게 무례함을 줄 수 있는 것으로 공통점을 찾을 수 있다. 무례함과 공손함과 관련해서 Clyne(1977)과 Wolfson(1983)같은 학자들은 제 2언어 학습자들이 문화 간의 차이를 이해하지 못하였을 때 발생하는 의사소통 실패를 지적하며 목표어의 언어적 지식뿐 아니라 사회언어학적 지식도 함께 습득해야 한다고 주장하였다. 따라서 의사소통능력의 습득이란 언어학적으로 정확한 어휘나 형태, 문법에 맞는 문장을 사용하는 것뿐 아니라, 특정한 언어 기능을 달성하기 위해 필요한 문화적 관습을 알고 상황에 따라 적절하게 언어를 사용하는 화용능력(pragmatic competence)의 습득까지를 의미하는 것이라고 하였다.

하지만 사회화용적 실패의 네 가지 요인인 부담의 크기나 금기, 사회적 거리, 가치관 등은 단순 대화 자료만을 통해서 쉽게 구분할 수 없는 어려운 점이 있다. 본 연구의 목적이 의사소통 문제의 원인을 분석하는 것이기 때문에 Thomas(1983)의 연구와 한상미(2005) 연구의 틀7)을 참고하고 예비 분석 자료를 기준으로 가치관과 상대 국가에 대한 편견, 간접성의 정도로 구분하여 분석해 보고자 한다.

<표 2> 의사소통 문제 분석 틀 - 사회화용적 실패

화용적 실패	사회화용적 실패	가치관
		상대 국가에 대한 편견
		간접성의 정도

3. 대화 비교 분석

3.1. 조사 대상 및 조사 방법

본 연구의 조사 대상은 정규 한국어 교육 기관을 통해 한국어를 학습한 고급 수준의 외국인 유학생 그룹과 정규 과정의 교육을 거치지 않고 실제 한국 생활을 통해 한국어를 체득한 여성 결혼이민자 그룹을 대상으로 선정하였다. 비원어민 화자 세 명으로 구성된 각 팀의 국적은 베트남, 일본, 중국으로 구성하였다. 고급 수준의 비원어민 화자를 선정한 것은 초급 수준의 경우 대화 자체가 진행되기 어렵고, 중급 수준이다 하더라도 의사소통 전략 중의 하나인 회피 전략을 사용하는 경우가 많아 그 의사소통 문제의 원인을 분석하는 데 어려움이 있기 때문이다. 따라서 고급 수준의 한국어 실력을 갖추고 있지만 학습 방식이 다른 두 유형의 그룹의 대화 분석을 통해 비원어민 간의 의사소통 문제를 비교 분석해 보고자 한다.

자료 수집을 위해서 제공된 주제를 가지고 포커스 그룹 형식의 대화를 실시하였고, 대화 주제는 대화 참여자 간 상호작용이 원활하게 발생하고 최대한 자연스러운 대화를 유도할 수 있는, 일상적이고 친근한 주제로 선정하였다.

수집된 대화의 샘플은 모두 전사하여 비원어민 간 대화에 나타난 의사소통 문제 양상과 그 원인을 Thomas(1983)에 의거하여 분석하였다. 대화 자료 분석은 예비 분석 조사로 먼저 하

---

7) 한상미(2005)에서는 사회화용적 실패의 요인으로 사회적 거리, 간접성의 정도, 가치관, 부담의 정도로 설정하여 분석하였다.

나의 샘플[8]을 분석해보았고, 이 대화 샘플 분석을 통해 화용 실패에 따른 의사소통 문제의 원인을 살펴보았다. 그리고 여성 결혼이민자 집단과 유학생 집단 간의 차이를 통해 나타나는 문제점을 비교 분석해 보았다.

전사된 자료 중 화용적 실패를 일으킨 것을 찾아 의사소통의 실패로 이어졌는지 분석하였다. 특히 화용 실패와 관련해서는 문장 내적 오류가 전혀 없더라도 대화 맥락상 오해가 발생하거나 대화가 중단되거나 갈등이 생기는 경우에 실패로 간주하고 분석하였다. 전사 자료와 함께 동영상 자료를 통해 어색한 분위기가 조성되는 경우에도 의사소통 실패로 간주하였다.

화용적 실패를 일으킨 경우에도 그 요인이 무엇인지, 그리고 수정을 할 경우 적절한 내용은 무엇인지, 의사소통 문제가 발생한 경우라면 그에 대한 설명 등을 포함하는 내용을 기호를 이용하여 표기하였는데, 사용된 기호[9]는 다음과 같다.

<표 3> 전사 예문 제시 기호

∅	생략	√	실패 수정 내용
⋈{ }	실패 요인 표시	▶	의사소통 문제 내용 설명
	실패 관련 부분 표시		

앞서 언급한 전사 기호를 이용하여 표기한 전사 자료에 대화 분석을 위해 필요한 전사 예문 제시 기호를 표기하면 다음과 같다.

〈전사 예〉

유학생 그룹 1(주제 1)

SC3 : 근데 중국에서 명절은 주로 어~ 그 설날은, 그 음음력 그~ 어~ 그~ 〈vocal desc = '웃음 소리, 흐흐'〉 〈@동양적인 나라@〉

SJ2 : 양력?

SC3 : 예, 그렇죠 ⋈{담화표지 √아니요}, 음력으로 보내잖아요. 그래서 설이 지나 지지나야 한 해가 지나::간다고 생각해요. 아~ 그래서 아무래도 중국에서는 음 설날::이 제일 중요한 명절이라고, 이렇게 에~ 정해져 있습니다. 〈vocal desc = '웃음 소리, 흐흐'〉

---

8) 여성 결혼이민자와 유학생 모두 '교통제도'에 대한 동일한 주제의 대화 샘플을 선택해 분석하였다. 자연스러운 대화이지만 주제에 따른 대화 내용의 차이가 화용 실패에 영향을 줄 수 있기 때문에 동일한 주제로 변인 통제를 하였다.

9) 한상미(2005:71)

3.2. 의사소통 문제 원인

의사소통 문제로 나타나는 양상은 모호성 유발, 무례함 유발, 부적절함 유발, 의도 오해, 의도 몰이해와 같이 나타난다.[10]

대화 분석을 한 결과 위와 같은 대화 양상이 나타나면 대화 참여자의 대화 회피 상황이 발생하거나 대화 참여자 간의 확인 점검을 위한 질문이나 명료화 요구, 반복 등의 상황이 발생하였다. 본 연구에서는 위와 같은 대화 양상이 나타나거나 그러한 양상에 따른 반응 상황이 나타나면 의사소통 문제로 간주하여 분석하였다.

3.2.1. 예비 조사

예비 조사에서 사용한 대화의 참여자와 대화 주제는 다음 〈표 4〉와 같다. 화용 실패에 의한 의사소통 문제를 기존 연구와 이론들을 통해 마련한 분석의 틀을 바탕으로 여성 결혼이민자 집단과 유학생 집단 각각의 대화 샘플 하나를 분석해 보았다.

〈표 4〉 예비 조사 대화 샘플 주제 및 길이

구분	참여자	주제	길이
여성 결혼이민자	IV4(베트남), IJ5(일본), IC6(중국)	교통제도	38분
유학생	SV4(베트남), SJ5(일본), SC6(중국)		25분

예비 조사 결과 여성 결혼이민자의 구어 담화에 나타난 의사소통 문제 발생 관련 원인들은 다음과 같이 나타났다.

〈표 5〉 두 집단 간 화용 실패와 의사소통 문제 빈도 및 발생률 비교

구분	세부 항목	여성 결혼이민자		유학생	
		화용 실패	의사소통 문제 (발생률)	화용 실패	의사소통 문제 (발생률)
화용언어적	호칭	-	-	1	-

---

10) 한상미(2005:141)

실패	담화표지와 맞장구	1	-	2	1 (50%)
	통사적 완화장치	-	-	2	1 (50%)
	대화 내용의 일관성	2	-	2	2 (100%)
소 계		4	- (0%)	7	4 (57%)
사회화용적 실패	가치관	-	-	-	-
	상대 국가에 대한 편견	4	1 (25%)	3	3 (100%)
	간접성 정도	-	-	-	-
소 계		4	1 (25%)	3	3 (100%)
합 계		8	1 (13%)	10	7 (70%)

〈표 5〉에서 보는 바와 같이, 여성 결혼이민자의 경우 화용적 실패의 빈도가 8회, 이에 따른 의사소통 문제 발생 빈도는 1회로 의사소통 문제 발생률이 약 13%를 나타내고 있다. 비록 빈도의 수가 낮긴 하지만 의사소통 문제가 화용적 실패 중에서 화용언어적 실패가 아닌, 사회화용적 실패와 관련해서 발생했다는 것에 주목할 필요가 있다.

동일한 방법으로 유학생 집단의 담화를 분석한 결과 전체 화용적 실패의 빈도는 10회로 나타났고, 이에 따른 의사소통 문제의 경우 총 7회로 화용적 실패에 따른 의사소통 문제 발생률이 70%로 높게 나타났다. 앞선 여성 결혼이민자의 빈도수나 발생률과 비교해 볼 때, 화용적 실패 빈도수는 2회 더 높았지만, 의사소통 문제 빈도수는 6회 더 높았고, 발생률 역시 약 60% 더 높은 수치를 나타냈다. 유학생 집단의 담화 분석에서도 주목할 것은, 화용적 실패 중에서 화용언어적 실패에 따른 의사소통 문제 발생률이 57%인데 반해 사회화용적 실패에 따른 의사소통 문제 발생률이 100%에 이른다는 점이다.

〈표 5〉에서 보는 바와 같이 여성 결혼이민자 집단과 유학생 집단의 대화 분석 예비 조사를 통해서 두 집단 모두 화용언어적 실패와 사회화용적 실패의 빈도수 차이는 크지 않았지만 그에 따른 의사소통 문제 발생률의 차이가 높게 나타났다는 점이다. 이상의 예비 조사 결과를 통해 두 집단 모두 사회화용적 실패에 따른 의사소통 문제에 더 주목할 필요가 있다고 볼 수 있다.

따라서 본 조사에서는 화용 실패에 따른 의사소통 문제에 대해 더 자세히 살펴보되, 각각의 세부 항목에 대해 자세히 논의하도록 하겠다.

3.2.2. 본 조사

본 조사의 대화 분석의 대상은 예비 조사와 동일한 다국적(베트남, 일본, 중국)의 비원어민 화자로 구성하되 유학생과 여성 결혼이민자 18명을 대상으로 하였다. 각 그룹은 국적별로 세 명씩 6개의 그룹으로 나누었고 대화에 참여한 발화자에게는 국적을 함께 표시한 고유 번호를 부여하였다. 대화 참여자와 관련해서는 다음의 〈표 6〉과 같다.

〈표 6〉 발화자 표시

그룹명	유학생 그룹 1			유학생 그룹 2			유학생 그룹 3		
국적	베트남	일본	중국	베트남	일본	중국	베트남	일본	중국
발화자 표시	SV1	SJ2	SC3	SV4	SJ5	SC6	SV7	SJ8	SC9
그룹명	여성 결혼이민자 그룹 1			여성 결혼이민자 그룹 2			여성 결혼이민자 그룹 3		
국적	베트남	일본	중국	베트남	일본	중국	베트남	일본	중국
발화자 표시	IV1	IJ2	IC3	IV4	IJ5	IC6	IV7	IJ8	IC9

대화의 주제는 일상적이고 친근한 주제로 선정하였고, 대화 참여자 간의 어색함을 줄이기 위해 '자기소개'라는 주제로 진행됐던 첫 번째 대화를 제외하고 선정하였다. 선정된 대화 자료[11]는 다음과 같다.

〈표 7〉 대화 분석 선정 자료

	주 제	그룹	녹음 시간
1	명절의 종류와 각각의 의미나 관련 행사를 알아보고 한국의 명절과 비교하며 이야기하기	유학생 1	28분
		유학생 2	24분
		유학생 3	22분
		여성 결혼 1	39분
		여성 결혼 2	23분
		여성 결혼 3	20분
2	한국 사람들의 생활 습관이나 문화에 대해 이야기하고 그 중에서 배우고 싶은 것과 그렇지 않은 것에 대해 이야기하기	유학생 1	25분
		유학생 2	23분
		유학생 3	22분
		여성 결혼 1	18분

---

11) 본 녹음 자료는 한국학술진흥재단의 "여성 결혼이민자와 외국인 유학생의 한국어 사용 양상 비교 연구"(과제번호 : 20071176, 20081091)의 일부이다.

		여성 결혼 2	21분
		여성 결혼 3	20분
		유학생 1	22분
		유학생 2	21분
3	스트레스를 받을 때와 어떻게 해소하는지에 대해 이야기하기	유학생 3	22분
		여성 결혼 1	22분
		여성 결혼 2	22분
		여성 결혼 3	20분
		유학생 1	22분
		유학생 2	24분
4	남녀차별과 남아선호 사상에 대해 한국과 모국에서의 경험을 비교하며 이야기하기	유학생 3	23분
		여성 결혼 1	20분
		여성 결혼 2	20분
		여성 결혼 3	20분

3.2.2.1. 화용언어적 실패

화용언어적 실패(pragmalinguistic failure)는 문장 내적 차원에서 볼 때는 아무런 문제가 없지만 담화적인 차원에서 볼 때 맥락에 부적절한 발화로 구분되는 것들이다. 이에 해당하는 것으로 호칭, 담화표지 및 맞장구, 대화 내용의 일관성, 통사적 완화 장치 등이 있다.

1) 호칭

호칭이란 어떤 이를 부르는 데에 쓰는 말이며, 지칭(가리킴말)이란 어떤 이를 가리켜서 말할 때에 쓰는 말이다. 둘을 합쳐서 말할 때에는 호칭이라 하기도 한다.(서정수, 1994:894)[12] 이에 따라 본 연구에서는 호칭과 지칭의 의미를 포함하는 것으로서 호칭이라는 항목으로 설정하고 분석하였다.

분석 결과 호칭과 관련해서는 주로 그 대상을 언급하지 않거나 잘못된 어휘로 지칭하는 경우와 같은 화용실패가 발생했다. 호칭과 관련된 화용 실패는 총 8회가 발생하였고, 이 중 의사소통 문제는 총 5회 발생하였다. 즉 의사소통 문제 발생률은 62.5%를 차지하였다. 전체 빈도수에서 차지하는 비율을 살펴보면, 화용 실패의 경우 전체 빈도의 8%를 차지하였지만 의사

---

12) (가). 김 선생님, 저분이 어디 가시지요?
(나). 여보세요, 댁은 누구신가요?
(가)의 '김 선 생님, (나)의 '여보세요'는 호칭의 존대 형태이고, (가)의 '저분', (나)의 '댁'은 지칭의 존대 형태이다.

소통 문제의 경우 17%를 차지해서 의사소통 문제와 관련해서 더 높은 비중을 차지하였다. 화용 실패에 따른 의사소통 문제 관련 대화를 살펴보면 다음과 같다.

[1] 여성 결혼이민자 2팀 4주제

(남여 차별이라는 주제로 남자의 집안일 참여에 관련된 화제로 대화 진행 중)

IJ5: 근데 나는 일본 친정 아버지 부엌에 한 번도 안 갔어〈Vocal desc='웃음,하하'〉 지금
　　　도 엄마만 해요

IV4: 우리 <u>엄마</u>▷{지칭 √시어머니}도 그래 <u>시엄마 시엄마</u>▷{지칭 √시어머니} 집에 놀러
　　　가면 남편은 부엌에 못 들어와요 설거지도 안하고 아무 그냥

IJ5: <u>베트남 엄마?</u> ▶의사소통 문제 발생

IV4: 네?

IJ5: 베트남

IV4: 아 시엄마

IJ5: <u>시시 시어머니? 으응</u> ▶의사소통 문제 해결

위의 대화를 보면 IV4의 부적절한 지칭의 사용으로 인해 IJ5가 이해하지 못하는 의사소통 문제가 발생했다. 즉, IV4는 '시어머니'라는 어휘를 '엄마'라고 했다가 '시엄마'라고 발화함으로써 대화 참여자인 IJ5가 '친정 엄마'를 의미하는 것인지 '시어머니'를 의미하는 것인지 명확하게 구분하지 못하고 있다. 그래서 올림 억양조의 발화로 '베트남 엄마?'라고 확인 요청을 하고 있고 IV4의 '시엄마'라는 어휘가 '시어머니'라는 것을 뒤늦게 깨달아 이해하고 있다. 결과적으로는 의미 협상이라는 상호 작용을 통해 이해할 수 있었지만 대화 진행 상황에서는 지칭의 사용 오류로 인한 화용 실패로 의사소통 문제가 발생했다고 볼 수 있다.

2) 담화표지 및 맞장구

담화표지(discourse markers)에 대한 용어는 여러 가지 의미를 가지고 있어서 명확하게 하나로 정의하기 어렵다. 따라서 본 연구에서는 전영옥(2002)에서 제시한 담화표지의 화용적 기능을 사용하고자 한다. 전영옥(2002)에서는 담화표지의 화용적 기능을 화제 전개를 위한 것 (화제와 화제 결속 기능), 발화를 지속시키기 위한 것(화자와 화제 결속 기능), 그리고 상호작용을 원활하게 하기 위한 것(화자와 청자의 결속 기능)으로 구분하여 담화의 연결적 관계에 기능을 하는 어휘나 표현으로 보고 있다.[13] 이에 따라 본 연구에서도 담화의 연결적 관계, 결속 기능에 초점을 맞추어 살펴보았다. 여기서 화제와 화제의 결속 기능을 하는 담화 표지의

경우, 주로 접속부사에 해당하는 담화표지였는데, 어휘의 범주로 볼 수도 있지만 주로 연결적 기능을 담당하는 경우로 한정하여 분석하였다. 담화 표지의 부적절한 사용은 담화상의 부자연스러움을 초래하고 화자가 의도하지 않았던 화용 실패를 초래하는 경우도 발견되었다.

분석 결과, 담화 표지의 사용 실패는 27회로 전체 화용 실패의 27%로 가장 높은 비율을 차지하였다. 하지만 화용 실패에 따른 의사소통 문제 발생률은 단 1회에 그쳐 3.7%의 발생률을 나타냈고, 전체 화용 실패에서 차지하는 비율이 27%인 것에 반해 전체 의사소통 문제에서 차지하는 비율은 3.3%로 화용 실패 항목 중 가장 낮은 수치를 기록하였다. 즉, 화용 실패의 발생 빈도는 높지만 그로 인한 의사소통 문제 발생은 낮아서 의사소통의 흐름에 크게 방해가 되거나 갈등을 일으키지 않았다고 볼 수 있다.

담화표지 및 맞장구의 사용 실패에 따른 의사소통 문제가 발생한 대화 사례는 다음과 같다.

[1] 유학생 1팀 주제 1

(명절에 대한 주제를 가지고 각국의 명절에 대한 설명을 하는 상황)

SC3 : 근데 중국에서 명절은 주로 어~ 그 설날은, 그 음음력 그~ 어~ 그~ 〈vocal desc = '웃음 소리, 흐흐'〉〈@동양적인 나라@〉

SJ2 : 양력? ▶확인 점검 질문

SC3 : 예, 그렇죠 ▷{담화표지 √아니요. ▶의사소통 문제 발생 유발

음력으로 보내잖아요. 그래서 설이 지나 지지나야 한 해가 지나::간다고 생각해요. 아~ 그래서 아무래도 중국에서는 음 설날::이 제일 중요한 명절이라고, 이렇게 에~ 정해져 있습니다. 〈vocal desc = '웃음 소리, 흐흐'〉

SJ2 : 우와

…

SJ2 : 음 일본에서도 명절이 많은데요. 어~ 저는 그니까 제가 한국에 있는 명절은 추석이

---

13) 전영옥(2002)의 화용적 기능 범주에 따라 한상미(2012:339)에서는 세부적인 담화 표지의 화용적 기능 분석틀을 마련하였다.

화용적 기능	세부 기능
화자와 청자 결속	대화 진행 조정하기, 순서 받기, 순서 유지, 순서 마무리, 끼어들기, 호응하기
화자와 화제 결속	얼버무리기, 주장 강조하기, 수정하기, 태도 표현하기
화제와 화제 결속	화제 시작, 화제 전개, 화제 전환, 화제 마무리

랑 설날밖에 잘 몰라서 –

SC3 : 응응.

SJ2 : – 딴 거는 잘 모르겠는데요, <u>일본에서도 설날은, 그까 양력으로 해요.</u> ▶의사소통 문
제 발생

일월 일일 날에 같이 모여서 하고 –

위의 대화를 보면 중국인 화자(SC3)는 중국에서의 명절은 주로 음력으로 보낸다고 발화하
고 있다. 이에 대해 일본인 화자(SJ2)가 설날 명절을 양력으로 보내는지 확인 점검을 위한 질
문을 하고 있다. 앞선 SC3의 발화를 이해하지 못함으로 인해 발생한 상황이라고 할 수 있다.
그런데 SJ2의 확인 점검 질문에 대해 SC3는 '예, 그렇죠'라고 긍정적인 답변을 하는데, 바로
뒤이어진 발화에서는 음력으로 보낸다고 하며 앞선 발화와 정반대의 발화를 한다. 이는 담화
표지의 사용 실패로 볼 수 있다. 그리고 이러한 담화표지 사용의 실패로 인해 의사소통 문제
가 발생하였다. SC3의 발화 직후 이뤄진 SJ2의 발화('우와')는 어떤 의미로 발화한 것인지 명
확하게 알 수 없지만, 이후의 '일본에서도 설날은, 그까 양력으로 해요'라는 발화를 보면 SJ2
는 중국의 설날이 일본과 같이 양력으로 보낸다고 이해하고 있다는 것을 알 수 있다. SJ2 역
시 고급 학습자라는 점을 감안하면 조사 사용의 오류로 볼 수 없고, 앞선 SC3의 발화에서 나
타난 담화표지 사용의 실패에서 기인한 의사소통 문제라고 볼 수 있다.

3) 대화 내용의 일관성

화용 실패가 어휘나 문장 차원이 아닌 담화 차원의 오류에서 비롯된 것이기 때문에 대화
참여자의 첫 발화와 이후의 발화가 의미하는 것이 달라 청자에게 혼란을 주는 경우가 있다.
즉 대화 내용의 일관성이란 화자가 표현하고자 하는 발화의 주제나 의미가 응집성 또는 결속
성을 갖고 전개되는 것을 의미한다. 한편 화자가 일관성을 가지고 발화를 했음에도 청자가 맥
락상 이해의 부족으로 의사소통 문제가 발생하는 경우도 있다.

전체 분석 결과 대화 내용의 일관성과 관련된 화용 실패는 총 13회 발생하였고, 그로 인한
의사소통 문제는 5회 발생하여 의사소통 문제 발생률이 38.5%를 나타냈다. 전체 화용 실패
빈도와 비교해보면 빈도수에 따른 비율이 13%를 차지하였고, 전체 의사소통 문제 빈도에서
차지하는 비율은 16.7%를 차지하여 일관성 있게 맥락을 진행하는 것과 이해하는 것의 중요성
을 함의하고 있다.

대화 내용의 일관성과 관련된 화용 실패의 예를 보면 다음과 같다.

[1] 여성 결혼이민자 3팀 1주제

(명절에 대한 주제로 이번에 베트남을 방문하는 IV7에 대한 대화 진행 중)

IC9: 원제 가요?

IV7: 에~:: 이십칠(27)일 날.

진: 어~::

IC9: 어우~:: 좋겠다. 언제 올 거예요?

IV7: 한 달.

IC9: 한 달?

IJ8, 면: 한 달::

IC9: 좋겠다:::

<u>IV7: 한국 설날 너무 재미없어. 〈vocal desc='웃음 소리, 하하'〉▷{대화 내용의 일관성}</u>

IC9: 혼자 갈 거예요? 신랑하고 같이 갈 거예요.

IV7: 제가 먼저:: 가서:: 삼:: 주일.

IC9: 삼 주 뒤에 신랑도 간대? 좋::겠다.

위의 대화를 보면 앞선 발화와 뒤이어진 발화의 의미나 의도가 바뀐 경우와 달리 대화 내용의 화제에서 벗어난 실패라고 볼 수 있다. 이번 설날에 베트남을 방문하는 IV7와 IC9와 IJ8이 방문 날짜와 기간에 대해 대화를 하고 있다. 그런데 갑자기 IV7이 '한국 설날 너무 재미없어'라는 발화를 함으로써 본인의 설날 고향 방문의 화제가 아닌, 한국의 설날로 화제를 바꿔 발화하고 있다. 이에 이어진 발화에서도 한국의 설날로 화제가 바뀌었다면 대화 내용의 일관성 실패라고 볼 수 없지만, 뒤이어진 IC9은 계속해서 IV7에게 이번 베트남 방문에 대한 질문을 하고, IV7은 그에 대답하는 상황이 발생하고 있다. 즉 앞선 IV7의 발화는 화제에서 벗어난 일탈된 발화로 대화 내용의 일관성 실패라고 할 수 있다. 하지만 이 경우에 의사소통 문제가 발생하지는 않았다.

　4) 통사적 완화 장치

　통사적 완화장치란 의문문, 가정법, 조건문, 상, 시제, 혹은 이들의 혼합을 통해 발화된 화행에서 나타나는 강요성을 완화시키는 장치이다.[14] 따라서 의문문, 청유문, 명령문, 서술문과 같은 문장의 종결법이나 화자의 태도를 나타내 주는 보조동사 구문이나 내포 구문 등을 통해

---

14) Blum-Kulka & House(1989:281)

나타난다.

통사적 완화장치의 사용 실패 빈도수는 총 14회로 전체 화용 실패 빈도수의 14%를 차지하였다. 통사적 완화장치 실패로 인한 의사소통 문제 발생 빈도수는 3회로 발생률은 21.4%를 차지하였고, 전체 의사소통 문제 발생 빈도수의 10%를 차지하였다. 통사적 완화장치의 사용 실패로 인해 의사소통 문제가 발생한 경우는 다음과 같다.

[1] 여성 결혼이민자 3팀 2주제

(한국에서 배우고 싶은 문화, 배우고 싶지 않은 문화에 대한 주제로 한국의 외국어 교육 열풍에 대한 대화가 진행되는 상황)

IC9: 끄, 모 애국'자 아니구. 그냥..내 태=내가 거기서 태어났는데.. 그 살았는데 설마 애가 거기서 삼십(30)년 살았는 거 여기서 사(4)년 동안 살았다고 그거 삼십(30) 년 다 잊어 버리면 안되잖아.

IJ8: 응응응:: 맞아.

IC9: 그거는, 그런 거 같아요.

IJ8: 응::

IC9: 그렇지? <u>베트남 말 꼭 잊지 말아라.</u> ▷{통사적 완화장치 √베트남 말 절대 잊지 마<u>세요, 베트남 말 절대 잊지 말아요.</u>} 〈vocal desc='웃음, 하하'〉 ▶의사소통 문제 유발

IV7:〈vocal desc='웃음, 흐흐'〉 ▶의사소통 문제 발생

IJ8:〈vocal desc='웃음, 하하'〉 ▶의사소통 문제 발생

위의 대화를 보면 한국의 영어 교육 열풍에 대해 비판적인 대화를 하고 있는 상황이다. 대화 참여자들은 모국어를 잘 모르는데 외국어를 교육하는 것이 적절한 것인지에 대해 대화를 하면서 여성 결혼이민자로서 모국어를 잊어버리지 말자는 의도의 대화를 나누고 있다. 그런데 IC9이 IV7에게 '베트남 말 꼭 잊지 말아라'라는 형태의 발화를 하고 있다. 대화 참여자 간에 친밀도가 있어서 상호 편하게 발화할 수 있다 할 수 있지만, 대화의 상황에서 IC9이 발화한 것은 부탁, 권유를 해야 하는 입장에서 명령의 형태를 띤 발화를 함으로써 통사적 완화장치의 사용 실패를 보이고 있다. 이에 대한 IV7의 반응과 IJ8의 반응을 보면 그 웃음이 재미있다는 의도의 웃음이 아닌 상대방의 발화에 대해 약간의 무례함을 느껴서 그 상황을 타개하기 위한 웃음으로 볼 수 있다. 즉 어색해진 분위기를 만회하기 위한 웃음으로 무례함을 느낀 의사소통 문제 발생 상황으로 해석할 수 있다.

이상에서 살펴 본 화용언어적 실패의 빈도수는 총 62회로 전체 화용 실패의 62.6%를 차지하고 있었다. 그리고 이에 따른 의사소통 문제 발생률은 22.6%를 나타내었고, 전체 의사소통 문제에서 차지하는 비율은 46.7%로 절반에 가까운 비중을 가지고 있었다.

화용언어적 실패는 화용 실패의 한 범주로서 문장 내적 차원으로 오류의 유무를 확인할 수 있는 것이 아닌, 대화의 맥락 속에서 실패를 확인할 수 있는 요인이다. 전체 화용 실패에서 차지하는 비율이 절반 이상이고 의사소통 문제에서도 절반 정도의 비율을 차지해 화용 실패에서 중요한 비중을 갖고 있다고 할 수 있다. 따라서 화용 실패의 또 다른 범주인 사회화용적 실패와의 비교를 통해 의사소통 문제에 미치는 영향의 차이를 비교해볼 필요가 있다.

3.2.2.2. 사회화용적 실패

사회화용적 실패(sociopragmatic failure)는 화자의 문화적인 배경과 사고방식의 차이로 인해 발생하는 것이다. 즉 한 국가나 공동체의 문화와 사고방식이 그 구성원의 사고방식에도 영향을 미쳐 차이가 나타나는 것이다. 따라서 비모어 화자와 모국어 화자의 담화에서 비교문화적인 차이가 드러나듯이 국가가 다른 비모어 화자 간의 담화에서도 비교문화적인 차이가 나타날 것이다.

화용언어적 실패와 사회화용적 실패를 구분하는 것은 어렵다.[15] 언어적인 차원에 초점을 맞추는 것과 사고방식이나 가치관에 초점을 맞추는 것의 차이이기 때문에 쉽게 구분하기 어렵다. 본 연구의 분석의 틀인 화용언어적 실패의 '통사적 완화장치'와 사회화용적 실패의 '간접성의 정도'는 유사한 분석의 틀이지만 '통사적 완화장치'는 언어적인 차원에서 간접성의 양상이 실현될 수 있는 것인 반면에 '간접성의 정도'는 사고방식의 차이에 의해서 실현 양상이 달라지는 것이다.

본 연구에서 사고방식의 차이 중에서 사회화용적 실패에 따른 의사소통 문제의 원인으로 예의나 타부, 개인 선호도와 관련된 가치관, 상대 문화에 대한 편견, 간접성 정도로 나누어 분석하였다.

1) 가치관

대화 참여자 간의 의사소통 문제의 원인으로 가치관의 차이를 그 기준으로 삼을 수 있다.

---

15) Kasper(1992:210)는 특히 간접성의 경우에 그 구별은 경계를 알아보기 힘들어진다고 지적했다. 예를 들어, 어떤 무례함을 저지른 것에 대해 설명을 할지 안 할지에 관한 결정은 사회화용적인 것으로 여겨질 수 있으나, 만일 설명을 제공하는 것이 '사과'라는 화행을 수행하기 위한 몇 가지 전략 중의 하나로 여겨진다면, 그러한 설명을 수행하거나 생략하는 것은 화용언어적인 의사 결정을 구성하는 성격이 더 크다고 볼 수 있다.

대화 참여자가 속한 사회에서 금기시하거나 예의에 어긋난다고 간주하는 것에 대한 의식의 차이, 또한 사회 문화적인 배경의 차이16)에서 오는 것을 가치관의 차이로 구분하여 분석하였다. 여기에 덧붙여 본 연구에서는 개인의 선호도에 따른 가치관의 차이도 살펴보고자 한다. 개인의 선호도는 타부나 예의와 같이 국가와 문화의 배경 차이가 그 기준이라고 하기에 어려울 수 있지만, 한 개인이 특정 문화의 영향을 받은 것으로 판단해 볼 때, 개인의 선호도의 차이에 따른 의사소통의 문제 역시 가치관이라는 범주에 넣어 분석하는 것도 타당할 것이다.

이러한 가치관에 의한 사회화용적 실패 발화 빈도는 17회로 전체 화용 실패의 17%를 차지하고 있었다. 그리고 가치관의 차이에 따른 의사소통 문제 발생빈도는 11회, 발생률은 64.7%로 나타나 높은 수치를 나타냈다. 그리고 전체 의사소통 문제 발생 빈도와 비교해 볼 때 36.7%를 차지해 전체 화용 실패 항목 중 가장 높은 비중으로 차지하고 있어서 주목할 만한 결과가 드러났다.

화자의 가치관이 드러난 발화의 실제적인 예를 찾아보면 다음과 같다.

[1] 유학생 2팀 2주제

(한국과 문화 차이에 대한 화제로 대화 중 한국인 남자친구가 있는 SC6에게 질문하는 상황)
SJ5: 근데, 왜 그 한국사람이랑 사 사겨보니까, 문화차이 같은 거 느낄 수 있을 때가 되게 많은 거 같은데,
SC6: 네네
SJ5: 전 장점이든 뭐{ } 나쁜점이든 뭐 많이 있는 거 아니에요?
SC6: <u>지금 〈@인터뷰 같은데@〉▷{가치관</u>   ▶의사소통 문제 발생
SV4, SJ5, SC6: 〈vocal desc='웃음,하하'〉

위의 대화를 보면 한국과 문화 차이에 대한 대화를 나누던 중, 한국인 남자친구가 있는 SC6에게 SJ5가 질문을 하고 있는 상황이다. 그런데 SJ5의 질문에 대한 SC6의 대답을 보면 '지금 인터뷰 같은데'라고 발화를 하며 웃고 있다. 이 발화는 현재의 상황을 재밌게 생각하기 보다는 조금 무례함을 느끼고 있는 상황이라고 할 수 있다. 즉, 개인사를 공개하는 것에 대한 거부감을 가지고 있는 화자 SC6이 SJ5의 질문에 대해 무례함을 느끼고 대답을 하지 않음으

---

16) 상이한 문화적 배경에서 자란 사람들은 생활양식, 사고방식과 가치관 등의 차이로 인해, 어떤 목표 언어 상황에서 어떤 언어적 행동을 보여야 하는지 판단하기 어렵고, 이로 인해 현실 담화 현장에서는 심리적 위축 더 나아가서는 의사소통 장애를 경험하게 된다. (이해영, 2002:52)

로 의사소통 문제가 발생한 것으로 판단할 수 있다. 개인사를 공개하는 것에 대한 가치관의 차이가 나타난 대화로 사고방식의 차이로 인한 의사소통 문제가 발생한 상황이다.

가치관의 차이가 드러난 발화는 빈도수에서는 높은 비율을 차지하고 있지 않았지만 의사소통 문제 발생과 관련해서 가장 높은 비중을 차지하고 있어서 의사소통 문제를 해결을 위한 교육에 꼭 필요한 항목이라고 할 수 있을 것이다.

2) 상대 국가에 대한 편견

상대 국가에 대한 편견은 상대 국가에 대한 무지(無知)나 본인이 가지고 있는 배경지식으로 인한 오해에서 비롯된 것이다. 즉 상대 국가에 대한 지식이 부족하거나 오해를 갖다보니 그 국가와 문화에 대한 편견을 가지게 되어 발화할 때 상대방이 무례함을 느끼게 되거나 대화 분위기가 어색해지는 경우가 있다. Thomas(1983)는 사회화용적 실패가 사회적 오류(social error)와 관련이 있다고 하면서, 이 사회적 오류가 세상에 대한 무지에서 기인한다(caused by ignorance of 'world')고 언급하였다. 즉, 이러한 세상에 대한 무지가 사회화용적 실패의 원인이 될 수 있다. 또한 이러한 지식의 부족에서 비롯된 편견을 갖는 태도와 관련해서 LoCastro(2003)는 화용론적 실패의 범주로 대화 참여자들의 평가나 태도로 인한 실패를 포함하였다.

분석 결과 상대 국가에 대한 편견과 관련한 사회화용적 실패는 총 5회로 전체 화용 실패의 5%를 차지하였고, 의사소통 문제로 이어진 경우는 총 3회로 의사소통 문제 발생률은 60%를 차지하였다. 상대 국가에 대한 편견으로 인해 의사소통 문제가 발생한 빈도수는 전체 의사소통 문제의 10%를 차지하여 높은 비중을 차지하고 있는 것은 아니었다.

상대 국가에 대한 편견과 관련된 대화의 예는 다음과 같다.

[1] 유학생 1팀 1주제

(한국의 명절에 대해 설명하는 상황)
　진: 그럼 이제 〈R한국의 명절에 대해서 이야기를 해보려고 하는데요, 한국의 명절에 대해서 아는:: 것이 있는지 그 명절이 어떤 날인지, 혹시 안다면 말씀해주세요.R〉
　SJ2: 음~
　SC3: 일단 제일 큰 명절은 <u>추석이죠?</u>▷{상대 국가에 대한 편견√<u>추석인 것 같아요</u>} 음.
　진: 음.

위 대화를 보면, SC3는 한국의 명절에 대해 설명하면서 한국에서 가장 큰 명절이 추석이라고 단정 지어 말하고 있다. 이 SC3의 발화는 화용언어적 실패의 통사적 완화장치와 관련된 항목에서 살펴볼 수도 있지만 상대 국가에 대한 부족한 지식에서 비롯된 발화라는 입장에서 보면 사회화용적 실패에서 살펴볼 수도 있다.[17] SC3의 발화 '추석이죠?'에 사용한 문법 항목 '−지(요)'는 의미가 이미 알고 있는 사실을 청자의 동의를 얻어 확인하려는 의미[18]로서 화자와 청자와의 관계에서 더 많은 정보를 알고 있는 화자가 발화할 때 사용하는 것이다. 그런데 대화 [1]에서 SC3가 동의를 구하는 상대가 한국어 모어 화자인 진행자라는 면을 볼 때, 정보의 차이에서 오는 사회화용적 실패라고 할 수 있을 것이다. 그런데 이 경우 진행자는 대화에 적극적으로 개입하지 않고 최대한 자연스럽게 대화의 흐름이 끊기지 않고 진행되는 역할을 함으로써 의사소통의 문제는 발생하지 않았다.

3) 간접성 정도

간접성의 정도란 발화 의도를 직접적으로 드러내지 않고 암시적인 내용 또는 우회적인 내용으로 전달하는지의 문제이다. 앞선 화용언어적 실패에서 통사적 완화장치를 통해 언어적 형태와 관련된 간접성의 개념을 다루었다면 사회화용적 실패에서의 간접성의 정도는 더 맥락 의존적인 개념으로 발화 의도를 노출하는데 있어서 그 적절성을 문화적인 차이와 사고방식의 차이에서 살펴보는 것이다.

간접성의 정도와 관련하여 사회화용적 실패 빈도수는 총 5회로 전체 화용 실패 빈도수의 5%를 차지하였다. 그리고 사회화용적 실패에 따른 의사소통 문제 발생 빈도수는 총 2회로 발생률은 40%를 차지하였다. 또한 간접성의 정도에 따른 의사소통 문제 발생 빈도수가 전체 의사소통 문제에서 차지하는 비율은 6.7%로 낮은 비중을 차지하였다.

간접성의 정도에 따른 의사소통 문제가 발생한 경우는 다음과 같다.

[1] 여성 결혼이민자 2팀 2주제

(한국에서 배우고 싶은 것, 배우고 싶지 않은 것에 대한 주제로 다이어트에 대한 대화 진행 중)

---

17) Thomas(1983)는 화용언어적 실패와 사회화용적 실패를 명확히 구분하는 것은 어렵다고 하였다. 그 경계가 모호하고 중첩되는 경우가 많기 때문에 하나의 항목으로 단정지어 설명하기 어렵다고 하였다.

18) 백봉자(2006:406) 외국어로서의 한국어 문법 사전, 도서출판 하우.

진: 근데 한국에서는 다이어트를 너무 중요하게 생각하는 거 같아요. 그래서 남자들이 날 씬한 여자만 좋아하고::

IV4: 키 크고 날씬하고:: 남자들이 그만 좋아해요:: 우리 남편:: 에고:: 나 나중에 우리 딸 낳으면 엄마처럼 키 안 크:: 아이고 어떻게 시집갈 때:: 〈vocal desc=웃음, 하하〉 아 들은 키 안노:: 키 안 크면은 결혼하는 여자 없어:: 인기 없어:: 〈vocal desc=웃음, 하하〉

IJ5: <u>아 그렇게 남편이 말해요?</u>▷{간접성의 정도 √남편의 말이 조금 심했어요, 기분 <u>나쁘시겠어요.}</u>▶발화 의도(위로)

IV4: 네?

IJ5: <u>남:: 남편이 그렇게 말해요?</u>▶발화 의도(위로)

IV4: 네:: 〈vocal desc=웃음, 하하〉▶발화 의도 몰이해

IJ5: 어:: 〈vocal desc=웃음, 하하〉

위의 대화를 보면 진행자의 남성에 대한 의견에 뒤따라 IV4가 남편의 발화를 바탕으로 남성에 대한 의견을 나타내고 있다. 그런데 이에 대해 IJ5는 IV4의 남편의 발화 내용에 대해 다소 놀라면서 IV4의 남편을 이해할 수 없다는 의미와 함께 IV4를 위로하고자 하는 의도로 '그렇게 남편이 말해요?'라고 재차 발화하고 있다. 본인의 의도를 직접적으로 드러내지 않고 간접적으로 의도를 표현하는 일본인 화자(IJ5)의 발화라고 할 수 있다. 그런데 IJ5의 이러한 발화에 대해 IV4는 위로의 의도를 파악하지 못하고 직접적인 질문으로 받아들여 '네'라고 하며 이로 인해 어색해진 분위기를 바꿔보고자 웃음으로 마무리하고 있다. IJ5 역시 본인의 의도가 제대로 전달되지 못해서 어색해진 분위기로 인해 웃음으로 대화를 마무리함으로써 의사소통 문제가 발생했다고 볼 수 있다.

3.3. 조사 대상별 비교 분석

본 조사를 통해 화용적 실패의 두 범주, 화용언어적 실패와 사회화용적 실패의 세부 항목들의 사용 실패와 의사소통 문제에 대해 자세히 살펴보았다. 3.3에서는 여성 결혼이민자 집단과 유학생 집단 간의 사용 실패와 의사소통 문제 양상이 어떻게 나타났는지 표를 통해 비교 분석해 보고 화용언어적 실패와 사회화용적 실패의 항목별로 그 비중을 살펴보고자 한다.

(1) 여성 결혼이민자

<표 8> 여성 결혼이민자 집단의 화용적 실패 양상

구분	세부항목	사용 실패	의사 소통 문제	발생률	비중 1	비중 2
화용언어적 실패	호칭	5	3	60%	11.1%	17.6%
	담화표지와 맞장구	12	1	8.3%	26.7%	5.9%
	통사적 완화장치	8	2	25%	17.8%	11.8%
	대화 내용의 일관성	3	1	33.3%	6.7%	17.6%
소 계		28	7	41.2%	62.2%	41.2%
사회화용적 실패	가치관	10	6	60%	22.2%	35.3%
	상대 국가에 대한 편견	3	2	66.7%	6.7%	11.8%
	간접성 정도	4	2	50%	8.9%	11.8%
소 계		17	10	58.8%	37.8%	58.8%
합 계		45	17	37.8%	100%	100%

19)

여성 결혼이민자 집단의 화용적 실패 양상은 위의 <표 8>에서 보는 바와 같이 나타났다. 전체 화용적 사용 실패 빈도수는 45회로, 화용언어적 실패가 28회, 사회화용적 실패가 17회 발생해서 화용언어적 실패의 비중(62.2%)이 사회화용적 실패의 비중(37.8%)보다 높게 나타났다. 하지만 전체 화용적 실패로 인한 의사소통 문제 발생 빈도수는 17회로, 화용언어적 실패로 인한 의사소통 문제 발생 빈도수가 7회(비중 41.2%), 사회화용적 실패로 인한 의사소통 문제 발생 빈도수가 10회(비중 58.8%)로 오히려 사회화용적 실패로 인한 의사소통 문제 발생 비중이 더 높게 나타났다. 즉, 대화에서 나타나는 화용적 사용의 실패 빈도수는 화용언어적 실패가 더 높았지만 그것이 의사소통 문제와 연결지어 살펴보았을 때 더 비중을 차지하는 것은 사회화용적 실패로 인한 의사소통 문제였다는 것을 알 수 있다. 그리고 각각의 세부 항목의 의사소통 문제의 요인들의 발생률을 비교해보면, 전체 화용적 사용 실패로 인한 의사소통 문제 발생률이 37.8%인데 반해 사회화용적 실패의 세부 항목인 상대국가에 대한 편견(66.7%)에 이어 가치관(60%) 항목이 높은 수치를 나타내고 있었다. 각각의 세부항목이 전체 의사소통 문제에서 차지하는 비중을 살펴보면 가치관과 관련된 사회화용적 실패가 35.3%로 타 항목에 비해 세 배 이상 높은 비중을 차지하고 있다는 것을 알 수 있다.

이상의 여성 결혼이민자 집단의 의사소통 문제 양상을 분석 결과, 화용언어적 실패보다는 사회

---

19) 발생률(%) = 화용적 사용 실패 빈도수/의사소통 문제 발생 빈도수*100

비중 1(%) = 화용적 사용 실패 빈도수/전체 화용적 사용 실패 빈도수*100

비중 2(%) = 의사소통 문제 발생 빈도수/전제 의사소통 문제 발생 빈도수*100

화용적 실패를 더 보완하되 특별히 가치관 항목과 관련된 보완책이 필요함을 알 수 있다.

(2) 유학생

<표 9> 유학생 집단의 화용적 실패 양상

구분	세부항목	사용 실패	의사소통 문제	발생률	비중 1	비중 2
화용언어적 실패	호칭	3	2	66.7%	6.8%	15.4%
	담화표지와 맞장구	15	–	0%	34.1%	0%
	통사적 완화장치	6	1	16.7%	13.6%	7.7%
	대화 내용의 일관성	10	4	40%	22.7%	30.8%
소 계		34	7	20.6%	77.3%	53.8%
사회화용적 실패	가치관	7	5	71.4%	15.9%	38.4%
	상대 국가에 대한 편견	2	1	50%	4.5%	7.7%
	간접성 정도	1	–	0%	2.3%	0%
소 계		10	6	60%	22.7%	46.2%
합 계		44	13	29.5%	100%	100%

유학생 집단의 화용적 실패로 인한 의사소통 문제 양상은 위의 〈표 9〉와 같이 나타났다. 전체 화용적 실패 빈도는 44회였고, 화용언어적 실패가 34회, 사회화용적 실패 실패가 10회로 나타나서 화용언어적 실패의 비중(77.3%)이 사회화용적 실패의 비중(22.7%)에 세 배 이상을 차지하였다. 하지만 사용 실패의 빈도수의 차이와 달리 의사소통 문제가 발생한 경우의 빈도수는 화용언어적 실패로 인한 경우가 7회, 사회화용적 실패로 인한 경우가 6회로 크게 차이가 나지 않았다. 그리고 화용적 실패로 인한 의사소통 문제의 발생률은 전체적으로 보았을 때는 29.5%를 나타냈는데, 화용언어적 실패로 인한 의사소통 문제 발생률은 20.6%, 사회화용적 실패로 인한 의사소통 문제 발생률은 60%로 나타나, 화용적 실패의 빈도수의 결과와 정반대의 수치를 기록하였다. 즉, 빈도수 면에서는 화용언어적 실패가 사회화용적 실패보다 월등히 높은 수치를 드러내고 더 높은 비중으로 차지했지만, 의사소통 문제 발생률에서는 사회화용적 실패로 인한 경우가 더 높다는 것이다. 이는 사회화용적 실패가 의사소통 문제로 발전할 가능성이 더 높기 때문에 사회화용적 실패를 보완할 필요가 있음을 시사하고 있다고 볼 수 있다. 세부항목을 살펴보면, 빈도수와 관련해서는 담화표지와 맞장구가 총 15회로 전체의 34.1%의 비중을 차지하며 가장 높은 수치를 나타내었고, 가치관이 7회(15.9%)로 뒤를 이었다. 하지만 의사소통 문제 발생과 관련해서는 오히려 가치관이 5회로 전체의 38.4% 비중을

나타내었고, 뒤이어 대화의 일관성이 4회, 30.8%의 비중을 차지하였다.

이상의 유학생 집단의 의사소통 문제 양상을 살펴본 결과, 빈도 면에서는 화용언어적 실패를 더 중요시해야 할 것 같지만 적은 빈도수에도 불구하고 더 높은 의사소통 문제 발생률을 나타내는 사회화용적 실패에 더 관심을 가질 필요가 있음을 알게 된다. 또한 세부항목인 가치관이 빈도 면에서나 의사소통 문제 발생과 관련해서도 가장 중요한 항목으로 나타나 이를 보완할 필요가 있다고 볼 수 있다.

(3) 여성 결혼이민자와 유학생 집단별 비교

여성 결혼이민자와 유학생 집단의 화용적 실패와 의사소통 문제에 대해서 두 집단을 비교해보면 다음의 〈표 10〉과 같다.

<표 10> 여성 결혼이민자와 유학생 집단별 비교 1

구분	화용언어적 실패		사회화용적 실패		합 계	
	사용 실패	문제 발생	사용 실패	문제 발생	사용 실패	문제 발생
여성 결혼이민자	28	7	17	10	45	17
유학생	34	7	10	6	44	13
합 계	62	14	27	16	89	30

여성 결혼이민자와 유학생 집단의 화용적 실패와 의사소통 문제 발생 빈도를 비교해본 〈표 10〉을 보면, 화용언어적 실패는 유학생 집단의 빈도수가 조금 높지만 사회화용적 실패의 경우 여성 결혼이민자가 조금 더 높다. 전체 화용적 실패의 경우 두 집단의 차이가 거의 없이 나타났고, 의사소통 문제와 관련해서는 여성 결혼이민자 집단의 경우가 조금 높게 나타났다.

〈표 10〉의 빈도수를 비교해본 결과 두 집단이 수치상으로 두드러진 차이를 보였다고 말하기 어렵다. 하지만 본 연구가 의사소통 문제 발생과 관련된 분석이 주된 목적임을 상기할 때, 두 집단 모두 단순 화용적 사용 실패 빈도수에 비교해보면 사회화용적 실패와 관련한 의사소통 문제 발생 빈도가 화용언어적 실패로 인한 의사소통 문제 빈도수와 비슷하거나 그 이상으로 나타나 주목할 필요가 있다.

따라서 의사소통 문제와 관련해서 세부항목별로 다시 두 집단별 비교를 해보면 다음의 〈표 11〉과 같다.

<표 11> 여성 결혼이민자와 유학생 집단별 비교 2

구분	여성 결혼이민자	유학생
의사소통 문제 발생 빈도	· 가치관(6회)	· 가치관(5회)
	· 호칭(3회)	· 대화 내용의 일관성(4회)
	· 상대 국가에 대한 편견 · 간접성 정도 · 통사적 완화장치(이상 2회)	· 호칭(2회)
의사소통 문제발생률	· 상대 국가에 대한 편견(66.7%)	· 가치관(71.4%)
	· 가치관 · 호칭(이상 60%)	· 호칭(66.7%)
		· 대화 내용의 일관성(50%)

　　본 연구의 목적에 따라 〈표 11〉에서는 의사소통 문제와 관련된 항목 중에서 의사소통 문제가 발생한 빈도수와 화용적 실패에 따른 의사소통 문제 발생률과 관련된 항목을 높은 수치를 나타낸 항목부터 세 가지씩 찾아 비교해 보았다. 이 〈표 11〉에서 주목할 것은 사회화용적 실패의 '가치관' 항목이 여성 결혼이민자 집단이나 유학생 집단 모두에서 높은 수치를 나타내고 있다는 것이다.

　　앞선 분석들을 통해서 여성 결혼이민자와 유학생 집단의 구어 발화 중 의사소통 문제에 가장 큰 영향을 미치는 것이 사회화용적 실패, 그 중에서도 '가치관의 차이'라는 것을 알 수 있다. 따라서 각 집단별로 어떤 가치관의 차이를 나타내는지 찾아보고자 한다.

(4) 가치관의 차이

　　두 집단 모두 가치관의 차이로 인한 화용적 실패나 의사소통 문제가 두드러지게 나타나기 때문에 이를 극복하여 더 자연스러운 대화가 되도록 유도할 필요가 있다. 이를 위해 두 집단의 발화 자료 중 가치관의 차이로 인해 의사소통 문제가 발생한 경우를 각 주제별로 세부적으로 나눠보면 다음의 〈표 12〉과 같이 나타내었다.

<표 12> 가치관 항목별 집단 비교

구분	세부 항목	여성 결혼이민자	유학생	합 계
집단주의 / 개인주의	가족문화 우리문화	8(4)	4(3)	12(7)

	공유문화 관계문화 체면문화 정문화			
권력 격차 정도	서열문화	2(2)		2(2)
남성성/ 여성성	남성적문화		3(2)	3(2)
합 계		10(6)	7(5)	17(11)

20)21)

위의 〈표 12〉를 보면 가치관의 차이로 인해 의사소통 문제가 발생한 것을 가치관 항목별로, 집단별로 비교해서 알 수 있다. 여성 결혼이민자의 경우 예의, 예절을 포함, 가족 문화에 대한 가치관의 차이를 나타낼 때 화용적 실패는 물론이고 의사소통 문제도 가장 많이 발생하였다. 하지만 유학생의 경우에는 집합주의 및 개인주의의 차이로 인해 화용적 실패나 의사소통 문제가 발생하는 비중이 더 높았다. 이 같은 차이는 여성 결혼이민자나 유학생 집단의 생활 영역이 다르기 때문에 나타난 결과라고 판단할 수 있다.

따라서 화용적 실패와 그로 인한 의사소통 문제 발생을 보완할 가치 문화 교육을 구성함에 있어서 가치 문화의 세부항목별로 두 집단에서 동일하게 진행할 것이 아니라 내용에 차별을 두고 교육할 필요성을 갖게 된다.

4. 한국어 교육에의 활용 방안

두 집단 모두 의사소통 문제로 이어진 결과를 보면 화용언어적 실패보다 사회화용적 실패에 기인한 경우가 더 높았고, 그 중에서도 가치관의 차이에서 비롯된 의사소통 문제가 빈도면에서나 발생률 면에서나 가장 높게 나타나서 가치관과 관련된 문화 교육을 한국어 교육에 적용할 필요가 있음을 알게 된다.

하지만 그간의 한국어 교육에서 다루어진 문화 자료는 주로 해당 단원의 주제와 관련된 일상적인 정보 문화 자료에 한정되는 데에 그쳤으며, 읽기 교재를 통한 문화자료 역시 전래동화나 설화, 일부 문학작품에 그친 한계22)가 있었다.

---

20) 〈표 12〉의 수는 화용적 실패 빈도이고, ( ) 안의 수는 화용적 실패로 인한 의사소통 문제 발생 빈도이다.

21) 〈표 12〉의 가치관 항목은 Hoftede의 문화 연구에 의한 세계 국가 문화를 구별하는 4가지 기준 1) 집단주의와 개인주의 2) 권력의 거리(권위주의와 평등주의) 3) 불확실성의 회피 정도 4) 남성성과 여성성)을 확대한 박숙영(2007:45)에서 일부 차용하였다.

따라서 본 장에서는 두 집단의 실제적인 차이를 중심으로 가치 문화 관련 수업을 구성고자 한다. 여성 결혼이민자는 가족문화, 우리문화, 관계문화에서 발생했고, 유학생은 우리문화, 공유문화에서 발생했기 때문이다. 따라서 가치 문화 교육의 필요성 및 내용에 대해 좀 더 살펴보고, 각 집단별 수업에 활용할 수 있는 예시를 마련해 보도록 하겠다.

4.1. 가치 문화 교육

제2 언어를 배우는 데 있어서 목표어의 문법뿐만 아니라 목표어 화자들의 의식이나 사고방식을 아는 것은 중요하다. 목표어에 나타난 언어의식(사고방식/ 가치관)을 학습함으로써 학습자는 자신의 모국어와 상이한 목표어 문화를 이해하고 인정하게 되며, 이러한 문화 상호간의 차이점에 대한 긍정적, 개방적 태도는 목표어의 구사력을 크게 향상시키기 때문이다(이홍수 외, 2002:211). 즉 언어 사용자인 목표어 화자들의 사고방식, 가치관에 대한 문화 교육의 필요성을 의미한다고 할 수 있다.

가치 문화의 학습 필요성은 학습자들의 요구 분석을 통해서 더욱 확인할 수 있다. 김선미(2004)에서는 한국어 학습자들의 문화 요구도를 분석하였는데, 이는 다음 〈표 13〉과 같다.

〈표 13〉 학습자의 문화 요구도

먼저 배우고 싶은 문화 항목	순위
한국인의 사고방식	1
한국사회의 예절	2
한국의 역사	3
한국인의 의식주	4
현대 한국인의 생활 속에 남아 있는 전통 문화	5
한국인의 취미와 여가 생활	6
한국인의 경제 활동	7
한국의 공공시설과 제도	8
한국의 교통	9

위의 〈표 13〉을 보면 한국어 학습자들이 배우고 싶은 문화 항목은 첫 번째가 한국인의 사고방식이었고, 그리고 한국사회의 예절, 역사, 의식주, 전통 문화 등이 뒤를 이었다. 이 요구 분석을 통해서도 외국인 학습자들이 배우고 싶은 것은 한국인의 사고방식과 관련된 가치 문화

---

22) 강현화(2007:94)

라고 할 수 있다.

이러한 한국의 가치 문화를 교육 현장에서 효율적으로 활용할 수 있는 자료23)로 광고나 드라마, 영화가 있다. 광고나 드라마, 영화를 통해서 의사소통의 효과적인 상황과 맥락을 살펴보면서 한국인의 의식(가치관, 사고방식)을 자연스럽게 이해할 수 있다. 이정희(1999)와 김경지(2002)에서도 영화를 통한 한국어 학습의 용이성을 밝히면서 단순 언어적인 측면뿐만 아니라 한국 문화에 대한 실제 모습을 보여 줌으로써 외국인 학습자들이 영화를 통해 한국 사람이 실제 어떤 모습으로 살아가는지 알게 된다고 하였다. 즉 한국인의 가치관, 관습, 의식주, 사고방식, 서로간의 상호작용을 보면서 문화에 대한 인식을 높일 수 있다. 그리고 박숙영(2007)은 신문이나 뉴스, 만화를 통해 쉽게 제시할 수 있다고 하였다. 신문이나 뉴스를 통해 사회 현상을 객관적으로 파악할 수 있고, 만화는 그림을 통해 쉽게 이해할 수 있고 내용이 간결하고 핵심적이기 때문이다. 하지만 여기서 학습이 끝나서는 안 되고 한국과 자국의 가치 문화를 비교하는 토론 학습이 병행되어야 한다고 하였다. 가치문화는 문화적 차이로 인해 오해를 하거나 부정적인 감정을 가질 수 있기 때문에 자국 문화와의 비교를 통해 문화 차이를 인정하고 객관적인 입장에서 한국의 가치 문화를 이해할 필요가 있기 때문이다. 또한 비교 및 토론을 하기에 앞서 과제로 문화 차이에 대한 조사를 하도록 유도해 더 적극적이고, 객관적으로 문화를 바라볼 수 있게 할 필요가 있음을 언급하였다.

이상에서 본 것처럼 본 연구의 대상인 여성 결혼이민자와 유학생 역시 한국어 학습자로서 의사소통 문제의 발생을 줄이기 위해서는 가치 문화 교육이 절실하다고 할 수 있다. 그리고 이러한 교육을 위한 방안으로 본 연구에서는 드라마와 신문을 이용한 수업 활용의 예를 제시해 보고자 한다.

4.2. 수업 활용의 예

이 장에서 제시하고자 하는 수업 활용의 예는 본 연구의 대화 분석 자료에 참여한 여성 결혼이민자와 유학생 집단을 대상으로 한 것으로 모두 고급 수준의 수업 활용의 예가 될 것이다. 앞선 연구에서 밝혔듯이 여성 결혼이민자는 집단주의와 개인주의에서 가족문화와 관련된 항목을 주제로 구성하였고, 유학생은 공유문화에 대해서 구성해 보았다.

실제적인 교수 현장에서 적용하기에는 각 한국어 교육 기관마다 과정에 맞게 교수요목이 짜여 있기 때문에 별도의 문화 수업 시간을 마련하여 학습시키는 것이 보다 더 적절할 것으로 판단된다. 이 장에서는 여성 결혼이민자와 유학생 집단의 한 시간 분량의 수업만 구성해 보았

---

23) 김정은(2004:58)에서는 (1) 광고/드라마/영화, (2) 대화 중심의 문학작품, (3) 속담을 제시하였다.

다. 수업 활용의 예로써 가치 문화에 적합한 교수 자료를 제시하는 것을 중점으로 두고 간단한 수업의 형식(도입-제시-전개-확장-마무리)으로 구성했다.

1) 여성 결혼이민자

한국의 가족문화의 요소는 예절, 효, '한가족'이라는 것을 강조하는 것을 의미한다. 따라서 본 수업에 활용된 자료의 예를 통해서 가족 중심의 문화와 개인보다는 집단을 우선시하는 한국의 가치 문화를 이해할 수 있을 것이다.

〈수업 활용의 예 1〉

○ 드라마 : 넝쿨째 굴러온 당신 28화
○ 내용 : 며느리의 임신 소식을 알게 된 시댁 식구들이 모두 며느리의 직장생활을 반대하면서 다수결로 직장을
　　　　계속해서 다닐 것인지 선거를 하는 내용.
○ 교수 목표 가치 문화 : 가족 중심의 사고방식으로 개인보다는 가족을 우선시하려는 사고방식. 또한 사회
　　　　　　　　　　　 전반에 걸쳐 가족처럼 지내려는 사고방식.

(1) 도입
- 한국에서 지낸 명절에 대해 경험을 나눈다.
- 한국에서 생활하면서 시댁과의 갈등이 있었던 경험을 나눈다.

(2) 제시
- 영상으로 드라마 〈넝쿨째 굴러온 당신〉 28화의 일부를 보여준다.
- 드라마를 보고 드라마 내의 상황에 대해 줄거리를 발표해 본다.

(3) 전개
- 드라마 내용의 상황에 대한 본인의 의견을 나눠 본다.
- 본인이 드라마 속의 며느리라면 어떨지 자신의 생각을 발표해 본다.
- 여성 결혼이민자 자국의 문화와 어떻게 다른지 의견을 나눈다.
- 가족 중심의 한국에 대한 장점과 단점에 대해 이야기해 본다.

(4) 확장
- 한국의 가족 중심의 문화를 느꼈던 경험에 대해 이야기해 본다.
- 가족 중심 가치 문화가 반영된 어휘나 속담, 표현들을 찾아 학습한다.
- 회사나 기업에서의 가족 문화에 대한 의견을 나눠본다.

(5) 마무리
- 다시 한 번 드라마를 시청하면서 앞선 수업의 내용들을 정리해 본다.
- 한국의 가족 중심 문화에 대해 오해했던 경험들에 대한 쓰기 과제를 부여하고 마무리한다.

2) 유학생

유학생 집단은 공유문화와 관련된 것으로, 여기서는 특별히 '사적인 질문'과 관련된 부분에 대해 살펴볼 것이다. 이 수업의 예를 활용하면 한국인들의 사적인 질문에 대해서 불쾌감을 갖거나 거부감을 갖는 것이 아니라 하나의 공유문화로서 상대방에 대한 관심의 측면이라는 것을 이해할 수 있을 것이다.

〈수업 활용의 예 2〉

○ 신문(인터넷) 기사 : 이요원 "사생활 질문엔 대답 안 한다" (2007.01.04.)
○ 내용 : 드라마를 찍고 기자회견을 하는 탤런트 이요원이 기자회견에 앞서 사생활에 대한 질문을 하지 말라고 기자들에게 요청한 내용.
○ 교수 목표 가치 문화 : 공유의 문화로 공유 부분이 많을수록 더욱 끈끈한 관계를 갖는 사고방식. 개인의 영역 일부가 침범되거나 상대방의 영역 일부를 침범해도 당연하게 생각하는 사고방식. 상대방에 대한 걱정과 관심의 사고방식.

(1) 도입
– 한국 사람과 자기소개를 했던 경험에 대해 이야기해 본다.
– 한국 사람들의 따뜻한 관심을 느꼈던 경험을 나눠본다.

(2) 제시
– 인터넷 신문 기사를 나눠주고 읽기 활동을 할 수 있도록 한다.

이요원 "사생활 질문엔 대답 안 한다" (2007.01.04.)

 SBS TV 〈외과의사 봉달희〉의 주인공 이요원이 "사적인 질문에는 대답하지 않겠다"고 말해 취재진의 원성을 샀다.
 이요원은 4일 경기도 병점 롯데시네마 11층에서 가진 드라마 현장 공개에서 결혼 생활 등을 묻자 "노코멘트 하겠다"며 입을 닫았다.
 딸을 출산한 유부녀 탤런트인 이요원에게 육아와 가정생활 등에 대한 질문이 나왔지만 이요원 측은 단호하게 제지하며 "사적인 질문은 받지 않겠다"고 잘라 말해 분위기를 '급냉'시켰다.
 대신 이요원은 "이범수와 호흡이 잘 맞고 평소에도 그의 팬이었다. TV와 영화로만 봤는데 이렇게 작품에서 만나게 돼 영광"이라며 모범답안 같은 대답으로만 일관했다. 그는 끝으로 "실제로는 메디컬 드라마를 즐기지 않지만 이번 드라마는 대본이 정말 흥미로워 출연을 결심했다"고 말했다.

– 신문을 읽고 내용에 대해 발표해 본다.

(3) 전개
– 인터넷 신문 기사에 대한 본인의 의견을 나눠 본다.

- 한국 사람들의 질문 중 듣기 거북했던 질문을 이야기해 본다.
- 공유 문화에 대해 유학생 자국의 문화와 비교해 본다.

(4) 확장
- 다른 사람에 대한 관심의 장점, 단점에 대해 이야기해 본다.
- 공유 문화가 반영된 인사, 표현들을 찾아 학습한다.
- 기업이나 사회에서 공유 문화를 적용한 사례에 대해 발표해 본다.
  (예, 고객 관계 관리(CRM))

(5) 마무리
- 한국의 공유 문화에 대해 장단점을 정리해 본다.
- 한국의 공유 문화로 인해 오해했던 경험들에 대한 쓰기 과제를 부여하고 마무리한다.

5. 결론 및 제언

본 연구에서는 한국어 학습 수요가 계속해서 증가하고 있는 여성 결혼이민자와 유학생을 대상으로 그들의 한국어 구어 발화를 분석하여 의사소통 실패의 원인을 화용적 실패를 중심으로 살펴보았다. 두 집단 모두 화용적 실패가 의사소통 문제로 귀결되는 양상은 유사했으며 화용언어적 측면과 사회화용적 측면에서도 비교해볼 때 빈도수의 차이만 조금 나타날 뿐, 비중의 측면에서는 유사한 양상이 나타났다. 즉, 여성 결혼이민자나 유학생 집단 모두 화용적 실패 중에서도 사회화용적 실패로 인한 의사소통 문제 발생률이 더 높게 나타났는데, 이는 사회화용적 실패를 방지할 수 있는 교육 방안의 필요성을 의미하는 것이라 할 수 있다.

그리고 사회화용적 실패의 요인들을 중심으로 살펴봤을 때에도 두 집단 모두 상대방 화자와의 가치관의 차이에서 비롯된 화용적 실패가 의사소통 문제를 일으키는 가장 큰 요인으로 나타났다. 하지만 가치관의 차이를 나타내는 요인들을 보다 더 상세하게 분석해본 결과로 '집단주의와 개인주의'에서 비롯되는 '가족문화', '공유문화'가 여성 결혼이민자와 유학생 집단에 각각 가장 큰 영향을 미치는 것으로 나타났다.

가치관의 차이로 인한 화용적 실패가 의사소통 문제로 귀결되는 비율이 가장 높다는 것은 한국어 교육에서 가치 문화의 교육이 필요하다는 것을 의미한다고 볼 수 있다. 가치 문화 교육은 학습자들에게 가치관이나 사고방식으로 인해 나타나는 언어적 · 비언어적 의사소통 양식들, 즉 생활양식과 행동양식을 설명하게 하고, 자국의 문화와 한국의 문화의 차이를 이해함으로써, 한국과 한국인의 대한 이해와 이를 통한 문화 간 의사소통능력을 향상시키는 데 큰 도움이 될 것이다. 이에 본 연구에서는 4장에서 가치 문화의 교육에 대해서 더 살펴본 후, 의사소통 문제의 주된 원인이었던 가치관의 차이의 요인인 '가족문화'와 '공유문화'를 각각 수업에서 제시할 수 있는 활용의 예를 제시해 보았다. 고급 수준 학습자를 위한 특별 문화 수업인 만큼 학습자가 적극적으로 참여하고 가치 문화를 객관적으로 이해할 수 있도록 토론과 발표 위주의 수업으로 구성하였고, 특별히 학습자들의 흥미를 유발할 수 있도록 영화와 신문 매체를 이용한 수업 활용의 예를 제시하였다.

한국어 모어 화자들은 어휘와 문법 사용에 큰 문제가 발생하지 않는 중·고급 학습자의 화용적 실수에는 더 민감하다. 따라서 중·고급 학습자에게는 화용적 특성을 반영한 한국어 교육이 더 필요하다. 이런 점에서 본 연구의 화용적 실패에 의한 의사소통 문제의 주된 원인이 된 가치 문화를 이해할 수 있다면 여성 결혼이민자와 유학생 모두 추후 한국 생활에서 겪을 수 있는 여러 가지 상황이나 대화 상황에서 의사소통 문제가 발생할 가능성이 줄어들 것으로 기대할 수 있다.

그러나 본 연구에 참여한 여성 결혼이민자와 유학생 집단을 이루는 대화 참여자의 국가가 베트남, 중국, 일본에 한정된 것과 모두 여성이라는 점, 그리고 대화 분석을 통해 나온 표본의 수가 크지 않아 일반화하기 어렵다는 한계가 있음을 밝혀 둔다. 또한 동일한 집단 내의 동일한 위치의 사람들의 대화로 더 다양한 양상의 결과를 기대할 수 없었다.

따라서 앞으로 의사소통 문제와 관련된 연구에서는 표본을 더 대량화하고, 발화자의 국적이나 참여자 수를 늘리고 더 다양한 대화 상황이 제시된다면 더 의미 있는 연구를 기대할 수 있으리라 생각한다. 또한 대화가 녹화된 동영상 자료와 전사 자료를 통한 분석과 함께 사후 인터뷰가 이루어진다면 대화 참여자의 발화 의도를 보다 더 정확히 이해할 수 있기 때문에 더 명확하고 유의미한 연구 결과가 나올 것으로 판단된다.

<Abstract>

Research regarding the communication problems presented through the developmental patterns of married female immigrants and foreign students' spoken Korean

Shin, Sanghyun (HELP CAT)

This research aims to distinguish the various communication drawbacks of Korean language learners, especially targeting married female immigrants and foreign students as well as proposing an appropriate education system for the two individual groups. To be more specific, the research primarily based pragmatic failure as the main cause for the lack of communication skills, hence investigating further into the deficiency of language use and the problems that emerge from it. The results of such examination will create groundwork for a more systematic and effective baseline data of Korean Language education. In order to do so, on the first page studies regarding communicative problems, failures, conflicts were thoroughly examined. Moreover, limitations and the significance of each research were analyzed along with its necessity to Korean education. On the second page, Cross-Cultural Pragmatic Failure, a crucial theoretical basis for this research was inspected. Through this theory, a basic formality in pinpointing the cause for the numerous communication problems occurring within the conversation analysis of the two groups; married female immigrants and foreign students. In particular, the importance and necessity of pragmatic competence and use was looked over through pragmatic failure. On the third page, the subject selection along with the conversation analysis method of the two groups were discussed as well as analyzing the gathered data through preliminary and main surveys. The investigation results from the third page enabled to devise an educational resolution for the causes of communication skills Korean learners are struggling with. Hence, in order to establish a proper use of the learners' pragmatic knowledge, differences in values and convictions derived from the diverse cultural backgrounds were mentioned and integrated into Korean language education.

Through this research, it was appeared that sociopragmatic failure was the principal cause for the numerous communicative difficulties of married female immigrants and foreign students. However, even between these two groups, differences existed. In the case of married female immigrants, family culture resulted in sociopragmatic failures whereas it was the shared culture of foreign students that urged for the failures. Therefore, it could be seen that in order to resolve communicative problems, culture value education as well as a Korean education system specifically designed to match the distinctive characteristic of a particular group is essential. Overall in this research, the significance and necessity of sociocultural education and the proposal of basic materials were proved through the various communicative difficulties presented by the developmental patterns of married female immigrants and foreign students' spoken Korean.

Key Words

communication problem(의사소통 문제), pragmatic failure(화용적 실패), sociopragmatic failure(사회화용적 실패), pragmalinguistic failure(화용언어적 실패), value culture(가치 문화)

한국어 비원어민 화자 간 대화 수정 양상 연구

천민지 _미국 Brown University

1. 서론

의사소통의 궁극적인 목적은 상대방에게 자신이 의도하는 메시지를 잘 전달하는 것일 뿐만 아니라 상대방의 메시지를 정확하게 이해하는 것이다. 의사소통이 성공적으로 이루어지기 위한 중요한 과정 중의 하나는 의도한 메시지를 정확하게 전달하기 위해 상대방과 어떻게 상호작용하는가이다. 왜냐하면 대화 참여자들 간의 협력적 상호작용 행위가 잘 이루어지지 않으면 결국 전달하고자 하는 내용이 상대방에게 전달되지 못하거나 오해가 발생하기도 하며, 혹은 의사소통 자체가 중단되기도 하기 때문이다. 이렇듯 의사소통을 위한 중요한 행위인 상호작용은 대화 참여자들이 문제 상황에 직면하게 되었을 때 그들의 발화를 적절하게 수정하면서 문제를 해결하거나 또 다른 문제 상황을 방지하는 과정을 포함하고 있다.

이러한 발화 수정 행위는 적극적인 상호작용의 행위로, 외국어 습득의 관점에서 볼 때 학습자들에게 중요한 의미를 가진다. 외국어 습득에 있어서 학습자가 자신의 외국어 지식을 유의미하게 사용할 기회를 가지는 것은 매우 중요한데, 협력적 상호작용을 위한 발화 수정의 과정이 외국어 지식을 유의미하게 사용할 수 있는 기회를 효과적으로 제공하기 때문이다.

학습자가 외국어를 습득하는 현실적인 상황을 고려해 볼 때, 학습자가 자신의 외국어 지식을 유의미하게 사용할 기회, 즉 상대방과 상호작용을 하면서 발화를 수정 할 수 있는 기회는 교실 내에서 교사와의 대화, 혹은 짝 활동이나 그룹 활동을 통한 과제 수행, 그리고 교실 밖 환경에서 원어민 화자 혹은 비원어민 화자와의 대화를 통해서일 것이다. 지금까지 상호작용과 관련한 연구에서는 교사 혹은 원어민과의 상호작용에 대한 연구는 활발히 이루어졌으나 학습자 간 상호작용에 대한 연구는 부족한 편이다. 학습자 간 상호작용과 관련된 초기의 연구들은 학습자 간 상호작용에 대해 부정적인 견해를 보이기도 하지만, 비원어민 화자 간 의사소통은 외국어 지식을 두려움 없이 목표어로 연습해 보는 과정을 제공하고 긍정적이고 정의적인 분위기 속에서 활발한 상호작용을 통해 외국어 습득 과정을 촉진시키는 역할을 할 수 있다고 하였다(Schwartz, 1980; Varonis & Gass, 1985; Doughty & Pica, 1986). 또한 비원어민 화자 간 상호작용에서 발화 수정의 결과가 목표어에 상당히 가까우며 발화 수정에 대한 입력어가 제공된다고 하더라도 그 형태가 틀리다고 판단되면 발화자는 원래 자신의 발화 형태를 그대로 유지하는 모습을 보여준다고 하였다(Gass & Varonis, 1989). 이는 비원어민 간의 상호작용이 원어민과의 의사소통만큼 충분한 가치가 있고 이러한 상호작용이 외국어 습득에 있어서 중요한 의미를 가지며, 이에 대한 연구가 더 활발히 이루어져야 할 필요성을 보여준다.

이에 본고에서는 적극적인 상호작용의 관점에서 한국어 비원어민 화자 간 대화에 나타난 발화 수정(repair)의 양상을 대화분석(conversational analysis)을 통해 살펴보고자 한다.[1] 이를 위해 먼저 비원어민 화자 간 대화를 Schegloff, Jefferson & Sacks(1977)에 기초하여 대화 수정의 유형과 기능을 분석하고 실행된 대화 수정의 결과 및 특징을 살펴볼 것이다. 이러한 비원어민 화자 간 실제 대화의 분석은 비원어민 화자 간 대화에 나타나는 대화 수정 양상의 중요한 기초 자료로서의 역할을 할 뿐만 아니라, 비원어민 화자 간 대화 수정의 유형적인 특징을 보여 주며 이는 한국어 말하기 교육에 적용할 수 있는 토대를 제공할 수 있을 것이다.

2. 이론적 배경

2.1. 대화 수정의 개념

대화분석에서 수정(repair)이란 서로의 공통된 이해에 도달하기 위해 그와 관련된 문제 요소를 다루는 상호작용을 위한 기초적이고 조직적인 틀이며, 교정(correction)은 수정의 한 유형으로 명백한 오류를 포함하고 있는 것을 바로잡는 것이라 할 수 있다.

Schegloff, Jefferson & Sacks(1977:363)에서는 수정을 의사소통의 상호작용 과정에서 문제 해결을 위한 발화들의 조직화로 기술하고 있다. 수정을 교정보다 훨씬 일반적인 개념으

---

1) 대화는 사람들 사이에 일어나는 상호 작용적 의사소통의 특장을 가장 잘 보여주며 "대화는 협동적 모험이다"(Hatch & Long, 1980:4)라고 하였다(Brown, 2006에서 재인용).

로 사용하였고, 수정이란 '수정될 수 있는(repairable)' 혹은 '문제 요소'와 관련되어 있고, 명백한 오류가 나타나지 않는 상황에서도 수정은 일어날 수 있다고 하였다. 다시 말해 '교정'이 명백한 실수나 오류를 다른 것으로 대치하는 과정이라면, '수정'은 그보다 더 광의의 개념으로 오류나 실수를 포함하고 있지 않는 발화라 할지라도 발생하는 현상이라고 볼 수 있다.

수정은 대화의 어느 순간에 오해가 발생하거나 상대방의 말이나 의도가 모호한 경우나 혹은 주위의 소음으로 인해 말을 듣지 못했거나 화자의 발음상의 문제로 상대방의 말을 이해하지 못하는 등의 문제 요소가 발생하게 되는 경우에 발생한다. 대화 도중에 문제 요소가 발생하면 진행되고 있던 대화가 잠시 멈추게 되고 대화 참여자 간의 이해를 돕기 위해 문제 요소에 대한 발화 수정이 이루어진다. 수정의 과정을 통해 문제 요소를 해결하고 나면 다시 원래 대화 내용으로 돌아가 상호 간의 대화를 유지해 나가는 체계를 갖추게 된다. 이러한 수정은 대화 구조의 일부분이지만 대화에서 규칙적이고 정기적으로 일어나는 것은 아니며, 진행되고 있는 대화 도중 상호작용에서 상호 간의 이해가 재정립되어야 한다는 대화 참여자들 간의 필요성에 의해 발생되는 것이다(Schegloff, 1992). 또한 Schegloff(2000)에서는 상호 간의 이해란 '누군가가 바로 전에 말한 것'에 관한 이해를 말하는 것이며, 이를 위해 발생하는 수정 행위는 언어적이며 또한 사회적인 현상이라고 보았다.

Schwartz(1980)도 '수정할 가능성이 있는' 적절하지 못한 모든 발화를 수정의 대상으로 삼아 수정의 개념을 폭넓게 인식하였으며, Taron(1980)에서는 의사소통의 장애 요소를 제거하는 것뿐만 아니라 자신의 의사를 적절하게 표현하는 것에 발화 수정의 중요한 기능이 있다고 하였다. 김옥선(1995), 손희연(1999), 그리고 정혜진(2000)에서도 Schegloff, Jefferson & Sacks(1977)의 논의를 토대로 수정의 개념을 정의하고 있다.[2] 김옥선(1995)에서는 수정이란 발화 속에 명백한 오류가 없다고 하더라도 의사소통의 장애요소를 제거하기 위한 것이라고 보았고 손희연(1999)에서는 수정이란 상호 행위적 문제 해결의 조직적인 방식이라고 정의하였다. 또한 언어적 상호 행위는 발화를 주고 받는 과정에서 참여자들이 서로의 발화 의도를 드러내고 해석해 나가며 목표를 지향하고 관계를 맺어 나가는 가운데 일관성을 지닌다고 하였다. 정혜진(2000)에서는 수정을 반드시 오류나 실수와 관계있는 것으로만 보지 않고 의사소통에 지장이 없다고 하더라도 화자가 자신의 발화가 적절하지 못하다고 생각하여 발화를 개선하는 행위 모두를 아우르는 것으로 정의하였다.

한국어 비원어민 간 대화의 수정 양상에 관한 본 연구에서는 Schegloff, Jefferson & Sacks(1977)와 Schwartz(1980)가 정의한 것과 같이 문법적 오류와 상호작용 과정에서의 오해, 의사 전달의 장애, 발음 등 의사소통에 지장을 초래하는 문제 요소를 대상으로 삼을 뿐만

---

2) 손희연(1999), 정혜진(2000)에서는 '수정'이라는 용어 대신 '바로잡기'라는 용어를 사용하고 있다.

아니라 자신의 발화를 적절하게 표현하고 개선하기 위해 행해지는 '수정 가능한'모든 상호작용
적 방식 모두를 포함하는 광의의 개념으로 수정을 정의한다.3)4)

2.1.1. 대화 수정의 유형

수정은 대화를 진행하는 과정에서 상호적으로 전체 발화를 조직화해 나가는 구조의 일부분
으로 볼 수 있다(Schegloff, Jefferson and Sacks, 1977). 그러므로 수정의 과정에는 언어
적인 측면뿐만 아니라 사회적인 측면도 반영되며, 의사소통의 문제 요소를 드러내는 발화자와
누가 문제 요소를 제기하는가, 그리고 문제 요소를 포함한 발화를 누가 수정하는가에 따라 그
유형을 달리하게 된다.

Schegloff, Jefferson and Sacks(1977)에서는 대화 수정의 유형으로 네 가지를 먼저 제
시하고 있는데, 수정의 제기를 누가 하며, 그 실행을 누가 하는지에 따라 다음과 같이 분류하
였다.

<표 1> Schegloff, Jefferson & Sacks(1977:363-368)의 대화 수정 유형

수정 제기	수정 실행
본인 제기(self-initiated)	본인 수정(self-repair)
	타인 수정(other-repair)
타인 제기(other-initiated)	본인 수정(self-repair)
	타인 수정(other-repair)

〈표 1〉에 나타난 수정의 유형을 보면 알 수 있듯이 수정을 제기하는 사람이 수정 실행을
하는 사람과 항상 일치하는 것은 아니다. 다시 말해 수정을 제기하는 것은 문제 요소를 포함
한 발화자가 스스로 수정을 제기하는 '본인 제기(self-initiated)'와 문제 요소를 포함한 발화
자가 아닌 다른 사람에 의해 수정이 제기되는 '타인 제기(other-initiated)'로 나눌 수 있으

---

3) Ellis(1994)에서도 수정(repair)은 언어적 오류를 포함하여 의사소통을 명확하게 하거나 문제 상황을
   해결하기 위한 시도라고 정의하여 수정을 교정(correction)보다 광의의 개념을 사용하고 있다.

4) 의미협상(negotiation of meaning)과 수정의 개념을 비교해 보면 수정을 의미 협상을 위한 전략으로
   보고 의미 협상의 하위 범주로 생각할 수 있다. 그러나 대화 수정이 의미 협상을 위한 기능만 가지는
   것이 아니라 학습자 자각에 의한 자기 발화를 개선하고자 하는 기능도 포함하고 있으므로 본 연구에서
   는 수정을 의미 협상의 하위 범주로 한정하여 정의하지 않기로 한다.

며, 이는 다시 제기된 문제 요소를 실행하는 사람에 따라 '본인 수정(self-repair)'과 '타인 수정(other-repair)'으로 다시 나눌 수 있다.

Schegloff, Jefferson and Sacks(1977)에서 '본인 수정'과 '타인 수정'은 수정 처리의 성공을 언급한다고 하였다. 그리고 수정에 대한 시도는 때때로 실패하기도 하며 수정의 실패와 성공 모두를 수정의 결과(outcomes)라고 할 수 있다고 하였다. 여기서의 실패(failure)는 오류(error)와 구별되어야 하고, 이는 또한 수정이 일어나지 않은 상황에서 명백한 문제 요소가 일어난 상황과는 다른 것이라고 하였다.

그런데 수정의 절차에서 수정을 제기하는 것이 필수적으로 나타나지 않는 경우도 있다. 김옥선(1995), 손희연(1999) 그리고 정혜진(2000)에서는 수정에 대한 제기가 없이 바로 수정의 실행이 나타나는 경우를 보여 주고 있는데, 특히 손희연(1999)은 교실 상황 속의 교사와 학습자의 대화에서 수정에 대한 제기 없이 바로 수정이 실행되는 예를 풍부하게 보여주고 있다.

본 연구에서는 누가 수정을 제기하고 다시 그 수정을 누가 실행하는가에 대한 고려뿐만 아니라 수정을 제기하는 것 자체가 선택적이라고 판단하여 수정 제기의 여부에도 관심을 두어 대화 수정의 유형을 크게 6가지로 분류하고자 한다. 또한 연구 대상이 한국어 비원어민 화자임을 고려하여 대화 수정의 결과가 성공과 실패로 구분될 수 있다는 것을 예측하여 수정의 실행 결과에 대해서도 살펴보고자 한다. 수정의 결과에 대한 판정은 문제 요소의 올바른 교정이나 형태적인 정확성에 초점을 두어 수정의 결과를 판단하지 않고자 한다.5) 대신 문제 요소에 대한 수정이 실행된 후, 문제 요소가 형태적으로 정확성을 띄지 않는다고 하더라도 수정의 결과가 의사소통의 장애를 해결하거나 혹은 수정이 제기된 원인을 제대로 해결하였다면 그러한 경우를 실패로 보지 않고 대화 수정 결과의 성공으로 보기로 한다. 이를 토대로 하여 한국어 비원어민 화자의 대화 수정 유형을 정리하면 다음과 같다.

<표 2> 한국어 비원어민 화자 간 대화의 대화 수정 유형

수정 제기	수정 실행	수정 결과
본인	본인 실행	성공
		실패
	타인 실행	성공
		실패

---

5) Schegloff, Jefferson and Sacks(1977:363)는 문제 요소에 대해 수정이 제기된 후 본인 혹은 타인에 의해 수정이 이루어지지 않은 경우를 수정의 실패로 보았고, 정혜진(2000)은 문제 요소에 대한 수정을 실행하기 위한 시도가 있는 경우 수정이 실행된 것으로 보아, 수정이 성공적으로 끝나지 않았더라도 수정의 실행으로 본다고 하였다.

타인	본인 실행	성공
		실패
	타인 실행	성공
		실패
없음	본인 실행	성공
		실패
	타인 실행	성공
		실패

Schegloff, Jefferson and Sacks(1977)에서는 본인 제기 수정과 타인 제기 수정이 나타나는 위치에 관해 언급하고 있는데, 본인 제기 수정은 위치에 따라 세 가지로 나뉠 수 있다. 첫 번째 위치는 본인 제기 문제 요소를 포함한 같은 말 순서에서 수정이 발생할 수 있다. 원어민 간 대화에서 나타나는 같은 말 순서 안에서 일어난 본인 수정의 경우 보통 그 결과는 성공적이다. 두 번째는 말 순서가 전환되는 지점에서 나타날 수 있으며, 마지막으로 문제 요소로부터 세 번째 말 순서에서 수정이 나타날 수 있다. 같은 말 순서, 즉 문제 요소를 포함한 그 발화 속에서 본인이 수정을 제기할 때는 수정 제기의 필요성을 나타내는 다양한 비어휘적인 장치들, 즉 발화를 중단하거나 억양을 바꾸거나나 혹은 머뭇거림 같은 표지를 사용하여 수정을 제기한다. 또한 말 순서 전환 지점이나 세 번째 말차례에서도 또한 그들이 제기한 말 순서 안에서 수정이 실행이 된다.

또한 본인 제기 수정과는 달리 타인에 의한 수정 제기는 한 지점에서만 나타나는데, 그 위치는 문제 요소가 포함된 발화 바로 다음 말 순서에서 나타난다는 것을 보여 주었다. 문제 요소가 포함된 발화 바로 다음 차례에서 타인에 의해 제기되는 대부분의 수정은 수정이 실행되기 위해 여러 개의 말 순서를 포함하며, 타인 제기는 수정을 제기하기 위해 다양한 방법을 사용한다고 하였다. 첫 번째 유형이 '어, 뭐?'이고 두 번째는, 의문대명사를 사용하는 것, 세 번째는 의문문을 사용한 문제적 요소의 부분 반복, 네 번째는 문제 요소 발화를 그대로 부분 반복하는 것이다. 그리고 마지막으로 '네가 의미한 바는(Y'mean)'이라는 표현을 사용하여 앞선 발화에 대한 이해를 점검하는 유형으로 나타난다고 하였다.

원어민 화자 간 대화의 일상적 상호 작용에서는 문제 요소를 드러내는 대화 참여자가 문제적 요소에 대한 수정을 스스로 실행하는 것이 선호되며, 타인에 의해 수정이 제기되었을 때, 타인이 수정을 다시 실행하는 경우는 거의 드러나지 않는다.6) 같은 맥락으로 문제 요소가 발

---

6) Schegloff, Jefferson & Sacks(1977)에서는 원어민 화자 간의 자연스러운 대화를 녹음하여 발화에 나타난 수정의 유형을 조직화 하였으며, 그 결과 문제 요소에 대한 본인 수정이 선호된다는 사실을 보여 주었다. 여기서의 '선호(preference)'란 대화 참여자의 개인적인 동기화나 소망을 나타내는 것이 아니라 대화에서 나타난 대화 순서의 조직적 특징이나 대화 연속쌍에서 상대적으로 선호되는 것을

생한 대화 바로 다음의 말 순서에서의 타인에 의한 수정 제기는 조금 지연되기도 한다. 그러한 경우 타인 제기는 약간의 거리, 휴지를 두고 발생하게 되며 그러한 휴지는 문제 요소를 발화한 화자에게 발화 전환 지점에서 본인 제기 수정을 할 수 있는 여분의 기회를 제공한다 (Schegloff, Jefferson & Sacks, 1977). 다시 말해 원어민 간 대화에서는 문제 요소를 드러낸 발화자가 그 문제를 스스로 처리하고자 노력하게 되고, 문제를 발견한 발화 상대자는 그 문제를 직접 해결하기보다는 발화자 본인이 해결할 수 있도록 대화 수정의 필요를 제기하는 발화를 하게 되는 것이다.

그러나 대화 수정은 대화가 이루어지는 과정 속에서 실현되기 때문에 대화 참여자 간 상호 작용적 관계와 대화 참여자가 지향하는 목표가 어떻게 규정되는가에 영향을 받는 현상이라고 할 수 있다. 그러므로 한국어 학습자 간 대화 상황은 앞에서 살펴본 원어민 화자 간 대화, 혹은 원어민 화자와 학습자의 대화와는 차이점이 있을 것이다. 가장 큰 원인은 모국어가 아닌, 학습하고 있거나 습득하고 있는 목표어를 매개어로 한다는 것이다. 본 연구에서는 한국어 비원어민 간 대화를 Schegloff, Jefferson & Sacks(1977)의 대화 수정 유형 구조를 바탕으로 분석하여 학습자 간 대화 수정의 양상을 살펴보고, 원어민 화자 간 대화에서의 대화 수정과 어떠한 점이 상이하게 나타나는 지에 대해 알아보고자 한다.

2.2 외국어 습득 이론

2.2.1. 상호작용 가설(Interaction Hypothesis)

Hatch(1978)는 특정 구조에 대한 입력과 빈번한 노출이 언어 습득을 위한 충분 조건이 아니며, 중요한 것은 말뭉치 전체를 대상으로 한 관찰을 통해 특정 대화 구조가 상호작용 안에서 어떻게 형태의 빈도를 결정하며, 그것이 어떻게 언어 기능을 수행하는가 하는 상호작용에 대한 검증을 하는 것이라고 하였다. 더 나아가 상호작용 과정을 통해서 제2언어를 배우는 것이 가능하다고 하였으며, 이러한 주장은 입력과 상호작용에 관한 중요한 연구들을 이끌었다.

입력과 상호작용, 제2 언어 습득 사이의 관계에 관한 일련의 연구에서 Long(1980)은 상호작용가설을 주장하였는데, 이 가설은 의사소통의 문제 해결을 위해 대화 참여자들 간의 협상이 이루어지는 구어 상호작용은 제2 언어에 대한 이해와 출력, 궁극적으로는 언어 습득을 촉진시킨다는 것을 주장하고 있다. 언어 습득을 위해서는 이해 가능한 입력어가 필요하며, 이해 가능한 입력을 수정된 상호 작용(modified)의 결과라고 가정했다. 수정된 상호 작용이란 모국

말한다.

어 화자와 다른 대화 상대자들이 그들의 입력을 이해 가능하도록 하기 위해서 만들어내는 다양한 수정된 발화라고 정의할 수 있다. 즉, 상호작용과 Krashen의 입력 가설을 구분하여 이해할 필요가 있는데, 입력 가설은 단순화된 언어 자료 혹은 상황이나 언어외적인 정보들이 입력어의 이해를 돕는다고 보기 때문에, 원어민에 의해 단순화된 입력어의 투입을 중요하게 여긴다. 반면에 상호작용 가설은 단순화된 입력어나 상황 등이 입력어의 이해 가능성을 높이는데 중요한 역할을 한다는 것은 인정하지만 상호작용을 통해 조정된 입력어가 학습자의 입력어 이해를 돕는데 더욱 효과적이라고 강조한다.

상호작용의 특별한 유형인 의미 협상(negotiation of meaning)은 대화 참여자 상호 간의 공유된 의미를 가질 때까지 행하는 구두 상호작용의 과정을 일컫는 것으로 의사소통 과정에서 문제 해결을 하거나 대화의 지속을 위해 대화 참여자들이 자신들의 발화를 수정, 조정해 나가는 과정을 말한다. 그러므로 의미 협상의 필요성은 상호적인 활동에서 잠재된 의사소통의 장애를 방지하거나 혹은 이미 일어나 의사소통의 장애를 해결하기 위해 대화 구조를 조정하고자 노력하는 과정에서 일어난다(Long, 1980). Pica(1987)에서는 의미 협상을 '이해하기 힘든 말'에 대해 도움을 요청하는 구두 신호를 보내면서 시작한다고 하였다. 이는 입력어의 이해 가능성을 높여 줄 뿐만 아니라 중간언어의 수정 기회를 제공해 주는 효과적인 방법이라고 주장하였다.

Pica, Young & Doughty(1987:740)에서도 입력어가 의미 협상을 통해 조정되는 과정을 Long(1980)을 기초로 하여 분석하였다. Long(1980)에서 상호작용은 설명요구, 확인 점검, 이해점검, 대화구조, 자기 발화 반복, 상대 발화 반복, 부연 설명 등의 개념으로 구분되어 있다. 그리고 Pica, Young & Doughty(1987)에서는 이해점검, 확인점검, 설명요구의 세 개념을 도입하여 대화에서 입력어의 내용을 반복하게 하거나 자세히 설명하게 함으로써 상호작용을 통한 대화 구조 조정에 의해 입력어가 이해되어 가는 과정으로 보여 주었다.

이해 점검 : 상대방이 말한 것을 제대로 이해하고 있는지 확인하고자 함.
확인 점검 : 상대방의 이해가 올바른지를 확인하는 발화자의 방법으로 선행 발화의 전부나 일부에 강세를 두고 반복함.
명료화 요구: 상대방의 발화 중 어떠한 것의 이해를 돕기 위해 더 많은 정보를 요구는 청자의 방법.

청자가 화자의 말을 이해하지 못할 경우, 다양한 방법으로 도움을 요청하게 되고 이는 일시적으로 대화의 본 내용에서 벗어나게 되며 이를 해결하기 위해 협의가 시작된다. 그래서 Gass & Varonis(1985a)는 의미협상을 대화의 본 내용에서 벗어난 후 되돌아가기 위한 일련의 과정으로 규정하고 있다. 이 과정은 4개의 개념으로 구성되어 있다.

　　촉발어(T)-청자가 이해하지 못한 화자의 말
　　신호어(I)- 이해 부족을 나타내는 청자의 구두 신호
　　반응어(R)- 청자의 신호어에 대한 화자의 반응
　　역반응어(RR)-화자의 반응어에 대한 청자의 반응

　　의미협상은 청자가 촉발어에 대한 신호어를 보내면서 시작되며, 신호어를 접하게 된 화자는 적절한 반응을 하게 되는데 이 과정에서 언어 수정 현상이 일어나게 된다.[7]
　　Pica(1987)에서도 Gass & Varonis(1985a)와 유사한 개념으로 의미협상의 개념을 촉발어, 신호어, 반응어, 그리고 이해 신호 및 대화 계속 신호로 구체화시켰다. 특히 도움을 요청하는 신호어는 다양한 방법으로 제시되는데, 예를 들면 자신이 제대로 들은 것인지 확인해 보기도 하고, 불분명한 어휘나 발화 내용에 대해 반복하거나 설명을 해 달라고 요청하기도 한다. Pica(1987)에서는 이러한 신호어에 주목하고 있으며, 원어민 화자의 신호어와 비원어민 화자의 신호어를 구분해야 한다고 하였다. 원어민 화자의 신호어는 비원어민 화자에게 부정적 입력어를 제공하여 비원어민 화자가 자신의 발화, 즉 중간 언어를 이해 가능한 것으로 수정할 수 있는 기회를 갖도록 한다. 반면 비원어민 화자의 신호어는 원어민 화자에게 발화 내용을 이해할 수 있도록 발화를 수정하거나 반복하는 행위를 통해 이해 가능한 입력어에 접근할 수 있도록 도와주는 것이다(Futaba, 1994).
　　이러한 학습자들의 상호작용에 대한 노력 혹은 시도는 형태와 의미의 관계를 인식하고 내재화하게 한다. Long(1980)뿐만 아니라 Pica, Young & Doughty(1987)의 연구에서도 의미협상의 기회를 가질 수 있는 언어적으로 수정되지 않은 입력에 노출된 학습자들이 그러한 의미 협상을 가질 수 없는 단순화된 입력을 제공받은 학습자들보다 훨씬 더 잘 이해를 한다는

---

7) Varonis & Gass(1985:78)에서 제시한 비원어민 화자 간 의미협상의 예를 모형으로 제시하면 다음과 같다.

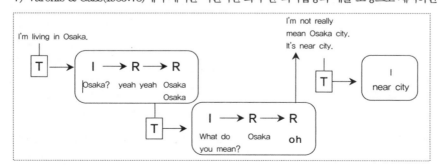

것을 증명하였다.[8)]

또한 Long(1996)에서는 의미 협상의 과정을 통해 학습자들이 문제가 있는 언어 자질들에 집중하게 된다고 하였다. 실제로 상호적인 조정 과정에서 제공받는 부정적인 피드백은 학습자들에게 문제적인 요소들에 선택적으로 집중할 수 있도록 유도하고 다시 문제 요소를 바르게 생산해 낼 수 있도록 도와준다. 이러한 점에서 의미 협상은 입력과 내재적인 학습자의 능력과 특히 선택적인 집중, 그리고 생산의 노력 안에서 출력과 연결되어 있다라고 하였다(Long, 1996:452).

지금까지 살펴본 것처럼 제2언어 발달에서 상호작용 가설은 수정된 입력과 수정된 상호작용을 강조하고 있다. 이는 학습자에게 이해 가능한 출력어의 표현 기회를 제공해 주며, 또한 이해 가능한 출력어를 표현할 기회를 제공해 주는 것으로, 목표어의 발달과 습득을 위해 필수적이고 유의미한 과정이라고 할 수 있을 것이다.[9)]

2.2.2. 이해 가능한 출력 가설(Comprehensible Output Hypothesis)

제2언어 발달에서 학습자 발화의 역할과 중요성은 Swain(1985)에 의해 최초로 언급되었다. Swain(1985)에서는 이해 가능한 입력(comprehensible input)과 협상을 통한 상호작용뿐만 아니라 이해 가능한 발화의 역할 역시 언어 습득에서는 대등하게 중요하다는 것을 강조하였다.[10)11)] 여기에서는 영어를 사용하고 캐나다의 도시에서 프랑스어를 제2 언어로 배우는 6학년 학생들의 몰입 프로그램의 연구 결과를 기초로 학습자에게 중간 언어 표현 기회를 제공하는 것이 제2 언어 습득에 중요한 역할을 한다고 주장하였다. 이 연구의 실험에서 학생들이 이해 가능한 입력어에 충분히 노출되었지만, 원어민의 문법적인 언어능력을 완전하게 습득하

---

8) Pica, Young & Doughty(1987)에서는 언어 습득이 효과적으로 일어날 수 있게 하는 언어 조정 유형을 조사하였다. 이를 위해 제2 언어 학습자들을 '선행 조정된 입력어' 그룹과 '상호작용을 통해 조정된 입력어'그룹으로 구분한 후, '지시 이해' 과업을 수행하게 하였다. 그 결과, '지시 내용'은 상호작용을 통해 반복되고 조정되어 표현될 때 가장 잘 이해되며, 언어학적인 단순화는 별 의미가 없다는 것을 발견하였다.

9) Swain(1985)은 학습자들의 표현 기회의 중요성을 강조하였고, 학습자들이 자신의 출력어를 재조직해서 유의미하게 사용할 수 있는 기회를 가져야 한다고 하였다. 학습자가 자신의 언어를 재구조화할 수 있는 기회를 가질 때, 제2 언어 습득이 효과적으로 일어난다고 주장하였다.

10) 외국어 학습에 있어서 성공은 오직 입력에만 기인해야 한다는 Krashen의 이론(1982)은 학습자들과 학습 과정에서 나타난 그들만의 능동적인 참여에 대해서는 거의 인정하지 않았다.

지 못한 것은 교실에서 말할 기회가 제한되어 있었기 때문인 것으로 보고, 학습자의 제2 언어 습득이 효과를 거두기 위해서는 이해 가능한 입력어에 노출되는 것보다 목표어를 조정해서 이해 가능한 출력어로 표현해 낼 수 있는 기회를 제공하는 것이 더욱 중요하다고 주장하였다. 또한 협상을 통한 상호작용은 메시지를 전달하는 것뿐만 아니라, 정확하고 응집력있게 그리고 적합하게 전달하는 것이 필요하다고 주장하였다. 더 나아가 출력은 학습자들에게 의미적 진행 과정으로부터 통사적 진행 과정으로 이동하게 만든다고 하였는데, 이는 언어를 생산하기 위한 시도는 단어 의미 수준의 언어 진행과정을 문법적인 구조 수준으로 이동시키기 때문이라고 보았다(Swain, 1985:248).

학습자의 출력에 대한 후속 연구로 Swain & Lapkin(1995)에서 학습자의 발화에 대한 세 가지 기능에 대해 언급하고 있다. 첫 번째 기능은 발화를 통한 인식 기능(the noticing function)으로 학습자가 목표어로 발화하는 것은 언어 문제에 대한 인식하게 하고 자신이 무엇을 알고 있는지 모르고 있는지를 알 수 있게 한다고 보았다. 또한 학습자가 문제 상황에 직면했을 때 그들의 언어 문제에 대해 자각하고 적합한 인지적인 조치를 취하도록 이끈다고 주장한다. 두 번째는 가설 시험 기능(the hypothesis-testing function)으로 출력이 지금 형성되고 있는 다양한 가설을 시험하기 위해서 자신의 언어를 '시험해 보는' 수단의 역할을 한다는 것이다. 마지막으로 발화의 상위 언어적 기능(metalinguistic function)이다. 이 기능은 학습자가 언어 규칙의 측면에서 올바르고 의사소통을 위해 적합한 방식으로 발화체를 생성하기 위해 의식적으로 언어와 언어의 체계에 대해 생각한다는 것이다. 이는 학습자들에게 의미적인 것뿐만 아니라 언어의 형태적인 것에 의식적으로 생각할 수 있도록 돕고 결과적으로 '일관성이 없는 것을 명확하게 해 준다'(Swain, 2005:479)라고 하였다. 또한 출력 가설에 대한 논평에서 de Bot(1996:529)는 "출력은 제2 언어 습득에서 중요한 역할을 한다. 왜냐하면 그것은 인지 체계가 일관성 있는 일련의 지식을 구축하기 위해 필요로 하는 매우 구체적인 입력을 생성하기 때문이다."라고 주장하였다.

이를 다시 요약해 보면 학습자들에 의한 출력은 학습자가 가진 외국어 지식에 대한 가설을 세우고 이를 검증하여 하게 하며, 이는 학습에서 습득으로의 전이를 가능하게 해 준다고 할 수 있다. 그러므로 협력적 상호작용이 일어나는 대화에서 문제 상황에 직면하거나 혹은 그러한 상황을 방지하기 위해 발화를 수정하는 과정은 학습자들에게 이해 가능한 출력어에 대한 표현의 기회를 제공하는 과정이다. 이는 결국 중간 언어의 개선이 이루어지는 구체적인 방법인 동시에 외국어 습득을 위한 필연적인 과정이라고 할 수 있을 것이다.

3. 연구 방법

3.1. 연구 대상

대화에서 나타나는 한국어 비원어민 화자 간 대화 수정의 양상을 살펴보기 위해 본 연구에서는 한국어 숙달도가 고급 수준의 비원어민 화자인 유학생 그룹과 여성 결혼이민자를 대상으로 실시하였다.[12] 언어적 상호작용에서 연구 대상 개인이나 집단에 의한 변수를 최소화하기 위해 피실험자의 모국어와 성별, 그리고 한국어 숙달도를 통제하였다. 특히 모국어에 의한 변수를 통제하기 위해 각 그룹 간 국적 구성을 동일하게 하였으며, 동일 언어권 학습자가 자연스러운 대화 상황이나 교실 밖 상황에서 목표어로 대화를 할 가능성은 적다는 판단 하에 다국적(베트남, 일본, 중국)의 비원어민 화자로 각 팀을 구성하였다.[13]

3.2. 자료 수집

한국어 학습자 간 대화 수집을 위해 '포커스 그룹(focused group)[14]' 운영을 통해 상호 작용 과정에서 나타나는 대화 수정 양상을 살펴보고 원인과 기능적인 측면을 중심으로 고찰해보고자 한다. 본 연구에서는 자연스러운 언어 사용 양상을 관찰하기 위해 포커스 그룹 형식으로 인터뷰를 진행하고, 이 과정에서 연구자는 비참여관찰자로서의 역할을 담당하기로 한다.

본 조사 전에 실시한 예비 조사 결과를 바탕으로 본 조사의 연구 방법을 설계하였다. 먼저 연구 대상을 정규 한국어 교육 기관에서 한국어를 학습한 고급 한국어 학습자인 유학생 그룹에서 정규 기관의 한국어 교육을 거치지 않고 실제 한국 생활에서 한국어를 체득한 여성 결혼이민자

---

12) 본 조사의 연구 대상 선정에 앞서 실시된 예비 조사에서는 초급, 중급, 고급 대상자 모두를 대상으로 대화 분석을 실시하였다. 그러나 초급 학습자 간 대화의 경우 언어 숙달도가 너무 낮아 학습자 간 대화 진행이 원활하게 이루어지지 않았다. 또한 중급 학습자 간 대화의 경우 의사소통 문제 상황에서 회피 전략을 사용하거나 그대로 포기하는 경우가 많이 나타나 본고에서 살펴보고자하는 대화 수정의 양상을 관찰하는 데 무리가 있을 것으로 판단되어 본 조사에서는 고급 학습자로 한정하여 살펴보았다.

13) 피실험자들의 국적은 학문 목적 한국어 학습자와 국제결혼을 통한 여성 결혼이민자들의 공통적 다수를 차지하는 국가를 고려하여 선정하였다.

14) 포커스 그룹은 일종의 그룹 인터뷰에 해당하며 참여 관찰과 개방형 인터뷰, 이 두 가지 질적 자료 수집 방법에서 중간 위치를 차지한다고 하였다. 특히 이 방법은 특정 주제에 대한 상호작용을 관찰할 수 있으며, 개별 인터뷰에 비해 연구 참여자 간의 긴장도를 낮출 수 있다. 이것은 Krashen의 감정여과 가설에 입각해 비교적 낮은 긴장 속에서 자연스럽게 발화할 수 있게 한다는 장점이 있다(이정희, 2008).

그룹으로 확대하였다. 이를 통해 한국어 학습 방식이 서로 다른 두 그룹의 대화 분석을 통해 비원어민 화자 간 대화 수정의 양상을 포괄적이고 세밀하게 살펴볼 수 있을 것으로 판단된다.

본 조사는 유학생과 여성 결혼이민자로 구성된 총 18명의 비원어민 화자를 대상으로 하였으며, 각 팀은 다국적(베트남, 일본, 중국)의 비원어민 화자 세 명으로 구성하였다.[15) 각 그룹은 대화 주제를 제공 받은 후 포커스 그룹 형식의 대화를 실시하고 대화 녹음은 1개월에 1~2회 실시되었으며 주제당 녹음 시간은 20~25분 내외로 정하였다.

대화 주제는 최대한 자연스러운 대화를 유도하고 대화 참여자 간 상호작용이 원활히 일어날 수 있도록 일상적이고 친근한 주제로 선정하였다. 또한 대화 참여자 간 어색함과 실험에 대한 부담감을 줄이기 위해 본 연구에는 자료로 쓰이지 않았지만 2주 동안 '자기 소개하기'라는 주제로 1차례에 걸친 대화 녹음 과정을 거쳤다. 학습자 간의 친밀감 형성 후, 4개월 동안 실시된 녹음 및 녹화된 대화 자료 12개를 분석 대상으로 삼되, 각 대화 자료의 처음 5분은 사용하지 않기로 한다.

<표 3> 대화 자료 녹음 현황16)

	주 제	그룹	녹음 시간
1	한국 사람들의 생활이나 습관, 문화에서 배우고 싶은 것들과 그렇지 않은 것들에게 대해 이야기하기	1	25분
		2	15분
		3	20분
		4	18분
		5	22분
		6	21분
2	스트레스는 언제 받고 어떻게 해소 방법에 대해 이야기하기	1	22분
		2	15분
		3	23분
		4	14분
		5	21분
		6	17분

---

15) 발화자 표시

그룹명	그룹 1			그룹 2			그룹 3		
국적	베트남	일본	중국	베트남	일본	중국	베트남	일본	중국
발화표시	SV1	SJ2	SC3	SV4	SJ5	SC6	SV7	SJ8	SC9
그룹명	그룹 4			그룹 5			그룹 6		
국적	베트남	일본	중국	베트남	일본	중국	베트남	일본	중국
발화표시	IV1	IJ2	IC3	IV4	IJ5	IC6	IV7	IJ8	IC9

3	한국에 살면서 남녀 차별을 느낀 경험과 자신의 나라와 비교하며 이야기하기, 남아선호 사상에 대해 이야기하기	1	22분
		2	15분
		3	22분
		4	14분
		5	24분
		6	20분
4	아침에 일어나서부터 잠자리에 들기까지의 하루 일과에 대해 자세히 이야기하기	1	29분
		2	15분
		3	28분
		4	32분
		5	20분
		6	23분
총 497분			

4. 한국어 비원어민 화자 간 대화 수정 양상 분석

4.1. 대화 수정의 유형

본 장에서는 Schegloff, Sacks &. Jefferson(1977)의 분석에 기초하여 대화 수정의 유형을 분류하되, 본 연구에서는 누가 수정을 제기하고 다시 그 수정을 누가 실행하는가뿐만 아니라 진행되는 대화에서 수정을 제기하는 단계가 나타나지 않고 바로 수정이 실행되는 경우가 있다고 판단하였다. 따라서 수정 제기의 여부에도 관심을 두고 수정 제기 없이 실행되는 수정의 유형을 추가하여 분류하고자 한다.

4.1.1. 본인 제기-본인 실행

본 연구에서 실시한 비원어민 간 화자의 대화에 나타난 본인 제기는 간투사를 사용하기, 반복하기, 말 끝 늘이기, 억양 올리기의 방법을 사용하고 있는 경우가 많았는데, 특히 두 가지 이상의 방법을 복합적으로 사용하여 문제 요소에 대한 수정을 제기하는 경우가 많았다. 예를 들면, 간투사를 사용하면서 말끝을 늘이는 경우도 있었고 또는 반복적인 발화를 하면서 말 끝을 늘이고 동시에 상승조 억양을 사용하여 수정 제기를 나타내는 경우도 발견할 수 있었다.

Schegloff, Sacks &. Jefferson(1977)에서는 발화자 본인이 문제 요소에 대해 수정을 제기하고 다시 그 문제 요소를 직접 수정하는 '본인 제기-본인 실행(SISR)'은 세 가지 위치에서

---

16) 본 녹음 자료는 한국학술진흥재단의 "여성 결혼이민자와 외국인 유학생의 한국어 사용 양상 비교 연구"(과제번호:20071176, 20081091)의 일부이다.

나타난다고 하였다. 즉 문제 요소를 포함한 같은 말 순서 안에서, 말 순서가 전환되는 지점에서, 그리고 문제 요소가 있는 발화에서 세 번째 말 순서에서 본인 제기 수정이 나타날 수 있다고 하였는데, 본 연구에서 실시한 비원어민 화자 간 대화 수정의 실행 위치 역시 이와 일치함을 보였다. 또한 원어민 대화에서와 마찬가지로 본인 제기-본인 실행의 수정 양상은 문제 요소가 포함되어 있는 같은 말 순서 안에서 가장 빈번하게 나타났다.

1) 같은 말 순서 안에서의 수정

문제 요소에 대한 본인 제기-본인 실행은 같은 말 순서 안에서 가장 빈번하게 발생한다. 즉 발화자는 발화 도중 자신의 표현상의 문제를 자각하고 이에 대해 간투사나 말 끝 늘이기 등 수정 제기의 표지들을 사용하여 말 순서를 유지하면서 문제 요소에 대한 수정을 실행한다. 이를 통해 발화자가 자신의 말 순서를 상대방에게 넘기지 않으면서 원래의 말 순서 안에서 최대한 본인이 전달하고자 하는 메시지를 스스로 표현하고자 하는 의도를 알 수 있다.

[1] (대학교 조교 생활에 대해 이야기하고 있다.)

01 SC9: 그냥:: 바로 연=교수님 연구실에,서, 조교 하고 있으니까 그냥-
02 SV7: 아::
03 SC9: -교수님, 주로 교수님, <u>도와:: 좀 도와 주구? 도와 드리구?</u> 그냥, 모::학과 그런
　　　　거 있잖아요. 모 시험:: 모 그런 거.
05 SV7: 응.

자료[1]의 경우는 발화자가 처음에는 '돕다'와 함께 쓰이는 보조용언 '주다'를 이끌어 내기 위해 끝 음절을 늘이며 수정을 제기한다. 그 후에 '도와 주다'라는 형태를 도출하였다. 발화자는 다시 경어법에 대해 인식하고 교수님에게 사용한 '도와 주다'라는 표현이 적절하지 못하다고 즉각적으로 판단하여 선행 발화의 억양을 올리면서 수정을 또다시 제기하고 '도와 드리다'라는 표현으로 수정을 최종 실행한다. 그러나 수정된 형태의 어휘에 대한 확신을 가지지 못했음을 다시 억양을 올려 나타내고 있다.

2) 말 순서 전환 지점에서의 수정

본인 제기-본인 실행의 대화 수정은 말 순서가 전환되는 지점에서도 나타난다. 발화자는

자신의 말 순서가 끝나고 상대 발화자에게로 말 순서가 넘어가기 전의 지점에서 선행 발화에서 제기한 문제 요소에 대해 스스로 수정을 실행한다. 말 순서 전환 지점에서 이루어지는 수정도 같은 말 순서 내에서 나타나는 수정에 대한 본인 실행과 마찬가지로 문제 요소를 제기한 본인이 상대 발화자에게 문제 요소에 대한 수정을 실행하도록 두지 않고, 발화자 스스로 그 요소에 대해 수정을 실행하고 문제 요소를 해결하려는 의도로 볼 수 있다.

[2] (강남의 부모들이 경제력에 대해 이야기하고 있다.)

01 IC6: 돈 많이가 여기 해서 보통은 <u>여기:: 여기, 여유? 여유, 여유해요?</u> 〈vocal
desc='쓰읍'〉 <u>넉::넉::하다.</u>
02 IJ5: 넉넉하게?
03 IC6: 예. 넉넉해요.

자료[2]은 말 순서 전환 지점에서 수정을 실행하고 있는 경우로, '쓰읍'이라는 소리를 내며 숨을 들여 마신 후, 상대방으로 말 순서가 넘어가는 것을 방지하고 새롭게 수정을 실행하는 모습을 살펴 볼 수 있다. 말 순서 전환 지점에서 발화자 본인이 문제 요소에 대해 수정을 실행하는 모습은 원어민 화자 간 대화에서 쉽게 관찰할 수 있다. 그렇지만 그에 비해 본 연구에서 실시한 비원어민 화자 간 대화에서는 자주 나타나지는 않았다.

3) 세 번째 말 순서에서의 수정

세 번째 말 순서에서 나타나는 본인 제기-본인 실행은 선행 발화에서 제기된 문제 요소에 대해 상대 발화자가 적절한 응답을 하지 못한 경우, 그 다음 발화에서 문제 요소를 제기했던 원래의 발화자 본인이 다시 수정을 실행하는 것이다. 처음에 제기되었던 문제 요소가 해결되지 못했기 때문에 세 번째 발화에서 발화자는 '그런'이라는 표현을 사용하여 처음 자신이 언급한 발화 전체를 다시 가리키기도 하고 풀어 말하기의 방식으로 수정을 실행한다.

[3] (하루 일과에 대해 이야기하고 있다.)

01 SV7: 그냥::그냥 자면은 하루 끝나고, 자면은 좀, <u>음::허무하다?</u>
02 SJ8: 음::
03 SV7: <u>그런 느낌?</u> 음:: 모가 어::없=없은 것 같아요. 응.

04 SJ8: 사람 만나거나 그런 거는 안 해요?

자료[3]에서는 발화자 SV7이 하루 종일 잠을 자고 난 후의 마음 상태를 묘사하기 위해 '허무하다'라는 표현한다. 그러나 이 표현에 대해 확신을 가지지 못했기 때문에 마지막 음절의 억양을 올리며 수정을 제기한다. 그렇지만 이에 대해 상대 발화자가 문제 요소에 대해 수정을 실행하지 않자, 그 다음 말 순서에서 발화자 SV7은 문제 요소인 '허무하다'를 '그런 느낌'이라고 말하며, 다시 풀어 말하기로 수정을 실행하고 있다.

4.1.2. 본인 제기-타인 실행

대화를 진행하는 과정에서 발화자 본인이 스스로 문제 요소에 대해 인식한 후 그것에 대해 수정을 제기하고, 제기된 문제 요소에 대해 타인이 수정을 실행하는 유형이 '본인 제기-타인실행(SIOR)'이다. 타인 실행은 수정이 제기되는 발화 중간에 끼어들어서 실행되거나 수정이 제기된 다음 말 순서에서 적극적인 형태로 이루어졌다. 그러나 비원어민 화자인 대화 참여자들의 언어 능력의 제한 때문에 제기된 문제 요소에 대한 정확한 응답을 하지 못한 경우도 있었다.

한편, Schegloff, Jefferson & Sacks(1977)와 정혜진(2000)과 같은 대화 수정에 관련된 연구들에서는 대화 수정의 결과를 대화 참여자들이 어떻게 수용하고 있는가에 대해서는 논의를 하고 있지 않다. 그러나 본 연구에서 관찰된 본인 제기-타인 실행의 유형에서 본인이 제기한 문제 요소를 상대방 발화자가 수정을 실행했을 때, 그 결과에 대해 원래의 발화자는 선택적으로 실행의 결과를 수용하는 모습을 보였다. 즉, 수정된 결과물을 무조건 그대로 수용하는 것이 아니라 실행의 결과가 자신의 의도와 맞지 않은 경우 부분적으로 수용하거나 재수정을 유도하는 모습을 관찰할 수 있었다. 그러므로 본 연구에서는 발화자 본인에 의해 제기된 타인 실행의 경우 타인이 실행한 문제 요소에 대한 실행 결과를 원래 수정을 제기했던 발화자가 어떻게 수용하는 지에도 주목하여 적극적 수용, 소극적 수용, 그리고 수용 거부로 나누어 분석하고자 한다.

1) 적극적 수용

적극적 수용은 본인이 제기한 문제 요소에 대해서 타인 수정이 실행된 후, 수정의 결과가 발화자의 의도와 일치한다고 판단될 때 나타난다. 그러므로 상대 발화자에 의해 수정이 끝난 후 자신의 발화 순서가 돌아왔을 때 수정된 결과를 그대로 자신의 발화에 사용하여 대화를 이어나가는 것을 발견할 수 있다.

[4] (하루 중 저녁 시간에 하는 일에 대해 이야기하고 있다.)

01 IJ5: 어디 가요?

02 IV4: 〈X이나원X〉 밖에:: 밖에, 한 바::-

03 IJ5: 한 바끼? 〈Vocal desc='웃음, 흐흐'〉

04 IV4: -한 바끼 돌고

05 IJ5: 응.

자료[4]는 발화자 IV4가 '한 바퀴'라는 어휘를 정확하게 표현하지 못하고 '한 바::'라고 말끝을 늘이며 시간을 끌자, 상대 발화자인 IJ5는 이에 대해 인식하고 IV4의 말 순서 중간에 즉각적으로 끼어들면서 '한 바끼?'라고 수정을 실행한다. IJ5가 수정한 결과인 '한 바끼'라는 표현을 듣고 발화자 IV4는 다음 말 순서 05에서 이를 적극적으로 수용하여 자신의 발화에 사용하며 대화를 계속 이어 나간다.

2) 소극적 수용

타인 실행의 소극적 수용은 상대 발화자에 의해 실행된 수정의 결과가 문제를 제기한 발화자 자신의 의도에 완전하게 부합하지 않는 경우에 나타난다. 그러나 문제 요소에 대한 타인 실행의 결과가 자신의 의도와 완전히 일치하지 않기 때문에 적극적으로 수정하지는 않지만 실행의 결과를 거부하지는 않고 부분적으로 수용하는 형태를 띠는데 이는 대화 참여자 간의 체면을 손상시키지 않기 위한 것으로 보여 진다. 이러한 유형은 화용교육의 중요한 요소 중의 하나인 상대방이 체면을 손상시키지 않으며 대화를 원활하게 지속하는 것으로 교육적 요소로 활용할 수 있다.

[5] (가정에서의 남녀 차별에 대해 이야기하고 있다.)

01 SJ8: 일본인 친구랑 그 오빠:: 〈@혹시@〉 마마보이가 아니야?

02 SC9: 〈vocal desc='웃음,흐어'〉

03 SJ8: 막 이러면서 그, 그렇게 생각을 했는데:: 친구, 친구들한테 얘기를 들어보니까:: 뭐,
        어느 집에서나 다 그런 식으로 뭐:: XX, 진짜 아들에 대한 그런 사랑?

04 SC9: 큰 기대.

05 SJ8: 음:: 그런 거. 충국에서는 어때요?

06 SC9: 중구에서는 〈vocal desc='목청 가다듬는 소리, 크흠'〉 또 아드는:: 어:: 쫌〈vocal desc='목청 가다듬는 소리, 쓰읍'〉 비슷하기 한데:: 요새는 쫌:: 딸, 아들, 좀 좋 〈@다구::@〉 〈vocal desc='웃음, 허어'〉 많이, 이런 사람 많아졌어요. 왜냐면 나 주에 딸이:: 나면, 나중에 편해요.

자료[5]에서 발화자 SJ8은 일본 가정에서 부모님들이 아들에 대해 편애하는 것에 대해 이 야기하고 있다. 순서 03에서 표현하고자 하는 내용을 정확히 표현하지 못하며 '진짜 아들에 대한 그런 사랑?'이라고 말하며 억양을 올리며 문제 요소를 제기하고 있다. 이를 듣고 상대 발화자인 SC9가 '큰 기대'라고 문제 요소에 대한 수정을 실행하였다. 그렇지만 발화자 SJ8는 가정에서 부모님들이 아들에 대해 극진한 사랑을 표시하는 것을 의미했기 때문에 SC9가 수정 한 결과인 '큰 기대'라는 표현이 발화자 SJ8의 의도와 정확히 부합하지 않았다. 그래서 수정 을 제기했던 발화자 SJ8은 상대방에 의해 수정이 실행된 바로 다음 말 순서에서 '음::그런 거' 라고 표현하며 실행의 결과를 부분적으로만 수용한 후에, 다시 상대방에게 질문을 던지며, 대 화를 유지해 나간다. 발화자의 의도와 완전하게 일치하지 않았지만 타인의 수정 실행 결과에 대해 부정하지 않고, 부분적인 수용과 그 의미를 살려 다시 질문을 하는 모습은 상대방의 의 견을 존중하며 체면을 손상시키지 않기 위한 것으로 보여 진다.

3) 수용 거부

수용 거부는 상대 발화자에 의해 수정이 실행된 결과에 대해서 문제 요소를 제기한 원래의 발화자가 자신이 의도한 의미가 아니라고 판단하여 이를 수용하지 않는 것이다. 본 연구에 나 타난 수용 거부의 유형은 상대 발화자가 수정한 실행 결과에 대해 아무런 언급 없이 문제 요 소를 제기했던 원래의 발화자가 다시 자신의 의도대로 수정을 실행하는 형태로 나타났다.

[6] (회사에서 여자들이 겪는 차별에 대해 이야기하고 있다.)

01 SJ2 : 제가 아는 언니가 대기업을 다니는데, 거기는 마흔 살 정도되면 회사에서 믄 메 일이 온대요. 이메일. 그래서 마, 말만 그렇지: 좀:: <u>뭐라 그래야 되나?</u>

02 SC3 : <u>공손하게</u>

03 SJ2 : <u>스스로-</u>

04 SC3 : [1아1]

05 SJ2 : -[1좀1] 하라고 하는데 그게 은근히 압각, 압박이라고. 그래서 마흔 살까지 하면

되게 오래 한 거라고. 어, 〈@여자 마흔인데@〉

　자료 [6]은 발화자 SJ2가 대기업에서 발생하는 남녀 차별이라는 주제로 마흔이 된 여자 회사원에게 기업에서 퇴직을 권고하는 이메일을 보낸다는 이야기를 하고 있다. 말 순서 01에서 발화자 SJ2는 메일에 의미를 설명하면서 정확한 표현을 하지 못하고 '뭐라 그래야 되나?'라고 수정을 제기한다. SJ2의 선행발화를 듣고 그에 해당되는 표현을 말 순서 02에서 상대 발화자인 SC3이 '공손하게'라고 표현하지만, 이를 수용하지 않고 문제를 제기했던 발화자 본인이 다음의 말 순서인 04에서 발화자 자신이 다시 '스스로'라고 수정을 실행하고 있는 경우이다. 이는 상대 발화자 SC3가 실행한 수정의 결과가 SJ2가 의도한 의미에 부합하지 않았기 때문으로 판단된다.

4.2.1. 타인 제기-본인 실행

　'타인 제기-본인 실행(OISR)'은 상대 발화자가 문제 요소에 대해 수정을 제기하고 이를 문제 요소의 발화자가 수정하는 유형이다. 상대 발화자가 문제 요소에 대한 수정을 제기하면 그 다음 말 순서에서 즉각적으로 수정 실행이 이루어진다. 문제 요소에 대한 수정은 수정이 제기된 문제 요소를 반복 발화하며 발음 교정하여 다시 말하기, 자신이 의도한 의미 풀어 말하기, 상황에 대한 예시 보여주기, 유의어 제기하기 등의 방법으로 이루어진다.

[7] (사회 생활, 직업에 있어서의 남녀 차별에 대해 이야기하고 있다.)

01 SV1 : [2요리2] 맞아요. 여러 가지 [3미용실도 그렇고3]-
02 SC3 : 그리고 [3미용실에서, 어3]
03 SV1 : -아주 신기하더라구요.
04 SJ2 : 일본 그건데, 스시.
05 SV1 : <u>유, 이유</u> 생각났어요.
06 SJ2 : <u>유?</u>
07 SV1 : <u>이::유.</u> 왜 그렇게-
08 SJ2 : 왜요?

　자료 [7]에서는 순서 05에서 발화자 SV1는 '이유'라는 어휘를 처음에 발음할 때 '유'라고 잘

못 발음하였다. 이를 바로 수정하여 정확히 '이유'라고 발음했으나 발화자 SV1의 목소리가 너무 작아 상대 발화자인 SJ2는 발화 내용 이해에 어려움을 느끼고 '유?'라고 문제 요소를 반복하며 수정을 제기한다. SJ2가 제기한 문제 요소 '유'에 대해 발화자 SV1은 바로 다음 말 차례 07에서 어휘의 첫 음절을 의도적으로 길게 늘이며 정확하게 다시 발음한다. 더불어 발음을 교정한 후, '왜 그렇게─'라고 표현하여 풀어 말하기를 통해 의미 이해를 함께 돕고자 했음을 알 수 있다.

[8] (시어머니의 직업에 대해 이야기하고 있다.)

01 IJ2 : 시어머니, 무슨 일 하세요?
02 IC3 : <u>갇가 있어요.</u>
03 IJ2 : <u>응?</u>
04 IC3 : <u>가게, 식당</u>
05 IJ2 : 아, 식당. 가게에서 일하세요?
06 IC3 : 네, 가게 있어요.

자료[8]은 발화자 IC3가 '가게'를 '갇가'라고 부정확하게 발음하고 이에 대해 상대 발화자 IJ2가 수정을 제기한다. 수정 제기를 요청받은 바로 다음 말 순서 04에서 발화자IJ2는 '갇가'에 대해 발음을 고쳐 정확하게 발음한 후에 본인이 생각하는 '가게'에 대한 유의어인 '식당'이라는 어휘를 함께 제시하면서 수정을 실행하고 있다.

[9] (한국에서 나이를 물어보는 문화에 대해 이야기하고 있다.)

01 SJ8: <u>옴마도 그렇구:: 친구 부모님도 그렇게 물어보시구::</u>
02 SV6: 〈vocal desc='놀라는 소리, 에?'〉 <u>엄마도요?</u>
03 SJ8: <u>친구 엄마.</u>
04 SV7: 아:: 친구 [1엄마::1] [2응::2]
05 SC9: [1응, 응.1]
06 SJ7: [1근까, 한국에 있는1] [2친구의 엄마가::2] 어? "이제 모, 카요코 나이가 몇 살인데 결혼 언제 할꺼야?" 막,그런 식으로 물어보시구::

자료[9]는 발화자 IJ8은 한국 사람들이 직접 상대방에게 나이를 물어 보는 것에 대해 얘기하고 있는데, 말 순서 01에서 '엄마'와 '친구 부모님'을 함께 사용하여 청자로 하여금 내용 이해에 어려움을 겪을 수 있는 실마리를 제공하였다. 이에 대해 상대 발화자 SV6은 선행 발화에서 들은 내용에 대해 놀라며 '엄마도요?'라고 문제를 제기하자 바로 다음 발화에서 '친구 엄마'라고 상대방의 잘못된 이해를 바로잡으며 수정이 이루어진다. '친구 엄마'라고 수정이 실행되고 말 순서 04에서 수정을 제기한 SV6이 의미를 제대로 이해하고 있지만, 발화자 SJ7은 말 순서06에서 '한국에 있는 친구의 엄마가'라고 다시 수정을 실행하며 앞서 제기된 문제 요소를 인식하며 수정 제기가 다시 발생하는 것을 방지하고 있다.

4.2.2. 타인 제기-타인 실행

'타인 제기-타인 실행(OIOR)'은 원어민 화자 간 대화에서는 거의 나타나지 않는 대화 수정의 구조이다. 본 연구에서 실시한 비원어민 간 대화에서도 문제가 있는 발화를 듣고 상대 발화자가 문제 요소에 대한 수정을 제기한 후, 다시 그 문제 요소에 대해 수정을 직접 실행하는 경우는 나타나지 않았다.

그러나 상대 발화자에 의해 문제 요소에 대한 수정이 제기된 후에 제3자에 의해 수정이 실행되는 모습을 관찰할 수 있었는데, 이는 대화 참여자들이 적극적으로 협조하며 대화를 지속하고 이끌어 나가는 모습으로 보여 진다.

[10] (일본에서는 남녀 차별에 대해 이야기하고 있다.)

01 SC3 : 〈@아 완전 남녀 차별인데, [1완전 여자 비하인데, 그게-1]@〉

02 SJ2 : [1그거도 스시 있잖아요. 먹는 스시.1] 일본 전통 스시집에 가면 여자는 못해요.

03 SC3 : 어, 어. 아, 맞다. 스시, 진짜 스시 만드는 사람, [1여자1,] 여자 본 적이 없는 [2거 같아요.2]

04 SJ2 : [1남자여야 해요.1] [2만약에 여자가 만들2]잖아요. 그러면 안 먹어요.

05 SC3 : 아::

06 SV1 : 스시?

07 SC3 : 그 초밥 있잖아요.

08 SJ2 : 초밥.

09 SV1 : 아:: 알아요. 여자 못 만드는 거예요? 여자가 만들면 안 되는 거예요?

10 SJ2 : 여자가 이케 손이 따뜻하다고 그래서 안, 안 만든대요.

자료[10]에서는 문제 요소를 포함한 최초 발화인 순서 02에서 다섯 번째 말 순서에서 문제 요소인 '스시'에 대한 타인 제기가 이루어졌다. 세 명이 함께 참여하는 대화에서 일본어인 '스시'를 이해하지 못한 SC3은 바로 수정을 제기하지 않고, 나머지 두 대화 참여자들의 대화를 들은 후, 수정을 제기하였다. '스시'에 대한 수정 제기가 일어나자, 원래의 발화자인 SJ2가 수정을 실행하기 전에 SC3이 한국어로 번역하여 수정을 실행한다. 그 다음 말 순서에서 SJ2가 SC3이 실행한 수정의 결과를 수용하여 그대로 반복 발화하였다. 문제 요소에 대한 타인 제기가 미뤄진 것과 제기된 문제 요소를 제3자가 먼저 실행을 하는 모습 등은 대화가 중단되는 것을 최대한 피하고 원활하게 대화를 지속시키기 위한 대화 참여자들 간의 협동적 모습으로 보여 진다.

4.3.1. 제기 없는 수정

원어민 간 화자의 대화를 연구 대상으로 한 Schegloff, Sacks & Jefferson(1977)에서는 대화 수정이 실행되기 위해서는 수정에 대한 제기가 있어야 한다고 하였다. 그러나 비원어민 화자가 포함된 대화를 연구 대상으로 한 김옥선(1995), 손희연(1999), 정혜진(2000)에서는 수정에 대한 제기가 없는 경우도 대화 수정이 이루어지고 있다고 하였다. 본 연구에서 실시한 비원어민 화자 간 대화에서도 발화가 진행되는 도중에 문제 요소에 대해 본인이 수정을 제기하거나 혹은 타인이 제기하지 않고 바로 수정이 실행되는 것을 발견할 수 있었다.

4.3.1.1. 제기 없는 본인 실행

제기 없는 수정은 모두 발화자 본인 스스로에 의해 실행되었는데, 수정 실행의 위치는 같은 말 순서 안, 말 순서 전환 지점, 그리고 세 번째 말 순서에서 나타났다. 그러나 대부분 같은 말 순서 안에서 문제 제기가 없는 본인 수정 실행이 많이 이루어졌다. 본인 실행 경우, 어휘, 형태, 발음에 대한 즉각적인 교정이 이루어지는 것을 살펴 볼 수 있다.

1) 같은 말 순서 안에서의 수정

발화자가 자신의 발화를 진행하는 도중에 문제 요소에 대한 아무런 제기 없이 자신의 발화를 수정하는 것으로 언어적인 요소 즉, 어휘, 형태, 발음에 대한 교정이 이루어진다.

[11] (유교 사상과 관련하여 여자가 차별받는 경우에 대해 이야기하고 있다.)

01 SV7: 베,베트남이랑 한국이랑 아직도 그 <u>유교, 중국의 유교 사상::</u> 많이 있나 봐요. 많이:: 남아 있나 봐요. 그래서 여자는 아직 하고 있어요. 어::시어머니::랑 어::며느리의 관계도 안 좋고 뭐, 그런 거 있어요:: 근데, 음:: 중국에 있는 <u>여자가, 아내가</u> 할 수 있는 입장인데, 하지 않는 거예요?

자료[11]은 같은 말 순서 내에서 어휘에 대한 구체화, 어휘 교체가 일어나는 예로 '유교'를 '중국의 유교 사상'으로 수정하여 표현하고자 했던 어휘의 내용을 구체화하고 있다. 그리고 여자'는 '아내'로 수정하는 등 같은 말 순서 내에서 문제 요소에 대한 수정 제기 표지 없이 본인 수정이 이루어지고 있다.

2) 말 순서 전환 지점에서의 수정

문제 제기가 없는 본인 수정 실행의 유형은 말 순서가 전환되는 지점에서 나타나기도 한다. 말 순서 전환 지점에서 나타나는 본인 수정은 자신의 선행 발화의 표현이 충분히 발화자 본인의 의도를 나타내지 못했다고 판단되어 이를 보완하거나 부연 설명하여 상대 발화자의 이해를 돕고자 할 때 나타난다.

[12] (가정에서의 주부들이 겪는 고충에 대해 이야기하고 있다.)

01 SV1 : 여자는 못 할 것 같아요.
02 SC3 : 그래서 역시 여자는 <u>경제 세력</u> 가져야 돼요. [1경제 실력1]
03 SV1 : [1아무리 맞아요1.] 독립해야 돼요.
04 SC3 : 맞아요.

자료[12]은 말 순서 전환 지점에서 제기 없이 본인 수정이 실행되고 있는 예로, 발화자 SV1은 '경제 세력'이라는 표현을 사용하여 발화를 끝낸 후에, 다시 이 표현이 부적절하다고 자각하여 이를 말 순서가 전환되는 지점에서 '경제 실력'으로 수정하고 있다.

4.3.1.2. 제기 없는 타인 실행

문제 제기 없이 타인에 의해 실행되는 대화 수정의 유형은 원어민 화자의 대화에서도 드물게 나타나는 유형이다. 제기 없는 타인 실행은 특수한 형태의 대화 수정 유형으로 보통 외국어 교실 상황에서의 교사와 학습자 간 대화에서 교사가 주도적으로 학습자의 오류에 대해 직접 수정을 하는 경우에 많이 나타나거나 대화 참여자 간 언어 능력의 차이가 커서 대화 참여자 중 한 사람이 대화를 이끌어 나가는 경우에 발생할 수 있다. 본 연구에서 실시한 비원어민 화자들의 경우는 세 명의 대화 참여자들의 언어 숙달도가 비슷하였기 때문에 대화 도중에 수정에 대한 제기가 없이 바로 타인에 의해 대화 수정이 일어나는 경우는 많이 나타나지 않았다.

[13] (한국 사람들에게 배우고 싶지 않은 것에 대해 이야기하고 있다.)

01 SV5: 베냐남엔 그런 거 없어요, 아직도 없어요. 왜냐하면 베트남은 아직도 발 한국만큼
　　　　발전하지 않기 때문에:: 근데는 아, 배우고 싶지 않은 사람, **변태하는 사람.**
02 SC7: 변태.⟨vocal desc='웃음,흐허'⟩
03 SJ6: 그건 어디 나라에나 있잖아요. **변태같은 사람.**
04 SV5: 어.

자료[13]는 SV5가 말 순서 01에서 '변태하는 사람'이라고 표현하자 이를 상대 발화자 SJ6이 말 순서 03에서 '변태같은 사람'이라고 수정하며 표현을 바로잡고 있다.

5. 대화 수정의 기능

진행되고 있는 대화에서 대화 참여자 간의 의사소통에 문제가 발생하거나, 혹은 발화자가 자신의 발화에 대해 문제를 느낄 때 문제 요소에 대한 수정이 제기되고 수정이 실행된다. 이러한 수정의 기능은 수정을 제기하는 원인에 따라 달라진다. 먼저 발화자 본인이 스스로 수정을 제기하는 경우에 그 원인은 첫째, 화자가 전달하고자 하는 메시지를 발화자 자신의 언어 능력의 부족으로 제대로 표현하지 못하거나 알고 있으나 생각나지 않는 경우 둘째, 발화의 정확성을 위해 자신의 발화를 스스로 개선하려는 의도에 의한 것 셋째, 단순한 말실수를 교정하기 위한 것에 있다.

타인 제기에 의한 수정의 경우 그 원인은 첫째, 상대방의 발화를 제대로 듣지 못한 경우 둘째, 언어 능력의 문제로 특정 어휘를 이해하지 못했거나 내용 전체를 이해할 수 없는 경우 셋째, 자신이 이해한 내용이 맞는지 확인받기 위한 것이라고 볼 수 있다.

이러한 원인에 의해 나타나는 대화 수정은 궁극적으로 대화 중간에 발생하는 문제 요소를 해결하고 계속 대화를 지속시키는 역할을 하는데, 구체적으로 수정의 제기와 수정의 실행이

각각 어떠한 역할을 수행하여 궁극적인 기능을 실현하는지 살펴보면 다음과 같다.

5.1. 제기의 기능

5.1.1. 본인 제기

수정에 대한 본인 제기의 기능은 본인 말 순서 유지, 부정하기, 도움 요청, 그리고 상대방의 이해 확인의 기능으로 나눠볼 수 있다.

1) 본인 말 순서 유지

이는 발화자가 발화 도중 자신의 발화의 문제를 인식하고 '어, 그, 뭐'와 같은 간투사를 사용하거나 머뭇거림 혹은 문제가 되는 표현의 발음을 길게 늘이거나 반복하기, 억양을 올리며 자신의 말 순서를 유지하면서 수정을 제기하는 것이다.

[14] (중국의 변화된 모습에 대해 이야기하고 있다.)

01 SC9: 그때 〈vocal desc='목청 가다듬는 소리,크음'〉 등소평 알아요? 등소평. 그=그때는 개이::, 개그, 개방, 개이::, 개방?

02 SV7: 개방.

03 SC9 : 개방.〈@돼 가지구@〉,〈vocal desc='웃음,흐허'〉그때는 그래 바껴서요, 많이.

자료 [14]은 발화자 자신이 알고는 있으나, 정확하게 어휘를 표현하지 못하고 있는 경우이다. 발화자 SC9는 자신의 말 순서를 계속 유지하면서 문제 요소를 여러 차례 다른 형태의 어휘를 반복하거나 말 끝을 늘이며 수정을 제기하고 있다. 그리고 어휘 반복을 통해 최종적으로 이끌어 낸 '개방'이라는 표현에 대한 확인 점검을 위해 억양을 올려 발화한다.

2) 부정하기

부정하기는 발화자 본인의 단순한 말실수를 바로잡거나 발화자 의도에 더 부합하는 표현으로 대체하려는 경우, 그리고 의도한 표현에 대해 알고는 있으나 정확하게 생각이 잘 나지 않는 경우에 나타나는 것으로, 문제 요소에 대해 수정을 제기할 때 선행 발화에 대해 'X 아니 Y', 'X는 아니고'라고 부정하는 형식으로 실행된다. 수정의 제기 과정에서 부정하기의 기능은 선행 표현을 완전히 부인한다기보다는 X를 부정하는 방식을 통해 자신의 발화 실수를 교정하거나 발화자가 의도한 의미를 더 세밀화하면 표현 Y로 수정하고자 하는 의도를 가진다.

[15] (한국에 처음 와서 무엇을 했는지에 대해 이야기하고 있다.)

01 SV1 : 한 번에 와와서 여기 한국에 왔어 그때는 삼학년 때—
02 SC3 : 네.
03 SV1 : —게서 한 3개월 동안 <u>교육 아니 연수.</u>
04 SJ2 : 응.

자료[15]에서 발화자 SV1은 한국에 처음 와서 3개월 동안 한국어를 배웠다는 메시지를 전달하고자 한다. 말 순서 03을 보면 발화자 SV1은 처음에 '교육'이라는 어휘를 사용했다가 이를 '아니'라고 부정하며 '연수'로 수정한다. 여기서 수정 제기의 표지로 '아니'라는 부정하는 것은 선행 표현인 '교육'을 부인하는 것이 아니라 선행 표현의 의미의 폭을 좁히며 자신의 의도에 더 적합한 어휘로 교체하기 위한 궁극적인 의도가 있는 것이다.

3) 도움 요청

발화 도중 자신의 언어 능력의 부족으로 의도한 의미를 표현할 수 없거나 혹은 알고는 있으나 당시 생각나지 않는 표현에 대해 상대방에게 도움을 요청하게 된다. 표현하고자 하는 것이 무엇인지 직접 질문을 하거나 문제가 되는 어휘를 여러 번 반복하며 억양을 올려서 문제 요소에 대한 수정을 제기할 수 있다. 또한 'OO가 맞아요?'라며 상대방에게 본인이 확신을 가지지 못한 채 선택한 표현에 대한 확인을 구하면서 수정을 제기하기도 한다. 이것은 대부분 상대방에게 도움을 요청하여 수정에 대한 타인 실행으로 연결된다.

[16] (한국의 문화 중에서 배우고 싶은 것에 대해 이야기하고 있다.)

01 SV4: <u>그냥 미,미녀리감, 아, 미녀리감 맞아요?</u>
02 SC6: 미녀리감?
03 SV4: 응. 미녀리감. 그냥 와이프 역할 설명해줘요
04 SC6: 며느리::
05 SV4: 따로 따로 사는 게 좋잖아요. 마음대로 둘이 할 수 있는데 맘대로 할 수 있는데
　　　　근데 같이 사는 게 더 좋아요

자료 [16]은 발화자 SV4가 '며느리감'이라는 어휘에 대한 표현에 대한 확신이 없어서 자신의 발화에 대해 'OO 맞아요?'라고 물으며 상대방에게 자신의 표현에 대한 점검을 요청하고 있는 경우이다.

4) 상대방의 이해 확인

본인의 수정 제기는 자신의 표현 능력의 부족으로 인해 문제가 되는 요소에 대한 제기뿐만 아니라, 발화자 본인이 생각하기에 상대방이 이해하기 어려울 수 있다고 판단되는 어휘에 대해 상대방의 이해를 확인하고 의미를 공유하기 위해 수정을 제기한다. 주로 이러한 기능은 상대방에게 'OO 알아요?'라는 직접적인 확인 질문을 통해 실현된다.

[17] (일본에서 느끼는 남녀 차별에 대해 이야기하고 있다.)

01 SV1 : 며느리에게 조금 뭐::
02 SC3 : 잘 대우 잘 못 [1받는 거에요?1]
03 SV1 : [1그쵸. 그쵸.1]
04 SJ2 : 어, 일본 천황 있잖아요. 천황. 아, 알아요?
05 SC3 : 처=천황?
06 SJ2 : 일본에서. 막 여기는 대통령 있고::
07 SC3 : 어, 맞아,맞아. [1천황, 아:: 천황.1]
08 SJ2 : [1천황있는데1] 그거, 거기는 무조건 천황이 남자가 되어야 되거든요.

자료[17]은 발화자 스스로가 '천황'이라는 것이 일본 특유의 제도임을 자각하고 있기 때문에 상대방에게 '천황'이라는 어휘의 의미를 알고 있는지 확인하고자 순서 04에서 '천황. 아, 알아요?'라고 질문을 던지며 수정을 제기한다. 상대방의 이해 확인을 위한 본인 제기는 현재 의사소통을 진행하는데 문제가 발생하지는 않으나, 앞으로 발생할 수 있는 문제 요소에 대해 수정을 제기함으로써 의사소통의 문제 상황을 미리 방지하는 기능을 한다.

5.1.2. 타인 제기

수정에 대한 타인 제기의 기능은 선행 발화에 대한 자신의 이해 확인 기능과 상대방의 발화에 대한 명료화 및 설명을 요청하는 기능을 한다.

1) 자신의 이해 확인

어떤 발화에 대해 상대 발화자가 자신의 이해를 확인하기 위해 수정을 제기하는 경우가 있다. 이는 선행 발화가 부정확하게 표현되었거나, 상대방의 발화를 완전하게 이해하기 어려워서 자신이 이해한 것을 원래 발화자에게 확인을 받고자 함이다.

[18] (과외를 받는 학생들에 대해 이야기하고 있다.)

01 SV7: 오:: <u>삽::</u>, 하는 거:: 아니에요?
02 SC9: <u>사업하는 거요?</u>
03 SV7: <u>응, 사업하려고</u> 온 사람들 아니에요?

자료[18]는 과외를 받는 학생들의 직업에 대해 이야기하고 있는데, 발화자 SV7이 '사업'이라는 어휘를 '삽::'이라고 발음하자 이에 대해 상대방 대화 참여자인 SC9가 '사업하는 거요?'라고 선행 발화를 반복하며, 선행 발화자의 의도를 자신이 이해한 것이 맞는지 확인하고 있다.

2) 명료화 및 설명 요청

선행 발화에 대한 명료화 및 설명을 요청하는 기능은 상대방의 발화를 청자 자신의 언어 능력 부족 때문에 그 의미를 이해할 수 없는 경우에 실행된다.

[19] (베트남의 유명한 음식에 대해 이야기하고 있다.)

01 SJ8: <u>스프링롤!</u> 그거 진짜 맛있는데.
02 SV7: 어! 그거 한, 만들 수 있어요.
03 SJ8: 어, 진짜요?
04 SV7: 응.
05 SC9: <u>스프링롤? 그거 뭐예요?</u>
06 SV7: 근데 그거는:: -
07 SJ8: 스프링롤, 안에. 야채 몬가 싸있는 거.
08 SV7 : -그거 싸, 싸는 종이 따로 사야 돼요.
09 SJ8: 네, 네. 네.
10 SC9 : 어어::

자료 [19]에서도 순서01에서의 '스프링롤'에 대해 대화 참여자 SC9는 이해를 하지 못했다. 문제 요소가 발화된 후, 순서05에서 문제가 되는 표현을 반복하며 '그게 뭐예요?'라고 물으며 설명을 요청한다.

5.2. 실행의 기능

문제 요소에 대한 제기가 발생하면, 혹은 제기가 없더라도 발화자 본인 혹은 타인에 의해 수정이 이루어지게 된다. 수정 실행의 기능은 크게 두 가지로 나누어 살펴 볼 수 있는데, 첫 번째는 의미 협상 과정에서 나타나는 수정의 실행이고, 두 번째는 자기 점검 과정에서 나타나는 수정의 실행이다. 여기서는 각 과정에서 일어나는 수정 실행이 수행하는 기능에 대해 살펴보기로 한다.

5.2.1. 의미 협상 과정에서 나타난 수정의 기능

의미 협상이 일어나는 원인이 진행되고 있는 의사소통상에 장애가 발생하게 되고, 그 장애를 해결하고 대화를 지속시키기 위해 문제 요소에 대한 의미를 공유하고자 하는 특별한 상호 작용의 한 유형이다. 의미 협상의 과정에서 문제 요소에 대한 발화자 본인 혹은 타인의 제기는 반드시 이해 가능한 입력의 형태로의 전환을 위해 발화의 수정 과정을 대부분 거치게 된다. 이러한 수정 실행의 과정은 그 원인에 따라 표현의 문제와 이해의 문제로 나누어 볼 수 있는데, 발화자의 표현상의 문제로 발생하는 수정 제기에 대한 실행의 기능과 상대방의 이해의 문제로 발생하는 수정 제기에 대한 실행의 기능에 대해 살펴보도록 하겠다.

1) 표현 문제의 해결

발화자가 자신이 의도한 의미를 제대로 전달하지 못하는 경우, 발화자는 표현상의 문제에 대해 스스로 수정을 제기한다. 그리고 발화자가 선행 발화에서 표현한 내용이 부정확하거나 표현한 내용을 알 수 없는 경우에 타인에 의해 수정이 제기된다. 이렇게 제기된 수정은 본인, 혹은 타인에 의해 수정이 실행되는데 이 과정에서의 수정은 발화자 본인이 원래 의도한 의미를 설명하기 위한 의미의 상세화 기능, 잘못 전달된 메시지를 다시 교정하는 기능, 그리고 타인의 요청에 의한 어휘, 형태, 발음 교정의 기능을 수행한다.

(1) 의미의 상세화

대화를 진행하는 동안 발화자 본인이 말하고자 하는 것을 표현하지 못하거나 표현은 알고 있으나 발화 당시 생각이 나지 않는 경우에 발화자는 자신이 의도하는 의미를 설명하며 상대방으로 하여금 적절한 표현을 이끌어내기 위해 발화 수정을 실행하며 자신이 의도한 의미를 부연 설명하게 된다. 뿐만 아니라 선행 발화의 표현이 자신이 의도한 의미를 충분히 표현하지 못했다고 판단하여, 본인이나 타인의 문제 제기 없이도 수정을 실행하며 선행 발화 후, 유의어를 제시하거나 풀어 말하기의 방법을 쓰며 발화자 본인이 의도한 의미를 상세하게 전달하고자 한다.

[20] (하루 일과에 대해 이야기하고 있다.)

01 SV7: 그냥::그냥 자면은 하루 끝나고, 자면은 좀, 음::허무하다?
02 SJ8: 음::
03 SV7: 그런 느낌? 음:: 모가 어::없=없은 것 같아요. 응.
04 SJ8: 사람 만나거나 그런 거는 안 해요?

자료[20]는 발화자 SV7가 '허무하다'라는 표현에 대해 수정을 제기하고 이에 대해 본인 스스로가 문제 요소가 포함된 말 순서로부터 세 번째 말 순서에서 문제 요소에 대한 의미를 풀어 말하기를 통해 구체화하고 있다.

(2) 잘못 전달된 의미 교정

발화자가 전달하고자 하는 내용이 발화자의 발음이나 표현의 부정확성, 또는 청자의 오해로 인해 발화자의 원래 의도대로 메시지가 전달되지 못한 경우, 이를 바로잡기 위해 수정이 실행된다. 이러한 수정은 상대방의 이해를 더 쉽고 정확하게 하기 위해 일어난다. 선행 발화와 다른 어휘나 표현으로 문제 요소를 대체하거나 문제를 일으킨 선행 어휘를 다시 반복 발화하는 방법으로 나타난다.

[21] (한국에서 나이를 물어보는 문화에 대해 이야기하고 있다.)

01 SJ8: 옴마도 그렇구:: 친구 부모님도 그렇게 물어보시구::
02 SV6: 〈vocal desc='놀라는 소리, 에?'〉 엄마도요?

03 SJ8: <u>친구 엄마.</u>

04 SV7: 아:: 친구 [1엄마::1] [2응::2]

05 SC9: [1응, 응.1]

06 SJ7: [1근까, 한국에 있는1] [2친구의 엄마가::2] 어? "이제 모, 카요코 나이가 몇 살
       인데 결혼 언제 할꺼야?" 막,그런 식으로 물어보시구::

자료[21]는 발화자 SJ8의 발화에서 '엄마'와 '친구 부모님'이 나이에 대해 물어보신다는 의
미로 충분히 해석될 수 있게 표현을 하였다. 이에 대해 상대방인 SV6이 의아한 내용에 놀라
며 자신의 이해를 확인하기 위해 질문을 한다. 그러자 바로 다음 말 순서에서 '친구 엄마'라고
문제 요소에 대해 수정을 하여 잘못 전달된 의미를 바로잡는다. 말 순서 03의 수정 실행 후
대화 상대자들인 SV7과 SC9가 제대로 이해를 했음에도 불구하고, 발화자 SJ9는 06에서 '친
구 엄마'라고 표현했던 선행 발화를 다시 '친구의 엄마'라고 재차 수정하며 자신의 의도를 제
대로 전달하고자 한다.

(3) 요청에 의한 어휘, 형태, 발음 교정

본인 또는 타인에 의해 어휘, 형태, 발음 등에 대한 문제 제기가 있을 경우, 수정이 실행되
면서 문제가 되었던 어휘, 형태, 발음 등 언어적 요소에 대한 교정이 이루어진다. 이러한 교
정은 대부분 어휘에 집중되어 있으며, 어휘에 대한 수정은 본인 제기에 의한 것이 많지만 문
제 제기 없이 바로 타인에 의해 어휘 수정이 이루어지는 경우도 드물게 나타났다. 그리고 상
대방 발화자의 부정확한 형태에 대한 타인 제기는 거의 나타나지 않았다. 이러한 현상은 대화
참여자들이 상대방의 체면을 손상시키지 않으려는 의도로 볼 수 있다. 다만, 잘못된 형태로
인해 의미 이해가 어려울 경우 이에 대해 문제 제기를 하는 경우는 찾아볼 수 있었다. 또한
발음의 경우, 선행 발화자의 부정확한 발음으로 전체 내용 이해가 어려운 경우 타인에 의해
수정이 제기되고 이를 다시 처음 발화자가 정확하게 반복 발화하며 문제를 해결하는 모습이
나타났다.

[22] (남자들이 군대를 가야하는 이유에 대해 이야기하고 있다.)

01 SV4: 근데, 내가 여자애 군대 들어가면 나온 후에 진짜 탁탁한 모습을 보여요.〈vocal
       desc='웃음, 하하'〉

02 SJ5: 근육 많이 생기고.

03 SV4: 근육보다는 나무처럼, 〈vocal desc='웃음, 하하'〉 딱딱해요.

04 SC6: <u>무뚝뚝하다?</u>

05 SV4: <u>응! 그런 거!</u>

06 SC6: 남자들이 나라 지키기 위해서 군대 가세요.

07 SJ5: 음~맞어!

자료[22]는 문제가 되는 어휘에 대한 교체가 아닌 선행 발화의 부정확한 표현에 대한 수정이 이루어지는 예이다. 01과 03의 말 순서에서 발화자 IV4가 남자에 대해 '딱딱한 모습' 그리고 '나무처럼, 딱딱해요'라고 표현한 것에 대해 상대방인 IC6이 '무뚝뚝하다'라는 어휘로 선행 발화의 표현을 수정하고 자신의 이해가 맞는지 확인하고 있다.

[23] (하루 일과에 대해 이야기하고 있다.)

01 IV4: 보통 아기 있으면 시간이 없어〈Vocal desc='웃음, 하하'〉

02 IJ5: 응 근데 학원 보내고 학원 끝나면 학원에서 <u>데릿::</u>

03 IV4: <u>데려 오고.</u>

04 IJ5: <u>데릿, 데리::다, 데리고 오고.</u> 저녁에 맥이고,

자료 [23]는 불확실한 형태에 대해 발화자 스스로가 수정을 제기하고 이에 대해 타인과 수정을 제기한 발화자 본인 모두가 형태를 교정하고 있는 모습이다. 말 순서 02에서 '데릿::'이라고 말하며 수정을 제기한 후, 바로 다음 말 순서 03에서 실행된 수정의 결과를 발화자 IJ5는 받아들이지 않고, 대신 말 순서 04에서 스스로 수정을 하여 형태에 대한 교정을 하고 있는 경우이다.

2) 이해 문제의 해결

수정 실행의 또 다른 기능은 선행 발화에 대한 상대방의 이해 문제를 해결하는 기능으로 대화 참여자 간 의미의 공유를 확인하는 기능으로 볼 수 있다. 여기에서 나타나는 문제 요소에 대한 수정 제기와 실행은 어휘에 집중되어 있는데, 이는 대화 참여자들이 비원어민 화자이기 때문에 그들의 언어 능력의 부족, 특히 어휘에 대한 지식이 부족하기 때문으로 판단된다.

(1) 의미 공유 확인

대화 수정은 상대방의 발화에 대해 자신의 이해를 확인하고 대화 참여자 간의 의미를 공유

하고 있음을 확인시켜주는 기능도 한다. 이는 선행 발화에 대해 자신의 이해대로 발화를 수정하여 상대방에게 다시 점검받는 질문의 형식으로 나타난다.

[24] (화장품 가게의 남자 점원에 대해 이야기하고 있다.)

01 SJ5: 〈@어떻게 알아?@〉
02 SV4: 아니요, 내가 항상 회기 갔다오니까:: 왜냐면, 그 남자는 미인 남자여서 여자 유
혹할 수 있도록 그런 사람.
03 SC6,: 〈vocal desc='웃음, 하하'〉
04 SV4: <u>전략, 경영 전략이에요.</u>
05 SJ5: 〈X 그렇고? X〉
06 SC6: <u>마케팅요?</u>
07 SV4: 응.

자료 [24]를 보면 대화 참여자 SC6은 말 순서 04에서 SV4의 발화에 대한 자신의 이해를 확인하고 상호 간의 의미를 공유하고 있음을 확인하기 위해 말 순서 06에서 04의 발화인 '경영 전략'에 대해 '마케팅'이라고 수정을 실행하고 있다.

5.2.2. 자기 점검 과정에서 나타난 수정의 기능

비원어민 화자 간 대화에서는 의사소통의 장애가 발생하지 않았음에도 발화자 본인이 어휘나 형태 또는 발음을 수정하는 모습을 볼 수 있다. 이것은 비원어민 화자들이 발화 도중에 자신의 언어를 스스로 점검하여 중간 언어를 개선하는 경우와 단순한 발화상의 말실수를 교정하는 경우로 나눠 볼 수 있다.

1) 중간 언어 개선

대화가 진행되는 동안에 직접적인 의사소통의 문제 요소가 발생하지 않았음에도 발화자가 자신의 발화를 수정하기도 하는데 이는 어휘나 형태, 혹은 발음과 같은 언어적 요소에 대한 교정을 통해 중간 언어를 개선하는 기능을 한다. 특히, 형태 교정에 대한 본인 제기-본인 수정을 형태가 많이 나타난다. 단순한 말실수를 교정하는 것과 다른 점은 중간 언어 개선의 경우는 발화 도중에 본인이 스스로 문제 요소에 대해 자각하고 이에 대해 수정을 제기한 후 실행하는 것이므로 머뭇거림이나 주저함을 나타내는 수정 제기들의 표지들이 나타난다. 그러나

단순한 말실수를 교정하는 경우는 수정 제기 없이 바로 수정이 실행된다는 점에서 중간 언어 개선 기능을 나타내는 대화 수정과 구별된다. 이렇게 중간 언어를 개선하기 위해 대화 수정의 절차를 진행하는 것은 원어민 화자 간 대화에서는 나타나지 않는데, 이는 비원어민 화자 간 대화에서 나타나는 특별한 기능으로 발화자의 언어 능력의 부족이나 언어 지식의 부재가 원인이 되기 때문이다.

(1) 어휘 교정

[25] (중국의 변화된 모습에 대해 이야기하고 있다.)

01 SC9: 그때 〈vocal desc='목청 가다듬는 소리,크음'〉 등소평 알아요? 등소평. 그=그때 는 개이::, 개그, 개방, 개이::, 개방?

02 SV7: 개방.

03 SC9 :개방.〈@돼 가지구@〉,〈vocal desc='웃음,흐허'〉그때는 그래 바꺼서요, 많이.

자료[25]에서는 '개방'이라는 어휘에 대해 비슷한 형태의 가능한 어휘를 반복하면서 수정을 제기하고 실행하고 있다. 부정확한 어휘에 대한 교정을 위해 발화자 본인이 수정을 제기하고 다시 이를 실행함과 동시에 마지막에 수정된 어휘의 음절의 끝을 올려 상대방 대화 참여자에게 그 결과를 확인받고자 한다.

(2) 형태 교정

[26] (대학교 조교 생활에 대해 이야기하고 있다.)

01 SC9: 그냥:: 바로 연=교수님 연구실에,서, 조교 하고 있으니까 그냥-

02 SV7: 아::

03 SC9: -교수님, 주로 교수님, 도와:: 좀 도와 주구? 도와 드리구? 그냥, 모::학과 그런 거 있잖아요. 모 시험:: 모 그런 거.

05 SV7: 웅.

자료 [26]는 형태에 대한 교정이 나타난 경우로 문법적 형태와 경어법 사용에 대해 발화자 본인이 자각하여 정확한 형태로 교정하고자 수정을 제기하고 다시 수정을 실행하고 있는 모습을 나타낸다.

(3) 형태-발음 교정

[27] (스트레스를 받는 일에 대해 이야기하고 있다.)

01 IC6: 진짜 너무 힘들어요. 어머님도, 어머님은 선생님한테 왜 우리 아기 많이 배워도 왜 물어서 하나도 모르겠어요. 이렇게 모르겠냐고, 모르겠냐고 물었어요. 힘들어요. 열심히 가르쳐서 선생님 때문에 아니에요 이거 학생이 열심히, 이거, <u>배워</u>, <u>배울, 배워야 돼요.</u>

02 IJ5: 응.

03 IC6: 이렇게 <u>스레끼</u>, 〈@스레, 스레끼? 스트레스@〉, 〈Vocal desc='웃음, 하하'〉

　　자료 [27]은 형태 교정과 어휘에 대한 정확한 발음을 위해 발화자 본인이 자신의 발화를 수정하고 있는 예이다. 말 순서 03의 '스트레스'라는 어휘에 대한 발음 교정은 대화자들이 지금까지 스트레스라는 주제에 대한 함께 이야기를 진행하고 있던 중이었기 때문에 굳이 발음에 대한 수정이 이루어지지 않아도 의사소통 진행상에는 아무런 문제가 없는 상황이었다. 그럼에도 불구하고 발화자 IC6은 '스트레스'에 대한 정확한 발음 교정을 위해 여러 번 어휘를 반복 발화하며 스스로 발음을 교정해 나가고 있는 모습이다.

2) 말실수 교정

　　말실수란 '무심코 입 밖에 내는 것(slip of tongue)'과 같은 언어 수행상의 오류를 가리킨다. 이는 모국어 상황이나 제2 언어 상황에서 모두 발생하지만, 원어민들의 경우 대부분 자신의 말실수를 인식하고 바로잡을 수 있다. 왜냐하면 이는 언어 능력 부족으로 야기된 것이 아니라 발화 과정에서 나타나는 일시적인 문제이기 때문이다(Brown, 2006). 본 연구에서 관찰된 비원어민 화자 간 대화에서도 발화 상에서 발생한 부정확한 형태 중에서 본인이 이미 알고 있는 어휘, 형태, 그리고 발음에 대해 발생한 부정확한 표현들에 대해서는 주저함이나 머뭇거림 없이 즉각적으로 수정을 실행하여 그들이 범한 단순한 말실수를 교정하는 모습을 보였다.

[28] (한국에 처음 와서 무엇을 했는지에 대해 이야기하고 있다.)

01 SV1 : 한 번에 와와서 여기 한국에 왔어 그때는 삼학년 때-

02 SC3 : 네.

03 SV1 : -게서 한 3개월 동안 <u>교육 아니 연수.</u>

04 SJ2 : 응.

  자료[28]은 발화자 SV1이 발화자 본인이 어휘 선택에 있어서의 실수를 수정하기 위해 선행 발화를 부정하며 어휘를 교정하고 있는 모습이다.

6. 대화 수정 분석 결과

  지금까지 전사 자료를 통해 분석한 비원어민 화자 간 대화에 나타난 수정의 분석 결과를 정리해 보면 다음과 같다.

  먼저, 본 연구에서는 총 81회의 대화 수정이 나타났는데, 이를 대화 수정 유형별로 분류하여 그 빈도를 조사하면 〈그림 1〉과 같다.

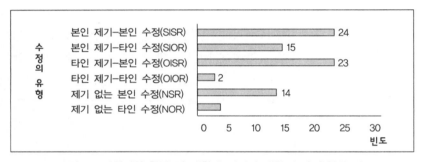

<그림 1> 비원어민 화자 간 대화에 나타난 대화 수정 유형의 빈도

  본 연구의 비원어민 화자 간 대화에서는 본인 제기-본인 수정(SISR)의 유형과 타인 제기-본인 수정(OISR)의 유형이 각각 24회(30%), 23회(28%)로 가장 많이 나타났다. 그 다음으로는 본인 제기-타인 수정(SIOR)이 15회(19%), 제기 없는 본인 수정(NOR)이 14회(17%) 나타났으며 제기 없는 타인 수정(NOR)과 타인 제기-타인 수정(OIOR)이 각각 3회(4%), 2회(2%)로 다른 유형에 비해 가장 빈도가 낮았다. 이러한 유형별 빈도의 결과를 가지고 비원어민 화자 간 대화에서 대화 수정 유형에 따른 화자들의 선호도 차이를 검증하기 위해 x^2 적합도 검증을 실시하였다.

<표 4> 대화 수정 유형에 대한 빈도분석

	관측수	기대빈도	잔차
SISR	24	13.5	10.5
SIOR	15	13.5	1.5
OISR	23	13.5	9.5
OIOR	14	13.5	−11.5
NSR	3	13.5	.5
NOR	81	13.5	−10.5

<표 5> 검정 통계량

	유형
카이제곱(a)	33.000
자유도	5
근사 유의확률	.000

분석 결과 검증 통계량의 카이제곱(x^2)의 값은 33.000이고, p-value=.000으로 유의미하게 나타났다. 즉, 비원어민 화자 간 대화의 수정 유형 선호도에는 차이가 있는 것으로 나타났다. 그러므로 가장 선호하는 유형은 SISR과 OISR으로 볼 수 있으며, 가장 비선호하는 유형은 NOR과 OIOR이라고 할 수 있다.

그런데 원어민 화자 간 대화에서 선호되는 SISR유형과 비원어민 화자 간 대화에서 선호되는 SISR유형은 제기되는 문제 요소의 성격적인 면에서 차이를 가진다. 원어민 화자 간 대화에서 선호되는 SISR의 경우는 대부분 발화자가 자신의 발화를 개선하여 보다 정확한 의도를 전달하기 위해 스스로 수정을 제기하고 실행한다. 그러나 비원어민 화자 대화에 나타나는 SISR는 대부분 한국어에 대한 언어 능력이 부족하여 자신이 전달하고 싶은 메시지를 위해 적절한 어휘로 표현하지 못해 스스로 수정을 제기하고 실행하기 위한 것이다. 마찬가지로 두 번째로 선호되는 OISR의 유형도 어떤 발화에 대해 청자가 이해의 어려움을 겪어 수정을 제기하는 것으로 그 원인에는 발화자의 부정확한 표현과 발음이 있고, 또 다른 이유는 청자의 언어적인 지식의 부재로 선행 발화의 어휘를 이해하지 못할 때 나타난다. 특히 SISR의 경우 원어민 화자 간 대화에서 나타나지 않는 대화 수정의 기능을 가진다. 이는 자기 점검을 통한 중간 언어 개선의 기능으로, 한국어 비원어민 화자가 한국어에 더 가까운 형태의 발화를 위해 발화 도중에 본인 스스로 끊임없는 자기 점검을 통해 어휘, 형태, 그리고 발음을 개선하려는 시도를 통해 나타난다. 이러한 시도는 문제 요소에 대한 수정 제기 표지로 나타나고 수정 제기가 일어난 문제 요소에 대해서는 다시 발화자 본인에 의한 수정이 실행된다(SISR). 특히 형태나 발음에 대한 교정보다 어휘의 교체를 목적으로 하는 수정 제기가 많이 나타났는데, 이는 비원어민 화자이기 때문에 자신의 의도를 정확하게 전달하기 위한 어휘 선택에 어려움을 겪기 때문이라고 판단된다.

한편, 대화 수정의 유형 중에서 타인 제기-타인 수정(OIOR)과 제기 없는 수정(NOR)은 각각 2회, 3회로 아주 드물게 나타났다. 타인 제기-타인 수정(OIOR)이 나타난 경우도 세 명의 발화자 중에 수정을 제기한 상대 발화자에 의한 수정이 실행되는 것이 아니라 제3자에 의한 수정이 이루어졌다. 문제 제기 없는 수정(NOR)의 경우는 교실 상황에서 교사와 학습자 간 대화에서 교사가 주도적인 역할을 하는 대화구조나 언어 숙달도의 차이가 큰 발화자들 간의 대화에서 숙달도가 높은 발화자가 숙달도가 낮은 상대방의 발화를 주도적으로 수정하는 대화 구조 속에서 나타난다. 그러나 본 연구에 참여한 대화 참여자들의 경우 고급 학습자로 숙달도를 통제하였기 때문에 특정한 대화 참여자 한 사람이 수정에 대한 제기 없이 주도적으로 상대 발화자의 발화를 수정하는 유형은 많이 나타나지 않았다.

또한 발화자의 언어 능력 부족으로 인해 나타나는 수정 제기 및 실행의 중에서 주목해 볼 유형은 본인 제기-타인 수정(SIOR)이다. 원어민 화자 간 대화에서는 타인 실행(OR)이 선호되지 않는 반면에 비원어민 화자 간 대화에서 본인 제기-타인 수정(SIOR)은 전체 대화 수정 유형 중 약 20%를 차지하며 적지 않게 나타나고 있다. 이러한 결과는 발화자가 본인이 의도한 의미에 부합하는 적절한 어휘를 생각해 내지 못해서 상대 발화자에게 도움을 요청하거나 자신의 어휘 선택에 대한 확인을 받는 방법으로 수정을 제기하며 나타난다. 수정이 제기된 문제 요소에 대해 상대 발화자는 수정을 적극적으로 실행하는 모습을 보이며 상호 협력적인 의미 협상의 과정을 보여준다.

다음으로 타인에 의해 실행된 수정의 결과(OR)와 관련하여 수정 결과의 수용 여부에 대해 살펴보고자 한다. 타인, 즉 상대 발화자에 의해 수정이 실행된 경우 결과에 대해 문제 요소에 대한 수정 제기를 했던 원래의 발화자가 무조건적으로 수정의 결과를 수용하지는 않는다는 것을 발견하였다. 대부분의 경우 타인에 의해 실행된 수정의 결과가 발화자가 의도한 어휘와 부합된다고 판단될 경우 적극적으로 그 결과를 수용하여 자신의 말 순서가 다시 돌아왔을 때 그것을 반복 발화하여 대화를 지속시키는 모습을 보여 주었다. 그러나 발화자의 의도에 완전하게 일치하지 않는다고 판단되는 경우 '음:: 그런 거.'라고 말하며 소극적으로 수용하거나(1회) 아예 상대 발화자의 수정 실행 결과 자체를 거부하며 본인 스스로가 다시 수정을 실행하는 모습도 나타났다(2회). 이는 Gass & Varonis(1989)에서 비원어민 화자 간 상호작용에서 비원어민 화자가 수정에 의해 제공된 형태가 틀리다고 판단되면 원래 자신의 발화 형태를 그대로 유지하려는 모습을 보여준다고 한 것처럼 비원어민 화자들은 자신들의 언어 점검 기제를 통해 발화 수정의 결과를 선택적으로 판단하여 수용하고 있음을 예측해 볼 수 있다.

마지막으로 비원어민 간 화자들이 실행한 수정의 결과가 얼마나 성공적인가하는 것에 대해 알아보고자 한다. 수정의 결과에 대한 판정은 문제 요소의 정확한 교정이나 문법적 형태에 초점을 두어 판정하지 않는다. 문제 요소에 대한 수정이 실행된 후, 문제 요소가 형태적으로 정확성을 띄지 않는다고 하더라도 수정의 결과가 의사소통의 장애를 해결하거나 혹은 수정이 제기된 원인이 제대로 해결하였다면 그러한 경우를 실패를 보지 않고 대화 수정 결과의 성공으로 보았다. 이러한 판정 기준에 따라 본 연구에서 나타난 수정의 실행 결과를 살펴본 결과, 수정 실행 결과가 실패로 나타난 경우는 총 81회의 대화 수정 중에서 단 2회에 그쳤다. 이는 비원어민 화자 간 대화에서 의사소통의 문제 상황에 직면했을 때 대화 참여자들이 대화 수정의 과정을 통해 문제 요소를 해결하고 있다는 것을 보여주고 있다. 이러한 대화 참여자들의 상호적인 노력의 과정은 비원어민 화자들이 그들 간의 대화에서도 협조적으로 발화를 수정하며 조정된 입력과 상호작용을 통해 '이해 가능한 출력어'의 표현 기회를 제공한다는 것을 예측할 수 있는데 이는 비원어민 간 화자의 대화에 대한 교육적 의의를 제공한다.

7. 결론

원어민과 비원어민 화자 간의 대화는 대화 과정에 어려움이 생기더라도 원어민 화자가 주도성을 가지고 대화를 이끌어 가기 때문에 그 문제가 심화되는 경우는 거의 없다. 이에 비해 비원어민 화자들끼리 목표어로만 대화를 하는 경우 발화자 자신의 언어 능력 부족으로 인해 자신의 의도를 정확하게 표현하지 못하는 어려움을 겪기도 하고 상대 발화자의 말을 이해하지 못하는 상황에 처하기도 한다. 이렇듯 비원어민 화자 간의 대화에서는 원어민-비원어민 화자 간 대화에서보다 훨씬 많은 문제들이 발생한다는 것을 예측할 수 있다. 본 연구에서는 한국어를 목표어로 하고 있는 비원어민 화자들의 경우 의사소통 과정에서 자신이 처한 문제 상황을 '대화 수정'을 통해 적극적으로 해결하기 위해 노력한다는 것을 관찰할 수 있었다. 동시에 목표어인 한국어를 좀 더 한국어답게 구사하기 위해 스스로 자신의 발화를 점검하며 자신의 중간 언어를 개선하고자 하였다. 본 연구에서 실시한 비원어민 화자 간의 대화에서 나타난 대화 수정 실행의 결과는 거의 대부분 성공적이었고, 이는 비원어민 화자 간의 대화가 상호 간의 협력을 통한 '조정된 입력'으로써 그리고 '이해 가능한 출력어'의 표현 기회를 제공함으로써 긍정적인 역할을 하고 있다는 것을 살펴볼 수 있었다.

이상에서 살펴보았듯이 비원어민 화자 간 대화 수정은 의사소통 과정에서 나타나는 문제 상황을 해결하고 대화를 지속시킬 수 있는 중요한 전략이다. 대화 수정 과정을 통한 발화자 간의 적극적인 상호작용은 이해 가능한 출력에 접근할 수 있는 기회를 제공함으로써 궁극적으로는 성공적인 언어 습득에 영향을 줄 수 있다고 본다. 본 연구는 비원어민 화자 간 대화 수정의 유형과 기능을 분석하고, 이 결과를 한국어 말하기 교육에 적용시킬 수 있는 방안에 대해 고찰해보았다. 이는 비원어민 화자 간 대화 수정의 양상을 연구하기 위한 기초 자료로서 의의를 가지며, 대화 수정에 대한 교육적 함의를 제공하고 있다는 데 의의가 있다고 생각한다. 그러나 연구 대상자를 여자로만 한정한 점과 표본의 숫자가 크지 않아 일반화하기는 어렵다는 한계가 있음을 밝혀 둔다. 앞으로의 대화 수정에 관한 연구는 표본을 대량화하고, 발화자의 국적, 한국어 숙달도, 과제 유형별 변인에 따른 차이를 고찰해 본다면 더 유의미한 연구 결과가 나오리라 생각한다.

<Abstract>

Repair in conversation among non-native Korean speakers

Chun, Minji (Brown University)

The aim of this study is to examine the patterns of repair in conversation among non-native Korean speakers through the conversation analysis of 9 non-native Korean speakers. This paper demonstrates the types and functions of repair in conversation, based on the types of repair presented by Schegloff, Jefferson & Sacks (1977). In addition, this study discusses the different features of repair in conversation between non-native Korean speakers and native Korean speakers. Through conversation analysis, this study discovered that non-native Korean speakers strive to solve their conversational problems through active repair in conversations. Simultaneously, they try to adjust their utterance through self-monitoring to speak more like native Korean speakers. Through their repair efforts, the non-native Korean speakers were mostly successful in resolving their conversational problems and in continuing conversation. Furthermore, the process of conversation repair provided opportunities to acquire their target language through the modification of input and to draw out 'comprehensible output' by means of interactive collaboration.

Key Words

repair in conversation(대화 수정), self-monitoring(자기 점검), the modification of input(조정된 입력), comprehensible output(이해 가능한 출력)

여성 결혼이민자의
코드 스위칭(code switching) 연구

유해헌_경희대학교 국제교육원

1. 서론

한국 사회에서 여성 결혼이민자의 수가 꾸준히 증가하면서 이들을 대상으로 하는 연구들이 다양하게 이루어지고 있다. 여성 결혼이민자는 한국인 남성과 결혼을 하여 한국에서 자녀를 낳고 이곳에서 영구히 살고자 이민을 온 사람들로 한국 사회의 구성원이 되기 위한 보다 많은 준비가 필요하다. 그 중 가장 필수적이며 기본이 되는 것이 바로 의사소통 능력(communicative competence)이다. 하지만 사실상 대다수의 여성 결혼이민자들이 의사소통의 문제로 인해 한국 생활에 어려움을 겪고 있다. 이들 대부분은 한국어를 알지 못하는 상태로 이민을 와서 체계적인 배움 없이 외국어인 한국어를 혼자서 습득해야 하는 언어 학습 상황에 놓이다 보니 불완전한 언어 양상을 띤다. 부정확한 발음과 빈번한 조각문 노출, 같은 단어의 반복 사용, 높임법보다는 반말을 사용하는 것이 우선되는 특징을 보인다(왕한석, 2006; 이정희, 2009). 허용(2009)에 의하면 실제 여성 결혼이민자들이 가족들과 대화할 때 한국어를 사용하는 경우는 53%이고 한국어와 모국어를 섞어 사용하는 경우는 29%, 모국어를 사용하거나 영어 등 기타 언어를 사용하는 경우는 13%라고 한다.

이처럼 여성 결혼이민자들은 모국어와 현재 그들의 거주 국가의 언어인 한국어를 함께 사용하는 이중 언어 사용자(bilingual)로 볼 수 있다. 이러한 이중 언어 사용자들의 의사소통에서 가장 두드러지게 나타나는 현상 중 하나가 코드 스위칭(code switching)이다. 코드 스위칭은 그 정의를 어떻게 내리느냐에 따라서 다양한 관점에서 해석이 되지만 일반적으로는 '동일한 화자의 발화에서 두 개 이상의 서로 다른 언어가 교체 되는 현상'을 의미한다. 코드 스위칭은 원활한 의사소통을 위해서 전략적으로 사용할 수 있고 의사소통을 할 때 생기는 언어적인 문제를 해결하기 위해서도 사용할 수 있다(김경령, 2001b; 한정해숙, 2006; 안주호, 2013). 여성 결혼이민자의 경우 한국어로 의사소통을 할 때 적지 않은 어려움에 직면하게 되는 것이 현실이므로 이를 해결하기 위한 방안으로 코드 스위칭을 전략적으로 사용할 것이라 본다. 그러므로 이들의 언어에서 나타나는 코드 스위칭 현상을 연구하여 한국어 교육에 접목시킨다면 보다 효율적인 교수를 할 수 있을 것으로 보인다.

이에 본 연구는 여성 결혼이민자의 실제 구어 담화에서 나타나는 코드 스위칭 현상을 분석하고 정리하여 이들을 대상으로 하는 한국어 교육에 보다 실질적인 자료를 제공하는 데 그 목적을 둔다.

2. 코드 스위칭 연구

코드 스위칭은 지금까지 크게 언어학적 관점과 사회언어학적 관점에서 다루어져 왔다. 언어학적 관점에서는 주로 문장 내에서 나타나는 전환(switching)에 관심을 두고 연구한 것에 반하여(박준언·R. C. Troike·박매란, 1993; 김경령, 2001a; 김경령, 2002; 최재오, 2006; 이준규, 2010) 사회언어학적 관점에서는 사람들이 언어 간에 전환을 하는 이유가 무엇인지에 대한 그 사회적인 요소를 찾고자 하였다. 그리고 코드 스위칭을 의사소통의 한 전략으로 본다는 점이 주목할 만하다. 본 연구는 의사소통 전략의 측면에서 여성 결혼이민자의 코드 스위칭 사용 양상을 살펴보고자 함으로 본 절에서는 사회언어학적 코드 스위칭을 주제로 한 연구만을 다루고자 한다.

사회언어학적 관점에서 연구한 논문들에는 소윤희(1989), 안길순·양영희(2004), 임형재(2006), 강소영(2012)이 있다.

소윤희(1989)는 미국에 거주하는 한국어와 일본어, 영어를 사용하는 일본인 40대 성인 한 명과 한국인 30대 성인 두 명의 다중 언어 사용자들을 대상으로 연구하였다. 일본어가 제1 언어이고 영어가 제2 언어인 일본인과 한국어가 제1 언어이고 영어가 제2 언어인 이들이 비공식적 식사 자리에서 제3 언어인 영어로 이야기를 나눌 때 어떤 동기와 변수로 인하여 영어에서 일본어 또는 한국어로 코드 스위칭을 하게 되는지를 살펴보았다.

안길순·양영희(2004)에서는 미국에 거주하고 있는 한국인 ESL(English as a Second Language) 학생 초급 21명, 중급 21명, 고급 21명을 대상으로 연구하여 단어 코드 스위칭 사용은 초급에서부터 고급까지 일정하게 증가의 모습을 보이지만 구 코드 스위칭과 절 코드 스위칭의 사용은 고급이 지난 후에야 두드러지게 증가한다는 결론을 도출하였다.

임형재(2006)에서는 중국 연변에 거주하고 있는 조선족들을 연구 대상으로 하여 대화에서 나타나는 코드 스위칭을 대화 상대자에 대한 화자의 발화 의도를 중심으로 7가지 특징으로 분류하여 나타내었다.

강소영(2012)은 영남지방에 거주하였던 한국화교 2세들을 대상으로 하여 이들과의 인터뷰 대화를 녹음하고 전사한 자료를 가지고 코드 스위칭의 유형과 원인을 분석하였다.

지금까지 살펴본 바 여성 결혼이민자를 대상으로 한 언어 사용 양상에 대한 질적인 연구는 부족한 실정이며 특히 이중 언어 사용자들의 언어 현상 중 하나인 코드 스위칭에 대한 질적 연구는 아직까지 없었으므로 본 연구에서는 여성 결혼이민자의 코드 스위칭 현상을 분석하여 정리하고자 한다.

3. 이론적 배경[1)]

3.1. 언어 적응 이론(speech accommodation theory)

언어 적응(speech accommodation)이란 두 화자가 의사소통을 하게 될 때 상대방의 언어에 서로가 적응하는 것을 의미한다. 이는 같은 문화권에 있는 언어 사용자들 사이에서뿐만 아니라 다른 문화권에 있는 언어 사용자들 사이에서도 공통적으로 나타나는 현상이다. 같은 문화권에 있는 한 언어 사용자들의 언어 적응 예로는 Snow & Ferguson(1977)이 말한 엄마 말씨(motherese)가 있다(Hamers, J. F. & Blanc, M. H. A., 1987, 재인용). 이것은 부모가 성인의 말을 사용하는 것 대신에 어린 자녀의 눈높이에서 그들과 같은 언어를 사용하는 것을 말한다. 이와는 달리 다른 문화권에 있는 언어 사용자들 사이에서의 언어 적응은 크게 두 가지로 살펴볼 수 있는데 하나는 한 언어 사용자와 이중 언어 사용자 사이의 언어 적응이고, 다른 하나는 이중 언어 사용자들 사이의 언어 적응이다. 그러나 언어 적응에 앞서서 먼저 서로가 공유할 수 있는 언어를 가지고 있는지 없는지에 대한 판단이 선행되어야 한다.

Hamers, J. F. & Blanc, M. H. A.(1987: 206)는 두 화자가 서로 언어를 공유할 수 있게 되는 경우를 아래와 같이 분류하여 나타내었다.

ㄱ. X, Y는 언어 A, B의 이중 언어 사용자들이다.
ㄴ. X는 언어 A, B의 이중 언어 사용자이고, Y는 언어 A 또는 언어 B의 한 언어 사용자이다.

---

1) 유해헌(2010) 논문의 이론적 배경을 수록한 것임.

ㄷ. X는 언어 A, B의 이중 언어 사용자이지만, 언어 B에 있어 수용적 능력만을 가지고 있다. 그리고 Y는 언어 A, B의 이중 언어 사용자이지만, 언어 A에 있어 수용적 능력만을 가지고 있다.

ㄹ. X, Y 둘 다 이중 언어 사용자이지만, X는 언어 A와 C의 이중 언어 사용자 이고 Y는 B와 C의 이중 언어 사용자이다.

위의 네 가지 경우를 살펴보면, 먼저 ㄴ의 화자들 사이에서는 한 언어 사용자와 이중 언어 사용자 사이의 언어 적응 현상이 나타나게 될 것이다. 그리고 ㄱ, ㄷ, ㄹ의 화자들 사이에서는 이중 언어 사용자들 사이의 언어 적응 현상이 나타나게 될 것임을 알 수 있다.

1973년 Giles에 의해 최초로 연구 된 언어 적응 이론은, 사람들이 다른 사람과 상호작용을 하게 될 때 왜 그들의 언어를 이동(shift) 하는지에 대하여 사회 심리적인 과정에 근거하여 설명한다. 의사소통 시 화자와 대화 상대자는 서로의 언어적인 차이를 줄이기 위하여 노력하게 되는데 그 결과 언어 적응이라 불리는 과정 안에서 그들의 언어 양식은 서로의 언어 양식에 적응하게 된다(Hamers, J. F. & Blanc, M. H. A., 1987; Myers Scotton, C. M., 1993; 김경령, 2001b). 이 이론은 '언어 수렴(speech convergence)'과 '언어 분리(speech divergence)'로 나누어 설명할 수 있다. Giles(1973)와 Giles & Powesland(1975)는 화자가 대화 상대자로부터 태도나 신념에서 자신과 유사한 부분을 발견하게 될 때 화자는 대화 상대자와의 언어적인 차이를 줄이게 되면서 언어 수렴을 하게 된다고 말했다(Hamers, J. F. & Blanc, M. H. A., 1987, 재인용). 김경령(2001b)은 화자가 대화 상대자로부터 사회적 승인을 받고자 하여 그들의 언어를 대화 상대자의 언어에 맞추게 되는 것을 언어 수렴이라고 말했다. 그리고 사회적 승인을 고려하게 될 때 화자와 대화 상대자 사이의 세력 관계는 언어 수렴의 등위를 결정짓는 중요한 요소가 된다고 덧붙여 설명하였다. 다음으로 Hamers, J. F. & Blanc, M. H. A.(1987)는 언어 분리를 화자 자신이 문화정체성을 확고히 해야 하는 상황을 맞았을 때 나타나는 현상으로 보았다. 그리고 Myers Scotton(1993)은 화자가 대화 상대자로부터 분리되기를 바라는 의도에서 나타나는 현상을 언어 분리로 보았다. 이때 화자는 대화 상대자와는 다른 자신들의 언어적인 차이를 강조하면서 그들로부터 대화 상대자를 분리되도록 만든다. Zentella(1982)는 이중 언어 사용 아동이 자신의 모국어를 알지 못하는 한 언어 사용자인 연구자와의 만남에서 연구자를 놀리기 위한 목적으로 자신의 모국어로 전환(switch)하여 대화를 진행하는 것을 관찰하였다(김경령, 2001b, 재인용). 그리고 Shin(1995)의 연구를 통해 화자의 비 선호로 인한 언어 분리가 또한 나타날 수 있음을 알 수 있다. Shin(1995)은 한국어와 영어를 구사하는 이중 언어 사용 아동인 A가 한국어를 사용하는 것에 대하여 비 선호적이어서 영어를 사용하는 것을 관찰하였다. 그리고 A는 같은 언어 상황에 있는 B와의 놀이에서 영어로 서로 대화를 나누었는데 이것은 B가 고의적으로 한국어 사용을 피했기 때문이다. 이를 볼 때에 동료 압력도 언어 전환의 한 중요한 요소로 작용한다는 것을 알 수 있다(김경령, 2001b, 재인용).

3.2. 의사소통 전략(communication strategies)

외국어교육에서 말하는 제2 언어로서의 의사소통은 1970년대 '언어는 의사소통을 위한 것이다'란 움직임 속에서 등장하게 된 의사소통 접근법(communicative approach)에 의해 보다 많은 관심을 받기 시작했다. 의사소통 접근법은 '의사소통 능력 숙달'을 그 목표로 하고 있다. 의사소통 능력(communicative competence)이란 Dell Hymes가 만든 용어로, 이는 어떤 상황에서 메시지를 보내고 또한 받아 해석하면서 상호 간에 의미를 협의할 수 있도록 하는 능력을 의미한다(Brown, 2007: 233, 재인용).

Hymes(1972)는 의사소통 능력으로 다음의 네 가지 능력을 포함시켜 말하고 있다. 첫 번째는 Chomsky(1965)가 말한 언어 능력(linguistic competence)과 유사한 것으로 언어 구조가 문법적인지를 판단할 수 있는 능력을 말한다. 두 번째는 언어를 실제적으로 사용할 수 있는 능력을 말하는 것으로 지식에 대한 구체적 실행을 의미한다. 세 번째는 맥락을 고려해 그 상황 속에서 어떠한 문장이 적절한가를 판단할 수 있는 능력을 말한다. 마지막으로 네 번째는 어떤 언어 구조가 실제 현실에서 사용되는지에 대한 여부를 알고 있는 능력인데, 가령 어떤 사람이 문법적으로 전혀 손색이 없는 올바른 문장을 사용했다 할지라도 이 문장이 실제 현실에서 사용되고 있지 않는 문장이라면 이 사람은 Hymes가 말한 네 번째 능력이 결여된 상태라 말할 수 있다(서하석, 2008, 재인용; 오미영·정인숙, 2005). Canale & Swain(1980)에서는 의사소통 능력의 하위 범주로서 전략적 능력(strategic competence)을 포함시키고 있다. 여기서 말하는 전략적 능력이란 언어 수행 시 발생하게 되는 변인 혹은 완전하지 못한 언어 능력으로 인하여 의사소통 시 겪게 되는 문제들을 보완하기 위해 사용되는 언어적이고 비언어적인 의사소통 전략(Brown, 2007, 재인용)을 뜻한다. 그러나 Canale & Swain(1980)에서는 의사소통 전략(communication strategies)을 의사소통 시 발생하게 되는 문제 해결의 역할에만 한정지어 봄으로써 그 범위를 제한하고 있다. 하지만 의사소통 전략이란 이러한 보완적 역할뿐 아니라 화자 자신이 의도하는 내용을 명확히 전달하여 의사소통의 효율성을 높이기 위해 사용되는 것이기도 하다(이민경, 2005; Brown, 2007).

의사소통 전략은 한 언어 사용자(monolingual)들뿐 아니라 이중 언어 사용자(bilingual)들의 의사소통에서도 일반적으로 관찰된다. 그 중에서 가장 두드러지게 나타나는 현상 중 하나가 코드 스위칭(code switching)이다. 특히 이중 언어 사용 아동에게 있어서 코드 스위칭은 하나의 현상 그 이상의 의미를 가지고 있다. 이들은 의사소통 시 겪게 되는 언어적인 어려움을 해결하고 더 나아가 의사소통이 원활히 이루어지도록 하기 위해 코드 스위칭을 의사소통 전략으로써 사용하게 된다(김경령, 2001b; 한정해숙, 2006).

코드 스위칭이란 동일한 화자의 발화에서 언어 A와 언어 B가 서로 교체 되는 것을 말하는데, 이것은 단어, 구, 절, 문장, 더 나아가 담화 차례 사이에서도 나타날 수 있다(Hamers, J. F. & Blanc, M. H. A., 1987; 손희연, 2006). 코드 스위칭은 그 정의를 어떻게 내리느냐에 따라서 다양한 관점에서 해석된다.

McLure & Wentz(1975)와 Thelander(1976)는 코드 스위칭을 코드 믹싱(code mixing)과 코드 체인징(code changing)을 다 포함하는 개념으로 보았다. 먼저 코드 믹싱은 한 문장 성분 안에서 일어나는 전환으로 보았는데, 이것은 코드 스위칭의 유형 중 하나인 문장 내 코드 스위칭(intra-sentential)과 유사한 개념이다. 다음으로 코드 체인징은 문장 경계에서 나타나는 전환(switching)과 담화 차례 사이에서 일어나는 전환으로 보았다. 그리고 단일 언어 사용자가 이중 언어 사용자들의 대화에 참여했을 때 이중 언어 사용자들이 공손의 행위로서 단일 언어 사용자의 언어로 전환하는 것 또한 코드 체인징으로 보았다(Olga, R., 1982, 재인용).

McClure(1981)도 코드 스위칭을 코드 믹싱과 코드 체인징을 함께 포함하는 개념으로 보고 있는데 용어를 해석하는 데에 있어서는 차이가 있다. 코드 믹싱은 화자가 어떤 개념을 설명하려고 할 때 대화의 주 언어로는 설명할 수가 없어서 다른 언어를 사용하여 설명하는 현상을 의미한다. 그리고 자신이 요구하는 의미를 정확히 표현하기 위해서 다른 언어를 사용하는 것 역시 코드 믹싱으로 보았다. 다음으로 코드 체인징은 다른 언어 체계로 완전히 이동(shift)하는 현상을 의미하였는데 이때의 언어 체계란 단어, 형태, 통사적인 모든 부분을 지칭하는 말로 사용되었다(김경령, 2002, 재인용).

Ellis, R. (1994)은 코드 스위칭, 코드 시프팅(code shifting), 코드 믹싱을 분리하여 보고 있는데 먼저 코드 스위칭은 한 담화 안에서 L1과 L2가 선택되어 사용되는 것을 말한다. 그리고 코드 시프팅은 L2를 사용하는 담화 안에서 L1의 단어, 구, 문장이 사용되는 것을 말하고 코드 믹싱은 같은 문장 구조 안에서 L1과 L2 의 언어 두 개가 모두 사용되는 것을 말한다. 그러나 손희연(2006)에서는 Ellis, R. (1994)이 말한 코드 시프팅의 개념을 코드 스위칭으로 이해하고 있다.

Lance(1975)는 단어, 구, 절, 용어뿐 아니라 브랜드 명이나 장소 이름, 감탄사, 부가의문문에서 나타나는 전환도 코드 스위칭으로 봐야 한다고 말했다(Olga, R., 1982, 재인용).

Hamers, J. F. & Blanc, M. H. A.(1987)는 두 개의 언어가 하나의 담화 상에서 나타날 때 하나의 언어로 된 유의미한 단위(chunk)가 다른 언어의 유의미한 단위와 교대로 사용되어지는 것을 코드 스위칭으로 보았다. 유의미한 단위들은 문법의 일부분이 변형되어 나타나는 것이 아니라 유의미한 단위 X 는 언어 ㉮에만, 유의미한 단위 Y는 언어 ㉯에만 속하게 된다. 이것은 형태소부터 담화까지 그 범위가 다양하게 나타날 수 있다.

<표 1> 코드 믹싱, 코드 체인징, 코드 시프팅

MCLure & Wentz (1975)와 Thelander (1976)	코드 믹싱 (code mixing)	한 문장 성분 안에서 일어나는 전환
	코드 체인징 (code changing)	- 문장 경계에서 나타나는 전환 - 담화 차례 사이에서 일어나는 전환 - 단일 언어 사용자가 이중 언어 사용자들의 대화에 참여했을 때 이중 언어 사용자들이 공손의 행위로서 단일 언어 사용자의 언어로 전환하는 것
McClure (1981)	코드 믹싱 (code mixing)	- 화자가 어떤 개념을 설명하려고 할 때 대화의 주 언어로는 설명할 수가 없어서 다른 언어를 사용하여 설명하는 현상 - 자신이 요구하는 의미를 정확히 표현하기 위해서 다른 언어를 사용하는 것
	코드 체인징 (code changing)	다른 언어 체계(단어, 형태, 통사적인 모든 부분을 지칭)로 완전히 이동(shift)하는 현상
Ellis, R. (1994)	코드 시프팅 (code shifting)	L2를 사용하는 담화 안에서 L1의 단어, 구, 문장이 사용되는 것
	코드 믹싱 (code mixing)	같은 문장 구조 안에서 L1과 L2의 언어 두 개가 모두 사용되는 것

지금까지 살펴본 코드 스위칭의 개념들을 정리해 보면 코드 스위칭은 코드 믹싱, 코드 체인징, 코드 시프팅과 혼용되어 사용되고 있음을 알 수 있다. 그리고 코드 스위칭은 연구자에 따라 형태소로부터 문장 경계, 담화 차례까지에 이르러 그 범위를 좁게도 볼 수 있고 넓게도 볼 수 있다. Lance(1975)가 코드 스위칭으로 본 브랜드 명이나 장소 이름과 같은 고유 명사를 코드 스위칭으로 볼 것인지, 말 것인지에 대한 연구자의 판단도 코드 스위칭의 범위를 넓게 만들거나 혹은 좁게 만들 수도 있음을 알 수 있다.

이상에서 살펴본 코드 스위칭의 개념을 본 연구에 맞게 적용하고자 한다. 본 연구에서는 여성 결혼이민자가 모국어가 다른 대화 상대자를 만나 대화를 나누게 될 때 대화의 주(主) 언어가 되는 한국어에서 영어 혹은 모국어로 전환하는 경우를 코드 스위칭으로 보고자 한다.

4. 연구 방법

4.1. 연구 대상

연구 대상은 교육기관에서 한국어를 배우지 않고 일상생활 속에서 언어를 습득하는 여성 결혼이민자로 중국인 3명, 베트남인 3명, 일본인 3명이다. 이는 2006년 법무부 『국내 결혼이민자 현황』에서 1위 중국, 2위 베트남, 3위 일본의 자료 결과를 바탕으로 선정한 것이다. 이들이 가정에서 사용하는 언어는 대부분 한국어지만 중국어 모국어 화자의 경우 2명은 중국어 사용이 90%인데 이는 대화 상대자인 남편이 중국어를 할 수 있기 때문이다. 한국에서의 거주 기간은 중국어 모국어 화자의 경우 약 3년, 베트남 모국어 화자는 약 4년 반, 일본어 모국어 화자는 약 14년이었다. 그리고 대화 상대자는 자녀가 있는 경우에는 자녀이고 자녀가 없는 경우에는 남편이다. 또한 이들은 모두 공통적으로 공식적인 언어 학습 경험이 없다.

4.2. 자료 수집

본 연구는 실제 구어 담화 상에서 나타나는 여성 결혼이민자의 코드 스위칭 현상을 살펴보기 위하여 10가지 주제를 선정하여 포커스 그룹 인터뷰(focus group interview) 형식으로 녹음 및 녹화 자료를 수집하였다.[2] David(1997)는 이 방법의 장점은 특정 주제에 대한 상호작용을 관찰할 수 있고 개별 인터뷰와 비교했을 때 연구 대상자의 긴장도를 낮출 수 있는 것이라고 말한다(이정희, 2009, 재인용). 또한 이 방법을 통하여 보다 자연스러운 언어 사용 양상을 살펴볼 수 있다는 점도 기대해 볼만하다.

연구 대상자들은 '중국인 1명, 베트남인 1명, 일본인 1명'으로 1개 조로 편성하여 한 달에 한 번씩 한 장소에 모여 한 주제에 대한 토론을 하도록 하였다. 이때 각 조에 보조 연구원 한 명이 들어가 인터뷰를 진행하였으나 자유로운 분위기에서 토론을 이어나갈 수 있도록 하기 위하여 토론 중에 보조 연구원의 개입은 최소화하였다. 녹음 시간은 1팀이 322분, 2팀이 281분, 3팀이 264분으로 총 867분이다.

---

2) 두산백과사전(http://www.doopedia.co.kr)에 의하면 '포커스 그룹 인터뷰(focus group interview)' 란 마케팅조사 기법으로 일정 소수의 응답자들을 선발하여 한 장소에 모이게 한 후 면접자의 진행 아래 응답자들 간의 토론을 함으로서 자료를 수집하는 방법이라고 밝히고 있다. 또한 이때 면접자는 응답자 전원이 자유로운 분위기에서 자신들의 의견을 말할 수 있도록 유도해야 함을 명시하고 있다.

4.3. 자료 분석

자료 분석은 두 차례에 걸친 전사 작업을 통하여 이루어졌으며 전사 기호는 서상규·구현정 (2002: 109)에서 제시하고 있는 전사 기호들 중 본 연구에 필요한 부분만을 발췌하여 사용하였다. 1차 전사 작업에서는 철자법 전사를 기본으로 하였으나 특징적인 발음의 경우 그 발음은 그대로 살려 맞춤법 규정대로 전사하였다. 그리고 전사 기호로는 기본적인 구두점과 차례 시작 기호만을 사용하였다. 2차 전사 작업에서는 전사 기호들을 사용하여 세부적으로 나타내었다.

발화자 표시에서 영어 알파벳의 C, V, J는 연구 대상자들의 국적으로 중국(China), 베트남(Vietnam), 일본(Japan)을 의미하며 영어 알파벳 옆에 있는 숫자는 팀 순대로 번호화한 것이다.

그리고 코드 스위칭 분석 시 연구 대상자들의 전체 발화를 문장 단위로 끊어 분석하였고 '스타일, 리더, 테이블, 마켓, 이벤트, 스릴, 사이클링, 유턴, 와이프, 센터, 쇼크, 스페이스, 시즌, 오픈하다, 클럽'과 같은 외래어는 모두 한국어 발화로 보았다.

5. 코드 스위칭 분석

5.1. 전략적 코드 스위칭

코드 스위칭은 원활한 의사소통을 위해서 전략적으로 사용할 수 있고 의사소통시 발생하는 언어적인 문제를 해결하기 위해서도 사용할 수 있다(김경령, 2001b; 한정해숙, 2006; 안주호, 2013). 본 연구에서 여성 결혼이민자의 코드 스위칭을 분석한 결과 연구 대상자들이 원활한 의사소통을 위한 목적으로 '명료화 기능'과 '확인 기능', 그리고 '표현 기능'을, 언어적인 문제 해결을 목적으로 '문제 해결 기능'을 사용하는 것을 볼 수 있었다.

5.1.1. 명료화 기능

연구 대상자들은 본인들이 전하고자 하는 내용을 정확하게 전달하기 위하여 공용어인 영어로 발화하고 한국어로 다시 바꿔서 발화하는 양상을 보였는데 이를 명료화 기능으로 정의하였다.

[1]

01 V1 : 그 뭐지? 외로운 것 같애(같아).

02 J1 : 응.

03 V1 : 좀 항상 그 다른 사람한테 음 그 뭐지? 간격? *디스턴(distance)* 있어요.

[1]에서 03 V1은 사람 사이에 거리가 있음을 의미하는 말로 distance를 사용하고 있다. 그러나 그 단어를 사용하기 전에 '간격'이라는 한국말로 먼저 발화한 후 의미의 정확성을 부여하기 위하여 영어로 다시 발화하고 있음을 알 수 있다. 그러나 발음에서는 오류를 보이고 있다.

[2]

J1 : 어:: 어때? 거의 한국에랑(이랑) 비슷해요. 그래서 서르날도(설날) 있고 설날 있고 추석도 있고. 그런데 날짜가 조금 틀려. 그:: 서르날(설날)에는 새해 맞이하는 그 일월 일 일. 양력? 양력 또 일월 일일고(일일이고) 그리고 추서그는(추석은) 내년에 아:: 양 력으로 팔월 십:: *じゅうさん(13) じゅうし(14) じゅうご(15) じゅうろく(16) XXXX* 아, 오래 돼서 잊어버렸어. 십삼일 십삼일부터 십오일인가 십육일? 정도예요.

[3]

J1 : 그때는 그:: 쉬니까 그래서 그:: *よん(4) よん(4) なんだ(뭐지) れんきゅうX(연휴) なんだ (뭐지)* 그 며칠간 쉬니까 확실하게 잊어버려서 그 전 아마 삼일 사일 정도예요.

[2], [3]에서 J1은 날짜를 정확하게 전달하기 위하여 먼저 모국어로 발화하며 스스로 날짜 를 확인한 후 연이어 한국어로 다시 발화하여 상대방에게 날짜를 알려주고 있다.

5.1.2. 확인 기능

대화 상대자가 발화한 것을 자신이 바르게 이해했는지를 확인하기 위하여 코드 스위칭을 사용하였는데 이것을 확인 기능이라 명명하였다.

[4]

01 C2 : 면접 볼 때 여기 기능 많이 있으면 여기 저= 저 이렇게요. 이 사람이 기능 없으면

(없어서) 떨어졌어요::

02 J2 : 기능?

03 C2 : 기능.

04 진행자(보조 연구원) : 뭐 영어도 잘하고::

05 J2 : *licence*가 많이 있으면::

06 C2: 네. 이거하고:: 프랑 프랑스도 알 할 수 있어요. 여기 중국어도 할 수 있어요. 피아
   노도 칠 수 있어요.

[4]에서 J2는 01에서 C2가 말하고 있는 '기능(능력)'이라는 단어를 정확히 이해하지 못한 것으로 보인다. 그래서 자신이 유추한 '자격증(licence)'이란 단어를 C2가 말하는 기능(능력)이라고 생각하고 이를 코드 스위칭 하여 자신이 이해한 것이 맞는지 확인하고 있다.

5.1.3. 표현 기능

연구 대상자는 자신의 느낌을 표현하기 위하여 코드 스위칭을 사용하였는데 이를 표현 기능이라고 정의하였다.

[5]

J1 : 그래서 그거 보면 진짜 확실하게 아 정말 눈물 흘리면서 아 그런 사람 *ほんと* 도와주고 싶다.

[6]

J1 : (생략) 음:: 쉽게 시장에서 사 오고 저도 만들면 몇 번가(몇 번) 제가 만들어 가져갔는데 시어머니 맛이 없다고 *やっぱり* 맛을 틀리나(다르나) 봐요. (생략)

[5], [6]의 표현 기능의 코드 스위칭은 모두 J1의 발화이다. 자신의 느낌을 표현하기 위하여 ほんと(정말), やっぱり(역시)와 같은 단어를 모국어로 발화하고 있다.

5.1.4. 문제 해결 기능

연구 대상자들은 의사소통 중에 언어적인 문제가 생겼을 때 그 문제를 해결하기 위하여 코

드 스위칭을 사용하는 모습을 보였다. 주로 공용어인 영어를 그대로 사용하는 방법으로 문제를 해결하였는데 이를 문제 해결 기능으로 정의하였다.

[7]

01 V1 : 그거 지하철 그 –
02 J1 : 어어.
03 V1 : – 그거 뭐지? 지하철 *map*?
04 J1 : 교통카도(교통카드)?
05 V1 : 교통카드 아니고. 그 *map*.

[8]

01 V1 : 십오일마다 그 *moon*이 제일 예쁘잖아요.
02 J1 : 아 *full moon*.

[7]과 [8]에서는 한국어로 어떻게 표현하는지 알지 못하여 공용어인 영어를 사용하여 발화하고 있다. [8]의 경우에는 J1의 대화 상대자인 V1이 먼저 본인이 알지 못하는 단어를 영어로 발화를 하자 이에 영향을 받아 full moon(보름달)이라는 영어 단어를 자연스럽게 사용하고 있다.

5.2. 일시적 코드 스위칭

일시적 코드 스위칭이란 원활한 의사소통을 위하여 코드 스위칭을 전략적으로 사용하는 것이 아닌 자신도 모르게 모국어가 순간적으로 발화되어 나타나는 현상을 지칭한 것이다. 본 연구에서는 간투사를 모국어로 사용하거나 또는 조사 및 문법을 모국어로 변환시키거나 문장과 문장 사이에 모국어 조사를 첨가 시키는 현상이 나타났다.

5.2.1. 간투사 사용

[9]

01 C1 : 주= 중국은 *那个(nàge)(저)*.

02 J1 : 어떻게 해?

03 C1 : 학교 일곱 시부터 저녁 다섯 시 끝나요.

[10]

J1 : 그 추서그(추석) 추서그(추석) 추서그(추석) 때는 그:: 조상들이(조상들을) 모시고 뭐라
　　고 뭐라고 떼 추 *あの(저)* 제사 같은 산(상) 산(상) 놓고 친하지(지내지) 않아요? 그
　　조상.

[11]

J1 : 아침은 뭐 *なんだ(뭐지)*? 일곱 시 일곱 시:: 오십 분나(오십 분이나)? 그 시간나(시간
　　이나) 네:: 그래서

[12]

01 V1 : 야, 여기 있다. 빨리 나와. 나 몰라. 그렇게 하면 돼요.

02 J1 : *そうだね(그렇군)*. 서로 중간에서 만나서 거기 동대문 가자.

[13]

01 J1 : 아:: 칠워르(칠월) 칠월 칠이르(칠일)! 그 무슨 날?

02 V1 : 저도 몰라요.

03 J1 : 칠월 칠일인데 비가 와서 아니고 하늘에서

04 V1 : 음

05 J1 : *なんだけ(뭐였지)*? 한국말

06 C1 : 가치(까치) 가치.

[14]

J1 : 그:: 단체로 뭐 묶여(묶어) 가지고 묶어 가지고 다섯 명씩 묶어 가지고 또 한 명 숙제
　　잊어버렸다고 하면 계단 왔다갔다 몇 번가(몇 번) 시키거나 그런 단체 시키거나 그렇
　　게 하는 선생님 있고 때리는 선생님도 있고 그냥 *なんだけ(뭐였지)*? 공이 의자 *なん*

だけ*(뭐였지)?* 무스(무슨) 두명(투명) 의자가?

[9]에서는 중국어로 간투사 코드 스위칭이 나타나고 있으며, [10]~[14]는 일본어로 간투사 코드 스위칭이 나타나고 있다. 특히 일본어의 경우에는 모두 동일 발화자(J1)의 발화로 그 빈도수가 높다.

5.2.2. 조사, 문법 변환

[15]

J1 : 그 갈아타면 몇 번도 몇 번도 그래서 계단*が* 계단*の* 있잖아요? 그:: *なんだ*(뭐지) 그 있잖아요?

[16]

01 J1 : 차고라는 허가 받고, 여기 자동차는 어디에 아: 주차하겠스무니다라는 차=차꼬? 차꼬? 차고. *そうそう, なんか*

02 V1 : 창고?

03 J1 : 창고?

04 V1 : 창고, 창고.

05 J1 : 창고, 창고*かな?*

06 V1 : 응.

07 J1 : 창고*かな?*

08 V1 : 응, 응.

[17]

J1 : 옛날 옛날에 그 물건들 *とか* 그 가족사진 뭐 어쨌든 자 네. 그런 거 많이 뭐:: 우리 학교만인가?

[18]

J1 : 사실 일본도 도쿄 도 토 시내 도쿄 시내 *とか*, 서울 시내같이 그냥 친숙 친숙하려고

하면 가족으로 가려고 하면 커의(거의) 버스나 지하철 타고 가요.

[15]에서는 'が'와 'の', [16]에서는 かな(~일까), [17]~[18]에서는 'とか(~(이)라든가, ~(이)든지)'와 같은 조사에서 코드 스위칭이 나타나고 있는데 발화자는 모두 동일 인물(J1)로 습관적인 발화임을 알 수 있다.

5.2.3. 조사 첨가

[19]

J1 : 한국에서는 외국인 사람(외국 사람)이라고 하니까 동생처럼 보니까 그냥 나이가 비슷 하지만 아 예쁘네 とか 오 예쁘네 그런 거 하는데.

[19]에서 문장과 문장 사이에 모국어 조사가 첨가되는 코드 스위칭이 출현한 것이 특이하다.

5.3. 기타

연구 대상자의 모국어에서는 외래어라 그냥 자연스럽게 발화하는 경우가 있었는데 이에 대해서 [20]의 예로 설명하고자 한다. 그리고 자신의 모국어로 알려 주기 위한 목적으로 [21], [22]와 같이 코드 스위칭 하여 발화하기도 하였다.

[20]

J1 : 전에는 한 번 애겨 애기 데리고 있을 때 앉으지 않고(앉지 않고) 출발했으니까(출발 했는데) 그 자리에서 어디야 거 내리는 ステップ(step) 있잖아요. 계단. 거기에서 그 거 넘어졌어요.

　　　　　　　　　　　　　　　　* ステップ(step): (기차, 버스 따위의) 승강구 계단

[20]에서 ステップ(step) 발화 후에 한국어로 '계단'이라고 다시 바꿔 말할 수 있는 것을 보면 이미 계단이라는 단어를 알고 있음을 알 수 있다. 이는 발화자 모국어에서는 이 단어가 외래어라 그냥 자연스럽게 사용한 것으로 보인다.

[21]

J1 : 아내데(아내를) 도와주(도와주지) 못 해. 그럼 *なかまか?* 그렇게 말해요. 너 좀 도와줄래? 이렇게.

[22]

J1 : 짧은 시간 바쁠 때만 쓰고 싶어요. 그래서 시간 당 아르보이트 오르바라고 아르바이트 자리 아르바이트를 한= 한국에는(한국에서는) 아르바이트 아냐. 일본에서 *パート*라고 하는데 *パートタイム*라고 해요. 말하는데 그런 주부들 많아요. (생략)

[21], [22]에서는 자신의 모국어로 알려 주기 위한 목적으로 코드 스위칭 발화가 나타난 것이다.

지금까지 코드 스위칭 분석 내용을 표로 정리하면 〈표 2〉와 같다.

〈표 2〉 여성 결혼이민자의 코드 스위칭 분석표

종류	내용
1. 전략적 코드 스위칭	1) 명료화 기능 2) 확인 기능 3) 표현 기능 4) 문제 해결 기능
2. 일시적 코드 스위칭	1) 간투사 사용 2) 조사, 문법 변환 3) 조사 첨가

6. 결론 및 제언

본 연구에서는 이중 언어 사용자인 여성 결혼이민자의 구어 담화에서 나타나는 코드 스위칭 현상을 살펴보았는데 분석 결과 전략적 코드 스위칭과 일시적 코드 스위칭으로 크게 나뉘어져 나타났다.

먼저 전략적 코드 스위칭은 원활한 의사소통을 위해서 코드 스위칭을 전략적으로 사용하거나 의사소통 시 생기는 언어적인 문제를 해결하기 위한 의도에서 사용하는 것으로, 명료화 기능, 확인 기능, 표현 기능, 문제 해결 기능으로 나타났다. 명료화 기능은, 연구 대상자 본인이

전하고자 하는 내용을 정확하게 전달하기 위하여 사용한 기능이며 확인 기능은, 대화 상대자가 발화한 것을 자신이 바르게 이해했는지를 확인하기 위해서 사용한 기능이다. 그리고 표현 기능은, 자신의 느낌을 표현하기 위하여 사용한 기능이고 문제 해결 기능은, 의사소통 중에 언어적인 문제가 생겼을 때 그 문제를 해결하기 위하여 사용한 기능이다.

다음으로 일시적 코드 스위칭은 원활한 의사소통을 위하여 코드 스위칭을 전략적으로 사용하는 것이 아닌 자신도 모르게 모국어를 발화하게 되어 나타나는 현상을 명명한 것이다. 일시적 코드 스위칭은 간투사를 모국어로 사용하거나 조사 및 문법을 모국어로 변환시키는, 그리고 문장과 문장 사이에 모국어 조사를 첨가 시키는 언어적 현상으로 나타났다. 간투사의 경우는 대부분 한 일본인 연구 대상자의 발화였기 때문에 전체적인 현상으로 보기는 어려울 듯하다. 이외에 기타 내용으로는 연구 대상자의 모국어에서는 외래어인 이유로 또한 자신의 모국어로 알려 주기 위한 목적으로 코드 스위칭 하여 발화한 경우가 있었다.

본 연구는 여성 결혼이민자의 실제 구어 담화에서 나타나는 코드 스위칭 현상을 질적 연구를 통해 분석하고 정리하였다는 점에서 의의가 있다.

향후 연구에서는 여성 결혼이민자들의 실제 생활의 대화 상대자가 되는 한국인 남편, 자녀, 시댁 식구와의 대화 자료를 통하여 코드 스위칭을 연구한다면 보다 폭넓고 다양한 코드 스위칭 연구 결과를 얻을 수 있을 것이라 본다.

<Abstract>

The study on code switching of female marriage immigrants

Yu, Haeheon (Kyung Hee University)

This research focuses on code switching of female marriage immigrants who are bilingual in Korean and their native language. The aim of this research is to analyze and summarize the phenomenon of code switching presented in the language of female marriage immigrants and further to provide this as data for Korean language education of female marriage immigrants.

The first chapter describes the necessity and purpose of the research. The second chapter reviews prior studies of female marriage immigrants and code switching. The third chapter provides speech accommodation theory and the notion of code switching based on communication strategies one of communicative competence. The fourth chapter explains the process of collection and analysis of data achieved through qualitative study. The fifth chapter explains the analysis result of code switching of female marriage immigrants. The sixth chapter summarizes the content and result of this research and some suggestions for further research.

Key Words

speech accommodation theory(언어 적응 이론), female marriage Immigrants(여성 결혼이민자), communicative competence(의사소통 능력), communication strategies(의사소통 전략), bilingual(이중 언어 사용자), code switching(코드 스위칭)

외국인 구어 담화의 적절성 연구

김은영 _경희대학교 국제교육원

1. 서론

1.1. 연구의 필요성 및 목적

현재 한국어 교육에서는 원활한 의사소통을 위하여 다양한 교수법으로 한국어 교육에 접근하고 있다. 그러나 한국어 교육의 시작은 문법 교육에 있으며 현재도 대부분의 한국어 교육 현장에서 문법 교육이 이루어지고 있다. 문법교육의 중요성은 이루 말할 수 없지만 학습자에게 문법의 기능만을 익히도록 교수하는 것뿐 아니라 언어가 사용되고 있는 사회적 상황과 실제 대화가 이루어지고 있는 맥락에 대한 이해를 주지시켜야 할 필요가 있다.

예를 살펴보면, "같이 밥 먹으러 갈까요?"라는 발화는 문법의 수준에서 적절하다. 하지만 청자가 윗사람이고 화자가 아랫사람이라면 적절하게 쓰인 문장이 아니다. 먼저 공손함에서 벗어나는 어휘를 선택했으며, 높임법과 관련된 어미도 사용하지 않았다. 또한 청자와 화자의 관계성 정도를 생각했을 때 개인적으로 잘 알지 못하거나 또는 개인적으로 잘 알더라도 윗사람이 나이가 아주 많다면 위의 문장은 매우 부적절한 발화가 되는 것이다.

문법 자체만 본다면 정확하지만 그 문법이 담화 상황에서는 적절하지 않은 경우들이 있다. 문법적으로 맞는 문장을 만들어 내는 것도 중요하지만 상황에 맞는 말을 적절하게 사용하는 능력 또한 중요하다. 적절성은 대화상에서 오해를 불러일으키지 않고 원활한 의사소통을 위해 필요한 사회문화적 규범인 것이다.

본 연구에서는 적절성에 대하여 언급한 논의들을 바탕으로 적절성에 대한 개념과 구성요소를 명백히 기술하고 여성 결혼이민자의 실제 구어 담화 분석을 통하여 적절하지 않은 문장들이 어떻게 나타나는지 분석하고자 한다.

1.2. 선행연구 검토

'적절성'에 관한 연구는 대개 의사소통의 원리를 설명하는 가운데 간략하게 언급되었을 뿐이다. 한국어 교육에서 '적절성'에 관하여는 아직 본격적으로 논의되지 않았다. 이 장에서는 적절성과 관련하여 직·간접적으로 논의하고 있는 연구들을 살펴보고 본 연구가 나아가야 할 방향을 찾고자 할 것이다.

1.2.1. 일반 담화 상황에서의 적절성

의사소통 상황에서 적절성에 관해 논의된 연구로는 이성영(1994), 전은주(1998), 최상진(2004), 오현진(2008)등이 있다. 이성영(1994)에서는 효과적인 국어사용을 가능하게 하는 요인을 국어의 표현 방식으로 보고 이를 분석하였다. 언어를 문법성, 용인성, 적절성, 효과성의 네 가지 층위로 보았는데 문법성과 용인성은 국어 규칙 체계의 준수 여부로 결정되는 개념이며 적절성은 표현이 갖는 의미기능이 발화 상황에 얼마나 부합하는가의 여부로 결정되는 반면, 효과성은 적절성을 전제로 하여 발화 상황에서의 요구에 부응하는 방식과 관련되는 개념이라고 하였다. 또한 표현 방식의 양상을 분석하였는데 맥락 변환의 표현 방식, 명제 내용에 대한 태도의 표현 방식, 청자에 대한 태도의 표현 방식, 명제 내용의 표현 방식으로 나누어 적절한 표현을 하기 위한 세부조건을 명시하고 있다. 전은주(1998)에서는 말하기·듣기의 원리를 내용 표현의 층위, 화행 수행의 층위, 내용 이해의 층위로 나누고, 적절성을 내용 표현의 층위에 작용하는 하위 원리 중 하나로 보았다. 내용 표현이 적절성의 원리를 만족한다는 것은 발화된 텍스트가 상황과 표현 의도에 맞게 상대방이 해석할 수 있도록 텍스트적 요인들을 고려한다는 것이다. 이때 텍스트적 요인으로 Beaugrand & Dressler(1981)가 제시한 응집성(cohesion), 통일성(coherence), 의도성(intentionality), 용인성(acceptability), 정보성(informativity), 상황성(situationality), 상호텍스트성(intertextuality) 등 7가지 기준을 들었다. 또한 음성 언어 의사소통 활동은 효과적인 담화 텍스트의 생산과 전달 및 수용, 이해를 위한 '언행적 목적'과 **효과**적인 인간관계의 형성과 유지라는 '관계적 목적'을 추구한다고 하였다.

<표 1> 의사소통의 '효과성'을 위한 하위 원리들(전은주, 1998:89)

적용 층위 / 의사소통목적	내용 표현	화행 수행	내용 이해
언행적 목적	효율성, 적절성	순환성	관계성
관계적 목적	공손성		

하지만 적절성이 단지 '내용 표현의 층위'의 하위 범주로 두는 것이 타당한지에 대한 검토가 필요하다. 최상진(2004)에서는 우리말 대우법에서 존대대상에 대한 화자의 시각이 어떻게 반영되어 표현되는가를 분석하였다. 즉 화자가 인물이나 사건을 어떠한 시각으로 보고 표현하느냐에 따라서 서로 다른 구조로 발화할 수 있고, 한 문장이 여러 가지 다른 의미로 표현될수 있다고 하였다. 특히 주체존대와 상대존대의 표현의미에는 화자의 존대표현의 정도가 내재되어있다고 하였다. 이는 존대표현에서 상대방에 따라 적절성을 겸비한 문장을 만들어 내야한다는 것을 의미한다. 발화 장면에 등장하는 화청자, 제 삼자의 대우관계를 청자가 존대대상인경우, 화자가 존대대상인 경우, 등장인물이 존대대상인 경우, 화청자가 존대대상이고 제삼자가 하위인 경우, 청자와 등장인물이 존대대상인 경우, 화자와 등장인물이 존대대상이고 청자가 하위인 경우 등의 6가지 유형의 화계를 성립하여 이러한 관계에 따라 발화가 적절한지 적절하지 않은지를 구분하였다. 이는 발화의 적절성을 구성하는 한 요소가 화청자의 관계성과밀접하다는 것을 시사한다. 또한 오현진(2008)에서는 적절성에 대한 개념과 원리 그리고 구성요인들을 살핌으로써 말하기ㆍ듣기기 교육에서 적절성 교육의 필요성을 제기하고 이에 대한교육 내용과 방법을 제시하고자 하였다. 이를 위해 적절성의 구성요소를 '상황적 요소'와 '목적적 요소'와 '언어적 요소'로 두고 이러한 요소들이 실제 '정도성'과 '상호작용성'의 원리에 의해 적절한 말하기와 듣기로 구현된다고 하였으며, 교육 방법으로써 음성 언어적 특성을 고려한 교육 전략과 모형을 제안하였다.

1.2.2. 언어능력 평가 구인으로의 적절성

언어능력 평가 구인으로 적절성을 논의한 예로는 이완기(1995), 최인철(2000), 강승혜(2005)등이 있다. 먼저 영어교육에서 이완기(1995)는 말하기 능력을 평가하는 구성요소로써적절성을 하나의 평가 구인으로 보았다. 사람의 말하기 능력을 구성하고 있는 요소가 무엇인지에 관해서는 일치된 견해가 없지만, 의사소통 능력의 구성요소에 관한 여러 학자들의 견해를 살펴 다음과 같이 정리하였다. 첫째, 정확성(accuracy: 문법 사용의 정확성), 둘째, 범위 (range: 말할 때에 즉각적이고 창의적으로 사용할 수 있는 문법, 어휘, 등의 크기/범위), 셋째, 적절성(appropriacy: 상황적 맥락과 분위기 등에 맞는 올바른 어휘의 선택이나 어투, 어체의 선택), 넷째, 유창성(fluency: 유연하고 효과적으로 말을 할 수 있는 자신감과 상황의 변화 등에 효과적으로 대응하여 전체적으로 의사소통을 잘 해나가기), 다섯째, 상호 활동성 (interaction: 상대방의 말을 정확히 이해하고 자신의 말을 정확하고 효과적으로 전달하기 위하여 상대방과의 의사교환 활동을 활발하게 하기), 여섯째, 조직성(organization: 자신의 말을 효과적으로 전달하기 위해 적절한 연결어나 말의 내용의 순서 등을 논리적으로 전개하기), 그리고 마지막으로 발음(pronunciation: 개별 어휘의 발음과 말 전체의 억양이나 강약 등을 정확하고 효과적으로 내기)등이 포함된다. 최인철(2000)에서는 1~5점의 5단계로 평가하는 척도가 타당한지에 관해서 평가기법을 통해 분석하였다. 이 때, 말하기 능력의 평가를 위해 평가요소를 발음, 문법, 유창성, 적절성, 이해력으로 놓고 각각의 요소들을 5가지 단계로 제시하였는데, 적절성의 1~5점 단계 내용을 다음과 같이 제시하였다. 1점은 부적절한 표현이나 말의 형식으로 모든 발화가 부적절한 것이고 2점은 단어나 말의 형식의 선택에 있어서 실수가 자주 발생하는 것이며 3점은 적절한 표현과 말의 형식을 선택하는 것에 조금 어려움을 보이는 것이고 4점은 적절한 표현이나 말의 형식을 선택하는데 거의 실수를 하지 않는 것이며 5점은 부적절한 표현이나 말의 형식이 거의 없는 것을 의미한다.

한국어 교육에서 강승혜(2005)는 한국어 고급 단계의 말하기 활동 중에서 토론활동을 중심으로 고급 말하기 활동의 프로그램 개발과 이를 시험적으로 운영한 결과를 통해 고급 말하기 활동의 평가 도구를 개발하여 제시하였다. 평가 범주를 흔히 언어평가에서 제시하고 있는 평가 범주인 유창성, 정확성, 다양성, 적절성, 논리성 등으로 나누어 볼 수 있으나 발표(일방적 독백)와 상호작용적 대화(좌담회, 토론 등) 평가를 위한 과제 유형에 따라 평가 범주를 달리하는 것으로 보고 이를 평가 범주별로 구분하여 세부 항목들을 정리하였다.

<표 2> 고급 말하기 평가 범주와 세부 항목(강승혜, 2005:12)

평가 범주	세부 항목
유창성	-발음/억양/속도 -표현력(어휘/문법)
정확성	-어휘/문법의 정확한 사용 -내용의 명료함 -표현의 정확성
적절성	-어휘/문법의 적절한 선택과 사용 -내용의 적절성

	-표현의 적절성 -언어사용 적절성
논리성	-제, 상황, 범위 -담화 단위 연결성 -내용 선정·조직 -내용연결 -도입의 효과 -논리적 전개 -효과적 결말
기 타	-표현의 독창성 -준비성 -태도(움직임, 동작의 효과적 활용) -기여도 -전략 사용, 언어수행 능력 -토론 규칙 준수 -원고제출 상황(시간 내 제출) -전달능력(시선처리, 태도 등)

위에서 보듯이 영어를 평가하는 범주에서는 적절성을 언어가 구성하는 하나의 요소로 보고 적절성을 어떻게 평가할 것인지 연구가 진행되고 있는 반면, 한국어 평가에 있어서는 적절성을 언어평가에 있어 하나의 구인으로 보는 연구가 미미하며 또한 적절성을 전 숙달도에 걸쳐 평가하는 것이 아닌 고급에서만 평가되어야 할 요인으로 보고 있다.

2. 이론적 배경

2.1. 화행 이론

2.1.1. 화행의 정의

화행이론(Speech act theory)은 담화분석에 대한 가장 기본적인 접근법 중 하나로 말(speech)을 통해 수행되는 행위에 집중하는 접근법이다. Schiffrin(1994)의 화행이론에 대한 기본 가정은 언어는 단순히 세상을 기술하는데 사용되는 것이 아니라 발화에 뒤따라오게 되는 일련의 다른 행위를 수행하기 위해 사용된다는 것이다. 즉 화행이론의 기본적인 초점은 언어가 어떻게 의미 그리고 행위와 관련되는가에 있다. 따라서 초기 화행이론은 담화를 분석하기 위한 목적으로 연구되지는 않았지만 화행이론의 기본 개념과 그에 담겨있는 통찰력은 담화분석의 많은 문제들을 해결하는데 도움을 주었고 더 나아가 하나의 발화가 어떻게 하나 이상의 언어행위를 행하게 하는가에 대해서 설명해 준다.

화행이론에 관한 초기 연구인 Austin(1962)은 진술(statement)로 보이는 발언들에 있어 그것들이 꼭 가져야 하는 진실가치는 없다고 주장하며 진술은 단지 어떤 것을 설명하거나 보고하기만 하는 것이 아니라 행위를 하도록 만드는 것이라고 하였다. 그리고 이것을 수행문(performative)이라고 부르며 사실-확인문(constative)과 구별했다. 이러한 수행문은 적절한 상황을 요구할 뿐 아니라 적절한 언어도 요구하는데 따라서 수행문은 어떤 일정한 조건들을 가지게 된다. 뿐만 아니라 Austin(1962)은 발화가 수행문을 통해 실현되는 상황들을 분류하였는데 상황들 자체 혹은 그 상황들이 분류되지 않는다면 수행문의 결과에 따라 분류하였다. 수행을 허락하는 상황들은 다양한데 그것을 정리해 보면 다음과 같다.

ㄱ. 관습적 절차
ㄴ. 특별한 사람과 상황
ㄷ. 정확하고 완전한 절차의 실행
ㄹ. 행위에 대한 적절한 생각, 느낌, 의도

2.1.2. 화행의 분류

화행이론은 하나의 고립된 문장을 분석하는 데 그 문장이 발화된 환경이나 그 말의 문맥상의 위치를 고려하는 이론이다. 따라서 문장의 형식뿐만 아니라 발화 상황에서 그 발화가 무엇을 나타내고자 하느냐가 중요하게 생각된다. 이에 Austin(1962)은 모든 발화는 화행을 수행하며 화행은 언표적 행위(locutionary act), 언표내적 행위(illocutionary act), 언향적 행위(perlocutionary act)로 나누어진다고 하였다. 여기에서 언표적 행위는 의미를 가지고 있는 단어와 소리를 생성하는 발화 행위 자체를 가리키며, 언표내적 행위는 말하는 중간에 일어난 말하는 중에 수행된 행위로 말해진 것 자체가 힘을 갖고 있다는 것을 의미한다. 마지막으로 언향적 행위는 그 발화 환경의 특별한 효과에 의하여 발화가 청자에게 영향을 초래하는 발화 영향 행위이다. 앞서 제시된 언표내적 행위와 언향적 행위의 차이를 보면 "그것을 말하는데 있어서 나는 그에게 경고하고 있다."와 "그것을 말함으로써 그를 설득시키거나, 그를 놀라게 하거나, 그를 저지한다."로 구분할 수 있다. 이는 곧 우리가 '하는 행위'와 그 '결과'라는 차이로 구분이 된다는 것이다. 그러나 언표내적 행위가 성공한다는 것은 적절한 결과의 산출을 이끌어 내는 것을 의미하므로 언표내적 행위는 언향적 행위의 전단계라고 볼 수 있다. 언표내적 행위는 발화를 통해서 청자의 행동이 변화하도록 효력을 발위하고, 언향적 행위는 직접적인 표현으로 청자의 행동변화에 효력을 발휘한다.

한편, 화행을 의사소통의 기본 단위라고 주장하는 Searle(1969)은 화행을 언어학적 이론으로 통합시키고자 체계적인 이론 틀을 제안하였는데 화행 규칙을 언어적 능력의 일부로 주장함으로써 화행을 언어 및 의미 연구와 명백하게 연관 지었다. 또한 앞서 제시한 언표내적 행위를 분류하는 것이 화행에 있어 중요하다고 주장하였다. 따라서 Searle (1979)은 행위의 필요성에 따라 화행의 조건과 규칙들을 표본(reprentatives), 지시(directives), 임무(commissives), 감정(expressives), 선언 (declarations)의 다섯 가지로 분류하였다.

결국 화행이론은 발화를 언어적으로 실현된 특정 행위로 이해하고, 발화 생성의 기저에 있는 조건을 인식하는데 도움이 되는 이론 틀을 제공한다(Schiffrin, 1994). 담화에 대한 화행 이론적 분석의 예를 들기 위해 "Y'want a piece of candy?"라는 문장을 보자. 이 문장의 경우 먼저 화자가 청자가 사탕을 원하는지를 알고자 하는 단순한 질문(question)으로, 원하는지 원치 않는지를 알고자 하는 정보에 대한 요청(request)으로, 또한 사탕을 주고 싶다는 간접 화행의 제공(offer)으로 해석될 수 있다.

요약하면 화행은 의사소통에 관한 문제이기 때문에 화자가 언어를 효율적으로 사용하기 위해 화행을 아는 것은 매우 중요하다. 마찬가지로 행위를 어떻게 분류할지에 대한 지식은 청자가 담화를 이해를 하는데 있어서 중요한 부분을 차지한다. 결국 화행은 화자가 의미하는 것, 발화된 문장이 의미하는 것, 화자가 의도하는 것, 청자가 이해하는 것, 그리고 언어적 성분 요소를 운용하는 것이 유기적으로 결합되어 이루어진다고 볼 수 있다.

위에서 논의된 Shiffrin(1994)의 화행에 의한 분석은 하나의 발화가 여러 상황에 쓰여 질 수 있다는 것을 설명하고 있다. 화자는 여러 상황에서 쓰일 수 있는 발화를 의도에 맞게 생산하고, 이를 듣는 청자는 다양한 기능을 가진 발화를 여러 가지 상황을 고려하여 화자가 의도한 기능으로 받아들이고 그것을 수행할 것이다. 하지만 발화가 알맞지 않은 상황에 쓰인다면 청자가 어색함을 느끼거나 청자에게 의도가 전달되지 않아 청자로부터 엉뚱한 반응을 얻을 수도 있을 것이다. 이는 곧 화자로 하여금 다양한 상황가운데 적절한 언어를 선택해야 한다는 것이다.

2.2. 의사소통능력 이론

언어학습의 궁극적인 목적은 목표어의 의사소통능력(communicative competence)를 갖추는 것이다. 이 의사소통의 개념은 시대와 학자에 따라 다르게 발전되어 왔는데, Chomsky(1965)는 언어능력을 사회·문화적 맥락을 배제시킨 언어의 구조와 규칙에 관한 지식으로 보았다. 의사소통 능력은 Hymes(1971)에서 진정한 의미의 언어 능력은 언어 자체에 대한 지식뿐 아니라 실제 언어 상황에서 사용되는 언어의 사회 문화적 의미를 제대로 이해하고 적절히 사용할 줄 아는 능력이라 정의하였다. Hymes(1971)은 아이들이 모국어를 습득할 때, 문법적인 것뿐만 아니라 적절한 문장에 대한 지식을 습득한다고 하였는데, 말을 해야 할 때와 그렇지 않아야 할 때 그리고 언제, 어디서, 어떤 방식으로, 누구와 무엇에 대해 말해야 하는지에 관한 능력을 습득한다는 것이다. 이와 같이 주어진 사회적 상황에 적절하게 문법적 규칙을 사용할 수 있는 능력을 '사회언어학적 능력(sociolinguistic competence)'라 하였다. 그리고 Chomsky(1965)에서 실제 언어 사용 상황과 관련된 수행이 연구 대상에서 제외된 점을 비판하면서, 수행에 대한 기저 규칙을 '사용 능력(ability of use)'으로 제시하였다. 또한 Hymes(1971)는 언어능력의 개념을 구체화하면서 사회적 사용의 중요성을 강조하였는데 그에 따른 의사소통능력은 문법지식, 심리언어학적인 인지능력, 언어의 사회·문화적인 의미의 이해력, 실제로 그 사회나 환경에서 그와 같은 언어의 사용이 가능한가에 대한 지식 등이 통합된 것이다. 이는 Chomsky가 언어행위의 영역으로 다루었던 적절성(appropriateness)과 수용가능성(acceptability)의 개념까지도 포함한 것이다. 즉, Chomsky의 언어능력은 좁은 의미로 문법능력만을 의미하는 한편 Hymes의 의사소통능력은 문법능력 외에 언어수행의 개념까지도 포함하였다. 다시 말해서 언어를 하나의 사회적 현상으로서 인식하고 설명해야 하며 사회와 언어를 분리할 수 없기 때문에 의사소통을 위해서는 언어지식 사이에 그것을 사회적으로 적절하게 사용할 수 있는 능력이 필요하다고 주장하였으며, 그가 주장한 의사소통 능력은 문법성으로서 언어적 능력, 직관적으로 이해하기 쉬운 문장, 상황과 관련이 있는 언어적으로나 문화적으로 적합한 문장, 그리고 실제로 일정한 환경맥락 속에서 실행될 수 있는 문장을 쓸 수 있는 능력을 갖추는 것이다.

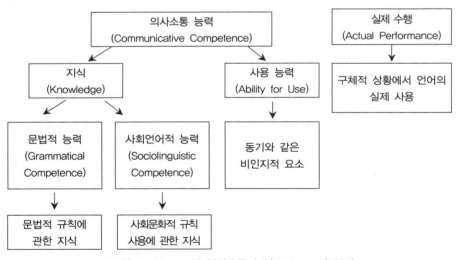

<그림 1> Hymes의 의사소통 능력 Johnson(2004)

2.2.1. 의사소통능력의 개념

Canale & Swain(1980)은 의사소통 능력을 의사소통에 필요한 지식(knowledge)과 기능 (skill)으로 이해하였다. 지식은 사람들이 언어나 의사소통적 언어 사용에 대해 의식적이든 무의식적이든 알고 있는 것을 가리키며, 기능은 실제 의사소통에서 이러한 지식을 잘 수행할 수 있느냐를 의미한다. 지식과 기능은 체계적인 방법으로 실제 의사소통을 구성하며, 따라서 의사소통 능력 안에 포함된다. Canale & Swain(1980)은 의사소통능력을 문법능력 (grammatical competence), 사회언어학 능력(sociolinguistic competence), 책략능력 (strategic competence)으로 나누었는데 Canale(1983)은 여기에 담화능력(discourse competence)을 추가하였다. 이 네 가지 능력은 언어가 사용되는 사회상황, 즉 대화 참여자의 역할, 그들이 나누는 정보, 상호접촉 기능을 이해할 수 있는 능력을 포함시켰다. 적절한 의사소통을 위해서는 문법적 능력 외에 사회언어학적 능력을 갖추어야 하며, 의사소통 시 사회적 의미와 기능을 알며, 다양한 사회 언어학적 맥락에서 적절한 언어 행위를 할 수 있음을 의미한다. 즉, 성공적인 의사소통을 하기 위해서는 목표언어의 형식적 지식 외에 언어에 내재되어 있는 사회언어학적 맥락 및 화용론적 지식을 적절하게 익히는 것이 필요하다.

2.2.2. 의사소통능력의 요소

의사소통을 하기 위해 필요한 요소로 Canale & Swain(1980)은 문법적 능력, 사회언어학적 능력, 전략적 능력, 담화 능력으로 나누었다. '문법적 능력'이란 것은 어휘, 단어 형성, 문장 형성, 발음, 철자, 언어적 의미와 같은 언어의 규칙이나 특징 등이 포함된다. 이는 발화의 문자적 의미를 정확하게 표현하고 이해하는데 요구된다. '담화 능력'은 완결된 구어나 문어 텍스트를 만들기 위해 필요한 문법적 형태나 의미들을 결합하는 방법을 구현하는 것이다. 다음으로 '사회언어학적 능력'은 사회 문화적 맥락 속에서 언어를 적절히 사용할 수 있는 능력을 말한다. 즉 참여자의 지위, 상호작용의 목적, 상호작용에 대한 규준이나 관습 등에 대한 이해를 필요로 한다.

또한 Bachman(1990)은 '의사소통적 언어 능력(communicative language ability)의 구성 요소를 언어 능력(language competence, LC), 전략적 능력(strategic competence, SC), 심리-물리적 기제(psycho-physiological mechanism, PPM)등 세 가지로 나누었는데, LC는 언어를 통한 의사소통에서 사용되는 구체적인 지식 요소를 의미하고 SC는 맥락화된 의사소통적 언어 사용에서 LC의 구성 요소들을 실행하는 데 필요한 정신적인 힘(mental capacity)이라 하였다. SC는 언어 능력 요소들을 언어가 발생하는 상황 맥락의 자질과 관련 짓고 언어 사용자의 지식 구조와 관련짓는다. PPM은 물리적 현상으로서 언어의 실제 실행을 포괄한 신경학적, 심리적 과정을 가리킨다.

위의 의사소통 능력에 대한 이론에서 적절성은 사회언어학적 능력과 관련되어 논의되었다. 즉 상황이나 맥락 또는 대화참여자에 따라 적절한 발화를 할 수 있는 능력이 언어능력에 포함된다는 것이다. 이는 적절하게 발화하는 능력을 의사소통능력의 구성을 이루는 하나의 능력이라고 할 수 있는 것이다.

3. 적절성의 개념과 구성요소

3.1. 적절성의 개념

한상미(2005)는 의사소통 능력이 특정 공동체에서 적절하게 의사소통 할 수 있는 능력이라고 볼 때, '적절하게' 말한다는 것은 담화 차원의 의미의 정확성과 의도의 적절성을 모두 포함하는 개념이라고 설명한다. 의미의 정확성은 의사소통하고자 하는 정보를 얼마나 정확하게 발화하고 이해하는가에 관계하고 의도의 적절성은 의사소통에서 전달하고자 하는 의도를 얼마나 적절하게 전달하고 이해하는가에 관계한다고 설명한다. 이성영(1994)는 적절성은 문맥이나 상황 맥락상의 요구나 목적에 발화가 부합하는지 여부에 관심을 둔다고 하였고, 전은주(1998)은 내용 표현이 적절성의 원리를 만족한다는 것은 발화된 텍스트가 상황과 표현 의도에 맞게 상대에게 받아들여질 수 있는 텍스트적인 요인을 만족하는 형태로 표현된 것을 의미한다. 김광해(1999)에서는 문장의 정확성은 문법성과 함께 적절성을 갖추어야 한다고 설명하면서 문법성은 내용어와 기능어가 결합되는 과정에서 조립 규칙에 어긋남이 없는가의 문제이며, 적절성은 조립 규칙에는 잘못이 없지만 표현 의도가 제대로 드러나고 있는가의 문제라고 설명하였다.

또한 Marianne & Murcia(2000)은 적절성을 화용적 능력의 부분에 언급하였는데, 의사소통을 가능하게 하는 것은 화용적 능력인데 이 화용적 능력은 관습적이고 문화적으로 적절하며 상호작용에 있어 수용 가능한 방법들에 의존한다고 하였다. 이러한 적절성의 규칙은 언어 사용에 이어서 규칙적이며 기대되는 행동들을 가져온다고 하였고, 일반적으로 적절성의 규칙이란 일정한 사회적 문화적 집단 안에서 이해되는 것으로, 사람들은 대개 무엇이 기대된 적절한 행동인지 무엇이 고려된 적절한 행동인지 알고 이 지식은 사람들로 하여금 직면하는 언어사용의 뜻을 해석하게 한다고 설명하였다.

van Dijk(1977)은 화용론에서 적절성을 언급하였는데, 화용은 발화와 행위 또는 발화를 통해 화자가 수행하려고 하는 기능(발화의 언표내적 힘)사이, 그리고 발화의 적절성을 결정하는 언어사용 맥락의 특질에서의 관계성과 관련이 있다고 하였다.

그러므로 본 연구에서는 위에서 언급한 적절성의 특징을 종합하여 적절성을 다음과 같이 정의하였다. 적절성은 발화가 일어나는 상황, 발화의 목적, 그리고 발화를 만들어 내고 해석하는 청자와 화자의 관계성을 고려하여 그에 맞는 언어사용을 할 수 있는 능력이다.

3.2. 적절성의 구성요소

다음으로 적절성을 구성하는 요소들을 살펴보고자 한다. 적절한 의사소통 즉, 즉 발화를 생산해내고 그것을 해석하는 과정에서 오해를 일으키지 않기 위해서는 목적과 상황, 그리고 청자와 화자의 관계성을 고려하여 언어를 사용해야한다. 의사소통이 정보를 공유하기 위한 것인지 아니면 상대방에게 자신의 의견을 따르도록 설득하기 위함인지 등의 목적에 따라 발화 속에 담길 구체적인 내용이나 표현 방법이 달라져야만 한다. 여기서는 적절한 의사소통을 할 수 있는 요소를 '언어적 요소', '상황적 요소', '목적적 요소', '관계적 요소'로 나누어 살펴보았다.

3.2.1. 언어적 요소

적절성을 구성하는 요소 중 하나는 언어적 요소이다. 이것은 적절성을 고려하는 다른 요소들을 종합하여 표현되는 결과물이라고 할 수 있다. 오현진(2008)에서는 적절성의 언어적 요소로 어휘와 문장을 언급하였다. 먼저 어휘의 적절성이란 상황에 따라 적절한 어휘를 선택하는 것이 필요하다는 것이다.

백화점에서 코트를 파는 점원이 손님에게
ㄱ. 이 코트가 싸게 나왔거든요. 한번 입어보세요.
ㄴ. 이 코트가 저렴하게 나왔거든요. 한 번 입어보세요.

위의 예에서 '싸다'와 '저렴하다'는 물건 값이 보통보다 낮다.'는 동일한 의미를 나타낸다. 하지만 손님인 청자 입장에서는 '저렴하다'는 표현을 보다 선호하고 ㄱ보다는 ㄴ의 말을 듣고 물건을 살 확률이 보다 높을 것이다(오현진, 2008). 또한 문장 차원의 적절성이란 상황이나 목적에 따라 적절한 문장의 종결 형식을 선택하고, 자신의 발화 의도를 보다 잘 전달할 뿐만 아니라 청자의 심리 상태나 감정 등을 배려하여 직접적인 표현을 선택하거나 간접적인 표현을 선택할 수 있어야 하는 것이다.

- 적절한 문장 종결 형식
- 직·간접 표현의 적절한 선택
- 발화 상황에 따른 적절한 표현
- 문장 성분의 적절한 생략

박영순(2007)에서는 단어 하나가 문장의 의미를 나타낼 수 있으면 단어가 없이는 발화가 존재할 수 없다고 하면서, 의미의 기본 단위로서 단어의 가치와 중요성을 논하였고 김종택 외 (1998)에서도 어휘 선택의 문제는 말하는 내용에 직접적으로 관련되기 때문에 말할 내용의 올 바른 전달 여부와 옳고 그름의 판단에 큰 영향을 줄 수 있다고 하면서 어휘의 중요성을 강조 하였다.

3.2.2. 상황적 요소

박영순(2007)에서는 상황을 좁게는 의사소통이 이루어지는 배경이 되는 시간적, 공간적 장 면을 가리키며, 넓게는 의사소통이 이루어지는 데 관여하는 모든 것을 포괄하는 개념이라 하 였다. 즉 발화가 생성되는 때와 장소뿐만 아니라 제3자의 존재 여부, 발화가 생성되는 전후의 배경이나 환경 등을 종합하여 상황이라 할 수 있다는 것이다.

오현진(2008)에서는 의사소통의 의미 구성에 영향을 주는 것은 언어적 표현 이외에도 언어 적 표현이 오가는 상황이 있다고 하였다. 그는 상황을 다음과 같이 네 가지로 나누었는데 때, 장소와 같은 물리적 환경으로써의 맥락인 '장면', 화자와 청자가 주고 받는 '언어적 맥락', 관 습 예절과 같은 '사회 문화적 맥락', 경험, 선호도, 기분 상태와 같은 '개인적, 심리적 맥락'으 로 나뉠 수 있으며 이러한 맥락들은 의사소통이 이루어지는 동안에 동시에 서로 영향을 주고 받는다고 하였다. 박영순(2007)과 오현진(2008)은 상황을 화자와 청자의 관계까지 포함하는 포괄적인 개념으로 다루었는데, 본고에서는 화자와 청자의 관계를 상황적 요소와 같은 층위로 다루고 상황을 좀 더 구체화된 배경적 요소로 다룰 것이다.

대화의 범주와 요소를 설정한 대표적 학자로는 Richterich(1971)와 van Ek(1980: 43-51), 그리고 Preston(1989:123-193)이 있다. 이들은 모두 의사소통의 능력을 위한 언어 상황을 구성하는 범주와 요소를 설정하였다. 먼저, Richterich(1971)는 언어 상황의 범주를 대화자(Agent), 시간(Time), 장소(Place)의 세 가지 범주로 크게 나누고 각각의 상황에서 대화 참여자의 수나 대화 시간, 빈도, 지리적 위치 등의 세부적 요소로 분류하였다. 또한 대화자를 직업, 나이, 성별로 나누고 시간은 대화 시간의 지속과 빈도로 나누었다. 또한 대화자에 관한 세부적이고 역학적인 범주를 설정하고 있다.

<표 3> Richterich(1971)의 분류

	1. 대화자	2. 시간	3. 장소

범주	1) 신원
	2) 상황 중 대화자 수
	3) 역할
	  • 사회적 역할
	  • 심리적 역할
	  • 언어
		1) 대화시간
		2) 화행 지속 시간
		3) 빈도
		4) 사건
			1) 지리적 위치
			2) 장소
			3) 교통수단
			4) 대화의 상황
			5) 대화의 주변 환경

영어를 외국어로 학습하는 성인 학습자들을 위한 교재를 개발한 학자로 van Ek(1980: 105-106)가 있다. 그는 교재개발 시 언어 상황에 대한 항목을 사회적 역할(social roles), 심리적 역할(psychological roles), 상황(settings)으로 나누어 교재를 구성하였다. van Ek는 특히 배경을 자세히 나누어 범주를 설정하였는데, 배경은 대화를 나누는 장소로 규정하고 이것을 다시 1) 지리적 위치(geographical location)와 2) 장소(place)로 분류하고 장소는 다시 실외와 실내로 구분하였다.

또한 van Ek(1980)은 Richterich(1971)와 다르게 시간을 범주 안에 넣지 않았고, 복잡한 배경들 안에서 대화자의 역할을 상대적으로 비중 있게 분류했다고 파악 할 수 있다.

<표 4> van Ek(1980)의 분류

	1. 사회적 역할	2. 심리적 역할	3. 배경

범주	1) 낯선사람/
	  낯선사람
	
	2) 친구/ 친구
	
	3) 개인/공인
	
	4) 환자/의사
		1) 중립
		
		2) 동등
		
		3) 동정
		
		4) 반감
			1) 지리적 위치
			  (1) 목표어가 모국어인 외국
			  (2) 목표어가 모국어가 아닌 외국
			  (3) 자기 나라
			2) 장소
			  (1) 실외: 공원, 거리, 바닷가
			  (2) 실내: a) 집, 아파트, 방, 부엌
			       b) 공공 생활: 구매, 먹고 마시기
			       c) 숙박 시설: 호텔, 야영지
			       d) 교통 수단: 주유소, 분실물 센터

			e) 종교 f) 의료 시설: 병원, 약국 g) 학습 장소 h) 전시장: 박물관, 미술 전시관 i) 오락 j) 방송 k) 금융 기관 l) 교통 수단 m) 주변 배경: 가족, 친구, 지인, 낯선 사람

마지막으로, Preston(1989:123-193)은 의사소통 능력이란 상대방에게 어떤 어조를 가지고 어떻게 대화하는가가 중요하다고 보고 대화 구성에 있어서 의사소통 능력을 개발하고 향상시킬 수 있는 사회언어학적 상호 요인들을 제시하였는데, 배경(setting), 내용(content), 관계(relations), 기능(functions), 어조(tenor), 참여(participation), 양식(style), 대화 구조(structure)로 분류하였다. 이 요인들을 다시 하위 범주로 분류하였는데, 그 내용은 다음과 같다.

<표 5> Preston(1989)의 분류

	배경 setting	내용 content	관계 relations	기능 function	어조 tenor	참여 particip ation	양식 style	대화 구조 structure of conversation
하 위 범 주	시간 장소 길이 크기	상황 화제 장르	결속 연결망 힘	발화 수반 행위 언어기능 (목적, 결과와 목표)	거리 방식	참여자 역할관계 참여자 표시 방법	친밀도	말순서 교대 인접쌍

다른 학자와 비교했을 때, Preston은 대화 구조와 어조, 기능, 양식에 대해서 세부적으로 분류했음을 알 수 있다.

위의 학자들의 대화에 필요한 요소들을 살폈을 때, 배경과 상황적 요소를 정리하여 본 연구에서는 상황의 범주로 놓았다. 상황에서 Richterich(1971)와 van Ek(1980:43-51), 그리고 Preston(1989)이 공통적으로 이야기하는 것은 장소인데, Fishman & Greenfield (1972) 역시 대화 장소가 대화에 있어 다른 변인들과 관계를 가지고 있으며 서로 영향을 미친다고 하였다. 장소에 따라서 대화자의 어투와 서법이 다른 양상으로 나타날 수 있기 때문에 장소는 매우 중요한 요소라고 할 수 있다.

특히 장소는 맥락을 기본적으로 구성하는 가장 기초적인 구성요소로 적절성과 깊은 관련성이 있다. 회의장이나 연설장에서 공적인 자리에서의 적절한 언어는 다를 것이며, 또한 같은 음식을 먹는 장소여도 어느 정도 고급스러운지에 따라 종업원의 언어도 달라질 것이다.

ㄱ. 뭘로 드릴까?

ㄴ. 뭘로 드시겠습니까?

위의 예는 둘 다 주문을 받는 장면이다. ㄱ.은 학생식당이나 허름한 식당에서 식당 주인이 주문을 받는 것이고, ㄴ.은 고급 레스토랑이나 어느정도 형식을 갖춘 식당에서 주문을 받는 것이다. 만약 고급 레스토랑에서 '뭘로 드릴까?'라고 발화한다면 그것은 적절하지 않은 발화가 되는 것이다.

3.2.3. 목적적 요소

의사소통의 목적은 의사소통을 통해 달성하고자 하는 바라는 측면에서 언어의 기능 (function)과 밀접한 관련을 맺는다. 즉 화자는 특정한 기능을 수행하고자 하는 목적으로 의사소통을 시작하고 청자는 의사소통의 결과로서 특정한 기능을 수행하는 것이다. 의사소통의 목적은 설명, 주장, 설득, 협상, 요청, 사과, 감사, 칭찬, 격려, 축하, 거절, 꾸중, 위로 등으로 구분될 수 있다.

여러 가지 의사소통의 목적들의 개념을 간단히 언급하자면 설명은 어떤 사건이나 현상이 발생하게 되는 원인이나 과정, 결과 등을 청자에게 명확하게 밝혀서 알려주거나 기초적인 개념이나 술어가 지니고 있는 의미 등을 청자에게 명확하게 밝혀서 알려주는 것이다(이창덕 외, 2000:329). 주장이란 화자가 옳다고 생각하는 내용을 발화하여 청자를 설득하는 데 그 목적이 있는 화행이다. 청자를 설득하기 위해서는 먼저 자신이 주장하고자 하는 바가 무엇인지 명확히 주장하고자 하는 바가 무엇인지에 대해 정확히 알고 있어야 하며, 그러한 주장이 왜 타당한 것인지, 왜 필요한 것인지에 대해 자신을 먼저 설득할 수 있어야 한다(오현진 2008). 감사는 다른 사람이 베풀어준 호의나 도움 등에 대해 고마움을 표현하는 인사이며 사과는 자기의 잘못에 대해 상대방이 기분이 상하거나 손해를 입는 것에 대한 미안함을 표현하는 것을 말한다. 또한 명령은 윗사람이나 상위조직이 아랫사람이나 하위조직에 무엇을 하게 하는 것을 의미하는데 이는 힘을 가진 사람이나 조직이 분명하며 위에서 아래로 한 방향으로만 사용되어야 한다. 요청의 경우에는 자신에게 필요한 어떤 일이나 행동을 부탁하는 것이며 제안은 자신의 의견을 내어놓는 것을 의미한다.

3.2.4. 관계적 요소

적절한 의사소통에는 반드시 화자와 청자 사이에서 만들어진 관계가 고려되어야 한다. 오현진(2008)은 적절성의 요소로 청자와 화자의 요소를 상황의 한 하위 요소로 보았다. 하지만 본 연구에서는 한국사회의 복잡한 관계성 사이에 존재하는 공손성을 간단하게 언급하고 넘어갈 수 없기에 관계적 요소를 적절성을 구성하는 중요한 독립적 요소로 본다. 관계적 요소는 서로의 친밀도나 나이, 사회적 지위에 따라 청자의 화자의 관계가 어떻게 되는지 이야기 하는 것이다. 이 관계성에 따라 적절한 발화를 할 수 있어야 한다는 것이며, '친밀도3)'는 화자와 청자가 의식하는 심리적 거리를 말한다.

또한, 이창덕 외(2000)에서 의사소통에 필요한 것으로 음성언어로 전해지는 언어적 메시지와 비언어적인 여러 특질 등에 의해 표현되는 메타메시지를 구분하는데, 메타메시지(meatamessage)란 문자 그대로 메시지에 대한 메시지란 뜻으로 실제 대화 내용, 대화 시기와 장소, 분위기, 화자의 상대방에 대한 태도 등을 포괄해서 전해지는 메시지를 의미한다. 이창덕 외(2000)은 비언어적 의사소통의 유형을 여러 의미를 지닌 침묵, 음성적 요소로서 목소리의 음조 · 강세 · 전달 속도 · 목소리의 크기 · 억양 등을 포함하는 준언어(paralanguage), 눈빛 · 얼굴표정 · 제스처 · 자세 · 접촉을 포함하는 몸짓언어, 그리고 공간 언어로 나눈다. 본 연구에서는 공간 언어에 주목하고자 하는데, 공간과 거리는 의사소통 과정에 알게 모르게 미묘한 방식으로 영향을 미친다고 한다. 미국의 인류학자 에드워드 티 홀(Edward T. Hall)박사는 사람들이 자기 주위의 공간에 어떻게 반응하고 공간과 상대와의 거리를 이용해서 다른 사람들에게 어떻게 메시지를 전달하는가를 연구하였다. 그는 사람들이 무의식적으로 다른 사람들과 상호작용할 때 사용하는 거리를 다음과 같이 친밀 간격(intimate distance), 개인 간격(personal distance), 사회적 간격(social distance), 공공적 간격(public distance)의 네 가지로 분류하였다.

---

3) 친밀도에 따라 언어사용이 달라진다는 예로 미국 사회의 호칭을 들 수 있다. 예를 들어 의사 John Smith를 부를 때 그를 알지만 특별한 관계가 없는 사람은 'Doctor Smith'라 부르고, 동료 의사이지만 친하지 않으면 'Smith'라 부른다. 그보다 어린 청년은 'Sir'라고 부르며, 그와 아주 친한 친구는 'John'이라고 부르거나 별명을 부를 것이며, 부모님의 경우 'sonny', 아내의 경우는 'dear', 아들은 'pop'이라고 부른다고 하였다(임지룡,1995:재인용).

<표 6> Hall의 공간 간격(Edward T. Hall, 1966)

친밀간격	개인간격	사회간격	공공간격
15-46cm	46cm-1.2m	1.2m-3.6m	3.6m 이상

친밀 간격(intimate distance)은 15-46cm정도로 상대방의 숨결이 느껴질 정도의 거리이다. 이 간격은 자신의 소유물처럼 보호하는 가장 중요한 공간으로 정서적으로 친밀하게 느끼는 연인이나 배우자, 부모 자식 관계, 아주 가까운 친구나 일부 친척 등에 제한된다. 개인 간격(personal distance):46cm-1.2m은 팔을 뻗어서 닿을 정도의 거리이다. 이 간격은 각종 사교 모임이나 가까운 친구 모임 등에서 다른 사람과 편안하게 이야기할 수 있고 접촉할 수 있는 거리이다. 일반적으로 조용한 대화를 나눌 수 있는 거리다. 사회적 간격(social distance)은 1.2m-3.6m정도의 간격이다. 보통 목소리로 말할 때 들을 수 있는 거리이며 이 간격은 낯선 사람과 유지하는 일반적인 거리이다. 공식적인 의사 결정, 물건을 사고파는 사회적 담화에 적합한 거리로 주로 대인 업무를 수행할 때 사용된다. 이 거리는 종종 지배를 나타내기 위해 인위적으로 사용될 수도 있다. 공공적 간격(public distance)은 3.6m 이상이다. 목소리를 높여서 이야기를 해야 하는 거리. 이 간격은 교사가 학생에게 강의를 한다거나 많은 사람에게 연설이나 강의를 하려고 할 때 편안하게 느끼는 거리이다.

본 연구에서는 이 공간이 청자와 화자의 관계성을 보여줄 수 있다고 보고 이 공간을 관계성으로 규정하였다. 이러한 관계성은 단지 메타메시지로만 전달되는 것이 아니라 직접적인 언어에 영향을 미친다. 다시 말해, 관계성이 언어적 요소에 영향을 미치며 관계성에 따라 다른 언어적 요소를 사용한다는 것이다.

Hall이 제안한 공간의 개념은 각 문화마다 서로 다를 것이다. 즉 관계성 또한 한국의 특징에 맞게 좀 더 발전시킬 필요가 있다. 〈표 7〉은 한국 사회에서 드러나는 관계성에 대해 정리한 것이다. 이것을 가지고 발화상황에 이러한 관계들이 드러나 있는지 분석할 것이다.

<표 7> 한국사회에서 관계성 하위범주

친밀 관계	아주 가까운 사이로 친밀한 연인이나, 배우자, 부모님, 친한 친구, 동기, 친한 선후배
개인 관계	각종 사교 모임 안에서 가까운 친구나, 회사 동료, 선후배, 선생님과 학생
사회 관계	물건을 사고 파는 사이, 의사와 환자, 약사와 환자
공공 관계	개인과 불특정 다수의 관계로 선생님과 다수의 학생이나 버스기사와 다수의 승객들과 같은 사이, 회의참여자, 방송참여자

이러한 다양한 관계 속에서 화자는 적절한 발화를 선택해야하는 것이다.

ㄱ. A : 밥 먹었어?
　　B : 응, 먹었어.
ㄴ. A : 식사 했어요?
　　B : 네, 먹었어요.
ㄷ. A : 식사 하셨어요?
　　B : 응, 먹었지.

위의 예에서 ㄱ.은 아주 가까운 사이에서 대화하는 것을 알 수 있다. 이들은 사회적 지위가 비슷하거나 가족일 수도 있다. 하지만 ㄴ.의 경우에는 A가 B나이가 많다 하더라도 친밀도에 따라서 오갈 수 있는 언어이며, ㄷ.의 경우는 사회적 힘이나 나이차가 많이 나고 친밀감도 떨어지는 경우에 오가는 표현이라고 할 수 있다.

위에서 적절성을 구성하는 언어적 요소, 상황적 요소, 목적적 요소, 관계적 요소를 알아봤으며, 다음 [그림2]로 적절성에 영향을 미치는 구성요소들을 도식화하였다.

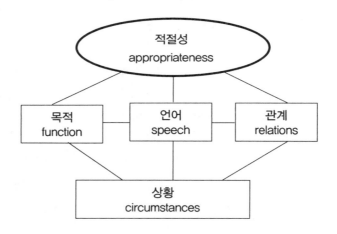

[그림 2] 적절성의 구성 요소

4. 구어 담화에 나타난 적절성 분석

본 연구에서의 분석한 구어 담화 자료는 특별한 주제들을 가지고 대화를 나누도록 설계되었기 때문에 다양한 상황적 요소를 가지지 못하고 있다. 실험의 특성상 관계적 요소 또한 다양하게 나타나지 못하고 고정된 관계범주로만 설정되어 있다. 본 담화를 생성한 대화자들 사이에 형성된 관계 범주는 '개인 관계'에 있다고 볼 수 있다. 이 실험을 위하여 만난 낯선 관계이지만 일정기간동안 정기적으로 만났기 때문에 '개인 관계'로 볼 수 있다. 하지만 오랜 시간을 알아 온 관계가 아니라 이제 막 알게 된 사이이기 때문에 같은 범주에 속하는 친한 친구처럼 친밀도가 가깝다고 규정하기는 어렵다. 또한 '사회적 위치'는 모두 가정주부이기 때문에 관계 범주를 결정하는 데 제약이 없지만 '나이'는 친밀도가 높지 않은 대화자들 사이에서 적절한 발화를 만들어 내는 데 중요한 요소로 작용할 수 있다.

4.1. 언어의 부적절성

[1]

IC3 : 우리 아들 오도바이타 우리아들. 오도바이 타고가요.

IJ2 : 오도바이타고–

IC3 : 〈@오토바이@〉

IJ2 : 가는 곳은 꿈이요?

IC3 : 어

IJ2 : 네.

IV1 : 지금?

IC3 : 네 오토바이 엄마 오도바이 차. 오도바이 사 주세요.

IJ2 : 아

IV1 : *작은 거?*

IC3 : 아니 큰아들.

위 대화에서 대화자들은 친밀도가 높지 않은 '개인 관계'를 유지하고 있고 대화의 내용은 아이들에 대한 이야기이다. IC3화자가 자신의 아이가 오토바이를 사 달라고 한다는 이야기를 했다. 이에 대해서 IV1화자는 오토바이를 사 달라고 하는 아들이 큰 아이인지 둘째인지 궁금해 하고 이를 질문한다. IV1화자의 질문 "작은 거?"에서 '거'는 '것'의 구어적인 어휘로 사전적 의미는 다음과 같다.

–의미1: 사물, 일, 현상 따위를 추상적으로 이르는 말.

 (예) 낡은 것

-의미2: 사람을 낮추어 이르거나 동물을 이르는 말.
 (예) 새파란 것이 어른에게 대든다.

아이를 '거'로 대체하여 사용하는 것은 조부모나 부모가 자기의 아이에 대하여 친근감을 가지고 이야기할 수 있다고 가정할 수 있지만 다른 사람의 아이에 대하여 '거'로 표현하는 것은 적절하지 않은 것이다. 이것은 청자로 하여금 화자가 자신의 아이를 사물 혹은 낮추어 부르는 것으로 오해할 수 있는 어휘인 것이다. 결과적으로 청자의 입장을 전혀 배려하지 못한 적절하지 않은 문장을 생산했다.

[2]

진행: 보통 이월에 있죠? 설날이 보통 음력으로 하니까
IC5: 네 이월 베트남에서 뭐 십이월 말 말이면 가족들 *죽은 사람*한테 *무덤 무덤*에 가서 깨끗하게 풀을 청소하고 과일을 { }다 다 베트남에 다 해요.
IJ5: 아 일본은:: 여름에 해요. *무덤 무덤*에, 겨울에는 추우니까 *무덤*에 안 가고 일본은 추석끄도 있어요. 추석 때 *무덤*

같은 의미의 어휘도 적절하게 사용되어져야 하는데, 대화자들이 대화 속에서 사용한 단어인 죽은 사람이나 무덤과 같은 단어는 대화자들이 만들어 낸 문장에서 사용할 때 적절하지 않다는 것을 알 수 있다. 이 대화에서는 죽은 사람 대신에 조상, 또는 돌아가신 분을 사용해야 한다. 무덤의 경우, 사람의 시신을 묻은 곳을 의미하는 묘나 산소라는 단어를 써야 적절할 것이다.

[3]

IC9: 그 기본적으로 내 생각하면 잘 사는 것보다 기본적으로 인간::성을 지키며
IJ8: 음::
IC9: 뭐 지하철에서 *노인네*한테 자=자리 하나(1) 비켜 주든가 그것도 뭐 자선 중에 하나(1) 예요.
IJ8: 아:: 맞아. 네.
IC9: 내 〈@마음으로@〉 〈vocal desc='웃음, 하하'〉

또한 [3]의 대화에서 나타나는 '노인네'라는 단어는 노인장, 어르신을 낮추어 부르는 말로 문장에서 나이 든 사람을 지칭할 때는 어르신이라고 해야 적절한 것이다. 화자는 '노인네'라는 단어가 그 대상을 낮추어 부르는 말이라는 것을 인지하지 못하고 있는 것으로 보인다.

[4]

IC3: 중국은 남자 여자 다 같이 요리 만들어요. 근데 한구는 여자만–

IJ2: 그래요.

IC3: 〈@어머니도 뭐 같이 이리와 이리와 들어가지@〉

IJ2: 그래서:: 네?

IC3: –〈@그래서 저는 어머니 아들 두 명 아들도 같이 하고 싶어요. 그면 *어머니 웃어요.* 말 하지 말라고::@〉

[5]

IV7: 제가, 어머니보다 제가 더 잘해요.

IC9: 진짜? 거짓말 아니고?

IJ8: 〈vocal desc='웃음, 아하하'〉 〈kinesics desc='박수, 짝짝'〉 〈# 박수:: #〉 아우!

IV7: 〈@진짜요! @〉 음식 만들어 진짜 어..맛있어요. 어머니보다–

IJ8: 〈@정::말?@〉

IV7: 〈@정말이요. @〉

IJ8: 아! 아 부..

IC9: ~아우 어머=*어머니가 아우, 진::짜 솜씨 없는가봐.*

IJ8: 〈vocal desc='웃음, 아하하'〉

IV7: *어머니, 못해요*:: 어머님 제가 시어머니 〈note〉고개를 도리도리 저으며, 별로 〈/note〉

IJ8: 〈@~아우 이렇게 말 큰 소리로– 아우@〉

IC9: ~아..아.. 설명가 한 가지::밖에 없어요. *어머니 솜씨 진짜 없는 거예요.* 〈vocal desc='웃음, 아하하'〉

위 대화에서 대화참여자들은 높임법을 적절하게 사용하고 있지 못하고 있는 것으로 보인다. 상대 높임법에 대해서는 어느 정도 적절한 사용을 보이는 데 반해 대화자들은 주체 높임법에 대해서는 주어 뒤에 높임을 나타내는 조사 '–께서'와 동사, 형용사, 서술격 조사(–이다)의 어간에 높임 선어말 어미 '-(으)시-'를 사용하지 못하고 있다.

[6]

IC9: 근데 있잖아요. 진짜 이거는 외구(외국) 여자를한테(여자들한테) 진짜 스트레스 같애
    요(같아요).

IJ8: 음::

IC9: 한구(한국) 여자들 아~ 선생님도 한국 여자니까 나중에 결혼= 결혼했어요? 나중에
    결혼= 결혼하면 그렇게 할 수 있어요. 남편한테 어~:: 너 네 집이 왜 그래? 시댁 식
    구 때문에 진짜 못 살겠어. 뭐 이렇게 할 수 있잖아요. 그럼 남편 분이 절::대로 〈Q
    니가 잘못하니까 그렇지.Q〉 그건 진짜 *죽을라고(죽으려고) 환장하*는 거예요. 〈vocal
    desc='옷음,흐허'〉 근데 외구(외국) 여자들한테는:: 〈Q입 다물어! 니가 잘못하니까 그
    렇지.Q〉 그렇게 하는-

[7]

IJ8: 우리 형님은. 물어봐도:: 물어봐도 이러= 이렇게 해.

IC9: 그래? *싸가지*네.

IJ8: 이렇게 하는 거야. 이렇게 하는 거야. 하면서 별로 어:: 그런 거 있어서. 에::

[6]의 대화에서는 IC9화자는 남자들이 마음에 들지 않는 언행을 했을 때 그 행위에 대하여
'죽을라고 환장하다'라는 저속한 표현을 썼다. 마찬가지로 [7]에서도 사람을 지칭하면서 '싸가
지'라는 표현을 사용했다. 싸가지는 본래 '싹수'의 강원도, 전라남도 방언이지만 '버릇이 없다'
는 것을 표현할 때 쓰는 비속어이다. 청자를 빗대어 직접적으로 이야기하지 않았더라도 서로
친밀도가 높지 않은 관계 속에서 저속한 표현이나 비속어를 사용하는 것은 청자로 하여금 듣
기에 거북함을 심어줄 수 있으므로 적절하지 못하다고 할 수 있다.

4.2. 목적의 부적절성

[8]

진행: 우선 첫 번째로 한국의 자선문화 혹은 기부문화에 대해서 어떻게 생각 하십니까? 어

느 분부터 이야기를

IV4: **언니 먼저 해**⟨vocal desc='웃음,하하'⟩

IJ4: ⟨@보통@⟩⟨vocal desc='웃음,하하'⟩⟨vocal desc='기침,콜록,'⟩ 보통 잘 생각은 안 해 안했는데요, 안했는데요,{ } 일이년 저 계속 있는 거 같아요. 한국 지하철을 타고 있으면 계속 거이 돈주세요라고 하는:: 그 그분들도 기부가 아닐까요?

친밀도가 깊지 않은 개인 관계에서 발화의 목적이 요청인 경우에 사용할 수 있는 어미는 '아/어/해 주세요, 아/어/해 주시겠어요?'가 적절하다고 할 수 있다. IV4는 이야기의 진행이 시작되면서 IJ4에게 이야기를 시작해 줄 것을 요청하고 있다. 이 모임이 진행되면서 친밀도가 높아진 개인 관계에 있다고 할지라도 나이가 많은 IJ4가 말을 놓지 않고 있는 상황에 IV4는 반말을 혼용해서 사용하고 있는데, 화자는 요청을 의도했지만 '(으)세요'의 발화는 아랫사람으로부터 온 명령의 발화가 될 수 있기 때문에 청자로 하여금 기분이 상하게 할 수 있는 부적절한 발화인 것이다.

[9]

IJ2 : 그래서 똑같은 위치까지 가는 거 지하철도 버스도 있으면 버스 에 타고.

IV1 : 근데 버스 항상 그 지하철보다 더−

IJ2 : 늦어.

IV1 : − 늦죠?(느리죠?)

IJ2 : 어 늦이는 데 편해요.

IJ2 : 아.

IJ2 : 계단 올라가거나 내리는.

IV1 : *언니 운동해야지::*

IJ2 : ⟨vocal desc = '웃음, 하하'⟩ 아이, 조꾸(조금?) 아니야 조끄 아닌데? 그 갈아타면 몇 번도 몇 번도 그래서 계단가 ⟨vocal desc = '숨 들여 마시는 소리, 스으'⟩ 계다노 있잖아요? 그:: 난쯔다..(?일본어?) 그 있잖아요? 그것가 일본보다 약간 높으나? 그냥 너무 ⟨@부담 부다 나이 들어가 그런 건가 그러면서 항상@⟩ 아 그냥 저도 저 나이가 나이인데 더 나이 많은 사람이 계단 타니까−

IV1 : 음.

IJ2 : − 힘들지 않을까고 싶을 때가 있어요.

IV1 : 음::

　　IJ2 : 음. 그런데 버스 버스가 편해요.

　　IC3 : 저도 버스 편해요. 지까워요.(집 가까워요)

　　친밀도가 높지 않은 개인 관계에서 IV1화자보다 IJ2화자가 나이가 어리다. 이는 개인 관계에서도 어느 정도 거리가 있는 관계를 의미하며, 이에 적절한 발화를 생산해야 한다는 것을 의미한다. 이 담화에서 대화자들은 한국의 교통수단에 대해서 이야기 하고 있다. IJ2화자는 버스가 지하철보다 편하다는 것을 이야기 하고 있는데 이 때 IV1화자는 개인 관계를 넘어 친밀한 관계에서 나타날 수 있는 발화를 생산했다. IV1화자가 생산한 발화의 목적은 IJ2화자가 건강이 안 좋다거나 몸이 약하다는 것을 설명하는 것이고 이에 대해서 운동이 필요하다는 것을 권유하는 것이다. 그러나 "언니, 운동해야지.."라는 발화는 친밀도가 매우 가까운 사이에서 생산할 수 있는 발화로 권유보다는 핀잔에 가까운 목적을 띠게 된다. 이 발화를 들은 IJ2화자는 말을 잇지 못하고 당황한 듯 웃은 후 자기의 이야기를 이어가고자 한다. IV1화자가 이와 같은 관계성 속에서 핀잔을 의도하지는 않았을 것인데 적절하지 못한 발화를 생산하여 의사소통을 하는 데 있어 오해를 만들었다는 것을 알 수 있다.

5. 결론 및 제언

　　본 연구에서는 외국인 구어 담화에 나타나는 적절하지 못한 발화들을 살펴보았는데, 언어의 부적절성이 가장 많이 나타났으며 일부 목적의 부적절성도 나타났다.

　　언어의 부적절성에 있어서는 다음과 같은 부적절성들이 나타났는데, 하나의 의미이지만 상황에 따라 다른 어휘로 나타나는 어휘 부적절성, 높임법 부적절성, 비속어와 관련된 부적절성을 살펴 볼 수 있었다. 본 담화에 참여한 일부 대화자들은 한 개의 의미를 가졌지만 다양한 상황에서 다르게 표현되는 어휘들의 차이점을 잘 구분하지 못하고 있는 것으로 보인다. 이 어휘들은 대부분 높임법과 관련된 어휘들인데 적절하게 사용하지 않으면 오해를 부를 수도 있는 어휘들이다. 또한 주체 높임에 대한 사용에 있어서 부적절함을 보였는데, 비교적 잘 사용하는 상대 높임에 비해서 주체 높임을 제대로 사용하지 못하는 것은 평소 사용빈도에 따른 익숙함 정도의 차이로 보인다. 다음으로 비속어에 대하여서는 친밀하지 않은 관계 속에서 비속어를 사용하는 것 자체가 상당히 거북한 일임에도 불구하고 망설임 없이 사용하는 것은 다양한 관계성 속에서 비속어에 대해 느끼는 감정정도에 대한 차이를 인식하지 못하고 있는 것으로 보인다. 목적의 부적절성에 있어서는 친밀하지 않은 관계성 속에서 청자와의 거리를 고려하지 않고 목적에 맞는 언어를 잘 사용하지 못해서 목적 자체가 변질되는 것을 확인할 수 있었다.

이러한 연구 결과는 외국인 한국어 화자들이 적절성을 가진 발화를 만들어 내지 못한다는 것을 이야기하며 이는 앞으로의 한국어 교육에서 학습자로 하여금 다양한 상황과 관계성 속에서 자신이 나타내려고 하는 의도를 적절하게 표현 할 수 있는 발화를 생성할 수 있도록 적절성 교육을 담당해야 한다는 것을 의미한다.

본 연구에서는 상황과 관계성이 이미 하나로 설계되어 있었기 때문에 친밀감이 높지 않은 개인 관계 속에서, 그리고 여러 주제를 가지고 이야기를 이어가는 상황에서 발생하는 부적절성만 관찰할 수 있었고, 다양한 상황과 관계성 속에서 발생할 수 있는 부적절한 발화는 확인하기가 어려웠다. 향후 연구에서는 외국인들이 실제적으로 대화를 하는 다양한 장소와 관계를 보여 줄 수 있는 자료를 통하여 적절성을 연구한다면 더 다양한 부적절한 발화를 볼 수 있을 것으로 기대된다.

<Abstract>

A study on appropriateness
in spoken Korean discourse of foreigners

Kim, Eun Young (Kyung Hee University)

The aim of this study is to find out whether appropriateness is considered in spoken korean of foreign speakers. To this, inappropriate utterances are looked and analyzed presented in the language of female marriage immigrants.

Chapter 1 describes the appropiateness on the general dialogue and the appropriateness as the language skills on language proficiency assessment in the leading major research studies and expresses the significance and need of this research. Chapter 2 looks at the Speech act theory and Communication theory. This paper defined the concept of 'Speech act' and looked its classification. The speaker in dialogue should generate the proper expression with these knowledge, and also the listener has to understand the speaker's intention. In communication theory, we have ascertained what kinds of communication skills are required in communication situation. Chapter 3 looks around notions of the appropiateness and looks at the components, a linguistic factor, a purposeful factor, a situational factor, and a relationship factor. Chapter 4 analyzes inappropriate utterances in spoken korean of foreign speakers.

This study showed the inappropriate expressions produced by foreigners. This means they can be likely to make some expressions which leads misunderstanding. As the results of studies, we can reach that the appropriateness training is required as a part of the korean education.

Key Words

appropriateness(적절성), linguistic factor(언어적 요소), purposeful factor(목적적 요소), situational factor(상황적 요소), relationship factor(관계적 요소)

한국어 비원어민 화자 간에 나타난 말 끼어들기 양상 연구

김영은 _경희대학교 국제교육원

1. 서론

인간의 언어활동 중에서 '대화'는 가장 기본적인 수단이다. 현대 사회에 가까워서는 '대화'와 같은 쌍방향 커뮤니케이션에 대한 관심이 높아지고 있으며 그 중요성 또한 커지고 있다. Sacks, Schegloff & Jefferson(1974:706)에서는 일상적인 대화를 주고받을 때 의식적이든 무의식적이든 자신의 발화 순서를 예측하고 발화를 시도하며 이렇게 무질서해 보이는 대화 속에서 말차례를 갖는 것은 체계성과 질서가 있다고 주장하였다.

그러나 실제 일상적인 대화에서는 이러한 발화 순서를 예측할 수 있을 만큼 일정한 체계나 질서를 갖추고 있다고 보기 어려울 정도로 매우 복잡하고 다양한 형태로 실현되고 있다. 가장 기본적인 예로 대화 하는 도중에 두 사람이 동시에 발화하여 말이 중복되는 현상이 나타나기도 하고 화자의 발화가 끝나기도 전에 청자가 발화함으로써 말이 중단되거나 상대에게 발언권이 넘어가기도 한다. 이러한 경우를 '말 끼어들기'라고 한다.

이러한 말 끼어들기는 대화 상황에서 긍정적인 의미로 보면 대화 참여자들 사이에 활발한 상호작용을 하고 있음을 알려주는 하나의 표지로서 역할을 한다고 할 수 있다. 그러나 말 끼어들기가 적절한 지점에서 실현되지 못했을 때 화자의 발화가 중단되어 대화가 자연스럽게 진행되는 데 장애가 되기도 한다. 그러므로 대화가 자연스럽게 진행되기 위해서는 적절한 지점에서 말 끼어들기를 해야 한다.

본 연구에서는 한국어 비원어민 화자 사이에서 다양하게 실현되는 말 끼어들기가 어떠한 양상으로 나타나는지 대화분석을 통해 살펴보고 분석한 내용을 토대로 한국어 교육에 적용할 수 있는 방법을 고찰해 보고자 한다.

2. 이론적 배경

2.1. 말차례 가지기

대화는 일정한 순서로 고정되어서 있는 것이 아니기 때문에 반드시 화자와 청자로 구성되어야 하고 서로 순환되어야 한다. 이것을 '말차례 가지기(turn taking)'라고 한다. 말차례 가지기는 대부분 자연스럽게 조절이 되는데, 이것은 화자와 청자 사이에 일정한 규칙을 가지고 있기 때문에 가능한 것으로 본다. 그러나 이러한 현상에서 분포가 어떻게 이루어지는지를 분명히 밝히기는 어렵다.

Sacks, Schegloff & Jefferson(1974:704)의 연구를 바탕으로 현재 화자가 다음 말차례의 할당을 제공하고 간격(gap)과 중복(overlap)을 최소화하기 위한 말차례 구조를 지배하는 규칙을 기본 세트로 하여 다음과 같이 제시하였다.

규칙

(1) 말차례 구성 단위(turn construction unit)를 시작하는 최초 추이적정지점에서의 모든 말차례 경우
  (a) 만일 '현재의 화자가 다음 화자를 선택'하는 기술을 사용하여 구성되어 있다면 그렇게 선택된 사람이 다음에 말할 수 있는 권리와 의무를 가진다. 다른 사람은 그러한 권리나 의무를 가지지 않고 양도는 그 자리에서 이루어진다.
  (b) 만일 현재의 '화자가 다음 화자를 선택'하는 기술을 사용하지 않고 구성되어 있다면 반드시 필요한 것은 아니지만 다음 화자에 대해 자기 스스로 선택해서 먼저 시작한 사람이 말차례의 권리를 가질 수 있고 양도는 그 자리에서 이루어진다.
  (c) 만일 '현재 화자가 다음 화자를 선택'하는 기술을 사용하지 않고 구성되어 있으면 반드시 계속할 필요는 없지만 다른 사람이 스스로 나서지 않는다면 현재 화자가 계속 이야기할 수 있다.
(2) 만일 말차례 구성단위의 최초 추이적정지점에서 1(a)나 1(b)가 작용되지 않고, 1(c)의 예측에 따라서 현재화자의 다음 번 추이적정지점에서 규칙 a-c가 다시 적용된다. 그리고 양도가 일어날 때 다음에 오는 추이적정지점마다 반복해서 적용된다.

그러나 실제 대화 속에서는 위에서 제시된 것처럼 규칙적으로 말차례가지기가 일어나지 않

고 말차례가가지기가 일어나는 '완결 가능한 지점(possible completion point)'을 명확히 알수 없다는 점에서 지적을 받았다. 이 후에 이러한 문제점을 보완하여 '완결 가능한 지점' 대신에 '추이적정지점(transition-relevance point)'이라는 용어를 사용하고 이를 구체화하기 위한 방법으로 '말차례 구성 단위(turn construction unit)'라는 개념을 도입하였다.

2.1.1. 추이적정지점

추이적정지점(TRP: Transition-Relevance Place)이란 잠재적인 화자 전이의 위치로 '화자가 말할 권리를 다음 화자에게 넘겨줄 것이라고 청자가 예상(project)할 수 있는 위치'를 가리키는 말이다(박성현, 1995:8). 말차례 규칙이 작용할 수 있는 지점이 추이적정지점이다. 대화 참여자들 사이에서 일어나는 말차례 안에서 추이적정지점에서 다른 사람에게 발언권이 넘어가게 된다.

초기에 Sacks, Schegloff & Jefferson(1974:702)에서는 말차례의 구성 단위인 어휘, 구, 절, 문장과 같은 통사론적인 단위에서 말차례 교대가 일어난다고 보았다.

이 후의 연구들에서는 통사적인 단위뿐만 아니라 말차례 단위를 통사적 종결, 억양 종결, 화용적 종결이 결합된 '복합 추이 적정 지점(CTRP: Complex Transition Relevance Place)'에서 말차례의 교대가 이루어진다고 보았다.

말차례 단위 중 통사적 종결은 완전한 절과 문장 뒤에서 다음 화자에게 발언권이 넘어가는 것을 의미한다. 이 때 질문에 대한 대답이나 청자반응신호(back-channel)도 통사적 완결의 범주에 넣을 수 있다. 억양적 완결은 억양의 높낮이로 발화가 완결되는 지점을 예측하여 발언권을 넘겨주게 되는 경우이다. 내용적 완결은 현재 화자가 발화한 내용이 종결된 후에 발언권이 넘어가는 경우로 화자의 발화에 대한 관심과 흥미를 나타내기도 하고 이해 또는 요청과 같은 발화를 통해서 말차례를 갖는 것을 이야기한다.

2.1.2. 대화의 겹침과 중단시키기

대화의 겹침(overlap)이란 현재 화자가 말을 하고 있을 때 청자가 발화를 함으로써 두 사람이 얼마동안 동시에 말을 하는 경우를 말한다. 이 경우 두 사람의 말이 겹침으로 인해서 의사전달이 제대로 되지 않을뿐더러 서로가 발화를 받아들이기 어렵게 되므로 어색한 분위기가 조성될 수도 있다. 구현정·전영옥(2005:146-147)에서 제시한 대화의 겹침이 일어나는 상황은 다음과 같다.

1. 겹침은 대화의 시작이나, 새로운 화제가 도입되었을 때, 처음 대화를 시작하려고 여러 사람이 동시에 말하는 경우에 나타난다.
2. 현재 화자의 말이 끝난 것으로 알고 다음 화자가 대화를 시작했지만, 현재 화자가 말을 계속하는 경우에 나타난다.
3. 현재 화자가 말하는 것에 덧붙여서 자신이 생각하는 바를 말하는 경우에 나타난다.
4. 같은 화제이지만 다른 말을 하는 경우에 나타난다.
5. 응답이 늦어져서 또 다른 발언을 시작하는 경우에 나타난다.
6. 현재 화자가 아닌 다른 참여자에게 말을 건네는 경우에 나타난다.

Sacks, Schegloff & Jefferson(1974)에서는 현재 화자가 말을 하고 있는 상태에서 다른 사람이 말을 시작하는 현상으로 '말의 겹침(overlap)'과 '말 중단시키기(interruption)'로 나누어 구분하고 있다.

이원표(1999:29-30)는 '말 중단시키기'라는 용어가 부정적인 의미를 내포하고 있다는 입장을 취하여 '말 끼어들기'[4]라는 새로운 용어로 정의하였다. 말차례가지기 규칙으로 볼 때 말 중단시키기는 대화에서 부정적인 영향을 미치는 경우라고 생각할 수 있다. 하지만 실제 대화에서 말 중단시키기는 다양한 형태로 나타난다는 점에서 부정적인 의미만 내포하고 있다고 보기 어렵다.

2.2. 대응쌍

앞서 제시한 말차례 가지기(turn taking)에서 가장 중요한 것은 현재 화자와 다음 화자 사이에 이루어지는 상호작용이다. 이러한 상호작용은 대화를 이끌어가는 이 둘 사이의 대응쌍(adjacency pair)을 만들게 된다. 이것은 질문을 하면 대답하고, 요청을 하면 그에 따라 행동하거나 변명을 하고, 제안을 하면 받아들이거나 거절하고, 인사를 하면 인사를 받는 것과 같이 일상적으로 대화에서 나타나는 묵시적인 규칙에 의해 만들어진 쌍이다(구현정·전영옥, 2005:150). 이는 '주는 말'과 '받는 말'이 쌍을 이루고 있어서 대응쌍이라고 하며, 서로 인접하게 배치되어 관련된 발화를 하는

Schegloff & Sacks(1973:265-266)에서는 대응쌍의 특징과 규칙[5]을 다음과 같이 정

---

4) 본 논문에서 이원표(1999)의 견해에 따라 '말 끼어들기'라는 용어를 사용하였다.

5) Schegloff & Sacks(1973)에서 대응쌍의 특징과 규칙을 제시하였다. (구현정 · 전영옥, 2005:150 재인용)

했다.

1. 인접해 있다.
2. 서로 다른 화자에 의해 발회된다.
3. 주는 말과 받는 말로 순서가 이루어진다.
4. 유형화되어 있다. 그래서 특정한 말에 대해서는 특정한 받는 말로 답해야 한다. 예를 들어 주는 말이 '인사'이면 받는 말은 '인사'여야 하고, 주는 말이 '질문'이면 받는 말은 '대답'이어야 한다.

3. 연구 방법

3.1. 연구 절차

본 연구에서는 한국어 학습자 간 말 끼어들기 현상을 분석하기 위해 가장 먼저 대화를 진행할 한국어 비원어민 화자를 선정하였다. 비원어민 화자는 유학생 그룹과 여성 결혼이민자 그룹으로 나누어 대화 자료를 수집하였다. '포커스 그룹(focused group)'으로 구성하여 참여자 간의 긴장성을 낮추어 자연스러운 발화를 할 수 있도록 하여 대화 자료를 수집하였다. 각 그룹마다 일상생활에서 접할 수 있는 주제를 주고 20~30분 정도 자연스럽게 이야기를 나눌 수 있도록 하였고 이를 비디오 자료와 오디오 자료를 동시에 녹음하였다. 이렇게 녹음된 자료를 두 차례로 나누어 전사 작업을 실시하였고 전사된 자료를 통해 비원어민 화자 간의 말 끼어들기 양상을 살펴보았다.

3.2. 연구 대상

한국어 비원어민 화자 간의 대화에서 말 끼어들기 양상을 살펴보기 위해 연구 대상을 여성 결혼이민자와 유학생 두 집단으로 구성하였고, 총 18명의 여성을 대상으로 하여 녹음을 실시하였다. 여성 결혼이민자의 경우 정규 한국어 교육 기관을 거치지 않고 실제 생활에서 언어를 습득한 그룹이며 유학생은 정규 한국어 교육을 거친 그룹으로 구성하여 학습 방식이 서로 다른 두 그룹으로 나누었다. 이들이 대화를 진행하는 중 자연스러운 말 끼어들기가 나타나야 하기 때문에 언어숙달도가 높은 고급 학습자를 대상으로 하였고 각 팀마다 세 명씩 대화에 참여할 수 있도록 하였다. 각 그룹마다 베트남, 일본, 중국 등 다국적 학습자를 한 팀으로 구성하여 모국어를 통해 의미협상을 하지 못하도록 하였다.

3.3. 자료 수집

본 조사의 연구 주제는 한국어 비원어민 학습자들이 자연스럽게 상호작용을 할 수 있도록 일상적이고 친근한 주제로 선정하였다. 본 조사에서는 녹음 및 녹화된 자료 중 다음 〈표 1〉에 제시된 것처럼 세 가지 주제를 선정하여 대화 자료 18개를 분석 대상으로 삼아 연구를 진행하였다.

<표 1> 토론 주제 및 녹화 분량

	주제	그룹	녹음 분량(분)	
			유학생	여성 결혼이민자
1	한국의 자선과 기부 문화에 대해 어떻게 생각합니까?	1	18	27
		2	19	40
		3	20	25
2	한국 사람에게 배우고 싶은 것과 배우고 싶지 않은 것은 무엇입니까?	1	24	18
		2	22	21
		3	20	20
3	스트레스를 언제 받고 어떻게 스트레스를 풉니까?	1	21	22
		2	21	22
		3	23	20

4. 한국어 비원어민 화자 간에 나타난 말 끼어들기 양상 분석

본 장에서는 전사된 자료를 임규홍(2001)에서 제시한 말 끼어들기 유형에 통사적 관점에서의 말 끼어들기 유형을 더하여 비원어민 화자 간 말 끼어들기 양성을 분석하였다. 이를 통해 비원어민 화자 간 대화에서 말 끼어들기가 어떤 유형적 특징을 가지고 있으며 유학생과 여성 결혼이민자의 대화에서 말 끼어들기 양상이 어떠한 차이점을 보이고 있는지 대화 자료 분석을 통해 살펴보고자 한다.

4.1. 방법의 관점에서 본 말 끼어들기

4.1.1. 표지로 본 끼어들기

4.1.1.1. 언어적 표지가 있는 끼어들기

일반적으로 대화에서 말 끼어들기는 언어적 표현에 의해서 이루어진다고 볼 수 있다. 상대방의 말 중간에 듣는 사람이 끼어들기 위해서는 상대방의 말을 받아 반복하거나 상대의 말을 끊어야 한다. 또는 주제를 전환하는 표지를 나타내야 한다(임규홍, 2001:325). 이와 같은 언어적 끼어들기는 표지의 유무에 따라 나눌 수 있다. 언어적 표지가 있는 경우 다시 언어적 표현을 그대로 함의하고 있는 끼어들기와 담화 표지인 청자반응신호를 통한 끼어들기로 나눌 수 있다.

(1) 언표적 표현으로서 말 끼어들기

언표적 표현으로 말 끼어들기를 하는 경우는 크게 세 가지 유형으로 나타난다. 첫째, 상대방의 발언에 대한 직접적인 반응 및 의도의 표현으로 말 끼어들기를 한 경우, 둘째는 상대방의 말을 문법적 결속장치(grammatical binder)를 사용해 말 끼어들기를 하는 경우이다. 문법적 결속장치는 접속이나 지시어, 대용어6) 등을 말한다. 마지막으로 상대방의 말을 반복하는 표현으로서의 말 끼어들기 유형이 나타난다. 이들 세 가지 유형을 세분화하여 살펴보면 다음과 같다.

① 직접적인 반응 및 의도 표현

말 끼어들기를 통해 상대방의 발언권을 빼앗기도 하고 단순히 반응만 표현하기도 한다. 이때 '잠깐만, 아니야, 맞아, 그래' 등의 표현을 사용한다. 다음은 언표적인 표현을 사용해 발언권을 빼앗는 경우이다.

[1]

SJ5: 아{ } 뭐랄까 바바리:: 아저씨?
SV4: 응, 바바리 아저씨! 언니 그냥 말해 봐요, 다 말했어요
SJ5: 나도 [두 번 있었어.]
SC6: **[아니]**, 경험이 있었냐구요.
SJ5: 난 두 번이 한 본 적 있어, 한국에서

자료 [1]은 SV4가 바바리 아저씨를 본 적이 있는지 묻자 SJ5가 대답하려는 중에 SC6이 '아

---

6) 여기서 대용어(anaphora)는 선행 단어나 문장, 담화가 있을 때 동어 반복을 피하기 위하여 대신해서 사용하는 단어들로서 언어 경제성과 언어의 자연스러움 등의 효과를 가져 온다. 그 예로는 이것, 저것, 그것,˙이러한, 그런, 저런, 이와 같은, 그 등이 있다(박영순, 2004: 92).

니'라고 말하면서 말 끼어들기를 하고 있다. '아니'는 상대방의 발화에 대한 부정이나 반대의 의미를 나타내는 표현으로 상대방이 잘못 발언한 것에 대해 부정하고 그 뒤에 발언권을 가지고 상대방의 발화 수정을 요구하는 발화가 뒤따른다. 직접적인 반응이나 의도를 표현하기 위해 발언권을 빼앗는 경우는 대부분 '아니/아니요'라는 표현을 통해 나타났다.

상대방의 발언권을 빼앗기도 하지만 상대방의 발언에 대해 반응만 표현하는 경우도 있는데 자료 [2]를 통해 살펴보기로 한다.

[2]

IJ2 : 한국에서는 다섯 시:: 여섯 시에 자도(잘) 모르지만 다섯 시에 끝나는 거 없죠?
IC3 : 네 [없어요.]
IJ2 : [여섯시.]
IV1 : 끝나도 한 여섯시 반 .
IJ2 : 네.
IV1 : [일곱시에요.]
IJ2 : **[맞아맞아**]맞아.
IV1 : 또 늦게까지 [거기.]
IC3 : [근데 여기-]
IJ2 : **맞아.**
IC3 : - 피할 수 없어⟨vocal desc = '웃음 소리, 흐흐⟩

자료 [2]는 한국에서는 직장이 늦게 끝나기 때문에 아이를 가진 여성들이 직업을 갖기 힘들다는 화제를 가지고 대화하고 있다. IV1이 직장이 끝나는 시간이 '일곱 시에요.'라고 이야기하는 동시에 IJ2가 상대방의 말에 동의한다는 표현으로 '맞아맞아.'라고 발화하였다. 이 때 상대방과 음성이 겹치는 말 끼어들기가 되었지만 상대방의 발언에 대한 반응을 나타냈을 뿐 발언권을 빼앗지 않았다. 그 다음에 이어지는 대화에서도 IV1과 IC3의 대화가 끝나지 않은 상황에서 다시 한 번 '맞아'라고 발화하면서 발언권을 빼앗지 않은 상태에서 상대방의 말에 반응하는 것을 볼 수 있다. 이와 같은 표현의 경우는 상대방의 발화 내용에 맞장구치는 기능으로 설명될 수 있다.

② 문법적 결속장치

문법적인 결속장치인 접속어, 지시어, 대용어를 사용한 말 끼어들기가 여기에 해당한다. 대부분 문법적인 결속장치 뒤에 자신의 반응과 함께 표현하고자 하는 의도를 드러낸다. 이와 같은 말 끼어들기는 대화의 진행을 이끌어가거나 상대방의 말에 대해 긍정적인 반응과 태도를 보여준다.

먼저 대화 진행을 이끌어 가는 경우를 살펴보면 화자가 말 끼어들기가 일어난 후에도 계속 발언권을 갖는 경우와 그렇지 못하고 발언권을 넘겨주는 경우가 있다. 다음은 화자가 문법적 결속장치 중의 하나인 접속어를 사용해 말 끼어들기를 하고 바로 발언권을 가지고 대화 진행을 이끌어가는 경우이다.

[3]

진 : 노원. 백화점 앞에 베트남 음식점이 있어요?
SC9 : 네
진 : 아~
SJ8 : 요즘은 잘 [1안가요.1]
SV7: [1근데, 〈X 저 안안X〉1]베트남 음식 맛있어요.
SJ8 : 근데 베트남 요리 먹고 싶어요. 인도 요리 가게도 많이 생기면 좋겠는데, 없어요.

자료 [3]은 SJ8의 발화가 끝나기도 전에 SV7이 '근데(그런데)'로 말 끼어들기를 해서 말이 겹치는 현상이 일어났다. '그런데'는 화제를 앞의 내용과 관련시키면서 다른 방향으로 이끌어 나갈 때 쓰는 접속어이다. SV7은 '그런데'를 사용해 중심 화제인 베트남 음식점 위치에서 베트남 음식의 맛으로 화제를 다른 방향으로 이끌어간다. 이처럼 '그런데'는 접속어로 사용할 때 다른 방향으로 화제를 이끌어가고자 하는 의도를 가지고 있기 때문에 상대방의 발화가 끝나기도 전에 의도적으로 말 끼어들기를 함으로서 발언권을 갖는다.

다음 자료 [4]는 접속어로써 '그러니까'를 사용해서 말 끼어들기를 한 경우이다.

[4]

진 : 제 서양 친구들하고 이야기를 해보면, 제가 무서운 이야기를 해 줬는데 서양 친구들
      안 무섭다고 해요.
SV7: 맞아. 맞아요. [1맞아요. 문화이-1]
진 : [1근데(그런데) 서양친구들1]이 저한테 무서운 이야기해줘도 저도 안 무서워요.
      [2〈vocal desc = '웃음 소리, 흐흐'〉2]

SJ8: [2〈vocal desc = '웃음 소리, 흐흐'〉2]
SV7: [2맞아요. 맞아요.2] [3맞아요.3]
진 : [3근까(그러니까)3] 문화차이가 있는 [4거-4]
SV7: [4문화 차이.4]

다음 자료 [4]는 무서운 영화에 관한 내용을 가지고 이야기를 나누고 있다. SV7이 진행자의 말에 동의하고 있을 때 진행자가 '그러니까'를 사용해서 발언권을 빼앗는다. '그러니까'는 앞에서 상대방이 발화하는 내용이 뒤에 나오는 말에 근거나 이유가 될 때 사용하는 표현이다. 즉 앞서 진행자 자신이 한 말에 대해 문화차이라는 근거를 제시하기 위해 말 끼어들기를 하고 있다. 이 때도 역시 '그러니까'를 사용해 의도적으로 발언권을 빼앗고 있다.

③ 반복

상대방의 말을 반복하는 방법으로 말 끼어들기를 하는 경우가 있다. 이것은 말을 끼어드는 사람이 상대방의 발언 가운데 구체적인 정보에 대한 반응을 나타낼 때 주로 나타난다. 상대방이 말을 할 때 구체적인 정보를 반복하면서 자신의 생각이나 느낌을 표현하게 된다. 일반적으로 상대의 말 가운데 하나의 정보를 반복하는 일부 반복 형태와 상대의 말 전체를 반복하여 말 끼어들기 하는 전체 반복의 형태로 나눌 수 있다.

다음에 제시된 자료 [5]는 상대방의 말의 일부를 반복하는 경우이다.

[5]

진 : 일본에 있을 때 나이 때문에 스트레스 안 받았어요?
SJ8: 네. 일본에 있으면 아직 스물세(23) 살이니까요. 그렇게까지 [1스트레스 므:: 1]
SV7: [1스물세(23) 살?1]
SJ8: 네.
SV7: [2그렇게 계산해-2]
SJ8: [2생일이 지나야2] 스물네(24) 살이거든요? [3원래는 스물넷(24)인데3] 아직 생일이
      안 지났으니까 스물셋(23)이에요.

자료 [5]에서 진행자가 SJ8에게 일본에서 나이 때문에 스트레스를 받았는지에 대해 질문하자 일본 나이로 23살이기 때문에 스트레스를 받지 않는다고 대답한다. 이때 SV7이 '스물세 살?'이

라고 질문하면서 말 끼어들기를 한다. 여기서 SV7은 앞서 상대방이 한 말 중 일부 정보인 '스물세 살'을 그대로 반복하면서 관심 및 놀람의 표현을 하는 것을 볼 수 있다.

다음은 상대방의 말 전체를 반복하면서 말 끼어들기를 하는 형태이다. 임규홍(2001:7)에서는 일반적으로 주고받는 말하기에서는 상대의 발언 가운데 구정보는 생략이 되고 신정보가 나타나는데, 담화에서 신정보를 그대로 반복한다는 것은 의미적으로 보면 선행 정보의 문장 전체를 반복하는 것으로 볼 수 있다고 하였다.

[6]

SJ2 : 일하지 않아도 돈이 그냥 자동적으로 들어오는 그 부동산 있잖아요. 그렇다면 부자
　　　 라 하는 데 자기가 열심히 벌어서 하는 얼마 일정하게 월급 받아도 그거 부자라고
　　　 안 하죠 .
　　　 한국, 한국에는 어떻게 부자예요?
진　 : 한국은 각자 개인마다 생각이 다를거 같아요. 저는 부자라면: 재산이, 10억 이상?
SJ2 : 10억 이상::네.
모두 : 〈vocal desc = '웃음 소리, 하하'〉
SC3 : 10억 아파트면 두?
SJ2 : **10억이라면 아파트 조금 좋은 아파트-**

자료 [6]에서 한국의 부자에 대한 화제로 이야기가 전개되는데 SC3가 발언권을 가지고 대화를 이끌어 가려는 도중에 SJ2가 상대방의 발화를 반복해서 말 끼어들기를 하고 있다. SJ2는 상대방의 말 전체를 반복해서 말 끼어들기를 하는데 이 때 상대방의 말을 반복하는 것은 상대방의 말에 부연설명을 하기 위한 것임을 알 수 있다.

이상으로 언표적인 표현으로서의 말 끼어들기 양상을 살펴보았는데 여성 결혼이민자와 유학생의 경우를 나누어 빈도를 정리해 보면 다음과 같다.

<표 6> 언표적인 표현으로서의 말 끼어들기 빈도

끼어들기 양상 / 대상	직접적 반응 및 의도 표현		문법적 결속장치		반복하기		계
	발언권 빼앗기	반응 표현	대화 진행 이끌기	상대방의 말 수용	일부 반복	전체 반복	
여성 결혼이민자	11회 (10.3%)	20회 (18.7%)	23회 (21.5%)	1회 (0.9%)	43회 (40.2%)	8회 (7.5%)	107회 (100%)

유학생	10회 (6.1%)	40회 (24.5%)	53회 (32.5%)	8회 (4.9%)	40회 (24.5%)	12회 (7.4%)	163회 (100%)

여성 결혼이민자의 경우 직접적인 반응 및 의도 표현을 위한 말 끼어들기는 발언권을 빼앗기 보다는 반응 표현을 위해서 사용되는 경우가 더 많았고 문법적 결속장치를 사용해 말 끼어들기를 한 경우에는 대부분 대화의 진행을 이끌기 위해서 사용하는 것으로 나타났다. 여성 결혼이민자의 경우 언표적인 표현을 사용해 말 끼어들기를 할 때 상대방의 말을 반복해서 끼어드는 유형이 51회(47.7%)로 가장 높은 빈도를 보였다. 이는 유학생보다 여성 결혼이민자의 경우 반복하는 방법으로 상대방의 말에 대해 관심과 놀람 등 자신의 생각을 표현하는 것으로 생각해 볼 수 있다.

유학생의 경우도 언표적인 표현을 사용해서 직접적인 반응 및 의도를 표현할 때 발언권을 빼앗기보다는 반응을 표현하기 위한 말 끼어들기가 더 많이 나타났고 문법적 결속장치 표현을 사용할 때는 대화의 진행을 이끌기 위한 말 끼어들기가 53회(32.5%)로 나타났다. 비록 문법적 결속장치를 사용해 상대방의 말을 수용하는 말 끼어들기가 8회(4.9%) 밖에 나타나지 않았지만 '그러니까'와 같은 표현을 통해 상대방의 말에 수용하는 태도를 보여줄 수 있음을 명확히 알고 담화 내에서 사용하였다. 다음으로 상대방의 말을 반복하면서 말 끼어들기를 하는 경우는 52회(31.9%)로 나타났다. 유학생의 경우 언표적인 표현으로서 직접적인 반응 및 의도 표현, 문법적 결속장치, 반복하기를 통한 말 끼어들기가 고루 나타나는 것을 알 수 있다.

(2) 담화 표지로서 끼어들기

담화 표지로서 끼어들기는 청자반응신호를 사용해 말 끼어들기를 하는 것이다. 청자반응신호는 화자가 말하는 동안에 그 말에 대한 관심이나 참여 또는 관여의 표시로서 보내는 반응을 말하는데 주로 '응, 어, 네, 예, 음, 야'와 같은 표현이 사용된다. 이 때 상대방의 발언에 대한 반응을 보이는 데서 끝나기 때문에 이전에 말을 했던 사람이나 다른 사람이 발언권을 가지게 된다. 그렇기 때문에 발언권을 빼앗을 의도가 아니라는 점에서 대화를 긍정적으로 유도하는 역할을 수행하고 있다고 할 수 있다. 이들 각각의 청자반응신호는 화자의 억양에 따라서 다양한 반응을 보이는데 자료를 통해 살펴보면 다음과 같다.

① 응

다음 자료 [7]은 한국의 기부문화와 다른 나라의 기부문화가 어떠한 차이가 있는지에 대한 화제가 전개되고 있다.

[7]

IC3 : [중국에도] 비슷해요.

IJ2 : 응.

IV1 : 근데 음 우리나라에 가난한 사람 너무 많아서 진짜 가난이나

IJ2 : 응.

IV1 : 그 무슨:: 전쟁에 [1있는1]-

IJ2 : [1응응응.1]

IV1 : - [2 전쟁 많잖아요.2]

IJ2 : [2응응응.2]

IV1 : 그 사람한테만-

IJ2 : 응.

IV1 : - 그 도와 줄 수 [있어요.]

IJ2 : [응응.]

[7]의 중반부를 보면 IV1의 발화하고 있는데 IJ2가 '응'을 연속적으로 발화하면서 말의 겹침 현상이 나타나는 것을 볼 수 있다. IJ2가 여기서 반복적으로 '응'을 사용하는 것은 앞서 상대방이 말한 내용에 대해 같은 생각을 하고 있음을 나타내며 동의를 하거나, 공감의 표시를 하면서 말 끼어들기를 하고 있다고 할 수 있다.

자료 [7]에서 제시된 '응'은 반응을 표현하는 데에만 그쳤다면 자료 [8]에 나타난 '응'은 반응 표현과 동시에 반응을 요구하는 부분이 합쳐진 경우라고 볼 수 있다. 즉 반응 표현으로 사용된 단위에 의문 억양이 겹침으로써 반응을 요구하는 의미로 이루어지는 것으로 보인다.

[8]

IV4: 응 아플 때나 음~ 말 안 들으면 스트레스 많이 받고 어떻게 스트레스 풀려면 왜냐면 뭐 〈@과자에나 먹는 거 많이 먹어요.@〉

IJ5: 〈Vocal desc='웃음, 흐흐'〉 맞아요. 나도 그래요.

IV4: 그리고

IJ5: 응

IV4: 혼자 혼자 있고 싶고.

    IJ5: <u>응?</u>
    IV4: 혼자
    IJ5: 응
    IV4: 혼자 있으고 있고 싶고 다른 사람 이야기 하고 싶지 않아 혼자 [1있고1]
    IJ5: [1있고1] 있고 싶으고? 음

자료 [8]의 IJ5의 '응?'은 상대방인 IV4가 발화한 것을 들었다는 반응 표현을 위한 것과 상대방의 말을 정확히 듣지 못했기 때문에 다시 발화해 주기를 요구하는 것으로 두 가지의 기능적인 의미를 담고 있다.

이 외에도 다양한 청자반응신호로서 말 끼어들기 양상을 살펴보았다. 그 빈도를 제시하면 다음과 같다.

<표 7> 담화 표지로서 말 끼어들기 빈도수

	응	음	네	예	어	아	에	기타	계
여성 결혼 이민자	147회 (52.1%)	66회 (23.4%)	23회 (8.2%)	6회 (2.1%)	10회 (0.4%)	21회 (7.4%)	4회 (1.4%)	5회 (1.8%)	282회 (100%)
유학생	59회 (34.9%)	29회 (17.1%)	37회 (21.9%)	4회 (2.4%)	5회 (3.0%)	30회 (17.8%)	0회 (0.0%)	5회 (3.0%)	169회 (100%)

앞서 언표적인 표현으로서의 말 끼어들기의 빈도가 유학생이 더 높은 반면, 청자반응신호를 사용한 말 끼어들기는 여성 결혼이민자가 282회로 더 많이 발화된 것을 볼 수 있다. 즉, 여성 결혼이민자는 표지가 있는 말 끼어들기를 할 때 직접적으로 언표적인 표현을 사용하기보다는 청자반응신호를 사용해 상대방의 말에 반응을 표현한다는 것을 알 수 있다. 또한 청자반응신호는 상대방의 발언권을 빼앗거나 흐름을 방해하고자 하는 의도가 없다는 점에서 볼 때 여성 결혼이민자의 경우 적절한 추이적정지점을 예측하여 상대방의 발화가 끊어지지 않고 자연스럽게 진행되는데 도움을 준다고 볼 수 있다. 이 때 사용한 청자반응신호의 빈도를 순서대로 살펴보면 응(52.1%), 음(23.4%), 네(8.2%), 아(7.4%), 예(2.1%), 에(1.4%), 어(0.4%), 기타(1.8%)로 나타난다. 가장 높은 빈도가 나온 '응'은 질문에 대한 대답으로서의 발화이기 보다 상대방이 발화할 때 말차례 단위마다 특별한 의미를 갖지 않고 습관적인 발화로 나타나는 것을 볼 수 있었다.

유학생의 경우는 여성 결혼이민자 그룹과는 달리 언표적인 표현을 통한 말 끼어들기가 163회, 청자반응신호를 통한 말 끼어들기가 169회로 빈도가 거의 비슷하게 나타났다. 이것은 유학생 그룹의 경우는 상대방의 말에 끼어들기를 할 때 언표적인 표현과 청자반응신호를 모두를 적절하게 구사해 담화 상에서 사용하고 있다고 볼 수 있다. 청자반응신호의 빈도를 순서대로 나열해보면 응(34.9%), 네(21.9%), 아(17.8%), 음(17.1%), 어(3.0%), 예(2.4%), 기타(3.0%) 순으로 나타난다.

4.1.2. 표지 없는 말 끼어들기

표지 없는 말 끼어들기는 앞서 살펴본 언표적인 표현이나 청자반응신호를 사용하지 않고 상대방의 말에 아무런 표지 없이 끼어들기를 하는 것을 말한다. 즉 상대방의 말에 대한 반응을 보이거나 발언권 얻고자 할 때 특별한 담화 전략 없이 곧바로 자신의 발언권을 행사하는 경우이다. 구체적으로 살펴보면 다음과 같다.

[9]

IC9: 근데 처음 한국에 나올 때 절=절할 때 진짜 민망했어.

IJ8: 네::

진 : 음::

IJ8: 〈@그래요?@〉 〈vocal desc = '웃음 소리', 아하하〉

IC9: 안 해쓰=우린 안 했으니까

IJ8: 아:: 저희는::

IC9: **일본에서 아마 할 거야.** 근데 우리는 잘 안하잖아. 그런 거

IJ8: 응. 아:: 그런가? 그리고-

IC9: 〈sound desc = '전화벨소리'〉

IJ8: 그리::이:: 그거 제일인가?

IC9: 응.

자료 [9]은 IJ8이 발언권을 가지고 이야기 하려고 하자 IC9가 일본에서는 절을 할 것이라고 추측하면서 발언권을 빼앗아 말 끼어들기를 한다. 이 때 상대방의 발언에 대한 어떠한 반응이나 말 끼어드는 표지가 표면적으로 나타나지 않는 것을 볼 수 있다. 표지 없는 말 끼어들

기가 때로는 담화의 진행을 부자연스럽게 하는 경우가 있는데, 위에 제시된 자료에서도 IJ8이 발화하는 중에 IC9가 갑자기 표지 없이 말을 끼어드는 바람에 IJ8이 당황하는 것을 발견할 수 있다.

표지의 유무에 따라 두 그룹에서 어떠한 빈도를 보이는 지 살펴보기 위해 다음과 같이 표로 제시해 보았다.

<표 8> 표지의 유무에 따른 말 끼어들기 빈도수

	표지 있는 말 끼어들기	표지 없는 말 끼어들기	계
여성 결혼이민자	435회(81.6%)	96회(18.4%)	531회(100%)
유학생	461회(66.1%)	236회(33.9%)	697회(100%)

여성 결혼이민자 그룹은 총 531회의 말 끼어들기가 일어났는데 이 중 표지 있는 말 끼어들기가 435회(81.6%), 표지 없는 말 끼어들기 96회(18.4%)로 나타났다. 이는 여성 결혼이민자의 경우는 언표적인 표현이나 담화 표지를 사용해서 상대방의 말에 끼어들기를 하는 횟수가 많다는 것이다. 그러나 유학생의 경우 상대적으로 여성 결혼이민자에 비해 표지 없는 말 끼어들기가 461회(66.1%)로 더 많이 일어나고 있는 것을 알 수 있다. 곧, 상대방의 말에 대한 반응을 보이거나 발언권 획득과 같은 담화 책략이 없이도 말 끼어들기를 많이 시도하는데 다시 말해서 유학생의 경우 적극적으로 대화에 동참하여 상대방의 말에 지지한다는 것을 밝히거나 고의적으로 자신의 의견을 내세우기 위해 발언권을 빼앗는 경우에 담화표지 없이 곧바로 자신의 말을 표현한다고 볼 수 있다.

4.1.2. 형태로 본 말 끼어들기

4.1.2.1. 겹치는 말 끼어들기

말 끼어들기 현상에서 말하고 있는 사람과 말 끼어들기를 하는 사람과의 말이 음성적으로 겹쳐서 나타나는 경우와 그렇지 않은 경우가 있다. 임규홍(2001:10)은 이러한 말이 겹치는 끼어들기는 처음부터 나타나는 경우는 거의 드물고 대부분 화자가 말이 끝나지 않는 끝부분에서 자주 일어나고 처음부터 서로의 말이 겹치는 경우는 거의 불가능하다고 보았다. 또한 이러한 겹치는 끼어들기는 상대방의 말에 대한 반론을 펼 경우 적극적인 끼어들기로 나타나는 현상으로 보았다.7) 그러나 비원어민 한국어 화자를 대상으로 한 자료에서는 반론을 펼치기 위한 겹치는 말 끼어들기는 거의 나타나지 않았다. 대신 그 외에 다양한 형태로 겹치는 말 끼어들기가 나타나는 것을 알 수 있었는데 이를 간단한 유형과 대화 자료를 통해 자세하게 살펴보도록 한다.

겹치는 끼어들기를 최종적으로 발언권을 누가 가지느냐에 따라서 몇 가지 형태로 나눌 수 있다. 첫 번째로는 아래 제시된 유형처럼 처음 발언권을 가진 화자 A에게 겹치는 말 끼어들기 현상이 나타난 후 다시 발언권이 주어지는 형태이다. 즉, 최종 발언권을 가진 것은 A이다.

① A발화-AB겹침-A발화

위의 말 끼어들기 형태는 A가 말을 하는데 B가 끼어들어 A와 B의 발언이 겹쳤으나 B의 말 끼어들기와 상관없이 다시 A가 발언을 계속하는 경우이다.

[10]

SV1 : 그 좀 좋은 좋은 기쁜 일이 생기면 같이 이해해주고 아 좋았어요. 예 맛있는 것이
　　　있으면 갖다 주고
SJ2 : [음::]
SC3 : [네]
SV1 : 그냥 주고 받는 거예요. 그러 그런 식으로. 여기서 훨씬 더 따뜻하고 좋은 것 같아
　　　요. 여 기서는 너무 뭐랄까? 음 서로 몰라서 그렇게 살게. 그렇게 살면 음:: 뭐랄까
　　　요즘은 어떤 어떤 어떤 문학가가 이케 조금 사람의 사람 사는 마음이 좀 뭐랄까
SC3 : 네
SV1 : 어떤 **[표현이 있는데]**
SC3 : **[멀어 멀어지고]**
SV1 : 네 멀어지고 또 냉정해지는
SC3 : 네.

자료 [10]는 변화하는 사회 속에서 이웃과의 관계에 대해 이야기 하고 있다. SV1이 말하고자 하는 표현이 생각이 나지 않는 듯하자 SV3가 적절한 표현을 찾아주기 위해 갑자기 말 끼

---

7) Sack, Schegloff & Jefferson(1974)은 말의 중복을 한 사람이 이미 말하고 있는 상태에서 다른 사람이 말을 시작하여 발언권을 빼앗는 행위의 하나로 보는데, 상대의 발언에 대한 반론의 형태를 띠고 있다(임규홍, 2001 재인용).

어들기를 한다. 상대방이 하고자 하는 말을 보충해주기 위해 끼어들기를 해서 말이 겹치게 되었는데 결과적으로는 SV1이 하고자 한 표현에 가깝게 다가갈 수 있는 역할을 해 주었다. SC3이 갑자기 어떠한 담화표지 없이 말 끼어들기를 했지만 대화의 장애가 되기 보다는 오히려 화자를 돕는 긍정적인 영향을 주었다. 먼저 발화한 SV1은 SC3이 갑자기 말 끼어들기를 해서 잠시 발언권을 잃는 듯 보였는데 SC3의 동시 발화가 끝나자마자 다시 SV1이 발언권을 얻어 화제를 이끌어 가는 것을 볼 수 있다. 곧, SC3의 말 끼어들기는 상대방이 말을 하는데 화제를 계속 진행하도록 도와준다. 그러나 이와 같이 화제를 이끌어내기 위해서 말의 겹침이 일어나는 경우는 많지 않다. 대부분의 처음 발화를 시작한 화자에게 다시 발언권이 돌아가는 경우는 상대방의 발언에 대한 반응 표현으로 말 끼어들기를 할 때이다. 다시 말해 상대방의 발언에 대해 반응을 표현할 때 발언권을 빼앗기 위한 의도를 가지고 있지 않기 때문에 말의 겹침 이후에 처음 발화한 화자에게 발언권이 넘어갈 수 있는 것이다.

② AB겹침 - A발화

②번 유형은 앞 서 ①번과 같이 발언권을 가진 A가 겹치는 말 끼어들기가 일어난 후에 다시 발언권을 얻게 된다는 점에서 동일하다고 할 수 있다. 그러나 ②번 형태는 처음부터 A와 B의 발화가 겹치게 되고 A가 다시 발언권을 얻게 된다. 다음 자료 [11]를 통해 ②번 유형의 겹치는 말 끼어들기를 살펴보기로 한다.

[11]

SV4: 스트레스는 어떻게 풀었어요?
SC6: 그냥,{ } 쇼핑하거나:: XX는, 그냥 목적없이.
SV4: 그냥 보고?
SJ5: 응, 응, 응.
SV4: [**공부하는 ....**]
SC6: [**뉴스도 보고,**]
SV4: 뉴스! 뉴스! 〈vocal desc = '웃음 소리, 흐흐'〉
SC6: 〈@정치도 보고@〉〈vocal desc = '웃음 소리, 흐흐'〉
SV4: 화아!

다음 자료에서는 스트레스 푸는 방법에 대해서 이야기 하고 있다. SV4가 SC6에게 "그냥 보고?"라며 재차 질문을 던졌을 때 SJ5가 발화할 차례가 아닌데도 불구하고 갑자기 반응하는 표현을 보이고 있다. 원래대로라면 SV4의 질문에 SC6이 대답을 해야 하는데 갑자기 SJ5의 발화 때문에 발언권이 자유로워지자 SV4와 SC6이 동시에 발화하게 된다. 그런 다음에 다시 SV4가 상대방의 말을 반복하면서 발언권을 다시 얻는 것을 볼 수 있다.

두 번째로 A가 발화를 시작했지만 겹치는 말 끼어들기 이후에 B에게 발언권이 넘어간 경우를 살펴보기로 하겠다. 겹치는 형태를 보면 다음과 같다.

③ A발화 - AB겹침 - B발화

위 ③번 유형에서는 A가 발화를 하고 있는 도중에 B가 말 끼어들기를 해서 결국 발언권까지 빼앗는 형태이다. 곧 B는 의도적으로 상대방의 발언권을 빼앗기 위해서 말 끼어들기를 시도한 것으로 볼 수 있다. 다음 자료를 통해 구체적으로 살펴보겠다.

[12]

IC4: 궁금해요~ 종로삼가역 이거 어딘데요, 아저씨 왜 많아요?

진 : [종로삼가]

IC4: [이렇게] 아저씨 진짜 많다.

진 : 아~ 종로 삼가역에?

IJ4: 종로삼가? 왜 저 강변역에 항::상 계세요 거기 [다리가 없는 분이]

IC4: [가가면 무서워요.] 다 이렇게 아저씨, 할아버지,

진 : 네~ 좀 무섭죠?

처음에는 IC4가 화제를 제시하고 이끌어 갔지만 진행자의 발화에 이어 IJ4가 발언권을 얻어 발화하고 있다. 그 때 IC4가 표지 없이 겹치는 말 끼어들기를 하면서 IJ4의 말을 중단시키고 발언권을 빼앗는 것을 볼 수 있다. 이러한 ③번 유형의 겹치는 말 끼어들기가 가장 빈번하게 일어났다.

겹치는 말 끼어들기의 ③번 유형도 ②번 유형과 같이 처음부터 겹쳐서 말 끼어들기가 일어나는 경우가 있는데 이는 결과적으로는 발언권이 B에게 돌아간다는 것에서 그 차이가 있다.

④ AB겹침 - B발화

다음 대화는 한국에서는 길에 쓰레기통이 많이 없어서 불편하다는 점에 대해 이야기를 나

누고 있다.

[13]

IC6: 저 쓰레기 저 쓰레기 있을 때 그 쓰레기통 찾아:: 아 없어요. 아 그냥 집에 가요.
IJ5: 그래요.
IC6: 네. 그냥 버리면 창피해요. 그냥 집에 쓰레기 있으니까 가요.
진 : [저도 자주 그래요.]
IC6: **[진짜 쓰레기통 조금만]** 있어요.
IV4: 어 베트남은 거의 없어요. 쓰레기통이.
진 : 쓰레기통? 어::
IV4: 그냥 막 길에 팍 팍 던:: 버려요.
진 : 음::

자료 [13]에서는 IC6이 주도적으로 화제를 전개해 나가다가 발화를 끝마치자 진행자가 발언권을 가지고 말을 시작하려고 한다. 이때 다시 IC6이 발화를 시작하므로 두 화자의 말이 겹치게 되었다. 진행자는 적절하게 추이적정지점을 예측하고 발언을 한 반면 IC6는 앞서 발화를 끝내고 상대방에게 말차례를 넘겨줘야 하는데 다시 발화를 시작한다. 이 때 말의 중복이 일어났음에도 불구하고 진행자의 발언이 끝난 후에도 발언권을 계속 유지하고 있는 것을 볼 수 있다.

마지막으로 최종 발언권이 말을 시작한 A도 아니고 말 끼어들기를 한 B도 아닌 제 삼자인 C에게 발언권이 넘어가는 경우이다.

⑤ A발화 - AB겹침 - C발화

⑥ AB겹침 - C 발화

C에게 발언권이 넘어가는 말 끼어들기의 유형도 두 가지로 나눌 수 있다. 자료를 통해 각각의 유형을 살펴보기로 한다.

[14]

SJ2 : 거 저번에도 나 버스 탔는데 내가 짐이 좀 많았어요. 가방 크고 그래서 거기 앞에 있던 아줌마가 짐 들어준다고 그래서 진짜로

SC3 : 아

SJ2 : 감사합니다. 〈vocal desc = '웃음 소리, 흐흐'〉〈@다다음 코너에서 [1내리는데1]@〉

SC3 : [1그렇죠1]

SV1 : 맞아. 오히 오히 젊은 사람들 말고 고 오히려 좀 **[1나이 든 사람1]**

SJ2 : **[1약간1]**

SC3 : **[2맞아요 맞아.2]**

SV1 : **[2약간 아줌마2]**

SJ2 : 아줌마들 [3아저씨들3]

SV1 : [3같은 사람들3] 아주 잘해줘요. 양보 많이 해줘요.

자료 [14]에서는 겹치는 말 끼어들기가 빈번하게 일어나고 있다. SV1 발화하는 중에 SJ2가 말 끼어들기를 함으로써 발화가 중단되었고 대화를 듣고 있던 SC3가 동의하는 표현으로 발언권을 갖는다. 이 때 SV1이 다시 발언권을 찾기 위해서 SJ2의 발화한 내용 중 일부를 반복하면서 SC3와 말이 중복되는 현상이 일어난다. 말차례를 갖는 순서대로라면 SJ2의 말 중복 이후에 다시 SV1이 발언권을 얻어 대화를 진행해 가야 하지만 SC3가 갑작스럽게 상대방의 말에 반응하는 표현을 사용함으로써 다시 한 번 겹치는 말 끼어들기가 일어났다고 볼 수 있다.

다음 자료 [15]은 ⑥번 유형의 겹치는 말 끼어들기이다. 이 유형은 처음부터 동시에 발화가 시작되고 그 뒤로 겹치는 발화가 끝난 후에 제 삼자에게 발언권이 넘어간다.

[15]

IJ2 : 〈@뭐가 있지?@〉 으:: 기부

IC3 : 아::~ 지하철에서 −

진행자 : [응~]

IC3 : − [지하철]에서 저 가끔씩, 사람들이 이케 모여서 뭐 불쌍한 사람 돕기 뭐 그런 거,

IJ2 : **[아::~]**

IV1 : **[대개 쪽지]−**

IC3 : 〈X상자를X〉 −

IC3 : 아 그쵸.

자료 [15]에서는 SC3가 발언권을 가지고 지하철에서 어려운 사람 돕는 것에 대해 이야기하고 있다. SC3의 발화가 끝나자마자 SJ2는 상대방의 말에 반응하는 표지로서 '응'이라고 발화했고

SV1은 SC3의 발화에 부연 설명하기 위해 표지 없이 말 끼어들기를 한다. 이 때 두 사람 간의 말 겹침이 일어났고 다시 발언권은 처음 발화자인 SC3에게 넘어가게 된다.

겹치는 말 끼어들기 ⑤, ⑥번 유형은 대화가 진행되는 동안 세 명의 화자가 발언권을 얻고 있는데 다시 말해 적극적으로 화자들이 대화에 참여하고 있음을 알 수 있다.

4.1.2.2. 겹치지 않는 끼어들기

다음으로는 겹치지 않는 끼어들기에 대해 살펴보고자 한다. 대부분의 정상적인 대화 속에서는 말차례를 가질 때 겹치는 끼어들기보다 겹치지 않는 형태로 말 끼어들기가 일어난다. 겹치지 않는 말 끼어들기는 대화를 할 때 상대방의 말이 종결된 것으로 추측하고 말 끼어들기를 하는 경우를 말한다. 이와 같은 경우에는 화자가 발언을 끝내지 못한 상태에서 청자에게 발언권을 일시적으로 빼앗기게 된다. 이 때 앞선 화자가 다시 발언권을 되찾아와 동일한 주제에 대한 발화를 진행하는 경우와 말 끼어들기를 한 청자가 발언권을 빼앗은 상태에서 담화를 이끌어가는 경우 두 가지로 나눌 수 있다.

앞 선 화자가 다시 발언권을 되찾아와 발화를 진행하는 경우는 다음과 같다.

⑦ A발화 - B발화 - A발화

A가 발언을 하고 있는데 B가 끼어들었고 다시 A가 발언권을 찾아간 경우이다. 끼어들기의 대부분은 이러한 형태를 보이고 있다.

[16]

IV4: 텔레비전에 막 나오고 연예인들
진 :   네~
IJ4: 그래서 한국에 계시는 연예인들이 조용필도 그-
IV4: 보통::
IJ4: 심장병 아이들이한테 많이 기부하는 거 들었어요.

자료 [16]은 IJ4가 발언권을 가지고 이야기를 진행하는 중에 말하고자 하는 것을 끝마치지 못한 채 IV4에게 발언권을 빼앗긴다. IV4는 담화표지 없이 말 끼어들기를 시도해서 발화를 하려고 하지만 다시 IJ4가 말 끼어들기를 해서 발언권을 넘겨주고 있다. 이 때 IJ4는 앞서 말하던 내용을 끝마치기 위해서 IV4가 일시적으로 빼앗아 간 발언권을 다시 되찾고 있는 것을 알 수 있다.

이와 같은 겹치지 않는 말 끼어들기는 다음과 같은 몇 가지 양상을 보인다.

[17]

SV1 : 어떤 지역인지 모르겠지만 –

SC3 : <u>네.</u>

SV1 : – 사람들이 많이 죽었대요.

SC3 : <u>음음음.</u>

SV1 : 그리고 집도 많이 무너졌고. 그때는 거의 여기 서울사람들이 모여서, 예 다 돈을,

SC3 : 그렇구나.

SV1 : 네. 그런 것들 게 또는 게

SC3 : <u>응.</u>

SV1 : 내서 돕기 위해서 돈을 모으는, 그런 그런 것도 들었어요.

SC3 : 네.

앞서 제시한 자료처럼 발언권을 청자에게 빼앗기는 경우는 청자반응신호를 사용할 때 가장 많이 나타나는 형태라고 할 수 있다. 이는 상대방의 발언에 대한 청자의 반응을 담화 표지 형태로 표현하기 때문에 청자가 발언권을 가지기 보다는 이전에 말을 한 화자에게 발언권을 넘기게 된다. 자료에서도 청자반응신호 '응, 네'의 경우도 SV1의 발언에 대한 단순한 반응을 표현하고 있기 때문에 발언권을 가지지 않고 다음 화자에게 발언권을 넘겨주는 것을 볼 수 있다. 그리고 청자반응신호를 통한 것뿐만 아니라 SC3가 발화한 '그렇구나.'와 같이 언표적 표현으로 직접적인 반응을 나타내는 경우에도 발언권을 가지기보다 상대방에게 발언권을 넘겨주는 것을 알 수 있다.

다음으로 상대방의 말을 반복하면서 끼어들기를 한 경우에도 화자의 발화에 대한 반응을 표현하는 경우도 있다.

[18]

진 : 건강을 중요하게 생각하는 점?

IJ5 : 네. 그런거 건강하는 음식을 많이 먹고:: 나물같은거::

IV4 : 건강 위해서 많이 생각해요. 베트남은요 지금 병을 발견하면은 마지막:: 병 병

진 : 병:: 아::

IV4 : 병을 발견을 발견을 하면:: 그 마지막이::

진 : <u>병을 발견하면</u>

> IV4: 병을 발:: 마지막이 죽어:: 건강에 별:: 병원도 별로 안다니고 건강에 별:: 그냥 먹어
>   먹어::
> 진 : 네::

IV4가 발언하는 도중에 진행자가 화자가 말한 내용의 일부를 반복함으로써 말 끼어들기를 했다. 그러나 이 때 진행자가 말 끼어들기를 한 것은 상대방의 발언권을 **빼앗기** 위한 의도이기 보다는 반응의 표현으로 앞서 발화한 화자의 말을 반복하면서 끼어들기를 하고 있는 것이다. 그러므로 진행자는 발언권을 **빼앗기** 위함이 아니기 때문에 다시 발언권은 IV4에게 넘어가서 동일한 주제에 대한 발화를 진행하게 된다.

두 번째로 겹치지 않는 말 끼어들기의 유형은 말을 끼어든 사람이 계속 발언권을 가지고 발언을 진행하는 경우이다.

⑧ A발화 – B발화

이 경우는 A가 말을 하는 중에 B가 끼어들어서 계속 발언권을 가지고 이야기를 진행하는 경우이다. 다음 자료를 통해 살펴보기로 한다.

[19]

> 진   : 일본에서는 얼마정도 있어야 부자예요?
> IJ2 : 얼마정도: 잘 모르지만, 뭐 부동산 갖고 있어야 부자가 시작되죠. 그냥 자기 집에만
>   갖고 있다라는 것은 별로 부자라고 아니고요. 다른 부동산. 네(일본어), 한국처럼 그
>   전셋집에 다른 거 갖고 있거나 부동산 땅 갖고 있거나: 음:
> 진   : 베트남이나 중국은 얼마정도 있어야 부자예요?
> IC3 : 중국, 삼성 ,엘 엘지 이런 사 회장님처럼 같아요. 돈 〈@마니 마니@〉–
> **IV1: <u>진짜 부자 얼만 얼마나 부자 되는지 진짜 정답을 못해요. 몰라요.</u>**

자료 [17]은 각 나라에서의 부자의 기준에 대해서 이야기 하고 있다. 진행자가 베트남과 중국의 경우는 얼마가 있어야 부자가 되는지 질문을 던지자 IC3가 먼저 발언권을 얻어 발화하는 중에 미처 이야기를 다 마치지 못한 상태에서 IV1이 말 끼어들기를 한다. IV1은 말 끼어들기를 한 후에 계속해서 발언권을 이어 나가는데 이는 자신의 생각을 표현하기 위해 의도적으로 말 끼어들기를 한 경우라고 할 수 있다.

<표 9> 형태로 본 말 끼어들기 빈도

	겹치는 말 끼어들기			안 겹치는 말 끼어들기		계
	발언권 A	발언권 B	발언권 C	발언권 A	발언권 B	
여성 결혼 이민자	20회 (3.8%)	53회 (9.9%)	10회 (1.9%)	291회 (54.6%)	159회 (29.8%)	533회 (100%)
유학생	158회 (22.7%)	271회 (38.8%)	46회 (6.6%)	126회 (18.1%)	96회 (13.8%)	697회 (100%)

　형태로 본 말 끼어들기 빈도를 살펴보면 먼저 여성 결혼이민자의 경우 겹치는 말 끼어들기는 88회(15.6%), 안 겹치는 말 끼어들기는 450회(84.4%)로 나타났다. 겹치는 말 끼어들기의 경우 A가 발화하는 도중에 B가 말 끼어들기를 통해 발언권이 그대로 B에게 주어지는 ③번 유형이 가장 많이 나타났고 안 겹치는 말 끼어들기에서는 A가 화자일 때 상대방이 말 끼어들기를 했지만 다시 원래 화자였던 A에게 발언권이 주어지는 경우가 291회(54.6%)로 가장 많이 나타났다. 안 겹치는 말 끼어들기에서 발언권이 A에게 넘어간 것은 상대방의 말 끼어들기가 청자반응신호로 나타나 화자의 말에 반응만 표현한 경우라고 볼 수 있는데 여성 결혼이민자의 경우 유학생보다 청자반응신호를 사용해서 말 끼어들기를 많이 한 결과로 볼 때 ⑦번 유형이 당연한 결과라고 볼 수 있다.

　다음으로 유학생의 경우는 겹치는 말 끼어들기가 475회(68.1%) 안 겹치는 말 끼어들기가 222회(31.9%)로 여성 결혼이민자와 달리 겹치는 말 끼어들기가 많이 나타났다. 겹치는 말 끼어들기에서는 특히 ①, ③번 유형이 많이 나타났다. 겹치는 말 끼어들기에서 ①번 유형은 처음 발화한 화자에게 다시 발언권이 주어지는 형태이고 ③번 유형은 처음 발화한 화자에게 말 끼어들기를 해서 청자에게 발언권이 넘어간 형태인데 이 두 유형의 빈도가 높다는 것은 언표적인 표현이나 청자반응신호를 통해 상대방의 말에 반응하는 표현과 동시에 말을 듣고 있는 청자가 직접적으로 발언권을 얻어 말 끼어들기를 통해 적극적으로 대화에 참여하고 있다는 것을 알 수 있다.

4.3. 통사적 단위의 관점에서 본 말 끼어들기

　한국어 비원어민 화자 간의 말 끼어들기의 유형을 분석하는 것에만 그치지 않고 어느 지점에서 말 끼어들기가 일어나는지 통사적 단위의 관점에서 살펴보고자 한다.

　초기에 Sacks, Schegloff & Jefferson(1974)에서 말차례를 구성하는 단위로서 어휘, 구, 절, 문장과 같은 통사적인 단위로 보았는데 이를 토대로 하여 먼저 비원어민 화자 간의 말 끼어들기가 일어날 때 화자가 어떠한 통사적 단위에서 종결기능을 수행하는지 살펴보았다. 다음 〈표 10〉는 통사적 단위의 종결 유형과 빈도이다.

<표 10> 통사적 단위의 종결 유형과 빈도

	여성 결혼이민자	유학생
종결어미	33회(6.2%)	103회(14.8%)
연결어미	147회(27.6%)	142회(20.4%)
명사류	133회(25.0%)	127회(18.2%)
조사류	104회(19.5%)	103회(14.8%)
감탄사	37회(6.9%)	80회(11.5%)
부사	55회(10.3%)	72회(10.3%)
관형형 어미	6회(1.2%)	23회(3.3%)
끊어진 단위	17회(3.2%)	35회(5.0%)
기타	1(0.2%)	12회(1.7%)
계	533회(100%)	697회(100%)

여성 결혼이민자 그룹의 경우는 연결어미 147회(27.6%), 명사류 133회(25.0%), 조사류 104회(19.5%), 종결어미 33회(6.2%), 부사 55회(10.3%), 감탄사 37회(6.9%) 등의 순으로 빈도가 나타났고 유학생의 경우는 연결어미 142회(20.4%), 명사 127회(18.2%), 종결어미 103회(14.8%) 및 조사류 103회(14.8%), 감탄사 80회(11.5%), 부사 72회(10.3%) 등의 순서로 나타났다.

종결어미는 발화가 종결됨을 예측할 수 있는 가장 명확한 표지인데도 불구하고 말 끼어들기가 많이 일어났다. 그 이유를 살펴보기 위해 종결어미의 형태를 분석하여 다음 표와 같이 제시하였다.

<표 11> 언어적 단위의 종결어미 형태와 빈도

		여성 결혼이민자	유학생
서술형	-아/어(요)	18회(54.5%)	83회(80.6%)
	-지(요)	1회(3.0%)	2회(1.9%)
	-(는/ㄴ)다	3회(9.1%)	0회(0.0%)
의문형	-아/어(요)?	9회(27.3%)	15회(14.6%)
	-지(요)?	1회(9.1%)	1회(1.0%)
	-ㄹ까?	1회(9.1%)	2회(1.9%)
계		33회(100%)	103(100%)

여성 결혼이민자의 경우 전체 언어적 단위의 종결 유형 중 각각 33회(6.2%), 유학생은 103회(14.8%)로 나타났는데 두 그룹 모두 종결어미 '–아/어(요)'가 가장 높은 빈도를 보였다. 종결어미 '–아/어(요)'는 억양에 따라 서술형, 의문형, 청유형, 명령형으로 구분될 수 있는데 분석한 자료에서는 서술형 종결어미와 의문형 종결어미 두 가지만 나타났다. 그 중에서도 '–아/어(요)'가 서술형 종결어미로 끝날 때 말 끼어들기가 자주 일어났는데 여성 결혼이민자의 경우는 18회(54.8%), 유학생의 경우는 83회(80.6%)로 나타났다.

이 두 그룹의 화자의 발화가 종결어미로 끝난 뒤에는 대부분 겹치는 말 끼어들기가 오는데 이는 화자가 종결어미를 사용해서 발화를 끝낼 때 다음 화자를 선택하지 않아서 대화 참여자 모두에게 발언권이 주어지기 때문이다. 유학생의 경우 특히 종결어미가 높은 빈도로 나왔는데 이것은 화자가 종결어미를 사용하고 발화를 끝낸 후에 두 명 이상의 청자가 동시에 발화하게 되어 겹치는 말 끼어들기가 많이 나타난 것으로 조사되었다. 이를 통해 유학생의 경우 다음 화자를 지정하지 않아도 대화에 참여하여 적극적으로 발언권을 획득하려고 한다는 것을 알 수 있었다.

다음으로 한국어 비원어민 화자 간의 발화가 연결어미일 때 말 끼어들기가 가장 높은 빈도를 나타난 것을 볼 수 있다.

<표 12> 언어적 단위의 연결어미 형태와 빈도

	여성 결혼이민자	유학생
–고/구	53회(36.1%)	58회(40.8%)
–아/어서	17회(11.6%)	27회(19.0%)
–(으)면	25회(17.0%)	15회(10.6%)
–은/는데	13회(8.8%)	13회(9.2%)
(으)니까	8회(5.4%)	11회(7.7%)
–(이)나	10회(6.8%)	4회(2.8%)
기타	21회(14.3%)	16회(11.3%)
계	147회(100%)	142회(100%)

연결어미는 비종결형 어미로 하나의 절이 통사적으로 완결할 수 있기 때문에 말 끼어들기가 많이 일어나지 않을 것으로 보인다. 그런데 실제 분석 자료에서는 화자가 연결어미를 사용하는 도중에 말 끼어들기가 많이 나타나는 것을 확인할 수 있었고 이것은 다시 말해서 연결어미가 발화를 종결할 수 있는 단위로 인식하고 있다는 사실을 확인할 수 있다. 그러나 실제적

으로 연결어미라는 통사적 단위만으로는 발화가 종결되는 적절한 지점을 예측하기 어렵다. 또한 이러한 연결어미의 연결 및 종결 기능의 명확한 차이점을 알지 못한다면 상대방의 발화 도중 잘못 말 끼어들기를 하거나 대화를 중단시키는 부정적인 결과를 초래할 수도 있을 것이다.

한국어의 경우는 통사적 완결만으로는 추이적정지점을 예측하기 어렵다. 즉, 위의 결과에서 가장 높은 빈도로 나타난 연결어미의 경우에도 통사적인 완결로만 발화 중에 종결임을 나타내기는 어렵다. 연결어미는 문장을 연결하는 기능과 동시에 문장을 종결하는 기능을 수행한다. 이 때 두 가지 기능을 구분하는 기준이 되는 것 중의 하나가 바로 억양이다. 연결어미가 얹히는 억양에 따라 서로 다른 기능으로 실현된다.

연결어미 중에서도 한국어 비원어민 화자 간의 대화에서 '-고'가 화자 발화의 종결 유형으로 가장 많이 나타났는데. 실제로 '-고'는 연결어미로 사용될 뿐만 아니라 문장의 끝에서 쓰여 종결어미의 기능으로도 사용된다. 연결어미는 억양에 영향을 받는데 특히 억양이 상승조를 띠면 계속 발화를 하겠다는 의사의 연결어미로 봐야 하고, 억양이 하강조를 띠면 발화를 종결하겠다고 하는 종결기능 연결어미로 쓰였다고 판단할 수 있다. 박성현(1995)에서는 한국어의 연결어미는 억양과 함께 말차례 단위의 종결을 표시하는 말차례 단위 표지의 역할을 한다고 보았고 화자 전환이 일어날 수 있는 추이적정지점을 명시적으로 드러내 주는 역할을 한다고 하였다. 따라서 한국어 비원어민 화자에게 연결어미를 억양과 함께 제시해줌으로써 연결기능으로 발화가 계속 이어질 것인지 아니면 종결기능으로 다음 화자에게 발언권이 넘어갈 것인지에 대한 명확한 제시가 필요할 것으로 보인다.

종결어미, 연결어미 다음으로 높은 빈도를 보인 명사류와 조사류 역시 그 위에 얹히는 억양에 따라 다양한 의도를 나타내는데 이러한 현상은 한국어 원어민 화자 간 실제 대화에서 자주 볼 수 있었다. 한국어를 배우는 외국인 학습자가 한국인처럼 자연스럽게 의사소통을 할 수 있도록 교수 학습되어야 하는 항목이기도 하다. 그러나 현재 한국어교육 현장에서는 이러한 현상들에 대해 제대로 교수되지 않고 있는 실정이다. 이러한 점은 한국어 학습자들이 실제 한국인들의 발화와 다소 동떨어진 발화를 하거나, 자연스럽지 못한 말 끼어들기 때문에 대화가 중단되는 등 혼동을 겪는 원인이 되기도 한다. 그러므로 빈도가 높은 연결어미, 종결어미, 명사류, 조사류 등 억양에 따라 연결기능 혹은 종결기능으로 사용되는 양상과 이러한 각각의 기능을 사용할 때 뒤에 오는 발화가 어떻게 실현되는 지 알려주어야 자연스러운 대화를 이끌어갈 수 있을 것으로 보인다.

5. 결론

본고에서는 한국어 비원어민 화자 간에 말 끼어들기가 어떠한 양상으로 나타나는지 대화분석 자료를 통해 살펴보았다. 대화 참여자들이 일정한 규칙에 따라 말차례를 지키는 것 같으나 실제 분석 자료를 통해 살펴본 바로 대화하는 중에는 끊임없이 말 끼어들기가 일어났고 이러한 말 끼어들기가 다양한 양상으로 나타나는 것을 알 수 있었다.

3장에서 임규홍(2001)이 끼어들기 유형을 기초로 하여 한국어 비원어민 화자 간의 말 끼어들기 양상을 방법적인 관점과 통사적 단위의 관점으로 유형화하여 분석하고자 하였다. 분석을 통해 나타난 말 끼어들기 양상을 정리해 보면 다음과 같다.

첫째, 여성 결혼이민자는 언표적인 표현으로서의 말 끼어들기보다 청자반응신호로서의 말 끼어들기가 자주 일어난다. 언표적인 표현으로 말 끼어들기를 할 때 상대방의 말을 반복하는 말 끼어들기가 많이 나타났는데 이는 여성 결혼이민자들의 언어 숙달도가 상대적으로 낮기 때문에 새로운 정보를 발화하기보다 이전 화자가 발화한 일부 정보를 반복하여 상대방의 발화 내용을 다시 한 번 확인함으로서 쉽게 말 끼어들기를 하는 것으로 보인다. 이에 비해 유학생은 언표적인 표현과 청자반응신호 모두 적절하게 사용하면서 말 끼어들기를 한다.

둘째, 말 끼어들기는 표지의 유무에 따라서 나누어질 수 있는데 여성 결혼이민자와 유학생 두 그룹 모두 언표적인 표현이나 청자반응신호를 통한 표지 있는 말 끼어들기가 표지 없는 말 끼어들기에 비해 많이 나타났다. 그러나 여성 결혼이민자의 표지 없는 말 끼어들기가 96회(18.4%)인데 비해 유학생의 경우는 236회(33.9%)로 상대적으로 표지 없는 말 끼어들기가 더 많이 나타난 것을 볼 수 있다. 유학생이 표지 없는 말 끼어들기를 하는 것은 이들 사이에서 이미 앞 뒤 대화 내용의 흐름을 인식하고 있으며 대화에 적극적으로 참여하고 있다는 것을 알 수 있다.

셋째, 형태로 본 말 끼어들기는 겹치는 말 끼어들기와 안 겹치는 말 끼어들기로 나누어 살펴보았다. 여성 결혼이민자의 경우 겹치는 말 끼어들기가 88회(15.6%), 안 겹치는 말 끼어들기가 450회(84.4%)로 안 겹치는 말 끼어들기가 현저하게 많이 나타났다. 특히 안 겹치는 말 끼어들기에서 처음 화자가 말 끼어들기가 일어난 이후에도 발언권을 얻는 경우가 많이 나타났는데 이는 여성 결혼이민자가 청자반응신호로서의 말 끼어들기를 많이 한다는 사실과 연관시켜 생각해 볼 수 있다. 유학생의 경우 겹치는 말 끼어들기가 475회(68.1%)로 안 겹치는 말 끼어들기에 비해 많이 나타났다. 특히 안 겹치는 말 끼어들기의 경우 처음 화자가 발화한 후 말 끼어들기를 통해 발언권이 청자에게 넘어가는 경우가 가장 많았는데 이는 여성 결혼이민자에 비해 화자의 말을 듣고 있는 청자가 적극적으로 발언권을 얻는다는 것을 알 수 있다.

넷째, 말 끼어들기 양상을 분석하는 데만 그치지 않고 더 나아가 다음 화자가 어떠한 말차레 단위에서 말 끼어들기를 하는지 분석해 보았다. 분석한 결과 연결어미 단위에서 발화가 가장 많이 종결되었고 그 중에서도 연결어미 '-고' 뒤에서 말 끼어들기가 가장 많이 나타난 것을 확인할 수 있었다. 연결어미가 발화 종결단위로 사용된 것은 연결어미가 비종결형으로 단어나 구, 문장 등을 잇는 연결의 기능을 하지만 그 기능과 의미가 바뀌어서 종결어미처럼 쓰이는 것을 알 수 있었다. 연결어미뿐만 아니라 높은 빈도를 보인 명사류와 조사류의 경우도 억양이 결합되어 발화를 종결하는 기능을 수행하였다. 이러한 경우 억양에 따른 연결어미와 명사 및 조사 뒤에 오는 발화의 유무에 따라서 어떤 기능을 수행하는 지 인식할 수 있도록 하기 위해 한국어 교육에서 적용해 볼 수 있을 것으로 보인다.

<Abstract>

Research on intervention in conversation among non-native Korean speakers

Kim Young Eun (Kyung Hee University)

This research tries to show different aspects of "intervention" during dialogues through gathering and analyzing records of the conversations between non-native Korean speakers and studying how the intervention affect the interactivity.

Chapter one suggests a theoretical framework under which, dialogue rules and analysis methods are set in order to better understand the facets of the intervention. In addition, the optimal point of engagement in relation with the lingual patterns is mentioned. Chapter two contains the notion of convensation analysis and turn-taking as a theoretical framework to analyze aspects of the intervention. The method of analysis for the overall, combined data is discussed as well. Chapter three examines the process under an existing framework that was presented by Im, Gyu Hong (2001). The procedure provides various characteristics of "cutting in" by taking a separate approach for its method of use from its functional use and also investigates the difference in results between international students and immigrant wives. Furthermore, generally the interventions occur at the transition-relevance place.

This research found that the foreigners tried to speak Korean like the natives and they cut in during dialogues in various ways rather than waited for their turn to talk. Sometimes one interrupted the other to correct mistakes and at other times, to lead the conversation. But it was apparent that back-channels one of the intervention took place to serve a positive reaction.

Key Words

intervention(말 끼어들기), transition-relevance place(추이적정지점), back-channels (청자반응신호), turn-taking(말차례 가지기)

PART 2. 외국인의 한국어 구어 오류 연구

외국인의 한국어 구어 발화에 나타난 연결어미 사용 양상 연구* **

– 결혼이민자와 외국인 유학생의 비교를 중심으로 –

이정희_경희대학교

1. 서론

여성 결혼이민자 및 외국인 유학생의 한국어 능력 향상을 위한 다양한 연구들이 발표되고 있다. 그러나 대부분의 연구들이 주로 학습자 집단의 현황 분석, 교육의 문제점 및 이를 극복하기 위한 교육 방안 수립으로 집중되어 있어 실제 이들이 사용하고 있는 언어 사용 양상을 살핀 연구들은 거의 찾아보기 힘들다.

그러나 바람직한 언어 교육을 위해서는 구체적인 교육 방법 수립 이전에 진단적 성격으로서 혹은 요구 조사의 차원에서 한국어를 어떻게 사용하고 있는지 그 양상을 살피는 것이 선행되어야 한다. 왜냐하면 이러한 분석을 통해 그들에게 필요한 한국어 교육 내용이 무엇이며 그에 따른 교육 방안을 효과적으로 수립할 수 있기 때문이다. 이러한 맥락에서 본 연구에서는 유학생 및 여성 결혼이민자의 언어 사용 양상을 비교 분석해보고자 한다.

두 집단에 대한 비교를 실시한 까닭은 공식적인 교육과정에서 한국어를 습득한 유학생 집단과 결혼을 통해 가정에서 자연스럽게 한국어를 습득한 여성 결혼이민자 집단의 언어 사용에는 여러 가지 차이가 존재한다는 이정희(2009, 2010)의 논의에 따라 문장 확장에 필수적인 연결어미의 사용이 언어 사용의 능력의 지표 혹은 차이를 보여줄 수 있는 것이라고 보고 두 집단의 연결어미 사용을 비교해 보고자 한다. 여성 결혼이민자는 '습득'의 과정으로 한국어를

* 이 논문은 2007년 정부(교육인적자원부)의 재원으로 한국연구재단의 지원을 받아 수행된 연구임 (KRF-2007-332-B00442).

** 이 논문은 이중언어학 45호에 수록되었던 글임.

습득하고 있다고 할 수 있다. 이는 '학습'과 비교했을 때 비공식적이며, 자연스러운 습득 과정
을 거친다고 볼 수 있다. Krashen & Terrell(1983:27-47)은 '습득'은 일상생활에서 이루어
지는 대화를 통해 이루어진다고 보고, 이러한 일상 대화에서는 화자와 청자의 관심이 문법의
정확성이 아닌 무엇을 말하는지에 중심이 놓인다고 주장하면서 문법 중심의 언어 학습에 대해
비판하고 있다. 그러나 공식적인 교육 즉 학습이 언어 습득에 도움이 되지 않는 것은 아니다.
오히려 공식적인 언어 학습 경험이 없는 여성 결혼이민자의 경우 발화의 완결성이 낮고 자신
의 발화에 대한 자신감과 스스로의 언어사용에 대한 만족도가 무척 낮다는 것을 알 수 있다
(이정희, 2009).[1] 이는 '습득'의 과정에 있는 성인도 '학습'이 필요하다는 것을 반증한다고 볼
수 있다. 또한 성인이기 때문에 언어 지식을 학습하기를 원하며 실제 제2언어 습득 환경에 있
는 여성 결혼이민자의 경우 '구조적 지식'에 대한 '학습'은 '습득'을 촉진하게 하는 견인차 역할
을 한다고 할 수 있다. 여성 결혼이민자의 언어 사용 특성을 연구한 내용에 따르면 발음의 정
확성이 낮고, 통사적 측면에서는 조각문 발화가 빈번히 나타나며, 담화 차원에서는 단어의 중
복 표현, 타인 주도적 발화 수정과 대화 참여자로서의 적극적인 개입이 나타난다고 밝히고 있
다(왕한석, 2007; 김선정, 2007; 이정희, 2009 등). 이러한 특징들을 볼 때 완결된 발화보다
는 메시지 전달과 반응이 우선이 되는 특징이 강하다는 것을 알 수 있다.

이정희(2009)에서는 여성 결혼이민자의 경우 통사적인 측면에서 조각문 발화가 빈번하며,
가능한 짧은 단위로 의미 전달을 한다는 특징이 있다고 하였다. 이는 유학생들의 구어에서는
통사적인 오류 빈도가 높지 않으며 간혹 발견되는 통사적 오류들도 구어 담화 상황에서는 그
다지 어색하지 않게 전략적인 대체 표현을 사용함으로써 의사소통의 흐름을 깨거나 내용 이해
를 방해하지 않는다는 것과 비교해 볼 때 조금 심각하게 느껴질 정도이다. 이러한 비교를 통
해 짐작할 수 있는 것은 여성 결혼이민자는 담화의 완결성에 영향을 미치는 연결어미 사용에
어려움을 겪고 있다는 것을 알 수 있다. 이러한 것을 전제로 본고에서는 이들이 사용하는 연
결어미의 출현 목록과 의미 빈도를 유학생과 비교하여 분석해 보고자 한다.

어미는 한국어의 특징을 나타내는 주요한 문법 요소로서 어간이나 그 이상의 단위에 결합
하여 다양한 문법 현상을 실현하는 단위이다. 또한 한국어의 연결어미는 문장을 연결하여 이
어진 문장을 만드는 기능과 함께 두 절의 관계를 나타낸다. 연결어미를 학습할 때 학습자들이
혼란을 겪는 이유는 한국어의 연결어미의 숫자가 많다는 것이 일차적인 원인이겠지만, 이 외
에 각각의 연결어미들이 쓰이는 환경에서 나타나는 주어 제약, 동사 결합 제약, 시제 제약,
서법 제약 등 학습자들이 숙지하고 있어야 할 내용이 많다는 것이다.

---

1) 실제 이 연구에 참가한 여성 결혼이민자대부분은 자신이 사용하고 있는 한국어가 자연스럽지 못하고
   부정확하다고 토로하고 있었으며 공식적인 교육에 대하 요구가 매우 높았다.

그러나 이러한 어려움에도 불구하고 연결어미는 담화의 수용과 생산에 매우 중요한 역할을 하기 때문에 연결어미의 사용은 매우 중요하다고 할 수 있다.[2]

2. 선행 연구

한국어교육과 관련한 연결어미 관련 선행 연구는 많은 편이지만 여기에서는 연결어미 사용 양상에 관한 선행 연구를 모국어 화자를 대상으로 한 연구(임유종·이필영, 2004; 이은경, 1999; 유혜령, 2006)와 외국인을 대상으로 한 연구(이효정, 2001; 이정희, 2003; 남수경·채숙희, 2004; 손옥현·김영주, 2009; 김수미 2010)로 나누어 살펴보고자 한다.

먼저 토크쇼 자료를 전사하여 구어체 담화에서 사용되고 있는 연결어미의 개수와 빈도를 조사한 이은경(1999)에 의하면 '-고, -면, -는데, -어서, -니까' 등이 비교적 높은 빈도로 사용되어 구어 자료에서 사용된 연결 어미의 형태가 매우 다양한 의미기능으로 실현되었음을 밝히고 있다.[3]

임유종·이필영(2004)에서는 한국어 모어 화자의 연결어미 습득을 초·중·고등학생의 실제 발화의 빈도 분석을 통해 실시하였다. 이 연구를 통해 학년이 높아질수록 접속부사에 비해 연결어미 사용빈도가 점점 증가하는 것을 발견하였고, '-고, -는데, -면, -어서'가 전체 어미 사용 빈도의 50%이상을 차지할 정도로 빈번하게 사용된다고 하였다. 특히 연결어미 사용에 있어 초등학교 고학년과 고등학교 시기에 뚜렷한 발달이 이루어진다고 보고 있는데 이는 연결어미의 사용이 언어 발달의 중요한 지표가 될 수 있음을 시사한다고 할 수 있다.

중학생의 쓰기 자료에 나타난 연결어미 오류의 분석을 실시한 유혜령(2006)에서는 모국어 화자인 중학생들이 가장 많이 일으키는 오류는 의미적 오류 193회(34.28%), 통사적 오류 180 회(31.97%)로 나타났으며 이를 통해 모국어 화자를 대상으로 한 연결어미 교육의 필요성을 역설하였다.[4]

---

2) 유혜령(2006)에서는 모어 화자인 중학생의 연결어미 교육에 대해 강조하면서 연결어미를 잘못 사용하여 문장 내의 논리적 관계에 문제가 생긴다면 텍스트 전체의 통일성이나 일관성은 절대로 기대할 수 없기 때문에 연결어미 사용은 매우 중요한 의의를 가진다고 강조하고 있다.

3) 한국어 모어 화자의 구어에 나타난 연결어미 사용의 기준 지표가 되는 자료이므로 이 연구에서는 이은경(1999)의 의미 기능 분류에 따라 분석하게 될 것이다.

4) 통사적 오류는 문장 구성과 통사 구조의 문제와 관련한 오류로 보았는데 특히 연결어미가 가진 통사적 제약을 어겨서 비문이 된 경우와 동일한 연결어미의 반복으로 전체 문장이 부적절해진 경우, 다른 어말어미를 사용해야 할 곳에 연결어미를 사용한 경우, 연결 어미를 사용해야 할 곳에 다른 어말 어미를 사용한 경우로 나누어 살펴보고 있다. 의미적 오류는 잘못된 연결어미를 사용한 것이고, 화용적 오류는 논술에 맞지 않는 구어적 연결어미의 사용으로 인해 나타난 오류라고 보았다(유혜령 2006:203).

　　한국어교육 분야에서 이루어진 연결어미에 대한 연구는 거의 대부분이 교육 방안에 집중되어 있다. 본 연구에서는 연결어미 사용 양상과 관련한 연구로 한정한 후 크게 오류분석과 연결어미 사용 중 가장 큰 특징인 연결어미의 종결어미화에 관한 연구 두 가지로 나누어 선행 연구를 살펴보고자 한다. 먼저 오류분석에 기반한 연결어미 연구는 이효정(2001), 이윤진(2002), 이정희(2003), 김중섭(2003), 김수미(2010), 남수경·채숙희(2004)이 있으며, 외국인의 연결어미사용 양상과 그 특징에 대해 살펴본 연구로는 하지선(2006), 손옥현·김영주(2009)가 있다.

　　먼저 이효정(2001)에서는 인터뷰 자료에 나타난 연결어미 빈도를 살펴보았는데 '-고(29.4%)〉-은/는데(19.9%)〉-으면(17.2%)〉-아/어서(15.5%)〉-(으)니까(6%)〉-지만(4.3%)'의 순으로 연결어미 사용 빈도가 높게 나타난다고 밝히고 있다. 이는 문어 자료와 달리 '-(으)ㄴ/는데'의 사용 빈도가 높게 나타난 것으로 볼 수 있다. 이윤진(2002)에서는 대학 기관의 중급 수준 정도의 학습자들을 대상으로 하여 작문 자료를 언어권별로 분석하였는데 중국어권 학습자와 일본어권 학습자를 비교하였을 때 일본어권 학습자에게서 연결 어미 사용 빈도가 높게 나타난다고 밝히고 있다. 이정희(2003)에서는 고급 학습자를 대상으로 한 오류 분석에서 연결어미의 사용 빈도가 12.37%로 초급, 중급에 비해 고급의 연결어미 사용 빈도가 다른 급에 비해 현저하게 증가했다는 사실을 밝히고 있다. 남수경·채숙희(2004)에서는 한국어 고급 학습자의 자유 작문 자료 338편에 나타난 연결어미 사용에 대한 연구를 실시하였는데, 사용 빈도에서 상위 항목에 있는 세 가지의 연결어미에 대한 집중적인 사용이 특징적이며 연결어미 사용의 회피, 유사 어미 사용, 명료화, 학습내용의 적극적 사용 등이 연결어미 사용에 나타난 특징으로 보고 있다.

　　하지선(2006)에서는 문어 자료와 달리 준구어 성격이라고 할 수 있는 TV 드라마 19,500개의 문장에서 나타난 1336개의 연결어미 중에서 '-는데(30.7%)〉-다고'(20.2%)〉-고(19.8%)〉-니까(12.4%)〉-거든(7.3%)〉-어서(3.4%)〉-라니까(2.4%)〉-면서(1.1%)=-다면서(1.1%)이 상위 10개 항목으로 제시하고 있다. 이러한 빈도를 보인 것은 평상시 일상대화에서 [배경]을 나타내는 '-는데'와 [나열]을 나타내는 '-고', 인용을 나타내는 표현으로 [재단언]의 화용적 의미를 지니는 '-다고'의 빈도가 높은 것이며, 또한 [원인]과 [이유]를 나타내는 표현인 '-니까', '-어서'와 종결자리에서 조건의 의미가 아닌 [이유]와 [배경]의 의미를 지닌 '거든'이 많이 쓰이는 것을 확인 할 수 있다고 하였다.

　　위에서 살펴보았듯이 외국인들이 발화한 구어 자료를 대상으로 한 연결어미 사용에 대한 연구는 거의 없다고 볼 수 있기 때문에 외국인의 구어 발화에 나타난 연결어미 사용 빈도를 모어 화자의 구어 발화에서 나타나는 연결어미 사용 빈도와 비교하여 보는 것은 의미 있는 작업이라고 할 수 있다.

3. 연결어미 사용 빈도

3.1. 연구 대상

이 논문에서는 공식 교육 경험이 없이 일상생활 속에서 언어를 습득했거나 습득 과정에 있는 여성 결혼이민자와 공식 교육을 통해 한국어를 습득한 외국인 유학생을 대상으로 연구 참여자를 선정하였다. 여성 결혼이민자의 경우 일본, 중국, 베트남 여성 결혼이민자로 각각 40대, 30대, 20대의 여성이며, 평균 한국 거주 기간은 약 5년이다. 외국인 유학생의 경우 모두 20대 초반이며 한국 거주 기간은 약 3년이다. 중국어 모어 화자의 연령대는 20대 중반이며 한국 거주 기간은 7년 정도이다.

자료의 수집은 대화 참여자 간의 적극적인 상호작용이 가능하며, 인터뷰에 대한 긴장도가 낮아진다는 장점을 가진 포커스 그룹 방식으로 이루어졌다. 본고의 연구 대상이 된 주제는 "자기소개와 가족 소개"이다. 총 6개의 그룹이 평균 발화한 어절 수는 다음과 같다.

<표 1> 연결어미 사용 빈도

집단 구분	총 발화 어절	연결 어미 빈도	비율
여성 결혼이민자	11,537	973	8.43%
외국인 유학생	11,609	886	7.63%

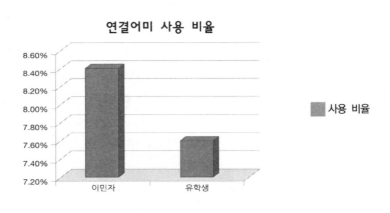

<그림 1> 연결어미 사용 빈도 그래프

이는 여성 결혼이민자가 유학생보다 더 많은 연결어미를 구사하고 있다는 것으로 이전까지 이루어진 두 집단 간의 언어 사용 양상의 차이를 분석한 것과는 약간의 차이를 보인다.

3.2. 연결어미 사용 빈도

두 집단의 구어 자료를 녹화, 전사하여 분석한 결과 전체 어절 수는 유학생의 경우 11,609어절을 발화하였고 이 중 보조적 연결어미 '-아/어, -게, -지, -고'를 제외한 나머지 형태의 연결어미를 886회의 연결어미가 출현하였으며, 여성 결혼이민자의 경우 11,537어절의 발화 중 973회의 연결어미를 발화하여 유학생의 경우는 7.6%, 여성 결혼이민자의 경우는 8.4%의 연결어미를 사용하였다. 이는 이정희(2002)의 외국인 한국어 발화 자료 76,872어절 중 6,090회의 연결어미(7.9%)를 발화한 것과 비슷하다. 또한 외국인 학습자의 시험지 자료를 분석한 남수경·채숙희(2004)에서는 시험이라는 자료의 특성 때문인지 평균 8.4%로 다소 높은 연결어미 사용률을 보이고 있다. 본 연구에서 비교 자료로 분석하고 있는 이은경(1999)의 경우 방송이라는 준구어의 특성 상 평균 9.2%로 나타났고, 임유종·이필영(2004)의 순구어 평균은 7.34%로 본 자료의 평균보다 낮게 나타나고 있다. 이는 외국인의 발화가 자연스러운 순구어의 모습과는 다소 거리가 있다는 것을 알 수 있으며 비율로 본다면 외국인 유학생의 발화 빈도가 순구어와 비슷하다는 것을 알 수 있다.

출현한 연결어미의 종류를 보면 총 19개이며 1,859회 출현하였다. 여성 결혼이민자의 경우 '-(으)ㄹ수록'을 제외한 18개의 어미가 출현하였으며 유학생의 경우 '-더니, -든지, -느라고'를 제외한 16개의 연결어미가 출현하였다. 사용 빈도가 높은 연결어미부터 낮은 연결어미의 순으로 제시하면 다음과 같다.

(1) 연결어미 사용 빈도

-고(32.45%)〉-(으)면(16.96%)〉-어/아서(16.61%)〉-는데(13.31%)〉-(으)니까(8.34%)〉-어/아야(2.80%)〉-어/아도(2.24%)〉-(으)면서(1.89%)〉-지만(1.75%)〉-거나(0.84%)〉-(으)려고(0.77%)〉-다가(0.7%)〉-(으)러(0.42%)〉-더니(0.21%)〉-든지(0.21%)〉-(으)ㄹ지(0.21%)〉-자마자(0.14%)〉-느라고(0.07%)〉-(으)ㄹ수록(0.07%)

위의 목록 중 상위 10개 연결어미의 빈도와 비율을 이은경(1999)에서 제시하고 있는 연결어미 의미 분류에 따라 제시하면 〈표 2〉와 같다.

<표 2> 연결어미의 의미기능별 사용 빈도

연결어미	의미	여성 결혼이민자		외국인유학생	
		빈도(회)	비율(%)	빈도(회)	비율(%)
-고	[나열]	169	22.74%	178	26.02%
	[대조]	12	1.60%	12	1.75%
	[동시]	2	0.26%	14	0.29%
	[선행]	37	4.97%	28	5.40%
	[수단]	2	0.26%	5	0.29%
-면	[조건]	161	21.66%	81	11.84%
-어서	[원인]	34	4.57%	76	11.11%
	[방식]	5	0.67%	1	0.14%
	[선행]	31	4.17%	90	13.15%
-는데	[대조]	16	2.15%	15	2.19%
	[배경]	77	10.36%	64	9.35%
-니까	[배경]	2	0.26%	1	0.14%
	[원인]	70	9.42%	46	6.72%
-면서	[동시]	18	2.42	7	1.02%
	[대조]	0	0%	2	0.26%
-어도	[대조]	3	0.40%	0	0%
	[양보]	19	2.55%	10	1.46%
-어야	[조건]	31	4.17%	9	0.87%
-지만	[대조]	12	1.61%	5	0.73%
	[배경]	1	0.13%	3	0.43%
	[양보]	2	0.26%	2	0.26%

위의 표에서 볼 수 있듯이 가장 높은 빈도를 보이는 항목은 '-고, -면, -어서, -는데, -니까'로 전체 연결어미 사용 빈도의 87.67%로 구어 사용에서는 문어에 비해 집중적인 몇 개의 항목을 반복적으로 사용하는 경향이 뚜렷해 보인다. 한국어 모어 화자를 대상으로 한 구어 자료를 분석한 이은경(1999)에서는 '-고, -면, -어서, -는데, -니까'의 상위 5개의 연결어미 사용 빈도율인 82.71%과 큰 차이를 보이지 않는 수치이다. 연결어미 사용을 의미기능별로 살펴보면 여성 결혼이민자의 경우 [나열]의 '-고(22.74%)', [조건]의 '-면(21.66%)', [배경]의 '-는데(10.36%)' [원인]의 '-니까(10.36%)', [선행]의 '-고(4.97%)'의 순으로 나타났다. 외국

인 유학생의 경우는 [나열]의 '-고(26.02%)', [선행]의 '-어서(13.15%)', [조건]의 '-면 (11.84%)' [원인]의 '-어서(11.11%)', [배경]의 '-는데(9.35%)'의 순서로 빈도가 높게 나타 났다. 두 집단의 가장 큰 차이는 '-면'의 사용과 '-어서'의 사용인데 [조건]의 '-면' 같은 경우 여성 결혼이민자 집단에서는 한국어 모어 화자의 사용보다 훨씬 높은 비중으로 나타 나고 있다.

다음의 자료는 한국어 모어 화자의 연결어미 습득에 대해 연구한 임유종·이필영(2004) 의 빈도와 비교한 것이다. 임유종·이필영(2004)에서는 연결어미의 습득 양상을 살피기 위 해 초등학교 저학년과 고학년, 중학생, 고등학생을 대상으로 분석하였다. 임유종·이필영 (2004)에서 나타난 연결어미 출현빈도와 비슷한 양상을 보이는 집단은 여성 결혼이민자로 〈그림 2〉에서와 같이 모어 습득 단계 중 초등학교 저학년의 출현빈도 그래프와 가장 유사 한 모습을 보이고 있다.5) 이에 반해 유학생 집단의 경우 〈그림3〉에서 보듯이 조금 다른 양상을 보이고 있다.

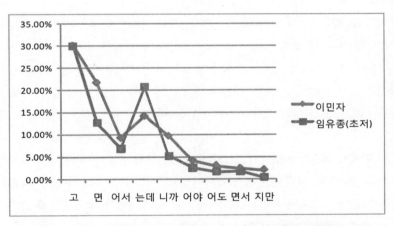

<그림 2> 여성 결혼이민자와 초등학교 저학년의 연결어미 출현빈도비교

---

5) 초등학교 고학년, 중학생, 고등학생 모두와 비교해 본 결과 두 집단 모두 초등학교 저학년과 가장 유사한 사용 빈도를 보인다는 것을 알 수 있었다. 한 가지 주목할 점은 여성 결혼이민자의 경우 네 집단 중 초등학교 저학년과만 대략적인 일치도를 보였다면 유학생의 경우 초등학교 저학년과 고등학교 두 집단 모두와 유사했으나 가장 가까운 것은 초등학교 저학년으로 나타났다

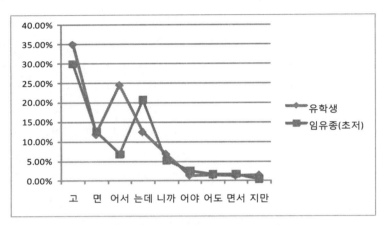

<그림 3> 유학생과 초등학교 저학년의 연결어미 출현 빈도 비교

〈그림 2〉에서 보듯이 여성 결혼이민자와 초등학교 저학년 모어 화자의 연결어미 출현 빈도
는 대체적으로 비슷한 양상을 보이고 있으나 '-면'의 출현빈도와 '-는데'의 출현 빈도에서 역
전 양상을 보이고 있다. 다시 말해 여성 결혼이민자의 경우 '-면'을 과도하게 사용하고 있는
데 비해 모어 화자는 '-는데'를 많이 사용하고 있는 것이다. 이에 비해 〈그림 3〉에서 보듯이
초등학교 저학년 모어 화자에 비해 유학생의 경우 '-어서'의 사용에서, '-는데'의 사용에서 큰
차이를 보이고 있다. 유학생은 다른 항목에 비해 '-어서'의 사용이 과도한 것으로 나타나고
있으며 '-는데'는 여성 결혼이민자와 마찬가지로 원어민에 비해 덜 사용하는 것으로 관찰되고
있다.

'-는데'는 한국어 연결어미 중에서 그 의미 기능이 복잡하고 다양하여 학습자들이 오류를
많이 일으키는 항목이다. 외국인 유학생 집단이 여성 결혼이민자보다 '-는데' 사용의 빈도가
낮은 이유는 '-는데'를 교육현장에서 가르칠 때 '-는데'의 다양한 의미 기능과 그에 수반되는
제약 등으로 인해 사용을 기피하게 되는 것이다.[6]

한국어 모어 화자를 대상으로 한 연결어미 연구는 무척 다양하지만 구어 자료를 대상으로
빈도를 분석한 연구는 그리 많지 않다. 본고에서는 여러 연구들 중에서 절대적 사용 빈도 비
율을 비교할 수 있도록 자료가 공개된 이은경(1999)과 임유종·이필영(1999)을 대상으로 함께
비교 분석해 보고자 한다.[7] 먼저 이은경(1999)은 방송 토크쇼 자료를 전사하여 약 36,000 어

---

[6] '-는데'의 복잡한 의미 기능을 생각했을 때는 고급 이상의 문법이라고 할 수 있으나 대부분의 한국어
교재에서는 사용 빈도를 중심으로 하여 초급에 제시하고 있다. 그러나 상황과 맥락에 맞게 '-는데'를
사용할 수 있는 능력은 고급 학습자에게도 어려운 부분이라는 것을 오류분석 연구에서 고찰되고 있다.

[7] 임유종 외(2004)에서는 '-든지, -느라고, -을수록, -자니, -자니까, -ㄴ만큼, -나마나'는 빈도가

절 분량의 자료를 대상으로 분석하였는데 문어 텍스트를 선정하여 검토하였는데, 그 결과 30 개의 연결어미가 총 3,333회 사용된 것으로 제시하였다. 임유종·이필영(1999)은 초·중고등학교 학생들을 대상으로 구어 사용에 나타난 연결어미를 분석하였다. 이 연구는 연결어미 습득을 위한 연구이기 때문에 초등학교 저학년, 고학년, 중학생, 고등학생을 대상으로 분석하였다. 다음의 표는 외국인 발화에 나타난 19개의 연결어미 목록만을 대상으로 각각의 출현 빈도를 제시한 것이다.

<표 3> 연결어미의 사용 빈도 비교

	외국인평균	이은경(1999)	임유종 외(2004)
-고	32.45%	29.01%	25.20%
-면	16.96%	17.46%	11.79%
-어서	16.61%	13.63%	6.01%
-는데	13.31%	14.85%	21.81%
-니까	8.34%	7.77%	5.62%
-어야	2.80%	0.57%	3.20%
-어도	2.24%	1.62%	1.92%
-면서	1.89%	3.12%	2.19%
-지만	1.75%	2.43%	0.45%
-거나	0.84%	0.27%	0.14%
-려고	0.77%	0.09%	1.24%
-다가	0.70%	0.36%	3.55%
-러	0.42%	0.09%	0.55%
-더니	0%	1.14%	0.56%
-든지	0.21%	0.72%	0.05%
-을지	0.21%	0%	0.83%
-자마자	0.14%	0.12%	0.09%
-느라고	0.07%	2.43%	0.07%
-을수록	0.07%	0.30%	0.06%

위의 표에서 볼 수 있듯이 세 집단의 연결어미 사용 빈도 면에서 거의 비슷한 패턴을 보이는 것을 알 수 있다. 한 가지 특이한 점은 외국인들의 자료가 순수 구어임에도 불구하고 구어를 전사한 자료인 임유종 외(2004)보다 방송 자료를 전사한 이은경(1999)가 더 유사해 보인

5이하에서 출발하여 점진적으로 늘어나는 양상을 보여주기 때문에 초등학생 시기 이후에 집중적으로 발달하는 어미라고 볼 수 있으며 이러한 형태들은 문법 능력의 발달을 측정하는 지표로서 활용가치가 높다는 것을 주장하고 있다.

다는 것이다. 이는 외국인의 언어 발달이 순수 구어보다는 준구어의 특성을 더 많이 가지고 있다는 것과 이러한 경향성을 보이는 것이 외국어로서 언어를 습득해 가고 있는 것의 특징이라는 점을 반증하다고도 할 수 있다.

두 집단의 연결어미 사용에서 나타난 특징 중의 하나는 종결의 기능을 하는 연결어미 항목과 빈도가 다르게 나타나고 있다는 점이다. 형태적으로는 연결어미지만 담화에서 종결의 기능을 하고 있는 종결형은 여성 결혼이민자의 경우 9%, 유학생의 경우 10%정도로 나타나고 있다. 항목으로 볼 때 [나열]의 '-고'가 높은 비중을 보이고 있는데 특히 이민자의 경우 두드러지게 높은 빈도로 사용하고 있는 것을 알 수 있다. 이에 비해 유학생은 [원인]의 '-어서'를 종결로 많이 사용한다. 또한 전체 항목으로 볼 때 유학생은 총 9개의 어미를 종결화시켜 표현하고 있으나 여성 결혼이민자의 경우 6개의 어미만을 종결화하여 표현하고 있는 것으로 나타났다. 이를 표로 제시하면 다음과 같다.

<표 4> 종결기능 사용 빈도 비교

연결어미	유학생	이민자
-고[원인]	2	0
-고[나열]	32	47
-는데[배경]	20	13
-니까[원인]	14	10
-면[조건]	3	6
-면서[대조]	1	0
-어서[원인]	16	10
-지만[양보]	2	0
-거나[선택]	1	0
-든지[선택]	0	2

앞에서 언급한 '-면'과 관련하여 외국인의 경우 다양한 표현을 '-면'으로 대체하고 있는 것으로 보인다.

(1) ㄱ. SC9:[2시간2] 여유 *있으면(√있을 때). 〈@그래서 잘해요.@〉

ㄴ. SC6: 이렇게요. 그래서 강아지라고 *하면(√하기) 좀 어렵죠.〈vocal desc='웃음, ㅎㅎ'〉

ㄷ. IV1 : 응. 다 공부 아니고 [1 음... *아침하면(√아침은)1] 일곱 시 반부터 연두 시
까지 −

ㄹ. IC9: 근데 이 요리는 나 못해. *어떻게 하면(√어떻게 해도) 어쩔 수도 없어. 나 못
해.

ㅁ. IV1: [1아니1] 여기서 *태어나면(√태어난 거) 아니야.

위의 예에서 보듯이 '−면'이 복합 표현인 '을 때, −은 것'등을 대체하기도 하고 명사형 어미
'−기'를 대체하여 나타나기도 한다. 또한 같은 연결어미 범주인 '−어도'를 다른 범주인 보조사
'은'을 대체하기도 한다. 다양한 예들 중에서 명확하게 오류로 보이는 표현들을 몇 가지 제시
하였으나 이런 명확한 오류가 아니더라도 용인 정도에 따라 비문이 될 수도 있는 연결어미의
사용이 눈에 띄었다. 이는 구어의 특성과도 관련이 있는데 시작과 마무리가 명확하지 않게 이
루어지며, 다양한 의미적, 통사적 제약을 무시하고 자유자재로 사용하는 전략적 능력을 구사
하고 있는 것으로 보인다.

4. 결론

이 연구에서는 공식교육을 받지 못한 여성 결혼이민자와 공식 교육을 받은 집단인 외국인
유학생의 구어 자료 전사를 통해 연결어미 사용 양상을 비교하였다. 유학생의 경우는 평균
7.6%, 여성 결혼이민자의 경우는 평균 8.4%의 비율로 연결어미를 사용하였다. 이는 한국어모
어화자의 순구어에서 나타난 연결어미 사용 비율과 크게 차이가 나지 않는다고 볼 수 있다.
특히 고빈도 연결어미의 '−고(32.45%), −면(16.96%), −어서(16.61%), 는데(13.31%), −(으)
니까(8.34%)'의 경우 한국어모어화자들의 사용 빈도 순위와 거의 일치하는 것으로 나타났다.
두 집단의 가장 큰 차이는 '−면'의 사용과 '−어서'의 사용인데 [조건]의 '−면' 같은 경우 여성
결혼이민자 집단에서는 한국어 모어 화자의 사용보다 훨씬 높은 비중으로 나타나고 있다. 두
집단의 연결어미 사용 양상의 차이는 발화 비율와 연결어미 사용 비율 모두에서 여성 결혼이
민자가 다소 높게 나타났으며 사용 양상 역시 여성 결혼이민자 집단이 한국어 모어 화자를 대
상으로 한 연결어미의 사용 양상과 거의 비슷하게 나타났다. 그러나 형식적으로는 비슷한 양
상을 보이고 있는 반면 정확한 의미 전달은 이루어지고 있지 못한 것으로 나타났다. 또한 주
목할 점은 여성 결혼이민자의 경우 '−면'의 사용이 유학생 집단뿐만 아니라 한국어모어화자에
비해 무척 높게 나타나고 있는데 이는 '−면'의 의미를 한국어모어화자가 인식하는 [조건]의 의
미 외에 선행절의 전제적 기능을 [배경]으로 인식하고 사용하고 있다는 것이다. 이렇듯이 모

어 화자와 비슷한 패턴으로 연결어미를 사용하는 것이 유창하다고 한다면 유창성이 정확성에 기반하지 않다고 볼 수 있는 여지가 있다는 것을 시사한다. 또한 유학생의 경우 '-어서'의 빈도가 매우 높게 나타나는데 이는 이유 표현으로 사용할 수 있는 '-니까'보다는 '-어서'를 더 선호하며 선행의 의미를 표현하는 '-고'보다 '-어서'를 더 선호한다는 것을 알 수 있었다.

향후 연구에서는 외국인과 모어 화자의 연결어미 사용에서 큰 차이를 보이고 있는 연결어미들에 대해 깊이 살펴보아야 할 것이다. 이를 통해 외국인이 인식하고 있는 연결어미의 의미 기능이 모어 화자와 어떻게 다른지 고찰해 볼 수 있을 것이다.

\<Abstract\>

The usage of connective endings in the spoken language of Korean among foreign students

Lee, Jung Hee (Kyung Hee University)

This study compared the use of connective endings in the spoken language between foreign spouses (without formal education) and international students (with formal education). Their output was collected, recorded and analyzed. A total of 23,146 words were spoken. A total of 19 connective endings were used 1,859 times, an average of 8.0% in the total usage.

The results showed minimal difference compared to connective ending usage by native Korean speakers. The following connective endings of high frequent usage were analyzed: '-고 (32.45%), -면 (16.96%), -어서 (16.61%), -는데 (13.31%), -(으)니까 (8.34%).' The output from the two groups was close to native Korean speakers' frequency of use.

Between the two groups, the foreign spouses group indicated much higher usage of connective endings and their spoken rate, and yielded similar results from their counterpart. However, much of their output was attentive to language form and structure; accurate usage for meaning was compromised.

The use of '-면' in particular among foreign spouses was quite high compared to the international students and native Korean speakers. But unlike the native Korean speakers' understanding of '-면' which is used to show certain condition, foreign spouses employed an extra layer of meaning. They assumed 'background meaning' embedded in the "premise" of the antecedent.

As such, if the usage patterns of connective endings are similar to that of native speakers and if such speech performance is seen as fluency, then such assumption points to the possibility that fluency is not firmly based on accuracy. In the case of international students, the frequency of '-어서' was quite high. This goes to show that students preferred the use of '-어서' over '-니까' to explain reasons. Furthermore, '-어서' was the preferred connector over '-고' which explains the meaning of the antecedent.

Key Words

spoken language(구어), spoken Korean(구어 한국어), connective endings(연결어미), semantic functions(의미 기능), use frequency(사용 빈도), acquisition(습득), learning(학습)

여성 결혼이민자 담화에 나타난 연결어미 오류 분석 연구

김수미 _경희대학교 국제교육원

1. 서론

여성 결혼이민자가 한국어를 배우는 전체적인 언어 학습의 상황은 대체로 낯선 외국어를 일상생활 속에서 스스로 터득하는 습득의 상황이다. 또한 학습의 기회가 있다고 해도 대다수가 그들이 처한 상황 때문에 꾸준히 한국어를 학습하기가 어렵다. 따라서 이들은 외국어를 습득하는 과정에서 의사소통에 꼭 필요하다고 할 수 있는 정확성(accuracy)과 유창성(fluency)을 획득하기가 어려워지며 이러한 현실은 결국 한국 생활의 여러 가지 어려움과 가족사회적 갈등을 유발시키게 된다.

앞서 언급한 것과 같이 외국어 학습자의 의사소통 능력을 판단하는 기준은 정확성과 유창성이다. 학습자가 이를 향상시키기 위해서는 목표어의 다양한 문법 요소를 정확히 알고 적절하게 사용해야 한다. Canale and Swain(1983)은 문법적 능력을 의사소통 능력의 4가지 구성 요소 중 하나로 언급하고 있는데 이는 문법적 능력이 외국어 학습자들의 의사소통 능력 향상에 기초가 되는 중요한 항목이기 때문이다.

한국어의 문법 요소는 조사, 어미, 시제, 높임법, 어순 등으로 분류할 수 있다. 이 중에서 '어미'는 문장이 실제 상황에서 어떤 유형으로 사용될 것인지를 결정하기 때문에 한국어 교육에서 상당히 중요한 역할을 한다. 문장을 끝맺는 것, 문장을 연결하는 것 그리고 문장을 다른 문장 속에 안길 수 있도록 하는 것이 어미이기 때문이다.

한국어의 어미는 기능에 따라 연결어미, 종결어미, 전성어미로 나눌 수 있는데, 이 중에서 연결어미는 그 종류가 많을 뿐만 아니라 각각 기능도 다양하다. 다시 말해서 한국어의 연결어미는 하나의 형태가 하나의 통사·의미적 기능을 수행하는 경우도 있지만, 하나의 형태가 여러 가지 통사·의미적 기능을 수행하는 경우도 있고 별개의 형태가 동일한 통사·의미적 기능을 수행하는 경우도 있다. 김중섭(2002)은 연결어미가 홑문장 이상의 발화를 하기 위해 반드시 체계적인 학습이 필요한 문법 요소이지만 앞서 제시한 연결어미의 특징들로 인해 한국어 학습자들이 연결어미를 학습하는 데 큰 어려움을 겪는다고 언급하고 있다.

위와 같이 한국어의 연결어미는 그 수가 많을 뿐만 아니라 사용되는 환경이나 의미가 다양하기 때문에 기관에서 학습하는 한국어 학습자조차도 학습을 어려워하는 부분 중 하나이다. 따라서 기관 학습자에 비해 한국어 학습 환경이나 시간적인 면에서 현저히 불리한 입장에 처해 있는 여성 결혼이민자의 경우 연결어미를 체계적으로 학습하기가 매우 어렵다.

따라서 본 연구에서는 여성 결혼이민자의 실제 담화 분석을 통해 학습자들이 범하게 되는 연결어미 오류에 대해 기술하고 국가별 연결어미 오류의 차이점에 대해 알아보도록 하겠다.[1]

2. 연구 방법 및 절차

2.1. 연구 절차

여성 결혼이민자의 담화에 나타난 연결어미의 사용 양상을 살펴보기 위해 본 연구에서는 먼저 여성 결혼이민자를 선정하고 자료 수집을 위한 방법을 선정하였다. 그리고 예비 조사를 통해 대화 주제의 선정과 자료 수집 방법을 수정·보완하였다. 이러한 예비 조사 결과를 바탕으로 본 조사를 실시하고 수집된 대화 자료를 전사하여 연결어미의 사용 양상과 오류를 살펴보았다.[2]

연결어미의 전체적인 사용양상은 윤평현(2005)과 백봉자(2006)를 참고하여 분석하였고, 연결어미 사용 오류 분석은 이정희(2003)를 토대로 하여 연구를 진행하였다.

2.2. 연구 대상

본 연구를 위한 피험자는 한국으로 이주한 지 3년 이상의 여성 결혼이민자를 대상으로 한

---

1) 박용익(2001:44)은 대화분석은 기존 언어학의 연구이론이나 방법론으로 분석이나 설명이 어려웠던 언어적 표현수단들의 사용조건이나 규칙 그리고 특정한 대화의 상황에서 갖는 그들의 구체적이고 실제적인 의미를 해석할 수 있는 바탕으로서의 기능도 수행할 수 있다고 본다.

2) 실제 담화에서는 종결어미를 사용한 정확한 문장단위의 끝맺음이 많지 않기 때문에 대화 자료의 전사는 억양단위로 하였다.

다.[3] 대화의 언어적 상호작용에서 모국어에 의한 변수를 방지하기 위해 그룹 간 국적 구성을 동일하게 하였다.[4]

베트남, 일본, 중국 국적의 3명의 피험자로 구성된 세 팀을 연구 대상으로 한다.[5] 각 그룹별 참여자는 한국 체류기간이 3년 이상으로써 숙달도는 고급 수준으로 볼 수 있다.

2.3. 자료 수집

여성 결혼이민자 간 대화 수집을 위한 '포커스 그룹' 운영을 통해 담화 상황에서 나타난 연결어미의 사용 양상을 살펴보고 빈도와 오류 분석을 중심으로 살펴보고자 한다. 이정희(2008)에 의하면 포커스 그룹은 일종의 그룹 인터뷰에 해당하며 참여 관찰과 개방형 인터뷰 이 두 가지는 질적 자료 수집 방법에서 중간 위치를 차지한다고 하였다. 특히 이 방법의 장점은 특정 주제에 대한 상호작용을 관찰할 수 있다는 것이며 또한 개별 인터뷰에 비해 연구 참여자 간의 긴장도가 낮아지는 것이다.[6]

본 연구에서는 실제 담화 자료를 얻기 위해 포커스 그룹의 대화 내용을 녹화·녹음하는 방법을 사용하였다. 이 과정에서 연구자는 비참여관찰자의 역할을 담당하였다. 각 팀은 다국적

---

3) 여성 결혼이민자의 배경이 되는 국적, 학력, 이주하기 전 학습 정도 등에 따라서 한국어 수준은 다르게 나타날 것이다. 하지만 한국 거주 기간이 짧은 여성 결혼이민자는 그룹 안에서 대화를 이끌어나가기가 어려운 경우가 대부분이다. 그렇기 때문에 피험자 선정 과정에서 여성 결혼이민자의 한국 거주 기간을 3년 이상(한국어 숙달도 중급 이상)으로 제한하였다.

4) 본 녹음 자료는 한국학술진흥재단의 지원으로 이루어진 이정희(2007, 2008)의 "여성 결혼이민자와 외국인 유학생의 한국어 사용 양상 비교 연구"의 일부이다.

5) 김선정(2007)에서 분석한 자료를 보면 2006년 기준으로 여성 결혼이민자의 국적별 분포도는 다음과 같다.

출 신 국	인 원 수(%)
재중동포	27,717 (41.6)
중 국	13,401 (20.1)
베 트 남	7,426 (11.1)
일 본	7,145 (10.7)
필 리 핀	3,811 (5.7)

6) 서상규·구현정(2002:83)에서는 참여자로부터 녹음과 녹화를 허락 받은 상황에서 진행된 자료 수집에서 처음에는 머뭇거리는 어색한 담화가 나타나기도 하지만, 어느 정도의 시간이 지나면 자연스러워지기 때문에 자료의 인위성 여부는 크게 문제가 되지 않는다고 하였다.

학습자(베트남, 일본, 중국) 세 명으로 구성되어 대화 주제를 제공 받은 후 포커스 그룹 형식의 대화를 실시하였다. 대화 녹음은 1개월에 1~2회 실시되었고 주제 당 녹음 시간은 20~30분 내외로 하였다.

대화 주제는 최대한 자연스러운 대화를 유도하고 대화 참여자 간 상호작용이 원활히 일어날 수 있도록 하기 위해서 일상적이고 친근한 주제로 선정하였다.

2.4. 사용 빈도 및 오류 분석

2.4.1. 연결어미 사용 빈도 연구

전사된 자료 분석을 통해 여성 결혼이민자가 발화를 할 때 사용하는 연결어미를 조사하고 그 속에서 다시 오류문을 추출하였다. 연결어미의 사용을 살피고 오류문을 추출하는 과정에서 보다 정확한 결과를 도출하기 위해 몇 가지 판단 기준을 마련하고 그 기준에 따랐다. 그 기준은 다음과 같다.

1) 작문 자료가 아닌 실제 담화 자료를 바탕으로 한 연구이기 때문에 문장 단위가 아닌 발화자의 발화 어절 단위수를 기본으로 하여 사용 빈도를 조사하였다.
2) 구어자료를 대상으로 삼고 있지만 분석을 할 때는 문장 단위로 끊어서 확인해야 한다. 그러나 연결어미는 상당수가 종결어미로도 활용되기 때문에 이런 부분의 오류를 최대한 방지하기 위해 전사된 자료의 전사기호를 유의하면서 연결어미 문장을 추출하였다.
3) 본 연구에서는 보조적 연결어미와 통어적 구문으로 사용된 연결어미 항목은 연결어미 분류에 포함시키지 않았다.
4) 연결어미의 분류방식과 인정범위는 선행되어진 연결어미의 연구만큼이나 다양하다. 윤평현(2005)의 연결어미 의미·기능별 분류와 백봉자(2003)에서 제시된 연결어미들을 취합하여 사용 빈도를 분석할 때 기준이 되는 연결어미 의미·기능별 분류표를 만들었다.
5) 본 연구에서 사용된 사용 빈도 계산식은 다음과 같다.

> 사용 빈도(%) = (연결어미 사용 개수 ÷ 전체 연결어미 사용 개수) × 100

2.4.2. 연결어미 오류 분석

오류는 총체적 오류(global errors)와 지엽적 오류(local errors) 두 가지로 구분할 수 있다. 총체적 오류는 그 메시지를 왜곡 변질시킬 우려가 있기 때문에 어떻게든 수정되어져야 한다. 반면에 지엽적 오류는 학습자의 의사소통의 원활한 흐름을 위해 명백히 수정할 필요가 없다고 했다. 이윤진(2002)에서는 이 분류 방식을 기준으로 하여 오류를 분석하였는데 총체적 오류를 '의미·통사적 오류'로 지칭하였고 지엽적 오류를 '형태적 오류'라고 분류하여 분석하였다. 본 연구에서도 이윤진(2002)에서 나눈 분류 방식으로 오류를 분석하기로 하겠다.

본고에서 기술하는 연결어미의 '의미·통사적 오류'란 연결어미 항목을 의미·기능별로 분류하였을 때 담화 상에서 나타난 연결어미의 사용이 담화 맥락에 맞지 않거나 의미·통사적 측면에서 연결어미의 사용제약에 어긋나는 경우를 말한다. 그 예는 다음과 같다.7)

(1) 우리나라 음식이 정말 맛있어서(√맛있으니까) 선생님도 먹어 보세요.
(2) 설날에 만든 만두 중에서 한 개 동전을 넣었어요. 해마다 그 만두 먹으면(√먹으면 서) 행복하게 지냈어요.

(1)의 예문은 '-어/아/여서'의 문법항목이 후행절에 명령형이 올 수 있다는 문법적 제약 때문에 비문이 된 것이다. 이유나 원인의 의미로 쓰일 때는 '-(으)니까'로 써야 한다. (2)의 예문은 '-(으)면'은 일상적으로 반복되는 사실에 대한 내용에 쓰일 때 서술어의 시제에 과거형이 올 수 없다는 제약 때문에 생긴 오류이다.

그리고 연결어미의 '형태적 오류'란 발화를 할 때 연결어미의 항목은 바르게 선택하여 사용하였지만 형태적으로 발생한 오류를 말한다. 형태적 오류는 구문의 의미를 파악할 때 크게 문제가 되지는 않지만 발화자가 연결어미의 사용에 대한 제약이나 형태 변화에 대해 정확한 이해가 부족하다고 볼 수 있기 때문에 오류로 볼 수 있다. 그 예는 다음과 같다.

(3) 고향에서 백두산이 아주 아름다운고((√) 신기해요.
(4) 가게에서 물건을 팠는데((√팔았는데) 다른 사람보다 많이 팔았어요.

예문 (3)과 (4)의 경우는 연결어미 항목의 선택은 적절했으나 활용을 잘못하여 생긴 오류이다.

이처럼 본 연구에서는 오류를 분석하여 기술하는 과정에서 실제 사용예문을 최대한 보여주고자 한다.

본 연구에서 오류 분석에 사용한 오류빈도와 오류율의 계산식은 다음과 같다.

---

7) 예문은 이윤진(2002)의 오류 분석 결과에 포함된 비문 중 일부이다.

> 오류빈도(%) = (오류 개수 ÷ 전체 오류 개수) × 100
> 오 류 율(%) = (오류 개수 ÷ 사용 개수) × 100

3. 여성 결혼이민자 담화에 나타난 연결어미 오류 분석

본 장에서는 전사된 대화 자료를 바탕으로 앞서 제시한 연구 방법과 절차에 따라 여성 결혼이민자의 연결어미 사용 빈도를 조사하고 오류를 분석하고자 한다.

3.1. 연결어미 사용 빈도

다음 표는 각 그룹별 구성원이 발화한 총 어절 수를 계산한 표이다.

<표 1> 여성 결혼이민자의 발화 어절 수

국적	1그룹 총 어절 수	2그룹 총 어절 수	3그룹 총 어절 수	총 어절 수
베트남	5,352	3,674	1,735	10,761
일본	8,660	3,495	5,736	17,891
중국	2,473	4,744	12,124	19,341

언어권별로 전체 자료에서의 연결어미 사용 빈도를 표로 나타내면 다음과 같다.

<표 2> 여성 결혼이민자의 연결어미 사용 빈도

국적	총 어절 수	연결어미 사용 수	연결어미 사용 빈도
베트남	10,761	777	7.2%
일본	17,891	1,761	9.8%
중국	19,341	1,388	7.1%
전체 언어권	47,993	3,926	8.1%

위의 표에서 확인할 수 있듯이 베트남과 중국은 차이가 비교적 적은 반면에 일본은 9.8%로

다른 언어권에 비해 확실히 연결어미의 사용이 많다는 것을 확인할 수 있다. 이는 중국어와 베트남어가 고립어라는 특성이 있기 때문에 나타난 결과라고 생각해볼 수 있다. 또 한 가지 생각해 볼 수 있는 문제는 총 발화 어절 수의 양이 사용하는 연결어미의 수와 비례하는 것은 아니라는 것이다.

본 연구에서는 전체 언어권으로 살펴보았을 때 전체 사용 어절 수가 47,993어절이고 그중에 연결어미 사용 어절 수는 3,926어절로 사용 빈도가 8.1%라는 결과가 나왔다. 공식적이고 제한된 교육 환경이 아닌 자연적 환경에서도 습득은 가능하지만 정확성과 유창성의 측면에서 보았을 때 공식적 교육의 효과와 의미를 간과할 수 없다고 본다. 그렇기 때문에 여성 결혼이민자의 한국어 교육 또한 보다 더 구체적이고 체계적이어야 하고 끊임없는 연구가 필요한 것이다.

3.1.1. 전체 사용 빈도

다음은 언어권별 연결어미 사용 빈도와 전체적인 연결어미 사용 빈도를 표로 나타낸 것이다.

<표 3> 언어권별 연결어미 항목 사용 빈도

언어권 \ 연결어미		베트남권		일본어권		중국어권		전체	
		사용수	사용빈도	사용수	사용빈도	사용수	사용빈도	사용수	사용빈도
-거나		2	0.26%	29	1.65%	10	0.72%	41	1.04%
-고	나열	190	24.42%	375	21.28%	277	19.96%	842	21.44%
	시간관계	31	3.98%	82	4.65%	76	5.48%	189	4.81%
-는/(으)ㄴ데		105	13.5%	233	13.22%	104	7.49%	442	11.25%
-는/(으)ㄴ데도		1	0.13%	2	0.11%	1	0.07%	3	0.1%
-(으)니		1	0.13%	4	0.23%	0	-	5	0.13%
-(으)니까		37	4.76%	161	9.14%	108	7.78%	306	7.79%
-다가		6	0.77%	15	0.85%	6	0.43%	27	0.69%
-었/았/였더니		1	0.13%	2	0.11%	0	-	3	0.08%
더라도		1	0.13%	0	-	0	-	1	0.03%
-던데		1	0.13%	1	0.06%	0	-	2	0.05%
-도록		0	-	4	0.23%	0	-	4	0.1%
-든		0	-	0	-	6	0.43%	6	0.15%

	−든지	1	0.13%	2	0.11%	13	0.94%	16	0.41%
	−(이)라도	0	−	9	0.51%	1	0.07%	10	0.25%
	−(이)라서	0	−	9	0.51%	1	0.07%	10	0.25%
	−(으)러	4	0.51%	13	0.74%	9	0.65%	26	0.66%
	−(으)려고	0	−	9	0.51%	21	1.51%	30	0.76%
	−(으)려면	1	0.13%	0	−	3	0.22%	4	0.1%
	−(으)며	0	−	0	−	1	0.07%	1	0.03%
	−(으)면	167	21.47%	297	16.86%	331	23.85%	795	20.24%
	−(으)면서	7	0.9%	85	4.82%	5	0.36%	97	2.47%
	−어/아/여	11	1.41%	16	0.91%	21	1.51%	48	1.22%
	−어/아/여도	30	3.86%	41	2.33%	41	2.95%	112	2.85%
−어/아/여서	인과	68	8.74%	107	6.07%	59	4.25%	234	5.96%
	시간관계	49	6.3%	113	6.41%	153	11.02%	315	8.02%
	−어/아/여야	53	6.81%	90	5.11%	128	9.22%	271	6.9%
	−자마자	1	0.13%	3	0.17%	3	0.22%	7	0.18%
	−지만	10	1.29%	59	3.35%	9	0.65%	78	1.99%
	−게끔	0	−	1	0.06%	1	0.07%	2	0.05%
	전 체	778	100%	1762	100%	1388	100%	3926	100%

　　가장 빈도가 높은 항목은 '−고'로 사용 빈도가 전체 연결어미 중 26.25%를 차지한다. 그 다음으로는 '−(으)면 (20.24%) 〉 −어/아/여서 (13.98%) 〉 −는/(으)ㄴ데 (11.25%) 〉 −(으)니까 (7.99%)'의 순서로 빈도가 높게 나타나고 있다.

3.1.2. 언어권별 사용 빈도

　　앞서 전체 언어권을 중심으로 사용양상을 살펴보았다면 지금부터는 각 언어권별 빈도수를 고빈도 연결어미 항목부터 순서대로 정리한 표를 살펴보기로 하겠다.

3.1.2.1. 일본어권

<표 4> 일본어권의 고빈도 연결어미 사용 항목

일본어권				
순위	항목	의미	사용 빈도(%)	
1	-고(나열)	[나열]	21	
2	-(으)면	[조건]	17	
3	-는/(으)ㄴ데	[상황 관계]	13	
4	-(으)니까	[인과 관계]	9	
5	-어/아/여서	[인과 관계]	6	
	-어/아/여서	[시간 관계]		
6	-고	[시간 관계]	5	94
	-(으)면서	[나열]		
	-어/아/여야	[조건]		
7	-지만	[대립]	3	
8	-거나	[선택]	2	
	-어/아/여도	[양보]		

　일본어권 화자는 다른 두 언어권 화자보다 다양한 연결어미 항목을 사용하고 있다는 것을 알 수 있다. 이처럼 전체 어절 수에 대한 사용 빈도가 높고 사용한 연결어미 항목 또한 다양하게 나타나는 것으로 보아 일본어권 화자가 다른 언어권에 비해 연결어미에 대한 이해가 높고, 그에 따른 사용 시도도 높은 것으로 보인다.

3.1.2.2. 중국어권

<표 5> 중국어권의 고빈도 연결어미 사용 항목

중국어권				
순위	항목	의미	사용 빈도(%)	
1	-고	[나열]	20	
2	-(으)면	[조건]	24	
3	-어/아/여서	[시간 관계]	11	
4	-어/아/여야	[조건]	9	88
5	-(으)니까	[인과 관계]	8	
6	-는/(으)ㄴ데	[상황 관계]	7	
7	-고	[시간 관계]	5	
8	-어/아/여서	[인과 관계]	4	

중국어권 화자는 전체 발화 어절 수는 다른 언어권에 비해 가장 많은 편이었으나 그중 연결어미 사용 빈도수는 그렇지 않았다. 조각문 발화 그리고 단문과 단문의 나열 형태를 많이 사용하고 있었는데 그 이유도 모국어인 중국어의 영향이 크다고 할 수 있다. 연결어미를 사용하지 않고 단문과 단문을 나열하는 수준의 발화는 어린 아이들이 언어를 배우기 시작하는 초기 단계에서 주로 볼 수 있는 양상이다. 문법적으로 오류가 없다 하더라도 한국어 학습의 궁극적인 목표 중 하나인 유창성을 고려한다면 연결어미 역할의 중요성이 더욱 크다고 할 수 있겠다.

3.1.2.3. 베트남어권

<표 6> 베트남어권의 고빈도 연결어미 사용 항목

베트남어권				
순위	항목	의미	사용 빈도(%)	
1	-고	[나열]	24	
2	-(으)면	[조건]	21	
3	-는/(으)ㄴ데	[상황 관계]	14	
4	-어/아/여서	[인과]	9	
5	-어/아/여야	[조건]	7	94
6	-어/아/여서	[시간 관계]	6	
7	-(으)니까	[인과 관계]	5	
8	-고	[시간 관계]	4	
	-어/아/여도	[양보]		

베트남어권 화자의 연결어미 사용 고빈도 항목은 앞에서 확인된 결과와 같이 다른 언어권 화자와 큰 차이가 없으나 다른 두 언어권 화자보다 전체 연결어미 사용 빈도가 낮고 연결어미 사용 항목 수도 가장 적었다.

3.1.3. 사용 빈도를 통해 본 특징

앞서 살펴보았던 내용을 바탕으로 여성 결혼이민자의 연결어미 사용에 나타난 일반적 특징들을 몇 가지로 정리해 볼 수 있다.

첫째, 연구 대상 자료가 실제 구어자료이기 때문에 구어적 특성이 연결어미에도 반영되어 나타난다. '-구, -(으)믄, -(으)ㄹ라구, -(으)ㄹ라고, -(으)니깐' 등의 비표준형 형태로 나타나고 있는 것이다. 본 연구에서 이런 성향은 일본어권 화자와 중국어권 화자에게서 집중적으로 나타났다. 발화의 정확성을 제외하고 발화 어절 수만으로 생각한다면 비교적 한국어로 말하는 것이 자유로운 화자에게서 이런 현상을 더 많이 찾을 수 있었다. 또한 이런 현상은 살고 있는 지역이나 가족구성원의 고향 등 환경적 요소도 영향을 미칠 수 있다고 본다. 연결어미의 활용적인 측면에서 지역 방언의 요소도 작용할 수 있기 때문이다.

둘째, 연결어미를 사용하고도 불필요한 접속부사를 첨가해서 사용하는 경우가 나타난다. 접속부사는 선행 성분이나 문장과 후행 성분이나 문장 사이에 위치하여 이들을 연결하는 기능을 가지고 있다. 그렇기 때문에 어떤 기능면에서는 연결어미와 유사한 부분이 많다고 할 수 있다. 그러나 비슷한 기능을 하는 연결어미와 접속부사를 연이어 사용하거나 연결어미를 사용하고 다른 접속부사를 사용하는 몇몇 경우는 뒤따르는 접속부사를 생략하여도 의미의 변화가 없기 때문에 불필요하다고 볼 수 있다. 이는 의사소통 전략적 측면에서 살펴보면 자신이 앞서 연결어미를 사용해서 발화한 내용에 비슷한 의미·기능을 하는 접속부사를 덧붙여 사용함으로써 정확성과 의미의 전달력을 높이려는 시도로 보인다. 그러나 이런 전략의 이면에는 화자가 자신의 발화에 대한 자신감이 부족하다는 의미도 있다는 사실에 주의를 기울여야 한다. 또한 전달하려는 의미를 강조하고 싶은 부분에서도 사용한다고 볼 수 있다.

셋째, 연결어미를 사용할 수 있는 문장이거나 사용해야 하는 문장인데도 불구하고 단문을 일률적으로 나열한 형태를 자주 볼 수 있다. 앞서 각 언어권별 사용 양상을 살펴볼 때 언급했듯이 연결어미를 사용하지 않은 홑문장의 나열은 고급 수준의 학습자에게 적합하지 않은 형태이다. 연결어미를 사용하여 보다 매끄럽게 문장을 연결할 수 있음에도 사용을 하지 않는다는 건 여러 가지 추측이 가능하다. 사용할 수 있는 연결어미의 형태나 의미·기능을 전혀 모르는 경우도 있을 것이고, 알고 있다고 하여도 정확한 사용이 어렵기 때문에 사용을 회피하거나 생략하는 경우가 생기기도 한다.

넷째, 연결어미를 과다하게 사용하는 형태를 만들어 사용하고 있다. 일반적으로 한국어 교재에서 연결어미를 학습할 때 주어진 예시문은 단문과 단문, 즉 단문 2개를 연결하는 형태를 가장 많이 제시하고 있다. 하지만 실제로 작문을 하거나 발화를 할 때는 2개 이상의 단문을 연결해서 사용해야 하는 경우도 많다. 모국어 화자가 발화를 할 때 문장이 길어지면 적절히 끊어서 말하거나 사용하는 연결어미를 다양하게 바꿔서 사용하는 것이 일반적이다. 그러나 여성 결혼이민자는 이런 부분을 잘 활용하지 못하는 것으로 판단된다. 의미가 통하고 문법적으로도 확실하게 오류라고 단정 지을 수 없는 부분이 있기는 하지만 한국어 연결어미를 교육할 때 이런 특성까지 고려해야 하는 것은 분명하다.

3.2. 연결어미 오류 분석

본 절에서는 먼저 전체 오류 분석을 오류율을 기준으로 살펴본 후에 각 언어권별 오류 양상 및 특징을 기술하려고 한다.

3.2.1. 전체 오류 분석

다음은 전체 언어권 연결어미 오류빈도와 오류율을 계산한 표이다.

<표 7> 전체 언어권 연결어미 오류 빈도와 오류율

	베트남어권		일본어권		중국어권		전체	
	오류수	오류율	오류수	오류율	오류수	오류율	오류수	오류율
의미·통사적 오류	59	7.6%	56	3.2%	72	5.2%	187	4.8%
형태적 오류	39	5%	42	2.4%	61	4.4%	142	3.7%
전체	98	12.6%	98	5.6%	133	9.6%	329	8.5%

위의 표를 살펴보면 의미·통사적 오류와 형태적 오류에서 나타나는 오류율의 언어권별 순위가 '베트남어권〉 중국어권〉 일본어권'의 순으로 일정하게 나타나고 있다. 또한 앞서 살펴본 연결어미 사용 빈도에서는 '일본(9.8%)〉 베트남(7.2%)〉 중국(7.1%)'의 순서로 연결어미를 많이 사용하고 있는데, 이는 일본어권 화자가 전체 언어권 중 비교적 정확하게 연결어미를 사용하고 있고 베트남어권 화자는 사용 빈도는 가장 낮으면서 오류 빈도율은 높게 나타나는 것으로 보아 연결어미 사용에 대한 이해가 가장 부족한 것으로 보인다. 이러한 이해 부족의 원인으로 개별 언어권의 특징을 생각해 볼 수 있다. 일본어는 이들 언어 중에서 한국어와 가장 유사한 문법을 가지고 있는 반면에 베트남어와 중국어는 전형적인 고립어로서 동사의 활용이 없고 어미가 없다. 이는 교착어인 한국어의 특징과 대비되는 부분으로 화자의 이해 정도에 영향을 끼칠 수 있는 원인으로써 교수학습 시에도 고려해야 하는 부분이다.

그리고 이들 언어권 모두 의미·통사적 오류율이 형태적 오류율보다 높게 나타나고 있다. 오류율이 낮다고 하여 형태적 오류율의 비율을 간과할 수는 없지만 교수학습 시에 연결어미의 의미·통사적 측면을 보다 깊이 있게 다루어야 한다고 본다.

3.2.2. 언어권별 오류분석

1) 의미·통사적 오류

(1) 의미·통사적 오류 빈도

<표 8> 연결어미 항목별, 언어권별 의미·통사적 오류 빈도

언어권 / 연결어미	베트남어권		일본어권		중국어권		전체	
	오류수	오류 빈도	오류수	오류 빈도	오류수	오류 빈도	오류수	오류 빈도
-거나	1	1.7%	-	-	2	2.8%	3	1.6%
-고	14	23.7%	9	16.1%	6	8.3%	29	15.5%
-는/(으)ㄴ데	5	8.5%	2	3.6%	4	5.6%	11	5.9%
-는/(으)ㄴ데도	0	0.0%	-	-	-	-	-	-
-(으)니까	2	3.4%	3	5.4%	3	4.2%	8	4.3%
-다가	1	1.7%	2	3.6%	-	-	3	1.6%
-든지	-	-	-	-	1	1.4%	1	0.5%
-(이)라도	-	-	-	-	-	-	-	-
-(으)러	-	-	-	-	1	1.4%	1	0.5%
-(으)려고	-	-	2	3.6%	-	-	2	1.1%
-(으)려면	1	1.7%	-	-	1	1.4%	2	1.1%
-(으)면	13	22.0%	11	19.6%	13	18.1%	37	19.8%
-(으)면서	3	5.1%	8	14.3%	-	-	11	5.9%
-어/아/여	3	5.1%	2	3.6%	4	5.6%	9	4.8%
-어/아/여도	3	5.1%	-	-	1	1.4%	4	2.1%
-어/아/여서	12	20.3%	11	19.6%	32	44.4%	55	29.4%
-어/아/여야	1	1.7%	1	1.8%	2	2.8%	4	2.1%
-지만	-	-	5	8.9%	2	2.8%	7	3.7%
전 체	59	100.0%	56	100.0%	72	100.0%	187	100.0%

전체 언어권의 오류 빈도를 보면 '-어/아/여서' 항목이 29.4%로 가장 높게 나왔고 다음으로는 '-(으)면(19.8%)〉 -고(15.5%)'의 순으로 나왔다. 연결어미 사용 빈도가 높은 항목과 순위의 차이는 있지만 대체로 포함되는 항목은 일치한다. 일반적으로 교재에서 위의 항목들의 제시 순서가 초·중급에서 이루어지는 것을 보면 난이도는 높지 않으면서도 학습자에게 필요성은 높은 것으로 판단된다. 그러나 위에서 확인할 수 있는 것처럼 오류빈도 또한 높다는 것은

여성 결혼이민자가 연결어미의 사용에 있어 둘 이상의 단문을 연결할 때 의미관계 파악이나 사용하는 연결어미의 사용 제약에 대한 이해가 부족하다는 것이다.

오류 빈도가 높은 순으로 다시 정리를 해보면 다음과 같은 결과가 나온다.

<표 9> 각 언어권별 연결어미 오류 빈도 상위 항목

순위	베트남어권		일본어권		중국어권	
	연결어미 항목	오류빈도	연결어미 항목	오류빈도	연결어미 항목	오류빈도
1	-고	23.7%	-(으)면 -어/아/여서	19.6%	-어/아/여서	44.4%
2	-(으)면	22%	-고	16.1%	-(으)면	18.1%
3	-어/아/여서	20.3%	-(으)면서	14.3%	-고	8.3%
4	-는/(으)ㄴ데	8.5%	-지만	8.9%	-는/(으)ㄴ데 -어/아/여	5.6%

베트남어권 화자는 '-고〉 -(으)면〉 -어/아/여서〉 -는/(으)ㄴ데'의 순으로 오류를 범하고 있었다. 이 결과에서 주목할 점은 앞에서 살펴본 베트남어권의 연결어미 사용 빈도 순서이다. 고빈도 순으로 '-고〉 -(으)면〉 -는/(으)ㄴ데〉 -어/아/여서'의 순서로 사용 양상을 보였는데 오류 빈도와 함께 살펴보면 고빈도 순위 연결어미 항목에서 오류 빈도 또한 높다는 것을 확인할 수 있다. 사용양상을 살피는 과정에서 베트남 언어권 화자가 사용한 연결어미들의 난이도를 확인해 보았더니 비록 사용 빈도는 낮지만 중고급 수준의 항목들도 사용하고 있다는 사실을 확인할 수 있었다. 이는 다음 오류분석표를 보면서도 다시 한 번 확인할 수 있다. 더불어 오류 빈도가 연결어미 항목의 난이도에 비례해서 높아지는 것이 아니라는 것도 알 수 있다.

일본어권 화자는 '-(으)면〉 -어/아/여서〉 -고〉 -(으)면서〉 -지만'의 순서로 오류를 범하고 있다. 이윤진(2002)에서도 일본어권 학습자가 가장 많이 범하는 오류 중의 하나가 '아서'와 '고'라고 하면서 그 이유로는 이 두 연결어미가 일본어에서 동일한 형태인 'て(te)'로 나타나기 때문이라고 말하고 있다.[8] 일본어권 학습자의 오류빈도 중 두 가지 항목이 모두 높게 나타나고 있어 일본어권 화자가 연결어미 '-고'와 '-아서/-어서'의 용법상의 차이를 이해하기에 어려움이 따른다는 사실을 입증하고 있다.

중국어권 화자는 '-어/아/여서' 항목에서 오류 빈도가 44.4%로 가장 높게 나왔고 그 뒤를

---

8) 이 접속사 'て(te)'는 〈병렬〉, 〈대비〉, 〈동시진행〉, 〈계기〉, 〈원인·이유〉, 〈수단·방법〉, 〈역접〉, 〈결과〉등의 여덟 가지 의미 기능을 가지고 있는데, 그 자체에 의미 기능을 가지는 것이 아니라 선·후행 절의 의미에 따라 다양한 의미의 문장을 만들어내는 것이다.

이어 '-(으)면〉 -고〉 -는/(으)ㄴ데'의 순으로 오류 빈도가 높게 나타났다. '-어/아/여서'와 '-(으)면'이라는 연결어미 항목은 중국어에도 비슷한 의미·기능을 하는 관련사가 있으나 그 형태가 매우 단조로운 편이고, 생략이 가능하다. 중국어권 화자의 연결어미 오류 빈도 항목 또한 순위의 차이는 있지만 다른 언어권 화자들과 항목은 비슷하다. 또한 위의 표에서는 중국어권 오류빈도 상위 항목이 베트남어권의 상위 오류빈도 포함 항목과 일치하는 것을 볼 수 있다. 이 부분도 앞서 설명한 모국어의 언어적 특성에 기인한 결과라고 생각된다. 그러나 특징적인 것은 오류 빈도가 가장 높은 항목인 '-어/아/여서'가 44.4%의 비율로 매우 높게 나타난다는 것이다. 베트남어권은 20.3%, 일본어권 역시도 19.6%로 각 언어권별 오류빈도에서 차지하는 비율이 낮지 않다는 사실은 화자가 느끼는 '-어/아/여서'항목의 난이도를 나타낸다고 볼 수 있다. 그리고 그만큼 정확한 이해와 사용을 위해서 '-어/아/여서'의 항목을 가르칠 때 의미·통사적 측면에 중점을 두어야 한다는 것을 말한다.

(2) 의미·통사적 오류율

의미·통사적 오류율을 표로 나타내면 다음과 같다.

<표 10> 의미·통사적 오류율

언어권 / 연결어미	베트남권		일본어권		중국어권		전체	
	오류수	오류율	오류수	오류율	오류수	오류율	오류수	오류율
-거나	1	50.0%	–	–	2	20.0%	3	7.3%
-고	14	6.3%	9	2.0%	6	1.7%	29	2.8%
-는/(으)ㄴ데	5	4.8%	2	0.9%	4	3.8%	11	2.5%
-는/(으)ㄴ데도	–	–	–	–	–	–	–	–
-(으)니까	2	5.4%	3	1.9%	3	2.8%	8	2.6%
-다가	1	16.7%	2	13.3%	–	–	3	11.1%
-든지	–	–	–	–	1	7.7%	1	6.3%
-(이)라도	–	–	–	–	–	–	–	–
-(으)러	–	–	–	–	1	11.1%	1	3.8%
-(으)려고	–	–	2	22.2%	–	–	2	6.7%
-(으)려면	1	100.0%	–	–	1	33.3%	2	50.0%
-(으)면	13	7.8%	11	3.7%	13	3.9%	37	4.7%
-(으)면서	3	42.9%	8	9.4%	–	–	11	11.3%
-어/아/여	3	27.3%	2	12.5%	4	19.0%	9	18.8%
-어/아/여도	3	10.0%	–	–	1	2.4%	4	3.6%
-어/아/여서	12	10.3%	11	5.0%	32	15.1%	55	10.0%

-어/아/여야	1	1.9%	1	1.1%	2	1.6%	4	1.5%
-지만	-	-	5	8.5%	2	22.2%	7	9.0%
전 체	59	7.6%	56	3.2%	72	5.2%	187	4.8%

오류율을 언어권 전체를 기준으로 살펴보면 오류율이 가장 높게 나타나는 연결어미 항목은 '-(으)려면(50%)'이었고 그 다음이 '-어/아/여(18.8%)〉-(으)면서(11.3%)'의 순으로 나타났다. 의미·통사적 오류를 가장 많이 범하는 베트남어권의 경우 '-(으)려면'의 오류율이 100%로 가장 높았는데 연결어미의 사용수가 1이고 오류수가 1이기 때문에 나타나는 비율로 오류인지 실수인지 판단하기에는 무리가 따른다고 본다. 또한 앞서 오류빈도에서 상위 항목에 있던 -고(2.8%), -는/(으)ㄴ데(2.5), -(으)면(4.7%) 등의 항목이 오류율은 낮게 나타나고 있다. 그러나 '-어/아/여서' 항목은 전체 오류빈도도 29.4%로 가장 높았고 오류율도 10%로 다른 항목들에 비해 오류빈도와 오류율이 높게 나타나고 있음을 확인할 수 있다. 이 사실은 앞에서 언급했던 것처럼 '-어/아/여서'의 연결어미 항목의 중요성을 다시 한 번 말해주고 있는 것이다.

2) 형태적 오류

(1) 형태적 오류빈도

형태적 오류빈도를 표로 정리하면 다음과 같다.

<표 11> 연결어미 항목별, 언어권별 형태적 오류 빈도

언어권＼연결어미	베트남어권		일본어권		중국어권		전체	
	오류수	오류 빈도	오류수	오류 빈도	오류수	오류 빈도	오류수	오류 빈도
-거나	-	-	2	4.8%	1	1.6%	3	2.1%
-고	7	17.9%	10	23.8%	4	6.6%	21	14.8%
-는/(으)ㄴ데	8	20.5%	7	16.7%	9	14.8%	24	16.9%
-는/(으)ㄴ데도	1	2.6%	-	-	-	-	1	0.7%
-(으)니까	1	2.6%	6	14.3%	12	19.7%	19	13.4%
-다가	-	-	1	2.4%	-	-	1	0.7%
-든지	-	-	1	2.4%	7	11.5%	8	5.6%
-(이)라도	-	-	1	2.4%	-	-	1	0.7%
-(으)러	1	2.6%	-	-	-	-	1	0.7%
-(으)려고	-	-	1	2.4%	1	1.6%	2	1.4%
-(으)려면	-	-	-	-	2	3.3%	2	1.4%

-(으)면	11	28.2%	-	-	20	32.8%	31	21.8%
-(으)면서	-	-	-	-	-	-	-	-
-어/아/여	1	2.6%	2	4.8%	-	-	3	2.1%
-어/아/여도	3	7.7%	1	2.4%	-	-	4	2.8%
-어/아/여서	2	5.1%	7	16.7%	4	6.6%	13	9.2%
-어/아/여야	-	-	2	4.8%	-	-	2	1.4%
-지만	4	10.3%	1	2.4%	1	1.6%	6	4.2%
전 체	39	100.0%	42	100.0%	61	100.0%	142	100.0%

전체 언어권의 형태적 오류 빈도를 보면 '-(으)면' 항목이 21.8%로 가장 높게 나왔고 다음으로는 '-는/(으)ㄴ데(16.9%) 〉 -고(14.8%) 〉 -(으)니까(13.4%) 〉 -어/아/여서(9.2%)'의 순으로 나왔다. 이 결과에서는 사용 빈도가 높을수록 형태적 오류빈도 또한 높아진다고 생각해 볼 수 있다. 사용이 많은 항목들임에도 불구하고 오류 또한 그 순서대로 많이 나타난다는 것은 의사소통 과정에서 정확성을 떨어트리는 결과를 가져오기 때문에 주의해야 하는 부분이다.

형태적 오류 빈도가 높은 순으로 다시 정리를 해보면 다음과 같은 결과를 얻을 수 있다.

<표 12> 각 언어권별 연결어미 오류 빈도 상위 항목

순위	베트남어권		일본어권		중국어권	
	연결어미 항목	오류빈도	연결어미 항목	오류빈도	연결어미 항목	오류빈도
1	-(으)면	28.2%	-고	23.8%	-(으)면	32.8%
2	-는/(으)ㄴ데	20.5%	-는/(으)ㄴ데 -어/아/여서	16.7%	-(으)니까	19.7%
3	-고	17.9%	-(으)니까	14.3%	-는/(으)ㄴ데	14.8%
4	-지만	10.3%	-어/아/여 -어/아/여야	4.8%	-고 -어/아/여서	6.6%

여기에서 주목해야 할 점은 의미·통사적 오류빈도와 형태적 오류빈도가 정비례 관계가 아니라는 것이다. 특히 의미·통사적 오류분석에서 일본어권 화자는 '-(으)면' 항목에서 가장 많은 오류를 범하고 있었는데 형태적 오류분석에서는 4위까지 순위에 포함되지 않았다. 또한 중국어권 화자도 의미·통사적 오류분석에서는 '-어/아/여서' 항목이 44.4%로 다른 연결어미 항목에 비해 과도한 오류를 범하고 있었는데 형태적 오류분석에서는 불과 6.6%로 잘못 사용하고 있다. 그러나 오류빈도가 낮다고 해서 교육·학습의 중요성까지 낮아지는 것이 아니기 때문에 오류빈도가 낮다고 할지라도 간과해서는 안 된다.

(2) 형태적 오류율

형태적 오류율을 표로 제시하면 다음과 같다.

<표 13> 형태적 오류율

언어권 연결어미	베트남권		일본어권		중국어권		전체	
	오류수	오류율	오류수	오류율	오류수	오류율	오류수	오류율
-거나	-	-	2	6.9%	1	10.0%	3	7.3%
-고	7	3.2%	10	2.2%	4	1.1%	21	2.0%
-는/(으)ㄴ데	8	7.6%	7	3.0%	9	8.7%	24	5.4%
-는/(으)ㄴ데도	1	-	-	-	-	-	1	25.0%
-(으)니까	1	2.7%	6	3.7%	12	11.1%	19	6.2%
-다가	-	-	1	6.7%	-	-	1	3.7%
-든지	-	-	1	50.0%	7	53.8%	8	50.0%
-(이)라도	-		1	11.1%	-	-	1	10.0%
-(으)러	1	25.0%	-	-	-	-	1	3.8%
-(으)려고	-		1	11.1%	1	4.8%	2	6.7%
-(으)려면	-	-	-		2	66.7%	2	50.0%
-(으)면	11	6.6%	-	-	20	6.0%	31	3.9%
-(으)면서	-	-	-	-	-	-	-	-
-어/아/여	1	9.1%	2	12.5%	-	-	3	6.3%
-어/아/여도	3	10.0%	1	2.4%	-	-	4	3.6%
-어/아/여서	2	1.7%	7	3.2%	4	1.9%	13	2.4%
-어/아/여야	-	-	2	2.2%	-	-	2	0.7%
-지만	4	40.0%	1	1.7%	1	11.1%	6	7.7%
전 체	39	5.0%	42	2.4%	61	4.4%	142	3.7%

표에서 학습자 전체의 형태적 오류율은 3.7%로 나타났다. 의미·통사적 오류율 4.8%에 비해 상대적으로 낮게 나타났다. 그러나 오류율이 높은 항목들을 살펴보면 사용 빈도와 오류빈도가 다른 항목들에 비해 낮게 나타나는 경우를 확인할 수 있다. 일본어권 화자의 경우 연결어미 '-든지'항목이 사용수가 2, 사용 빈도가 0.11%로 매우 낮은 반면에 오류율은 50%로 나타나고 있다. 그렇기 때문에 오류분석에서는 오류빈도와 오류율을 모두 고려해야 한다.

본 절에서는 의미통사적 오류와 형태적 오류를 분류 기준으로 삼고 오류빈도와 오류율을 계산하여 분석하였다. 다음으로는 각 언어권별로 범하고 있는 오류를 예문을 통해 살펴보고자 한다.[9]

---

9) 문법 설명은 국립국어원(2005), 백봉자(2006) 참조.

3.2.2.1. 일본어권

(1) 의미·통사적 오류

(ㄱ) J2: 일본 음식 낫또 냄새 그 있죠? 와! 낫또 그거 있다 하면서 저는 많이 먹었어요.
　　　근데 남편이 그거 냄새가 <u>싫어서(√으니까)</u> 집에서 하지 마라고

　(ㄱ)에서는 화자가 남편의 말을 인용하면서 '-어/아/여서'의 항목을 사용하고 있다. '-어/아/여서'는 앞 문장이 두 문장의 이유나 원인이 되고 뒤 문장은 그로 인한 결과나 결과와 관련된 내용이 될 때 써 앞뒤 문장을 인과 관계의 의미로 이어주는 기능을 한다. 그러나 원인이나 이유의 의미기능으로 사용될 때는 후행절에 청유문과 명령문은 잘 쓰지 않는다.

　(ㄱ-1) J5: 그래요 그래 일본은 손님이 <u>앉아서(√앉으면)</u> 그거 보고 출발해요. 근데
　　　　　　한국에서는 버스에 타면 뭐 잡아야 돼요.

　(ㄱ-1)은 순서의 의미기능을 하는 '-어/아/여서'의 항목을 사용하고 있다. 그러나 순서의 의미·기능으로 쓸 때는 선행절과 후행절의 동작의 주체가 같아야 한다. 그러나 이 문장은 앞 문장과 뒤 문장의 주어가 다르기 때문에 '-어/아/여서'로 연결할 수 없다.

　(ㄱ-2) J2: 어디 그 일본대사관 갔다 <u>오면(√오려면)</u> 많이 계단 올라가야 되고 내려가
　　　　　　야 되고 올라가야 되고 또 그거 너무 힘들었어요.
　(ㄱ-3) J5: 그거 진짜예요. 지금부터 이거 설날 지금 가까워요. 지금부터 기차 <u>타면(√타려면)</u> 힘들어요. 탈 수 없어요. 탈 수 없어. 표 다 끊어서

　(ㄱ-2)와 (ㄱ-3)에 사용된 연결어미 '-(으)면'의 오류는 베트남어권의 오류에서도 나타나는 부분이다. '-(으)면'과 '-(으)려면'은 공통적으로 한 문장이 다른 문장의 내용이 이루어지기 위한 조건이 될 때 쓰이는데 앞으로 일어날 일에 대한 조건을 나타낼 때는 '-(으)려면'을 선택하여 써야 한다.

최대한 담화맥락적 상황을 반영하기 위해 단문 단위의 예문이 아닌 이어진 발화를 적절히 끊어서 제시하였다.

(ㄱ-4) J2: 둘이 사움하는데 다 다른 사람이 아이고 욕하면서 모라고 하는데 그거 듣고
         있는 사람이 가만히 있지 못해 가지고 더 크게 싸움이 되는 많이 봐요. 처음
         엔 놀라서(√놀랐지만) 요즘에 재밌게 보고 있는데

(ㄱ-4)의 예문은 '-어/아/여서'의 항목에서 오류를 범하고 있는데 이는 시간 관계나 인과
관계가 아닌 대립의 의미로 표현해야 맞다.

(ㄱ-5) J5: 근데 어떤 버스번호는 아르고 있는데 정류장이 몇 메다 정도 있는 거예요.
         어디에 있으면 그 버스에 탈 수 있는지 그거 몰 몰르고(√몰라서) 사람에한테
         물어 봤어요.

연결어미 '-고'가 단순 나열의 기능으로 사용될 때에는 앞뒤 문장을 바꾸어 문장을 만들어
도 의미 변화가 없어야 한다. 이 예문에서는 선행절이 후행절의 결과가 나타나게 된 인과관계
의 의미로 연결해야 맞기 때문이다.

(ㄱ-6) J2: 에 그러면 제가 소개하겠습니다. 아 저는 일본 사람이구요. 그 한국에 살고(√
         산 지) 십오 년 정도 가까이 돼요. 오래 사르죠? 에 그런데 얼마 전에 어르마
         몇 년 전에 귀화하고(√귀화해서) 일단 그 국적은 한국 사람이 되어 있어요.

(ㄱ-6)의 예문은 후행절의 의미가 시간적으로 얼마가 지났다는 것을 나타낸다. 이럴 때는
연결어미 '-고'를 사용하여 연결하는 것이 아니라 통어적 구문인 '-(으)ㄴ지'를 사용하여야 한
다. 또한 마지막 문장에서 나타난 '-고'의 오류는 앞에서 언급한 바 있는데 '-어/아/여서'와의
의미 차이를 정확히 이해하지 못하는 데서 오는 오류이다.

(ㄱ-7) J8: 옆에 집에 가서 같이 주방 앞에서 뭐 음식이 만들고(√만들면서) 지내거나 뭐
         아이들 교육에 여러 가지로 그 말하거나 뭐 그런 거 부정가 많고 예 어딜 갈
         때도 쇼핑을 갈 때도 산 등산 갈 때도 놀러 갈 때도 항상 그 친엄마 같이 가
         잖아요?

(ㄱ-7)의 예문에서는 시간관계를 의미하는 연결어미 '-고'의 오류이다. 연결어미 '-고'는
순차적인 시간관계를 의미한다. 그러나 이 예문에서 의미하는 것은 선행절과 후행절의 동시성

이 더 적합하다.

(ㄱ-8) J8: 그래 가지고 요즘은 많이 좋아졌지만 저기 에스까레이따 같은 거 있으면 좋은
데 에쓰까레이따 없는 경우 있잖아요? 그면 쭉 미 미 그 밑에까지 <u>내리면서</u>
(√ 내려가서) 다시 지하철 기다리야 되잖아요?

(ㄱ-9) J8: 탔는데 자리가 없는 거예요. 자리가 없는데 타지마라고 하는 운전사가 너 아
나데모 자리 없으니깐 타지 마세요. 할머니가 여기버스 2시간 기다렸다. <u>기</u>
<u>다리면　서</u>(√기다렸는데) 왜 못 타. 그 자리 없어도 그 있잖아요 왔다갔다
하는 복도같이　거기에서 타면 괜찮나? 이야기하는데 아저씨가 그렇게 해서
사고 나면 제가 회사　에서 잘라버린고 그러니깐 할머니 그 법이니깐 안 된
다고 <u>했는</u>(√했는데) 할머니　가 <u>타면서</u>(√타서) 내리지 않았어요.

(ㄱ-8)에 사용된 연결어미 '-(으)면서'는 본 연구에서 시간관계의 의미로 분류하였다. '-
(으)면서'는 앞 문장과 뒤 문장의 동작이 한꺼번에 일어난다는 의미를 갖는다. 위 예문에서는
선행절과 후행절이 시간관계인 것은 맞지만 동시성이 아니라 순차적인 관계이다. 이처럼 외국
인 화자는 같은 의미·기능으로 분류된 항목들을 사용할 때 오류를 범하기 쉽다. 또한 예문 (ㄱ
-9)에서는 동시성의 의미인 연결어미 '-(으)면서'를 사용했는데 후행절에 부정의 표현이 왔
다. 일반적으로 선행절과 후행절의 관계가 동시성을 지닐 때에는 부정의 표현을 쓸 수 없다.
그리고 '안 된다고 했는'과 같이 연결어미를 탈락시키는 오류를 범했다.

(ㄱ-10) 면접자: 뭐가 달라요? 이런 거. 일본에서는 기사 아저씨가 신호를 잘 지키는데,
한국에서는 버스 기사 아저씨가 막 빨리 출발하고 신호도 안 지키고 이
런 거

J2: 버스만 <u>아니지만</u>(√아니고) 오토바이 다 모든 네 자동차 모 그러죠.

(ㄱ-11) J8: 근데 회사는 다녔는데 몇 년 전에 다녔는데 한국에 회사 다녔는데 XX회사였
는데 한국 회사 사무실 <u>어렵지만</u>(√어렵고) 다니는 거 너무 힘든 거 같아서
이제 회사는 다니고 싶지 않고 자유롭게 그냥 문화 일본 문화 가르치고 일본
말은 항상 가르치고 있었어요.

예문 (ㄱ-10)과 (ㄱ-11)은 연결어미 '-지만'을 사용했는데, '-지만'은 대립의 의미를 갖는
다. 그러나 이야기의 흐름 상 위 예문에서는 선행절과 후행절의 대립의 관계가 아니라 대등적

의미를 지닌 '나열'의 관계로 볼 수 있기 때문에 '-고'가 적절하다.

(ㄱ-12) J8: 다치지 않게 편안하게 그냥 탈 수 있게 그 버스가 그렇게 하고 운전대에서도 천천히 서비스가 아무래도 좋으까 한국에 너무 무서워요. 진짜. 그죠? 타 타 타자마자 출발하니까 앉으지 않으면(√앉았는데) 저 출 출발하잖아요.

(ㄱ-12)의 오류문은 선행절이 후행절의 조건이 되는 것이 아니라 상황 관계로 설명해야 적절하기 때문에 '-는데'가 더 자연스럽다.

(ㄱ-13) J8: 그래서 맞벌이 하면 애들 키우는 엄마들 그렇게 하면서 파트 타이모 이거를 하는데 아 그런 거 보면 한국에는 저 일거리 없으(√없어서) 경제적으로 힘들어요 힘들어요.

(ㄱ-13)의 예문은 (ㄱ-9)와 마찬가지로 사용해야 할 연결어미를 탈락시키는 오류를 범하고 있다.

(ㄱ-14) J8: 모 교통? 모 뭣을 타고나(√타고) 어떻게 이도할 때는 어떤 방법으로 어떤다 응? 어떤 식으로 다니는지

(ㄱ-14)의 예문은 연결어미 '-고' 항목과 '-거나'를 결합시킨 형태로 오류를 만들었다.

(ㄱ-15) J8: 저도 정확하게 이케 알고 싶어서도(√싶어도) 그 잘 모르겠어.

(ㄱ-15)예문은 학습자가 연결어미 '-어/아/여서' 항목과 '어/아/여도'의 항목을 결합시킨 형태로 만들어 사용하고 있는 것처럼 보인다. 연결어미에 조사가 붙어 의미를 더해주는 경우는 있지만 연결어미 항목을 결합시켜 사용할 수는 없다.

(2) 형태적 오류

(ㄱ-16) J2: 이쪽으로 안 되면 저기 있고 여기 있(√있고) 여러 군데 있으니까

(ㄱ-16)은 연결어미 '-고'를 나열의 의미로 사용하고 있다. 2문장 이상의 단문을 나열하고 있지만 '저기 있고 여기 있고' 부분은 대등적 의미의 나열이기 때문에 후행절에도 연결어미 '-고'를 써야 한다. 그러나 예문에서는 연결어미를 제외한 어간까지만 표현하고 있다.

    (ㄱ-17) J8: 어 정말 다 같어. <u>비슷하는데(√비슷한데)</u> 요즘 일본에는 많이 가족끄 친척끄
               모이지 않아요.

    (ㄱ-18) J8: 이제 음 이쪽에 이쪽에서 가면 <u>비싸는데(√비싼데)</u> 이쪽에서 가는 사람 그쪽
               그쪽하고 저 있잖아요.

'-는/(으)ㄴ데' 항목은 동작동사와 결합할 때는 '-는데'를 써야 하고 상태동사와 결합할 때는 '-(으)ㄴ데'를 써야 한다. 그러나 예문에서는 상태동사에 '-는데'를 결합하는 오류를 범하고 있다.

    (ㄱ-19) J5: 기독교 집안 아니에요. 우리 집안은 불교 <u>집안이까(√집안이니까)</u> 불교식으로
               다해요.

    (ㄱ-20) J8: 다치지 않게 편안하게 그냥 탈 수 있게 그 버스가 그렇게 하고 운전대에서도
               천천히 서비스가 아무래도 <u>좋으까(√좋으니까)</u> 한국에 너무 무서워요.

'-(으)니까'는 인과 관계를 나타내는 연결어미이다. 일본어권 화자는 발화할 때 위의 예문처럼 '-(으)까'형태로 사용하는 오류를 자주 범하고 있었다.

    (ㄱ-21) J8: 쉽게 시장에서 사 오고 저도 만들면 몇 번가 제가 만들어 가져 갔는데 시 어
               머니 맛이 없다고 야빠리(역시) 맛이 틀리나봐. 그래서 별로 맡기지 <u>않아니간</u>
               <u>(√않으니까)</u> 음식 그래가지고 시장에서 사 오고 그렇게 하는데 그 때 시절은
               너무 재밌게 기억이 남아 있어요.

    (ㄱ-22) J8: 학교에서 그냥 알림장에 그냥 <u>써고(√쓰고)</u> 그 애들은 그 그 일지를 <u>통하</u>
               <u>(√통해)</u> 그런 돈이 가지고 갈 때도 있고.

(ㄱ-21)와 (ㄱ-22)은 각각 연결어미 '-(으)니까'와 '-고' 항목을 사용하여 선행절과 후행절을 연결하고 있다. 그러나 공통적인 오류로 연결어미 앞에 놓이는 동사의 형태에 이미 '-어/아/여'요소를 결합시킨 형태로 사용하는 오류를 범하고 있다.

3.2.2.2. 중국어권

(1) 의미·통사적 오류

(ㄴ) C3 : 그냥 버스 <u>타서는</u>(√탔다가) 지하철로 갈아타 또 안 줘요?

    V1 : 또 안 줘요. 근데 지하철 나도 나도 지하철 타면 안 돼요. 또 내야 돼요. 버스 타야 돼. 지하철 돈 들어가 그래서 돈 안 내

(ㄴ-1) C9: 그니까 어머니가 그래? 그런 거야? 그니까 네 그래요 그니까 너 그믄 너 야 큰애야 너 속으로 나 욕했어? 그 내가 글쎄요? 오빠 잘하니까 욕 안 했어요. 근까 근데 나 아들이 살림 교육 안 시키고 그냥 장가보내면 진짜 메느리한테 욕 얻어 먹어요. 그러니까 그니까 어머닌가 그냥 그냥 <u>웃어서</u>(√고) 넘어가요

(ㄴ-2) C3: 옛날에 버스 타면 이거 내릴 때 어 계산해요. 이거 한 한 한 저 전커장 정커장 다 뭐 잘 못타면 아저씨 잘 못 타면 내려도 돼요. 그렇지만 지금 다 먼저 어 탈 때 계산해요. 아저씨 잘 못 <u>타서</u>(√탔는데) 이거 어떡해요?

본 연구에서는 연결어미 '-어/아/여서'항목을 인과관계와 시간관계의 의미·기능 범주에 포함시켰다. 행위의 순서를 나타낼 때는 앞 문장과 뒤 문장의 상관성이 크고 밀접해야 한다. 그리고 선행동작이 지속되는 상태에서 후행동작을 하는 것이다. (ㄴ)문장은 시간의 순차적인 관계가 아니라 전환 관계의 의미로 연결해야 맞다. (ㄴ-1)은 시간관계의 의미는 맞지만 선행동작의 지속되는 상태가 아니다. (ㄴ-2)는 후행절에 오는 질문에 대한 상황 관계를 앞에서 말해주고 있다.

(ㄴ-3) C6: 저 일주일동안 중국요리 만들어요. 중국요리는 보통 고기 넣어야 돼요. 일주일 동안 후에 남편 다른 거 만들어요. 일주일 동안 후에 남편 다른 거 만들어요. 고기 항상 <u>먹으면</u>(√먹지) 못 해요.

(ㄴ-4) C9: 아니 지금 두 두 명 <u>있으면</u>(√있어도) 괜찮아요.

'-(으)면'은 후행절이 구체적인 일회성 사건으로서 가정적 조건이 되거나 일상적이고 반복적이며 일반적인 사건으로서 가정적 조건인 경우에 쓴다. (ㄴ-3)은 담화 맥락으로 살펴보면 화자는 매일 고기를 먹고 싶지만 남편이 싫어서 고기를 매일 먹을 수 없다는 내용이다. (ㄴ-4)의 예문 또한 생략된 앞 문장에서 중국이 예전에는 자식을 한 명만 낳아야 했지만 지금은 두 명도 괜찮다는 의미로 조건의 의미 기능보다는 양보의 의미 기능이 더 알맞다.

(ㄴ-5) C3: 우리 신랑 산에 가면요? 신랑 산에 한 삼십 미터 오십 미터까지 <u>올러가구</u> (√<u>올라가면</u>) 그 식당 있잖아요.

후행절에 오는 내용이 사실적인 것, 습관적인 것, 반복적인 것일 경우에 조건의 의미 기능을 하는 '-(으)면'을 쓴다.

(ㄴ-6) C3: 근까 무슨 나이도 어리구 외국에서 <u>와구</u>(√<u>와서</u>) 또 쪼끔 무시하는 쪼끔 있지요.

(ㄴ-7) C3: 찌개 어떻게 끓이는지두 <u>모르구</u>(√<u>몰라서</u>) 설거지했어요.

(ㄴ-8) C9: 어 그냥 음 집 우리 네 명 살아요 어머니 시간이 없어요 그냥 편해요. 옛날 어머니 같이 일 년 살았어요. 일 년 아니요. 그냥 살았어요. 어머니 아부지 맨날 싸워요. 그냐 우리도 맨날 <u>싸워도</u>(√<u>싸워서</u>) 뭐야 기분이 안 좋아요.

위의 예문들은 후행절의 내용이 선행절에 의한 결과이다. 즉, 선행절이 후행절의 원인·이유가 되는데 이 상황에서는 인과관계 의미를 갖는 '-어/아/여서'를 써야 적합하다.

(ㄴ-9) C9: 왜냐면 우리 우리 집에 길림성 길림시 그냥 버스만 있어요. 그냥 근데요. 집 앞에도 있어요. 너무 가까워서 음 택시 타요. 싸요. 그냥 한국는 너무 비싸요.
      J8: 아 택시 싸요?
      C9: 네. 아니 가까워 <u>가까워서는</u>(√<u>가까우면</u>) 너무 <u>멀어는</u>(√<u>멀면</u>) 또 버스 타요.

(ㄴ-10) C9: 카드 있어 <u>있어서는</u>(√<u>있으면</u>) 더 싸요. 왜냐면 다른 버스 타요. 돈 조금 더 더 줘요. 아니 이거 키면 너무 돈 백 원 이백 원 더 줘요

(ㄴ-9)와 (ㄴ-10)은 오류를 범하고 있는 부분이 모두 선행절이 후행절의 조건에 의해 나타나는 결과라는 것에 주목할 필요가 있다.

(ㄴ-11) C9: 왜냐면 제가 퇴근하고 피곤하잖아요? 피곤하는데 아저씨가 차 탁 <u>올라오니까</u> (√<u>올라와서</u>) 안녕하세요 하는 거예요. 그니까 안녕하세요? 좋은 아침이에요.

(ㄴ-11)의 예문은 발화 문장에서는 인과 관계의 연결어미를 사용하고 있지만 담화맥락상 시간 관계 의미의 '-어/아/여서'를 써야 맞다.

(ㄴ-12) C9: 첨에 이거 <u>사면(√샀는데)</u> 어 이거 맛이 없다. 이거 딱 보면 쭝국산이다 그런
거야. 아니면 이거 수입 꺼라고 첨에 참았어요. 두 번째 할 때 어머님 그런
말 하지 마세요. 어머님 메느리도 수입 꺼라구. 쭝국산이에요. 그런 <u>말하면</u>
<u>(√말씀하시려면)</u> 나도 반품해 주세요. 내 <u>정색하게(√정색하면서)</u> 진짜 진지
하게 얘기 했어요.

위의 예문을 살펴보면 첫 번째 오류문은 선행절의 의도성을 표현하는 '-(으)려면'을 사용해
야 정문이 되고, 두 번째 문장은 동시성을 나타내는 '-(으)면서'를 써야 한다.

(ㄴ-13) 면접자: 중국에서는 그러면 이 교통카드로 지하철 타고 버스 타면 할인 돼요?
　　　　C9: 없어요. 지하철 지하철만 버스 버스만 이거 권리 권리구 달라요. 관리구 달라
요 이거 버스 버스 관리구 교통 교통구 이거 전철 전철 관리구 그 나중에 <u>있</u>
<u>으면 없으면(√있는지 없는지)</u> 몰라요. 지금 너무 편화 빨라요.

(ㄴ-13)은 '-는지' 어미를 선택해서 활용해야 한다. 이 어미는 반대되는 말이나 상대되는
말을 반복해서 쓰기도 하는데 위의 경우가 그것이다.

(ㄴ-14) C6: 중국 아들 중국 아들 <u>좋아하지만(√좋아하니까)</u> 여기 90대는 아들 많이 태어
났어요. 지금 나중에 결혼 할 수 없어.

(ㄴ-14)는 선행절과 후행절의 대립을 나타내는 연결어미 '-지만'을 사용하고 있다. 하지만
담화상에 나타난 의미는 대립적인 의미가 아니라 인과 관계에 가깝다.

(2) 형태적 오류

(ㄴ-15) C3: <u>외워고(√외우고)</u> 한 몇 십 번, 케속 <u>외와면(√외우면)</u> 알아요.

선행절에서 연결어미 '-고' 앞에 놓이는 동사의 형태에 이미 '-어/아/여'요소를 결합시킨
형태로 사용하는 오류를 범하고 있다.

(ㄴ-16) C6: <u>피곤하는데(√피곤한데)</u> 아저씨가 차 탁 올라오니까 안녕하세요 하는 거예요.

(ㄴ-17) C3: 어떻게 이거 한국만 있는 문화는 <u>아니는데</u>(√아닌데) 그런데 제가 일 년마다 산에 가요. 근데 산에 가는 목적으로 다른 거 하는 거 많아요.

(ㄴ-16)과 (ㄴ-17)은 '-는/(으)ㄴ데'가 상태동사와 결합할 때의 규칙을 제대로 인지하여 못하여 생긴 오류이다.

(ㄴ-18) C3: 시어머님도 아덜 며느리 밖에서 <u>살으니까</u>(√사니까) 뭐 챙겨주고 그래요.
　　　　　그 같이 안 <u>살어니까</u>(√사니까) 사소한 사소한 일이 다투지 않아요.
(ㄴ-19) C3: 이제 맛을 <u>알아니까</u>(√아니까) 하지만 안 좋아
(ㄴ-20) C6: 차가 <u>작아니까</u>(√작으니까) 사람 많이 못 타요

(ㄴ-18)과 (ㄴ-19)예문은 모두 인과 관계의 의미 기능으로 '-(으)니까'를 쓰고 있는데 활용한 형태를 보면 연결어미와 결합하는 동사의 불규칙 활용 부분을 인식하지 못해 연결어미 형태까지 오류를 범하게 되는 것으로 보인다. 또한 (ㄹ)의 두 번째 오류와 (ㄴ-20)의 오류는 '-(으)니까' 형태를 결합시킬 때 앞의 동사에 '-어/아/여' 요소를 첨가시키고 있다.

(ㄴ-21) C6: 그냥 <u>버려면</u>(√버리면) 창피해요
(ㄴ-22) C3: 왜냐하면 낮에 어떻게 되는 지 <u>몰라지만</u>(√모르지만) 저녁 때 그렇게 살름 살 사는 방식이 별로 안 좋아요.

(ㄴ-21)은 연결어미 '-(으)면'을 쓰고 있고 (ㄴ-22)는 '-지만' 항목을 쓰고 있다. 그런데 이 이 예문들에서도 위에서 언급했던 오류 중 하나로 앞의 동사에 '-어/아/여' 요소를 덧붙여 사용하고 있다.

3.2.2.3. 베트남어권 오류분석

(1) 의미·통사적 오류

(ㄷ) V1: 지하철 못 <u>타서</u>(√타지만) 버스 버스는 쪼 쪼끔 알아요.

(ㄷ)에서는 인과관계의 의미로 '-어/아/여서' 항목을 사용하고 있는데 문장이 어색하다. 의미적으로는 버스를 타는 방법을 조금 아는 이유가 지하철을 못 타기 때문이라고 하기에는 의

미관계가 약하고 후행절의 사용된 '는'이라는 조사가 있어 담화상에 나타난 흐름상으로도 대립의 의미가 적합하다.

(ㄷ-1) C6: 한국에서 버스 타면 잡아야 돼요. 무조건 잡아야 돼 뭘 잡아
　　　V4: 자리 아직 앉아서(√앉지 않았는데) 출발했어요. 그래서 넘어졌어요.
(ㄷ-2) V4: 또또 뭐지 할아버지 할머니 돌아가서(√돌아가시고) 다른 아기 많이 아니 더
　　　먹고 돌아가면은 양쪽에 놓고 할아버지 할머니 가운데 놓고 양쪽에 놓고 같이
　　　절해요.

(ㄷ-1)은 '-어/아/여서(순서)'의 오류이다. 순서의 의미를 갖는 어미는 같은 주어가 행하는 일의 순서를 나타내는 것이므로 앞 문장과 뒤 문장의 주어와 같아야 한다. 그러나 이 문장은 선행절과 후행절의 주어가 화자와 운전기사로 다르게 나타나고 있다. 그리고 순서의 의미를 갖는 어미는 두 가지 이상의 행위가 일어날 때 사용해야 하는데 선행절에 부정의 의미가 있기 때문에 오류로 나타났다. (ㄷ-2)는 시간 관계의 의미 기능을 하는 연결어미를 써야 하는데 선행절과 후행절의 주어 일치 제약에 따라 '-고'를 써야 맞다.

(ㄷ-3) V7: 왜 알아보니까 그 거 요즘 그그 그 뭐지? 그 뭐지? 그 버스 차로수에서 그 거
　　　가는 길 그림 그려져 있는 거. 이쪽 가는 거 어디에서 가고 이쪽 가면(√가려
　　　면) 이렇게 어떻게 가고 다 틀리죠.
(ㄷ-4) V7: 그래서 한국 사람이 다 빨리 빨리 빨리 빨리. 제가 빨리 싫어요. 천천히 해야
　　　돼. 구경하는데 왜 빨리 빨리 가? 빨리 가면(√가려면) 집에 있어. 안 그러
　　　면 지하철 타. 자 자 집에 그냥 너

(ㄷ-3)과 (ㄷ-4)는 '-(으)면'을 잘못 사용하고 있다. '-(으)면'과 '-(으)려면'은 공통적으로 한 문장이 다른 문장의 내용이 이루어지기 위한 조건이 될 때 쓰인다. 그러나 앞으로 일어날 일에 대한 조건을 나타낼 때는 '-(으)려면'을 선택하여 써야 한다.

(ㄷ-5) V7: 친절하면 다른 사람도 나쁜지 않아. 제가 너무 도와주고 싶고 친절하고(√친
　　　절한데) 그 사람이 저한테 왜 그렇게 나쁜 할 수 있어?

(ㄷ-5)는 연결어미 '-고'의 오류이다. 연결어미 '-고'는 어떤 주제에 관해 관련되는 사실들

을 나열하는 기능을 한다. 나열의 기능으로 사용했을 경우 연결되는 절이 모두 대등적이어야 한다. 선행하는 두 절은 의미가 대등적이지만 마지막 절은 그렇지 않다. 앞에 나열된 선행절이 마지막 절의 배경이 되는 게 담화맥락 적으로 더 적합하다.

(ㄷ-6) V7: 그때만 도완 수 있어요. 근데 속이 깊은 생각이라면 진짜 그 돈이 계속 도와 줄 수 없어요. 그래서 교육이 학교 같은 거 투자 아니고 그냥 치고 그 무료로 학 비 안 안 <u>쓰고(√쓰게)</u> 도와주고 싶어요.

본 연구에서는 연결어미 '-고'의 의미·기능을 나열과 시간관계로 분류했다. (ㄷ-6)은 시간관계를 표현하려고 한 건 아니다. '나열'의 의미로 '-고'가 쓰일 때에는 특별히 다른 의미를 갖지 않고 단순히 두 문장을 연결해준다. 위의 예문을 선행절과 후행절의 나열의 의미로 쓴다면 앞 문장과 뒤 문장의 서술어 역할을 하는 통어적 구문 '-고 싶다'를 대응시켜야 할 것이다.

(ㄷ-7) V4: 우리 남편 절대 안 사줘요. 절대로 <u>얼마 사든지(√얼마이거나)</u> 안 사요. 너 죽고 싶으면 사줄게(오토바이)

(ㄷ-7)의 '-든지'는 선행절과 후행절을 선택의 의미로 이어 주는 연결어미이다. 두 가지 이상의 상황에서 그중 하나를 선택하거나 선택될 수 있을 때 쓰는데 선택은 화자가 아닌 청자가 하게 된다. 그것이 같은 의미기능을 하지만 선택의 주체가 화자가 되는 연결어미 항목 '-거나'와의 차이라고 할 수 있다.

(ㄷ-8) V7: 제가 베트남에서 <u>사는데(√살 때는)</u> 예쁜 예쁜다 자만 들어봤어요. 근데 한국 왔는데 어어 어느 사람을 만나도 예쁘다 예쁘다 오 기분이 너무 좋았어요.

(ㄷ-8)에서 화자가 사용한 어미 '-는/(으)ㄴ데'는 과거를 나타낼 때 앞 문장과 뒤 문장에 각각 과거 형태인 '-았-/-었-'을 사용하여야 한다. 이 문장은 베트남 화자가 한국에 와서는 예쁘다는 소리를 자주 듣지만 베트남에서는 들어본 적이 없다는 의미이다.

(ㄷ-9) V7: 제가 자동차 안 타는데 제 남편이 맨날 주차할 때마다 짜증 나요. 저한테 운전 못 하 못 <u>하면서(√하니까)</u> 아내데 도와주 못 해 그럼 나까마까? 그렇게 말해요.

(ㄷ-9)의 문장은 화자가 남편의 말을 인용하고 있는 구문이다. '-(으)면서'는 두 가지 이상의 동작이 한꺼번에 일어나는 것을 말하기 때문에 부정표현과 연결할 수 없는 것이 일반적인 특징이다.

(ㄷ-10) V7: 근데 예뻐 예뻐 제가 안 이뻐도 예뻐 예뻐 든 <u>들어도</u>(√<u>들으면</u>) 좋지 않아 요? 안 사도? 어우 나 예쁘잖아. 안 살거야. 그렇게. 그래서 좋죠. 예뻐야지.

위의 예문은 가정적인 의미로 선행절을 쓰고 있기 때문에 '-(으)면'을 써야 더 자연스럽다.

(ㄷ-11) V7: 좀 챙피해요. 왜냐면은 그냥 베트남에서 <u>살다가</u>(√<u>살 때는</u>) 그거 신경 안 써도 되는데 그 외국에 살다가.

(ㄷ-12) V7: 그 동네 아니 동네 아니 그냥 앞에 앞집 옆집 같은 거도 <u>들르다가</u>(√<u>들러서</u>) 뭐 행복 많이 받으 인사하고 말하고 그렇게 했는데 음 요즘은 안 그래요.

위의 예문에서는 연결어미 '-다가'를 사용했는데 동작의 전환이나 선행동작과 후행동작이 인과적인 경우에 쓰인다. 그러나 위의 예문들은 어느 것에도 그런 의미가 없다.

(2) 형태적 오류

(ㄷ-13) V4: 많이 사서 집에 <u>놓으고</u>(√<u>놓고</u>) 손님 오면 갖다 줘요.

(ㄷ-14) V7: 나 남편한테 맛있는 거 요리하고 <u>싶으고</u>(√<u>싶고</u>) 집도 깨끗 정리하거나 예쁜 거 입은 거 보믄 다 예쁜 그렇게 해야 물론 애기도 어떻게 키우는지 책 많이 읽어도 제가 애기 낳아 낳아 태어난 후에 그 책이 소용없는 것 같아요.

(ㄷ-13)과 (ㄷ-14)은 연결어미 '-고'의 형태적 오류를 보여주고 있다. 연결어미 '-고'는 동작동사나 상태동사에 붙어 활용되는데, 활용될 때 특별한 변화 없이 바로 사용할 수 있는 비교적 쉬운 형태의 항목이다. 하지만 이 오류문에서는 '-(으)고'형태를 사용하고 있다.

(ㄷ-15) V7: 그 제일 큰 <u>며느리는데</u>(√<u>며느리인데</u>) 이거 제가 다 해야 하는데 외국 며 느리 때문에 아무도 안 했잖아요.

(ㄷ-16) V7: 아니 너무 그 느낌이 그 기분이 오 진짜 그 냄새도 이상한 <u>냄새는데</u>(√냄 새
      <u>인데</u>) 너무 행복 느낌이 있어요.

연결어미 '-는/(으)ㄴ데'는 동작동사, 상태동사, 이다동사와 결합할 수 있다. 그러나 위의
예문은 동사를 생략하고 명사 뒤에 바로 연결어미를 사용하는 오류를 범하고 있다.

(ㄷ-17) V4: 그래서 깜짝 <u>놀래서</u>(√놀라서) 이렇게 종이를 깜짝 놀랐어요.
(ㄷ-18) V4: 거의 우리 남편은 <u>바뻐서</u>(√바빠서) 집에 있는 시간이 없어요.

(ㄷ-17)과 (ㄷ-18)의 예문은 '-어/아/여서'의 형태적 오류이다. 이 오류는 '-어/아/여도'와
'-어/아/여야' 등의 이형태를 가지고 있는 연결어미가 선행절의 동사와 결합할 때 규칙을 제
대로 파악하지 못한 오류이다.

3.2.3. 오류 분석을 통해 본 특징

앞서 살펴본 연결어미 오류 양상을 바탕으로 오류의 특징을 다시 정리하면 다음과 같다.
첫째, 연결어미의 사용 빈도에서는 '일본(9.8%) 〉 베트남(7.2%) 〉 중국(7.1%)'의 순서로 나
타났으나 오류 빈도율은 '베트남(12.6%) 〉 중국(9.6%) 〉 일본(5.6%)'로 나타났다. 이는 일본어
권 화자가 상대적으로 다른 두 언어권보다 비교적 정확하게 연결어미를 사용하고 있고 베트남
어권 화자는 사용 빈도는 가장 낮으면서 오류 빈도율은 높게 나타나는 것으로 보아 연결어미
사용에 대한 이해가 가장 부족하다고 볼 수 있다. 앞서 기술한 바와 같이 현재 여성 결혼이민
자의 언어권별 비율을 살펴보면 '중국〉 베트남〉 일본'의 순서로 많은 수를 차지하고 있지만 아
직 그들에 대한 오류 분석 연구는 부족한 실정이다. 그러나 본 연구의 결과로 분명해진 사실은
여성 결혼이민자를 대상으로 한 효과적인 연결어미 교수-학습 연구의 필요성이 크다는 것이
다.
둘째, 언어권별로 사용한 연결어미의 사용 빈도가 다르게 나타나듯이 언어권별 화자가 범
하는 오류의 빈도나 오류율도 다르게 나타나는 것을 확인할 수 있다. 그러나 예문을 통해 살
펴본 오류의 유형은 비슷하다는 것이 특징이다. 오류의 유형이 비슷하게 나오는 경우 그 항목
은 오류 빈도와 오류율에 따라 교수-학습의 정도를 결정지을 수 있겠다.
셋째, 세 개의 언어권 모두 의미·통사적 오류율이 형태적 오류율보다 높게 나타났다. 오류
율이 낮다고 하여 형태적 오류율의 비율을 간과해서는 안 되겠지만 교수학습 시의 비중의 정

도에는 차이를 둘 수 있겠다.

넷째, 의미·기능별로 연결어미 항목을 분류하면 같은 의미 기능 범주에 여러 개의 항목이 포함된다. 또한 같은 형태지만 의미 기능을 달리하는 경우도 있다. 화자는 이런 경우에 오류를 더 많이 범했다. 그렇게 때문에 같은 의미·기능 범주에 있는 항목들은 다양한 방법을 통해서 더욱 세심하게 가르칠 필요가 있다. 그러나 연결어미도 문법 항목이기 때문에 한 번에 많은 양을 전달하려고 해서는 안 된다. 오류 분석 결과를 바탕으로 학습자들의 이해정도를 파악하고 오류의 원인을 제대로 파악하는 것이 중요한 과제가 될 것이다.

다섯째, 사용 양상과 마찬가지로 오류 양상 또한 모국어의 영향을 무시할 수 없다. 이 때문에 언어권별로 오류빈도와 오류율의 특징적인 형태가 나타나는데 예를 들면 본문에서도 언급한 중국어권 화자의 '-어/아/여서' 항목의 오류이다. 의미·통사적 오류빈도에서 44.4%가 나타났는데 형태적 오류빈도에서는 비교적 낮은 수치인 6.6%로 오류를 범하고 있다. 또한 중국인 화자는 습관처럼 '-어/아/여서'항목을 사용하는 경우가 많이 보였다. 이것 역시 모국어의 영향이라 볼 수 있는데 자신의 말을 시작할 때 '말해서'란 말을 많이 쓰고 있었고, '-어/아/여서' 항목의 반복된 사용 또한 많다. 이 결과는 중국어권 학습자의 '-어/아/여서' 교수학습 시에 형태적인 측면보다 의미 기능적인 측면을 매우 깊이 있게 다루어야 함을 말해주고 있다.

여섯째, 비슷한 양상으로 재차 사용을 하고 있어서 실수는 아닌 것이 분명하나 정확히 어떤 과정으로 오류를 범하게 된 것이 판단하기 힘든 오류가 있다. 또한 형태적인 오류인지 의미·통사적인 오류인지 구분이 어려운 경우도 있다.

4. 결론 및 제언

해마다 다문화 가정이 늘어나고 여성 결혼이민자의 수가 증가하면서 여성 결혼이민자의 한국에 대한 적응 문제는 더 이상 그들만의 문제가 아니라는 인식 또한 증가하고 있다. 한국어 교육계에서도 여성 결혼이민자를 대상으로 한 교육에 많은 관심을 가지고 교수 원리, 교재 개발, 문화 교육 등 다양한 방면에서 활발히 연구를 진행 중이다.

본 연구에서는 여성 결혼이민자가 처해 있는 상황으로 볼 때 말하기 영역의 필요성이 가장 크다고 보고 연구를 진행시키고자 했다. 말하기는 곧 의사소통을 할 수 있는 능력을 말한다. 의사소통의 능력 향상을 위해서는 정확성과 유창성이 수반되어야 하는데 본 연구에서는 정확성과 유창성을 기를 수 있는 중요한 문법 항목의 요소로 연결어미를 선정하여 살펴보았다. 외국인 학습자의 작문이나 담화에서 나타나는 연결어미 사용 양상이나 오류에 관한 연구는 이전에도 있었으나 그 대상이 모두 대학 기관에서 체계적으로 학습을 하는 학습자를 대상으로 이루어진 연구라는 제한점이 있었다. 따라서 본 연구에서는 습득 유형이 기존 연구와는 다른 대상인 여성 결혼이민자의 실제 담화 자료를 수집하고 그 자료를 바탕으로 하여 여성 결혼이민자의 연결어미 사용 빈도와 오류를 분석하였다. 오류 분류 기준으로는 의미·통사적 오류와 형태적 오류로 나누었고, 그것을 다시 전체 언어권과 개별 언어권으로 각각 살펴보았는데 그 결과가 연결어미의 사용 빈도에서는 '일본(9.8%) 〉베트남(7.2%) 〉중국(7.1%)'의 순서로 나타났고 오류 빈도율은 '베트남(12.6%) 〉중국(9.6%) 〉일본(5.6%)' 순으로 나타난다는 것을 확인할 수 있었다. 이는 일본어권 화자가 상대적으로 다른 두 언어권에 비해 비교적 정확하게 연결어미를 사용하고 있는 것으로 보여진다. 하지만 베트남어권 화자는 사용 빈도는 가장 낮으면서 오류 빈도율은 높게 나타나는 것으로 보아 연결어미 사용에 대한 이해가 가장 부족하다고 볼 수 있다. 그러나 현재 여성 결혼이민자의 비율 중에서 중국어권과 베트남어권이 각각 1, 2위로 높게 나타나고 있는데 이는 그들에 대한 적절한 연결어미 교수학습의 중요성이 그만큼 크다는 것을 말해주고 있다. 이처럼 외국어 학습자의 연결어미 실제 사용 빈도와 오류 분석의 결과는 그 연구 대상을 상대로 교수학습을 할 때 교수 방법과 내용적인 측면에서 보다 효율적인 교수학습이 되기 위한 중요한 자료가 된다는 것에 그 의의가 있다고 하겠다.

그러나 본 연구는 다음과 같은 몇 가지 제한점을 가지고 있다.

첫째, 각 언어권별 참여자의 수가 3명으로 적고, 기관 안에서 체계적으로 학습을 받고 있는 상태가 아니기 때문에 숙달도의 구분 기준이 명확하지 않다는 것이다. 그렇기 때문에 본 연구의 결과만으로 여성 결혼이민자 연결어미의 사용 양상이나 오류 양상을 일반화시키기에는 다소 무리가 있다.

둘째, 분석 자료가 담화 자료에만 국한되어 있다는 것이다. 여성 결혼이민자의 특수한 상황에서는 말하기영역이 가장 시급한 문제라고 할 수 있으나 또 다른 표현 능력인 쓰기영역도 함께 고찰했다면 보다 더 의미 있는 연구가 되었을 것이다.

셋째, 한국어 교육에 보편적으로 적용시킬 수 있는 통일된 연결어미 분류표가 없다는 것이다. 본 연구에서 또한 기존 연구에 연구자의 판단을 더해 재분류하였는데 이는 연구마다 연결어미의 범주가 달라지는 문제를 야기할 수도 있다.

앞으로의 연구가 위와 같은 제한점들을 보완하여 이루어진다면 더 유의미한 결과가 나올 것이라고 본다.

<Abstract>

A study on the error analysis of connective endings by marriage migrant women' discourse

Kim, Su Mi (Kyung Hee University)

This thesis aims to study the uses and characteristic of the pattern of connective endings use from real discourse among Marriage Migrant Women and to describe systematically for educational data. This thesis also aims to suggest application plan to Korean education based on the frequency of connective endings use and the result of error analysis from the discourse.

The second chapter defines study method and procedure of the thesis. Through preliminary survey, selection of discourse subject and a way of data collection are modified and supplemented. On the basis of the result of the preliminary survey, this study has conducted and gives collected data from the discourse.

The third chapter studies connective endings used in Marriage Migrant Women discourse through data analysis and extracts error sentences from them. In the process of analysis of the frequency of connective endings use and error from Marriage Migrant Women, standard of the error category is divided into 'semantic. syntax error' and 'morphological error.' And those are each divided again into whole things and individual Marriage Migrant Women' each languages.

Seen from Marriage Migrant Women situation, the need for a speaking session is considered and the study is carried. Speaking means the ability to communicate and accuracy and fluency need to be accompanied for developing communication skill. For an important grammar component category, connective endings is selected for developing accuracy and fluency. As a result, a fact is confirmed that even though connective endings is vital in Korean education, foreign speakers are having a difficulty in using it in real discourse. The analysis of the consequence of foreign speakers' frequency of actual connective endings use and error analysis is of significance in points that when teaching—learning is made depending on learners, more efficient teaching—learning can be made in teaching method and content aspect.

Key Words

accuracy(정확성), fluency(유창성), connective endings(연결어미), discourse(담화),
communication skill(의사소통 능력)

한국어 구어 담화에 나타난 종결표현 변이 연구

권미진 _ 경희대학교 국제교육원

1. 서론

　본 연구의 목적은 외국인의 한국어 구어 담화에서 나타나는 종결표현 사용의 양상을 살펴보고 외국인 유학생과 여성 결혼이민자 집단 간 종결표현 사용의 변이 양상을 밝히는 것이다.

　한국어 교육의 궁극적인 목표 중의 하나는 학습자가 어떻게 한국어를 습득하는지를 밝히고 이를 토대로 더 나은 교육 방안을 제시하는 데 있다. 이러한 목표를 실현하기 위한 연구 방법 중 하나로 학습자 언어를 살펴보는 연구가 있다. 그러나 대부분의 학습자 언어 연구가 오류분석을 통해 이루어지고 있어 자연스럽고 정확한 발화와 그렇지 않은 발화를 모두 살펴 학습자 언어를 밝히는 중간언어 변이 연구[1]가 필요하다고 할 수 있다. 최근 들어 중간언어 변이가 학계의 관심을 가지면서 점점 연구의 수가 늘어나고 있으나, 대부분의 연구가 과제유형에 따른 변이를 살펴보는 것에 그치고 있어, 그 다양성을 확보하지 못하고 있다. 또한 문법성 판단 테스트나 인터뷰 자료에서 연구 대상의 정답률을 확인하여 그 차이를 살펴보고자 하는 연구 방법이 많이 쓰이고 있는데, 이는 오류율을 따지는 오류분석의 연구 방법과 크게 다르지 않다고 생각한다. 따라서 학습자의 중간언어를 전체적으로 세심하게 살펴볼 수 있는 질적인 학습자의 언어 관찰 방법이 필요하겠다.

　또한 한국어 교육의 위상이 높아지면서 다양한 학습자 집단이 발생하고 있다. 그 중에서 특히 외국인 유학생과 여성 결혼이민자집단[2]은 한국어를 배우거나 습득하는 방법이 다르기 때

---

1) 한국어 교육에서 중간언어 변이 연구는 이정란(2003), 김정은(2003), 이해영(2004), 정소아(2004), 신현정(2005), 전동근(2007), 한윤정(2010)으로 이어지고 있다.

문에 한국어 사용 양상에도 다양한 차이점이 존재하는데, 지금까지 한국어 교육에서는 대부분의 연구들이 학습자 집단의 현황 분석이나 교육의 문제점 및 이를 극복하기 위한 교육방안 수립에 집중되어 있다. 그러나 진단적 성격으로서 혹은 요구 조사의 차원에서 두 집단이 한국어를 어떻게 사용하고 있는지 그 양상을 살피는 것이 선행되어야 한다(이정희 2011:190). 외국인 유학생과 여성 결혼이민자 집단은 한국어를 배우는 방식이 '학습(learning)'과 '습득(acquisition)'으로 다르다. 따라서 학습과 습득의 차이로 인한 학습자 언어의 변이성을 밝힐 수 있을 것이다.

본 연구에서는 학습자의 중간언어 변이성을 살피기 위해서 구어 담화에서 나타나는 학습자의 종결표현 사용 양상을 분석하고자 한다3). 한국어에 있어서 종결표현은 필수적인 요소이지만 이를 위한 연구는 연결어미나 조사 등 다른 문법 요소에 비해 소홀하게 다뤄진 편이다. 종결표현을 실현시키는 종결어미는 동사나 형용사에 결합하여 문장을 완결시키며 이 외에도 다양한 역할을 한다. 단순히 문장을 종결하는 것뿐만 아니라, 상대높임법을 실현하기도 하고 평서문, 의문문, 명령문 등 문장의 성격을 결정짓기도 하며 특수한 화행을 나타내기도 한다. 한국어 교육에서는 주로 이와 같이 종결어미에 의한 종결표현만을 교육하고 있지만, 실제 한국어 모어 화자의 발화를 살펴보면 종결어미 외에도 다양하게 문장이 종결되는 양상을 살펴볼 수 있으며 하나의 종결어미가 하나의 문장 종류를 결정짓는 일대일 대응을 벗어나서 실현되는 양상 또한 살펴볼 수 있다. 이러한 이유로 실제 대화에서 나타나는 종결표현의 체계는 복잡하며 아직까지 한국어 말하기 교육을 위한 체계가 명확하게 정립되어 있지 않은 실정4)이다. 문어에서와 달리 구어에서는 대화 상대자가 존재하고 담화 상황에 따른 다양한 종결표현의 모습을 볼 수 있다는 장점이 있다.

따라서 본 연구는 외국인의 한국어 구어 담화에서 나타나는 종결표현의 양상을 살펴보는 데 그 목적이 있다. 이를 위해 연구 대상 집단은 외국인 유학생과 여성 결혼이민자로 한정하

---

2) 한국교육개발원의 2010년 통계에 따르면 2010년 국내의 외국인 유학생은 83,842명으로 머지않아 외국인 유학생 10만 명의 시대가 도래할 것이다. 또한 여성 결혼이민자 수 역시 123,093으로 그 수가 점점 증가하는 추세이다. (외국인정책본부 2010년.)

3) 한국어 교육 연구 중에서 구어 종결어미 혹은 종결표현에 관한 연구는 최영란(2012)과 복합종결어미를 연구한 이소연(2007)이 있으며, 종결어미를 대신하는 연결어미의 종결 기능에 관한 연구인 손옥현(2009), 임현정(2011)이 있다. 또한 문장 종결부에서의 억양에 관한 연구인 최주희(2010)와 학습자 수준별 어말어미 사용 양상을 연구한 성지연(2007)도 있다. 종결표현과 관련된 연구 결과물을 양적으로는 많지 않지만 다양한 분야에서 연구가 진행 중인 점은 주목할 만하다.

4) 박석준(1999)에서도 국어의 종결어미를 체계화하기 위해서는 형태론적, 통사론적, 의미론적, 화용론적 모든 방법이 활용되어야 한다고 지적하며, 이러한 특징 때문에 종결어미의 체계화가 어렵다고 하였다.

고 이들의 실제 담화에 나타난 언어 변이형의 실현 양상을 분석하고자 한다. 이는 외국인 유학생과 여성 결혼이민자의 구어 양상을 연구하기 위한 기초자료로서 의의를 가질 뿐만 아니라 효과적인 말하기 교육이나 평가를 위해 활용할 수 있을 것이다.

2. 이론적 배경

2.1. 중간언어 변이

중간언어(interlanguage)[5]란 외국어 학습자가 사용하는 불완전한 상태의 목표 언어로 (Selinker 1972) 외국어 습득자가 목표언어의 정확한 언어체계로 접근하는 과정에서 설정한 특수한 언어체계인 '근사체계(approximative system)'라 할 수 있다. 외국어 학습자는 자신이 접하게 되는 자료를 토대로 하여 자신 나름대로의 언어체계를 구축하게 되는데 이것이 바로 중간언어인 것이다. 중간언어는 자연 언어보다 더 많은 변이를 나타내기도 하며, 학습자가 같은 언어 기능을 수행하기 위해서 여러 가지 형태를 번갈아 사용할 수도 있기 때문이며 어떤 학습자가 특정한 발달 단계에서의 특성을 보여 준다고 해서 항상 동일한 형태를 보여주지는 않는다. 발화할 당시 학습자의 감정적 상태나 상황에 따라서 다양한 형태로 발화하는 변이성 (variability)을 갖는다.

중간언의 특징 중에서 변이성은 여러 학자들에 의해서 언급이 된다. Ellis는 학습자 언어에서 발견되는 변이성은 특별한 것이 아니라 자연언어에서 나타나는 것과 다르지 않다고 했다. 모든 자연언어는 두 가지나 그 이상의 변이를 가지고 있는 변화 가능한 형태를 보여주기 때문이다. 변이를 연구함으로써 음운, 형태, 통사, 의미, 화용적으로 중간언어가 어떤 모습으로 실현되는지 알 수 있고, 그에 영향을 미치는 요인들을 밝혀 변이에 작용하는 원리를 찾을 수 있으며, 나아가 중간언어 전체의 구조를 파악할 수 있기 때문에 변이는 중간언어를 구체적으로 밝힐 수 있는 중요한 주제이다.

중간언어의 변이에 대한 관점은 다양하다. Tarone(1988)은 변이를 인지과정으로 본 이론을 언급하며 그 예로는 Krashen의 모니터 가설, Chomskyan의 모델, 심리언어학적 과정 가

---

5) 중간언어라는 용어는 Selinker가 처음 사용하였는데, 중간언어의 개념을 설명하는 명칭도 여러 가지가 있다. Namser(1971a)의 '근사체계(approximative system)', Corder(1967, 1971)의 '과도적 능력 (transitional competence)', Faerch, Haastrop & Philipson(1984)의 '학습자 언어(learner language)'등이 있다. (이정희 2001:169) 이 중에서 본고는 한국어 교육에서 가장 보편적으로 쓰이는 용어인 중간언어(interlanguage)를 사용하도록 하겠다.

설을 들었다. 이들은 실제 발화를 추상화하여 학습자의 언어능력을 알아내는 것을 바람직한 연구 방향이라고 여겼다. 그렇기 때문에 이 과정을 직접 확인할 수 없고, 관찰할 수 없다는 약점을 가진다. 따라서 경험적인 증거를 바탕으로 하는 연구보다는 간접적으로 그것이 존재하는 지를 연구할 수밖에 없다.

다음으로는 사회언어학적이고 담화적인 관점에서 변이를 살펴보는 연구 동향이 있는데 이는 중간언어의 사용과 습득 모두에 영향을 주는 더 넓은 사회 맥락의 중요성을 강조하고 있다. 그 예로는 발화조정이론(speech accommodation theory) 등을 세운 사회심리학적 모델과 기능-형태 모델(Function-form models)이 있다. 그러나 이들은 중간언어 변이의 모든 요소를 설명할 수 없다는 단점이 있다. 경험적인 증거를 제시하기 위해서는 다양한 제약을 설명할 수 있어야 하는데, 그 제약의 역할을 충분히 제공하지 못한다는 점에서 비판을 받는다. Littlewood(1981)[6]는 사회언어학적인 것과 담화 가설을 적절하게 결합시켜 연구를 진행했다는 점에서 긍정적인 평가를 받는데, 그는 연구에서 중간언어 변이의 원인을 의사소통 기능의 특징, 언어적 환경의 선호도, 사회 상황적인 요소로 한정하였다.

학습자 중간언어 변이는 너무 다양한 모습으로 나타나기 때문에 그 체계는 구조적으로 유형화하기가 어려우나 본고에서는 Ellis에 의해 정립된 체계를 참고한다. 학습자 중간언어 변이 체계는 다음과 같다.

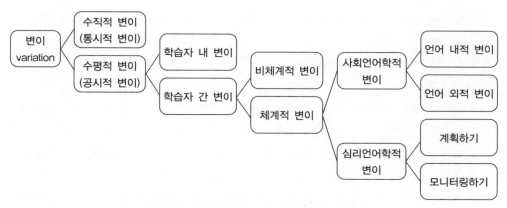

<그림 1> Ellis(2008:129)의 언어 변이 체계

본 연구에서는 학습자 간에 나타나는 체계적 변이에서도 사회언어학적 변이인 언어 외적 변이에 주목하고자 한다. Littlewood(1980)은 변이에 영향을 주는 원인이나 매커니즘은 상당

---

6) Tarone(1988:57) 참고.

히 복잡하다고 이야기했다. 그는 제2언어 수행을 관찰하며 중간언어 변이에 영향을 주는 두 가지 규준(norm)에 대해서 언급했다. 첫째는 교육적인 규준(pedagogic norm)으로 이는 주로 교수(instruction)을 통해 전해진다. 교육적인 규준의 영향은 시험 상황이나 교육적인 문맥에서 가장 강하게 느껴질 수 있다. 둘째는 사회적인 규준(social norms)인데 제1언어의 경우와 마찬가지로 학습자의 사회언어학적 인지의 한 부분에 존재한다. 본 연구에서 대상이 되는 외국인 유학생 집단과 여성 결혼이민자들 역시 교육적인 규준과 사회적인 규준에 영향을 받는 집단이라고 할 수 있다.

Littlewood는 이 두 가지 규준에 의해서 학습자 유형을 세 가지로 나눌 수 있고 이는 곧 학습자가 생산해 내는 중간언어 변이에 영향을 준다고 주장했다. 먼저, 공식 교육을 받지 않고 사회적 소외감을 극복하거나 타 문화권으로의 수용가능성을 열망하지 않는 자연스러운 학습자(natural learner) 유형이 있다. 이들은 기능적인 의사소통에만 관심이 있어서, 의사소통에 불필요한 언어적인 자질들은 느리게 습득하는 경향이 있다. 한국의 여성 결혼이민자들도 공식교육을 받지 않는 경우가 대부분이며, 한국 사회에 편입하고 싶어 하지만 언어적 어려움이나 문화적 차이로 그 의지가 좌절되는 경우가 많다. 따라서 본 연구 대상인 여성 결혼이민자 집단 역시 이 유형에 속한다고 볼 수 있다.

두 번째 유형의 학습자는 공식교육을 받고 발화의 수정 등 교육적인 규준에 노출된 학습자이다. 이 유형의 학습자들은 교육적인 규준이 작동하는 상황 즉, 시험이나 교실 상황에서 영향을 받는다. 한국어를 학습하는 외국인 유학생들이 본 유형에 속한다고 할 수 있다. 교실 상황에서는 정확한 발화를 유도하기 때문에 교실 안에서의 정확성은 높다고 할 수 있으나, 일상생활에서 사용하는 한국어는 보다 규범에서 자유로워서 정확성이 떨어지는 언어 사용의 변이를 보인다[7].

세 번째 유형은 목표언어 문화권을 존중하며 어느 정도 사회적인 용인가능성을 성취하려는 목표를 가진 학습자들이다. 이 유형의 학습자들은 의사소통의 기능적 요구와 상관없는 언어적 자질 또한 완전히 익히고자한다. 사회적인 규준과 교육적인 규준이 모두 작동한 상태의 학습자라고 할 수 있으며, 주로 성공한 언어 학습자(successful language learner)로 볼 수 있다.

본 연구에서는 위에서 언급한 것과 같이 사회 언어학적인 관점에서 사회적인 규준과 교육적인 규준에 따라 언어 사용에 있어서 변이가 나타나는 Littlewood(1980)의 이론을 전제로 하여 외국

---

7) 외국인 유학생들을 만나보면, 학업 상황보다는 일상생활에서의 말하기와 듣기에서 어려움을 많이 느끼고 있었다. 그 이유로는 두 가지 정도를 들 수 있는데 교실 상황만큼 언어를 충분히 사용할 기회가 드물다는 것과 교실 상황 내에서의 한국어 말하기, 듣기, 읽기, 쓰기 활동은 미리 계획되거나 준비된 다음에 사용하기 때문에 일상생활의 말하기보다 쉽게 느껴진다는 것이다. 윤지원 외(2010:146)

인 유학생과 여성 결혼이민자의 구어 담화에 나타나는 중간언어 변이를 살펴보고자 한다.

2.2. 구어 담화에서의 한국어 종결표현

담화는 1970년대 이후 문장을 넘어선 언어 양상을 연구하는 추세로 바뀌면서 그 주목의 대상이 되었다. 완결되지 않은 문장이라도 의사소통을 성공적으로 해낸다면 담화 분석의 자료가 될 수 있다. 담화는 내용을 전달하는 상황이나 대화 참여자들 간의 관계, 대화 참여자가 가지고 있는 지식의 정도 등과 같은 다양한 요소들에 의해 영향을 받는다(Cook 2003).

Schiffrin(1994:23)에서는 담화에 대한 정의를 위해 형식적인(formal/structural) 측면과 기능주의자(functionalist)들의 패러다임을 기준으로 제시했다. 형식주의자들의 측면에서 담화는 문장이나 구 이상의 언어단위(language above the sentence or above the clause)이며, 기능주의자들의 측면에서는 담화를 언어사용(language use)이라고 보았다. 본 연구는 담화를 발화로 보는 관점(discourse : utterances)을 택하도록 한다.

종결어미는 문장을 끝맺는 기능을 할 뿐만 아니라 문장에 담긴 명제적 내용에 대하여 화자가 청자에게 가지는 의향을 표현하는 기능도 한다. 이처럼 문장 종결 어미에 의해 화자가 청자에 대한 의향을 드러내는 문법 현상을 문장종결법[8]이라고 한다(김광해 외 2008). 그러나 문장종결법이 종결어미에 의해서만 실현되는 것은 아니다. 억양이나 상황, 문맥 등 언어 외적인 요소에 의해서 화자의 의향이 실현되는 경우도 있다. 장경현(2006)에서도 '반말체'라는 용어를 사용하여 존댓말의 대립 개념이 아닌 다른 형태에 관한 개념으로 완전한 종결어미가 결합하지 않은 종결형을 통들어 말하는 것이라고 정의하였다. 이렇듯 국어학계에서도 다양한 종결표현의 형태를 인정하기 시작했다고 할 수 있다.

통사론적인 관점에서의 종결표현은 문어 중심이며 형태 중심의 사고로 기술되어 있다. 따라서 형태가 문장 종결표현의 구체적인 의미를 정한다고 이해할 수 있을 것이다. 위와 같이 문장 종결표현을 통사론적인 관점을 반영하여 제시된 종결어미 목록은 다음과 같다.

---

8) 학교문법에서는 화자가 청자에 대해 드러내는 의향의 성격에 따라 문장종결법을 평서법, 감탄법, 의문법, 명령법, 청유법의 다섯 가지로 구분하고 있다.

<표 1> 종결어미 목록 (김기혁 2001:268)

	서술형	의문형	명령형	청유형	감탄형
아주높임	-(옵)니다, -느이다, -나이다, -노이다, -(오)이다	-(ㅂ)니까, -느이까(나이까)	-소서(으소서)	-(으십)세다(시다)	
예사높임	-오, -으오, -소, -지요, -아요(어요), -(는, 았, 겠)구려	-오(으오, 소), -아요(어요), -지요	-구려, -오(으오, 소), -아요(어요)	-(읍)세다(시다), -아요(어요), -지요	-노라, -구나, -도다
예사낮춤	-네, -(으)ㅁ세, 데	-(는)가, -(을)가, -(던)가, -(는, 을, 던)고, -(으)ㄹ손가	-게, -소	-세	
아주낮춤	-다(는다), (으)니라, -(더,리)라, -(으)마, -느니라(나니라) , -노라	-나, -니(나)냐, -느(나)뇨, -(더)냐, -니, -(으)ㄹ소냐, -(으)랴	-(으)라, -아/어/여라, -너라/거라, -려무나(렴)	-자	
반말	-아(어), -지	-아(어), -지	-아(어)	-아(어)	

그러나 구어에서는 문장 종결표현의 형태가 연결어미나 명사, 부사, 명사구 등과 같은 다른 요소에 의해서도 다양하게 실현된다. 위의 종결어미 목록에서 알 수 있듯이 하나의 종결어미 가 하나의 문장 종류를 결정하는 것은 아니다. 종결어미 '-아/어요'는 평서문, 의문문, 명령 문, 청유문을 모두 실현시키는데 모어 화자는 어떻게 화자의 의도를 알고 의사소통을 진행할 수 있을까. 의사소통이 진행되는 담화 상황 안에서의 맥락을 파악하고 억양에 의한 구분이 원 활한 소통을 가능하게 할 것이다.

이러한 관점을 반영한 윤석민(2000)은 담화 차원에서 문장 종결표현의 현상을 체계적이고 종합적으로 논의한 연구이다. 기존의 통사론적 관점에서 벗어나 문장 종결표현이 실현되는 과 정에서 담화 구조와 그 안에서 여러 요소들의 관계를 제시하고, 현대국어의 문장 종결표현 체계를 의미 기능 중심으로 새롭게 구성하고 있다. 그는 문장 종결법과 문장 종결형이라는 용어를 설정하였는데 본고에서 문장 종결표현과 종결어미로 사용하는 용어에 대응하는 개념이다. 그는 담화 상황의 기준을 명제 내용, 행위참여자, 진술 방식, 주관적 정서의 네 가지로 설정하여 이런 담화 상황 요인들이 각각 언어 수행 기능을 포함한다고 밝히고 있다. 이러한 담화 요소들이 하나씩 적용되는 것이 아니라 동시에 적용되어 문장 종결표현을 세분화한다고 했다.

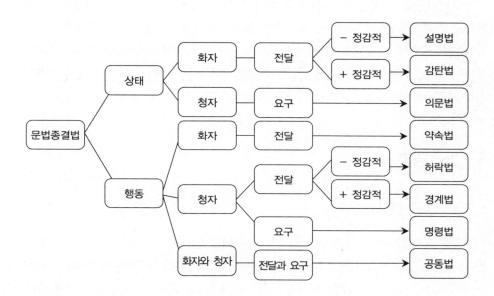

<그림 2> 현대 국어 문장종결법의 체계 (윤석민 2000:79)

위와 같이 의미 특성을 기준으로 문장 종결 표현의 체계를 설정하면 문어와 달리 문장 성분의 생략 현상이 자주 일어나는 구어에서의 다양한 종결표현에 대해서도 새로운 시각으로 접근을 기대할 수 있다. 또한 문장 종결표현을 실현시키는 고정된 형태의 종결어미를 설정할 필요가 없으며 연결어미나 조사, 부사, 명사구 등과 같은 기타 요소에 의해서 종결표현이 실현되어도 담화 상황 내에서 종결표현의 의미 특성을 지닌다면 그것을 종결표현의 체계로 편입시킬 수 있을 것이다.

정지선(2007)[9]은 이러한 이론을 바탕으로 하여 담화 상황을 고려하여 문장 종결표현의 양

---

9) 정지선(2007)에서는 문장 종결표현의 실현 양상을 '고유 어미에 의한 실현', '범용 어미에 의한 실현', '다른 어미에 의한 실현', '연결어미에 의한 실현', '문장 조각에 의한 실현'으로 나누어 분석하였다. 그러나 각 실현 양상에서 나타난 어미의 목록을 제시하고 있지 않다는 한계가 있다.

상을 살폈다. 한국어 모어 화자 중 20대의 참여자로 제한한 2,669문장의 구어 자료를 분석한 결과, 가장 많이 나타난 평서문의 경우 고유한 종결어미에 의한 실현은 5.66%에 불과하며 문장 조각에 의한 실현이 48.1%를 차지한다고 했다. 이는 종결어미에 의해서 문장 종류가 결정되는 것은 아니며, 그보다 억양이나 대화가 이루어지는 담화 상황이 문장 종류를 결정할 수 있다는 증거를 보여주었다고 할 수 있다.

위의 연구들을 통해 문장 종결표현은 하나의 종결어미에 고정된 것이 아니라 담화 상황에 영향을 받으며 다양하게 나타나는 것을 보여 준다. 그 기능과 의미를 아는 것뿐만 아니라, 다양한 담화 상황에 맞게 학습자가 종결표현을 산출 하는 능력이 필수적임을 알 수 있었다. 또한 본고에서는 통사론적인 관점이 반영된 '문장종결법'이라는 용어 대신 정지선(2007)을 참고하여 '종결표현'이라는 용어를 사용하도록 한다.

3. 연구 방법

3.1. 연구 절차

외국인 유학생과 여성 결혼이민자의 담화에 나타난 종결표현 변이를 보기 위해서 본 연구는 먼저 두 집단의 대상자를 선정하여 자료 수집을 하였다. 예비조사 후 본 조사를 다시 수정하여 구어에서 나타나는 종결표현 사용 양상을 전체적으로 관찰하고 출현한 문장 종결표현의 빈도를 분석하여 두 집단 간 차이가 나타나는 지를 출현빈도를 통해 확인할 것이다. 각 문장에서 실현된 종결표현은 윤석민(2000)의 종결표현 체계와 담화 상황을 고려하여 연구된 정지선(2007)의 결과를 참고하여 분석할 것이다.

3.2. 연구대상

본 연구는 한국어 숙달도 중급 이상의 외국인 유학생과 여성 결혼이민자를 대상으로 한다. 여성 결혼이민자의 경우 한국에서 체류한 기간이 3년 이상인 대화 참여자를 대상으로 하며 외국인 유학생은 학부나 대학원에서 전공을 위해 한국어를 공부하는 학생을 대상으로 하였다. 또한 모국어에 의한 변수를 방지하고자 각 그룹 간 국적 구성을 동일하게 하였다.10) 외국인

---

10) 본 녹음 자료는 학술진흥재단의 지원으로 이루어진 이정희(2007, 2008)의 "여성결혼이민지와 외국인 유학생의 한국어 사용 양상 비교 연구"의 일부이다.

유학생을 세 명씩 총 두 그룹으로 구성하고 여성 결혼이민자 그룹 역시 동일하게 구성하였다. 총 12명의 발화를 연구대상으로 한다.

3.3. 자료 수집

외국인 유학생 집단과 여성 결혼이민자 집단 간의 대화 수집을 위해 '포커스 그룹11)' 운영을 통해 담화 상황에서 나타난 종결 표현 양상을 살펴보기로 한다. 연구 결과에 영향을 미칠 수 있는 변인의 통제를 위해서 피험자의 언어권 및 담화 주제를 동일하게 한정하였다.

본 조사에서는 외국인 구어 담화에 나타난 종결표현의 변이 양상을 집단 별, 대화 참여자의 국적별, 문장 종류에 따른 것에 의한 변이 등을 살펴보도록 하겠다. 녹음된 자료의 팀은 중국, 베트남, 일본어권 학습자로 다국적으로 구성되었으며 대화 주제를 제공받은 뒤 대화를 실시하였다. 각 주제 당 녹음 시간은 20~40분 내외로 하였다. 연구를 위해 선정된 대화 주제는 최대한 자연스러운 대화를 유도하고 다양한 문장 종류가 산출될 수 있도록 각 그룹이 관심을 가지고 있거나 친근하다고 생각되는 주제를 선택하였다.

<표 2> 대화 자료 녹음 현황

집단	자료	주제	그룹	시간
외국인 유학생	자료1	자기소개: 자신의 가족, 성격, 전공 등에 관해 이야기하기	1그룹	47분
	자료2	교육제도: 모국의 교육제도와 한국의 교육제도에 대한 비교하여 이야기하기	1그룹	42분
	자료3		2그룹	28분
	자료4	스트레스: 스트레스를 주는 요인과 그것을 푸는 방법에 대해 이야기하기	1그룹	22분
	자료5		2그룹	21분
여성결혼 이민자	자료1	자기소개: 자신의 가족, 성격, 전공 등에 관해 이야기하기	1그룹	59분
	자료2	교육제도: 모국의 교육제도와 한국의 교육제도에 대한 비교하여 이야기하기	1그룹	36분
	자료3		2그룹	26분
	자료4	스트레스: 스트레스를 주는 요인과 그것을 푸는 방법에 대해 이야기하기	1그룹	14분
	자료5		2그룹	14분

---

11) 포커스 그룹은 일종의 그룹 인터뷰에 해당하며 참여 관찰과 개방형 인터뷰 사이의 중간 위치를 차지한다. 이정희(2009)에 의하면 특히 이 방법은 특정 주제에 대한 상호작용을 관찰할 수 있다는 점과 개별 인터뷰에 비해 참여자의 긴장도를 떨어뜨려 비교적 낮은 긴장감 속에서 자연스러운 발화를 유도해 낼 수 있다는 장점이 있다. 실제로 인터뷰에서 시간이 지날수록 학습자들이 더 자연스러운 발화를 하는 것을 확인할 수 있었다.

3.4. 자료 분석

녹음된 대화 자료의 분석은 억양 단위를 기본단위로 전사하여 분석하였다. 언어적인 요소를 기입하는 1차 전사와 그 외의 세부 요소를 기입하는 2차 전사로 나누어 두 차례의 전사가 이루어졌다. 이러한 방식으로 완성된 대화 전사 자료로 외국인의 구어 담화에 나타난 종결표현을 분석하였다.

외국인 유학생과 여성 결혼이민자집단을 각 두 그룹씩 나누어 대화에 참여한 총 12명에게는 국적과 집단을 함께 표시하여 고유 번호를 부여하였다.

<표 3> 발화자 표시

집단	외국인 유학생						여성 결혼이민자					
그룹	1그룹			2그룹			1그룹			2그룹		
국적	중국	베트남	일본	중국	베트남	일본	중국	베트남	일본	중국	베트남	일본
표시	SC1	SV2	SJ3	SC4	SV5	SJ6	IC1	IV2	IJ3	IC4	IV5	IJ6

전사된 자료 분석을 통해 외국인 유학생과 여성 결혼이민자가 발화를 할 때 사용하는 문장 종결표현의 양상을 조사하였다. 종결표현의 사용 양상을 살피고 빈도를 분석하는 과정에서 보다 정확한 결과를 도출하기 위해 몇 가지 판단 기준을 마련하고 그 기준을 따랐다.

1) 구어 자료를 대상으로 삼고 있지만 분석을 할 때는 문장 단위로 끊어서 종결표현을 확인한다. 다음 예시처럼 끊어진 억양 단위가 대화에 많이 등장하였는데 그 의미가 한 단위라고 판명될 경우 한 문장으로 처리하여 마지막 형태를 종결표현으로 보았다.

   IV1 : 집에 우리 조카들이 한 한 개원(일 개월)부터 −
   IJ2 : 음.
   IV1 : − 공부 시작했어요.

2) 발화자 한 명이 발화를 이끌어 나갈 때 상대편 화자가 일종의 맞장구 표현으로 계속적인 추임새를 넣는 형태는 문장으로 인정하지 않았다. 그렇기 때문에 문장 종결표현의 분석 대상에서 제외했다.

   IV1 : [1아1]니면은 항상 −
   IJ2 : 응.

IV1: -제가 일본 사람 언니한테-

IJ2 : 응.

IV1: -베트남 사람 생각하니까 -

IJ2 : 응

IV1: -저, 제,제 통해서,-

IJ2 : 응.

3) "저는요", "먹었는데요"의 문장처럼 동사의 어간이 아닌 성분에 '요'가 붙은 경우에는 '요'를 종결보조사로 보았다. 이를 동사 어간에 붙어 해요체를 실현하는 '어(아/여)요'와 구별하였으며 '먹었는데요'의 경우 '-는데요'는 '-는데'의 연결어미로 끝난 종결표현의 유사형태로 본다. 즉 '-는데요'는 연결어미로 문장 종결을 실현한 것으로 분석하였다. '저는요'의 경우 종결어미에 의한 실현이 아닌 체언에 조사가 결합한 문장 조각[12]으로 종결이 실현되는 것으로 분석하였다.

4) 구어 담화에서 쓰인 종결어미의 목록을 추출할 때는 다른 종결어미에 '어(아/여)요'가 결합한 경우에는 대표형으로 보지 않고 별개의 종결어미로 따로 처리한다. 가령, "예쁘네요."와 "예쁘네."가 발화되었을 경우에는 종결어미 '-네요',와 '-네'가 각각 1회씩 출현한 것으로 본다.

5) 분석의 기반이 되는 종결어미 목록은 국어교육이나 국어학에서 사용하는 목록을 사용하지 않았다. 종결어미 목록 선정을 위해서 먼저 서상규 외(2005)에서 제시된 한국어 모어 화자가 사용한 종결어미[13] 중 사용 빈도가 높았던 것을 뽑았다. 그리고 백봉자(2006)와 임호빈 외(2012)와 같이 한국어 교육에서 제시된 종결어미 체계에 모어 화자의 사용 빈도가 높은 종결어미를 접목시켜 본 연구의 분석 기초가 되는 종결어미 목록을 아래와 같이 작성하였다.

---

12) 문어와는 다르게 구어는 시간적인 순간성을 갖기 때문에 문장 성분이 생략되거나 문장이 완결되지 않은 형태로 끝나거나 어순이 대단히 자유로운 통사적인 특징을 보여준다. '문장 조각'은 온전한 문장의 형태를 갖추지 않고 감탄사나 부사어, 명사구 등과 같은 문장의 한 조각으로 문장을 끝맺는 문장 유형이라고 할 수 있다. 문장 조각을 윤평현(2003)에서는 소형문, 노대규(1996)에서는 미완성 문장으로 규정하기도 한다.

13) 한국 대학생의 구어 말뭉치를 구축하여 분석한 서상규 외(2005)에서는 '-는/(으)ㄴ데', '-고', '-(으)니까' 등을 종결어미로 보고 있으나 본 연구에서는 이들을 종결기능을 하는 연결어미로 인정하여 위의 목록에서는 제외하였다. 또한 대학생 구어 말뭉치에서 나타나지 않은 격식체 종결어미는 백봉자(2006)의 목록을 참고하여 종결어미 목록을 완성하였다.

<표 4> 종결어미 목록 (서상규 외 2005, 백봉자 2006, 임호빈 외 2012 참고.)

문장 종류	격식체			비격식체	
	하십시오체	하게체	해라체	해요체	해체
서술형	-ㅂ니다/ 습니다	-(으)네 -오 -(으)ㅁ세	-(ㄴ/는)다 -(으)마	-아/어요 -(으)ㄹ게요 -지요(죠)	-아/어 -(으)ㄹ게 -지 -잖아
의문형	-ㅂ니까?/ 습니까?	-는/(으)ㄴ가? -나? -오?	-(느/으)냐? -(으)냐? -(으)랴?	-는/(으)ㄴ건가 요? -나요? -아/어요? -지요? -(으)ㄹ까요?	-아/어? -지? -(으)ㄹ까?
명령형	-(으)십시오	-게 -오	-아/어라 -(으)렴 -(으)려무나	-아/어요	-아/어 -지
청유형	-(으)십시다	-세 -오	-자 -자꾸나	-아/어요 -(으)시지요	-아/어 -지
감탄형14)	-ㅂ니다/ 습니다	-군	-구나	-군요	-아/어

6) 이밖에도 한국어 교재에서 문법 항목으로 제시되고 있는 '-(으)세요', '-잖아/잖아요', '-대/대요'등을 분석적으로 보지 않고 하나의 어미로 보아 처리한다. '-대/대요'는 다음 예문에서처럼 '-다고 하다'에서 '-고'가 탈락하고 줄어든 말이다.

예문) 철수가 학교에 <u>간대</u>.
　　　간다 해.(?)

"철수가 학교에 간다 해15)"는 오류문은 아니지만 자연스럽지 않은 문장처럼 느껴지기 때문에 '-대'를 분석하지 않고 하나의 어미로 인정한다. 가령 '-잖아'의 경우, '-지 않다'의 준꼴이

---

14) 감탄문을 문장의 한 종류로 인정하느냐 그렇지 않느냐에 따라 한국어 문장 종류의 수는 4개 혹은 5개가 될 수 있다. 한길(1991)에서는 최현배가 주장한 바와 같은 입장을 견지해 감탄문을 서술문 갈래에 속할 수 있다고 보았다. 통어상, 혹은 의미상으로도 두드러진 차이가 발견되지 않기 때문이라고 그 이유를 밝혔다. 그러나 본고에서는 문장 종류에 따라 나타나는 다양한 종결표현의 실현 양상을 보기 위해서 감탄문을 문장의 한 갈래로 인정하여 분석하고자 한다.

15) 최은경(2011) 참고.

지만 이것을 대화에서 풀어서 사용했을 경우, 본래 화자가 의도한 바가 청자에게 제대로 전달되기 힘들기 때문에 하나의 어미로 인정한다.

7) 본 연구에서 사용된 문장 종결표현의 출현 빈도 계산식은 다음과 같다.

$$\text{출현 빈도(\%)} = (\text{종결표현 출현 횟수} \div \text{전체 종결표현 출현 횟수}) \times 100$$

4. 외국인 구어 담화의 종결표현 변이 양상 분석

본 장에서는 전사된 외국인 유학생 집단과 여성 결혼이민자들의 전사된 대화 자료를 바탕으로 앞서 제시한 연구 방법과 절차에 따라 외국인의 구어 담화에서 나타난 문장 종결표현의 양상을 분석하고자 한다. 두 집단의 문장 종결표현을 종결 형태에 따른 양상과 담화 상황을 고려한 종결표현 양상에 따라 분석하고 이를 토대로 문장 종결표현의 변이 양상을 살펴볼 것이다.

4.1. 외국인 유학생의 종결표현 양상

외국인 구어 담화에서 실현된 문장 종결의 양상을 형태에 따라서 본다면 크게 세 가지로 분류할 수 있다. 첫째는 종결어미에 의한 실현, 둘째는 연결어미에 의한 실현[16], 그리고 완결된 문장의 형태를 갖추지 않은 체언, 체언과 조사의 결합 형태, 부사어, 명사구 등과 같은 문장 조각에 의한 실현이다.

---

16) 이를 지칭하는 용어는 다양하나 본 연구에서는 '종결기능 연결어미'로 사용하고자 한다. 김태엽(1998)에서는 "비종결어미의 종결어미화", 유현경(2003)은 "연결어미의 종결어미적 쓰임", 하지선(2006)은 "종결어미 기능 연결어미", 손옥현(2009)에서는 "종결어미화 된 연결어미" 등 다양한 용어가 쓰이고 있다.

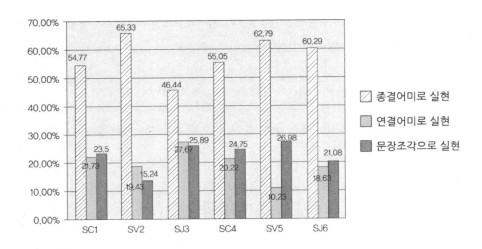

<그림 3> 외국인 유학생의 개인별 종결표현 실현 양상

외국이 유학생 개인의 발화를 분석한 결과, 종결표현을 실현시키는 양상이 다양한 형식으로 나타났다. 대화 참여자 개인 별로 약간의 차이는 있지만 종결어미에 의한 실현이 가장 많았고 그 다음으로 문장 조각에 의한 실현, 연결어미에 의한 실현 빈도순으로 나타났다. 각 참여자마다 비슷한 양상을 보였기 때문에 집단 전체의 종결표현 양상을 살피는 것이 필요할 것으로 보여 자료별로 실현 횟수와 빈도를 살펴보았다.

외국인 유학생의 대화 자료인 자료1부터 자료5까지의 총 종결표현 실현 횟수는 2,181회이다. 그 중에서 종결어미로 종결표현이 실현된 경우는 1,264회이며 연결어미로 실현된 경우는 438회, 마지막으로 문장 조각으로 실현된 경우는 479회로 나타났다. 이를 표와 그래프로 정리하면 아래와 같다.

<표 5> 외국인 유학생의 문장 종결표현 실현 횟수와 빈도

자료	종결어미로 실현	연결어미로 실현	문장 조각으로 실현	총 실현 횟수
자료1	370(57.54%)	130(20.22%)	143(22.24%)	643
자료2	302(54.22%)	147(26.39%)	108(19.39%)	557
자료3	170(62.50%)	47(17.28%)	55(20.22%)	272
자료4	218(59.89%)	65(17.86%)	81(22.25%)	364
자료5	204(59.31%)	49(14.20%)	92(26.67%)	345
자료합	1,264(57.95%)	438(20.08%)	479(21.96%)	2,181

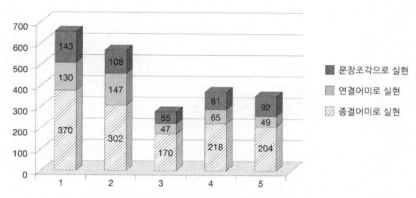

<그림 4> 외국인 유학생의 자료별 문장 종결표현 실현 횟수

종결어미로 실현된 빈도는 57.95%이며 그 외의 요소로 종결표현이 실현된 경우가 42.04%로 나타났다. 이는 대부분의 한국어 교육 현장이나 교재에서 종결표현은 종결어미로만 실현된다는 사실을 감안할 때 큰 수치라고 말할 수 있다. 연결어미로 종결표현이 실현된 경우와 문장 조각에 의한 종결표현 실현은 비슷한 빈도를 보였다. 문장 조각에 의한 실현이 이처럼 높게 나타난 이유는 구어에서는 자유로운 어순이 허용되기 때문이라도 할 수 있다. '어려워요. 한국어 공부'와 같이 문장의 주어와 서술어가 어순이 바뀌어 나타나는 경우가 많았다. 문어에서 이러한 문장은 어순 상의 오류라고 보지만 구어이기 때문에 이와 같은 양상이 많이 나타났고, 대화 참여자들 간에 별다른 문제가 되지 않았다. 문장 조각에 의한 문장 종결표현 실현의 형식 중에서는 체언이나 체언과 조사가 결합한 명사구의 형태가 가장 많이 나타났다.

각 자료에서 나타난 문장 종결표현의 실현 횟수의 많고 적음은 녹음자료 분량에 차이가 있기 때문에 다를 수 있지만, 실현 빈도는 유의미한 차이를 드러내지 않고 비슷한 것을 확인할 수 있다. 대화 주제에 따라서 종결표현 실현 횟수에는 차이가 있지만 실현 형태에 따른 빈도는 자료마다 비슷하기 때문에 대화 주제에 따른 변이는 나타나지 않는다고 할 수 있다.

다음은 외국인 유학생들이 문장 종결을 위해 사용한 종결어미의 목록이다.

<표 6> 외국인 유학생의 담화에서 나타난 종결어미

종결에 사용한 종결어미	출현 횟수	종결에 사용한 종결어미	출현 횟수
-아/어요	812	-네	3
-잖아요	98	-는/(으)ㄴ 건가요?	2
-죠	97	-나요	2

-아/어	48	-대요	2
-다	34	-(으)ㄹ거야	2
-지	25	-(으)ㄹ게	2
-(으)세요	24	-(으)ㄹ게요	2
-습/ㅂ니다	21	-잖아	2
-구나	13	-지요	2
-는/(으)ㄴ가요?	12	-군	1
-을까	7	-군요	1
-네요	6	-느냐	1
-아/어라	5	-(으)ㄹ래	1
-나	4	-오	1
-(으)ㄹ까요	3	-(으)ㄹ래요	1

　　외국인 유학생들이 가장 많이 사용한 종결어미는 '-어/아요'로 전체 사용된 종결어미 중에서 65.74%를 차지한다. 이러한 현상의 원인의 하나는 먼저 한국어 구어에서 '-아/어요'가 갖는 의미가 다양하기 때문이다. '-아/어요'[17]는 평서형뿐만 아니라 해요체에서는 거의 모든 문장 종류를 만들 수 있는 종결어미이다. 한국어 교재에서 '-습/ㅂ니다'가 먼저 제시[18]되지만 본 연구의 분석 자료에서는 '-아/어요'가 많이 쓰였다. 이는 한국어 학습자들이 '-아/어요'를 많이 쓰고 있으며, 교재와 교실 밖에서도 '-아/어요'에 대한 노출이 많은 것을 보여준다고 할 수 있다. 또한 이 결과는 이명오(2009)[19]에서 실시한 실험과 같은 결과를 보여주고 있어, 한국어 학습자의 구어 담화의 특징으로 인정할 수 있을 것이다.

　　'-잖아요'역시 높은 빈도를 보이고 있는데 박석준(2003)에서도 '-잖아'가 높은 빈도를 보였다. '-잖아'는 화자가 정보의 내용을 이미 알고 있다는 것을 전제로 하여 [정보알림], [정보정

---

17) 정지선(2007)에서는 '-아/어요'를 하나의 문장 종류를 결정짓는 고유한 종결어미가 아닌 여러 문장에서 다양한 역할을 하는 '범용 종결어미'로 보았다.

18) 한국어 초급 교재 중 서울대 교재, 경희대 교재, 이화여대 교재에서 '습/ㅂ니다'는 2~4과에 제시되는 반면, '-아/어요'는 S대는 8과에서, K대는 7과에서, E대는 5과에서 제시되었다.

19) 비격식체를 중심으로 구어 교육을 위한 어미 연구를 진행한 결과, 한국어 학습자의 구어에서 '-아/어요'의 사용이 두드러졌고, '-거든요', '는데요' 등의 다양한 형태의 종결어미가 사용되었다고 결론지었다. 그러나 그림 실험의 형태로 진행된 시험 성격의 실험 유형 때문에 학습자들이 실수를 하거나 오류를 범하지 않기 위해 의도적으로 음운적 규칙을 지키려는 의지를 보여, 한국어 모어 화자들이 구어에서 발화하는 '-구요'등의 음운적 특징들은 나타나지 않았다. (이명오 2009)

정], [재촉], [확인-정보공유], [확인-동조요구] 등의 의미를 가진다(원해영2011:311). 이 중에서 외국인 유학생들은 주로 확인-동조요구의 의미로 '-잖아'를 발화하는 경우가 많았다.

> SV2 : (…중략) 일단 무조건 여유 있게. 나중에 어느 정도 〈vocal desc='목청 가다듬는 소리, 으음'〉 스트레스 풀어야 해서 공부를 잘 잘 할 수 있잖아요.
> SC1 : <u>그쵸</u>.

【자료 2】

SV2가 동조요구의 의미로 '-잖아요'를 사용해 발화를 하였고 뒤이어 SC1이 이에 대한 동조의 의미로 '-지요'를 사용하여 대응하고 있는 모습을 살펴볼 수 있었다. 그러나 '-잖아'의 과도한 사용은 오히려 의사소통의 실패를 가져올 수도 있기 때문에 사용상의 주의가 필요한 종결표현이다.

박석준(2003)에서는 한국 대학생들의 구어를 분석한 결과, '-아/어' 〉 '아/야' 〉 '지' 〉 '잖아' 순으로 종결어미가 나타난다고 했다. 높은 빈도의 종결어미가 모두 '안높임'의 화계라는 것을 특징으로 이야기하며 그 이유는 대학생들이 모두 비슷한 또래이기 때문이라고 밝혔다. 본 실험에서는 외국인 유학생의 경우 '-아/어요' 〉 '-잖아요' 〉 '-죠' 〉 '-아/어' 순으로 종결어미를 사용하였다. 빈도순에 조금의 차이는 있지만 '-아/어'와 '-잖아', '-지' 등의 높은 빈도의 종결어미 사용 양상이 거의 비슷하였다.

다음은 외국인 유학생 집단이 종결표현을 실현시킨 연결어미 목록이다. 외국인 유학생들은 '-고', '-는/(으)ㄴ데', '-아/어서' 등의 총 28개의 연결어미를 써서 문장을 종결시켰다.

<표 7> 외국인 유학생의 담화에서 문장 종결을 실현한 연결어미

종결에 사용한 종결어미	출현 횟수	종결에 사용한 종결어미	출현 횟수
-고	246	-아/어야	3
-는/(으)ㄴ데	83	-(으)냐고	2
-아/어서	38	-더라고	2
-(으)니까	31	-라면	2
-거든	20	-라서	2
-(으)면	19	-(으)냐	1
-라고	8	-냐면	1
-다고	6	-는/(으)ㄴ지	1
-거나	5	-다가	1
-던데	4	-다면서	1
-지만	4	-더라도	1
-도	3	-도록	1
-(으)러	3	-든지	1
-(으)면서	3	-라도	1

가장 많은 쓰인 종결기능 연결어미는 '-고'이다. 주로 '-구요'의 구어체 형태로 실현되는데 이는 한국어 모어 화자들의 발음 양상과 비슷함을 보여준다. 두 번째로 많이 사용된 '-는/(으)ㄴ데'는 '요'와 결합하여 나타나기도 하고 그렇지 않기도 하다. 백수진(2010)은 도치, 생략, 문법화에 의해서 '-는/(으)ㄴ데'가 문말에 실현되는데 이를 통해 다양한 담화 기능을 보인다고 서술했다. 화자가 중요하게 여기는 사실을 먼저 발화하려는 심리에서 도치가 일어나고 이는 선행절을 강조하거나, 어떤 사실을 덧붙이는 기능을 한다고 했다. 생략에 의한 실현 역시 상대적으로 덜 중요한 요소를 생략하는 정보 구조와 관련 있다고 하였으며 이를 통해 '-는/(으)ㄴ데'는 문말에서 거절, 동의요구, 불만, 반문, 실망, 요청의 기능을 한다. '-는/(으)ㄴ데'가 연결어미로 사용하는 경우에는 배경을 설명하는 기능과 함께 선·후행절 사건의 대조를 드러낸다. 문법화에 의한 실현의 경우, 감탄, 의문, 뜸들임의 담화 기능을 수행하여 자연스러운 의사소통을 가능하게 한다고 볼 수 있다.

다음은 문장 조각으로 종결이 실현되는 양상을 살펴 그 유형을 나누어 표로 정리한 것이다.

<표 8> 문장 조각의 유형과 출현 횟수

문장 조각 유형		출현 횟수
체언	명사	179
	명사+조사	105
	의존명사(구)	44
	수사+조사	3
수식언	관형사	1
	부사	109
용언	어간	4
	관형형	1
	부사형	15

문장 조각으로 종결표현의 실현 유형을 살펴보면 우선 명사와 부사로 된 문장 조각문[20]의 유형이 많다는 것을 알 수 있다. 이 외에도 명사에 조사가 결합한 명사구나 관형형 용언에 의존명사가 결합한 명사구의 종결표현 실현도 두드러졌다. 주로 '것' 혹은 '때' 으로 끝나는 경우

---

20) 구어에서 나타나는 문장 조각문은 온전한 문장의 형태를 갖추지 않고 감탄사나 부사어, 명사구 등과 같은 문장의 한 조각으로 문장을 끝맺는 문장 유형이다. 문어에서는 문장 성분의 격과 격틀은 서술어가 요구하는 필수적 논항에 따라 결정되나 구어에서는 기본적인 문장 구성단위가화자의 억양 단위를 기준으로 결정되기 때문에, 문장 종결 방식이 매우 다양하게 나타날 수 있다. (서상규 외 2005)

가 많았다. 종결표현에 나타난 부사는 주로 '막', '아직', '별로', '그냥' 등의 정도부사와 '그래서', '그러니까'와 같은 접속부사가 많이 등장하였다. 용언에서는 '안심하게', '목적없이'와 같은 부사형 전성어미가 결합한 형태로 문장 종결이 실현되는 경우도 있었다. 주목할 만한 것은 용언의 어간에 아무런 어미가 결합하지 않고 문장 종결에 나타나는 것이었는데, 이는 문장의 불완전 종결로 볼 수 있을 것이다. 서상규 외(2005)에서는 문장 조각문의 실현이 구어의 특징 중 하나인 '순간성'이 고려되기 때문이라고 본다. 구어에서 화자와 청자 간의 시간적인 순간성은 문장 종결표현이 다양하게 실현되는데 큰 역할을 한다고 볼 수 있다. 한국어 모어 화자의 문장 조각에 의한 종결표현 실현 양상은 감탄사 〉 부사어 〉 체언 〉 명사구 〉 관형어의 순으로 나타나고 있다(서상규 외 2005:147).

위의 분류에서처럼 세 가지로 나눌 수 있는 문장 종결표현 양상을 문장 종류별로는 어떻게 나타나는지를 보고 대화 참여자의 국적별로는 어떤 양상을 보이는지를 살펴보고자 한다.

4.1.1. 문장 종류에 따른 종결표현 양상

문장 종결표현은 화자의 의도에 따라서 담화 기능을 드러내는 문장 종류를 결정지을 수 있다는 점에서 그 역할이 크다고 할 수 있다. 따라서 대화 자료에서 나타난 문장을 평서문, 의문문, 명령문, 청유문, 감탄문으로 나눠 문장 종류별로 실현된 종결표현을 살펴보았다. 이에 따른 종결표현의 형태의 실현 양상은 다음과 같다.

<표 9> 문장 종류별 종결표현 실현 횟수와 빈도

문장종류	종결어미에 의한 실현	연결어미에 의한 실현	문장 조각에 의한 실현	총 실현 횟수
평서문	1,032(58.20%)	387(21.82%)	354(19.97%)	1,773
의문문	206(55.52%)	50(13.48%)	115(31.00%)	371
명령문	15(93.75%)	–	1(6.25%)	16
청유문	1(100%)	–	–	1
감탄문	10(50.00%)	1(5.00%)	9(45.00%)	20

총 2,181회의 문장 종결표현 중에서 평서문이 1,773회, 약 81%의 빈도를 보이며 다른 문장 종결표현에 비해 압도적으로 가장 많은 비중을 차지했다. 그 이유는 평서문은 가지고 있는 여러 담화 기능이 많기 때문이라고 할 수 있다. 평서문은 서술, 허락, 약속 등의 담화 기능을 수행한다. 외국인 유학생들의 대화 자료에서도 서술 이외에 발화를 허락하거나 자신 스스로의

약속을 나타내는 등의 문장들을 살펴볼 수 있었다. 그 뒤를 이어 의문문이 높은 빈도를 보였다고 할 수 있다. 의문문에서 문장 조각에 의한 종결표현 실현이 많은 것은 화자가 이야기한 부분에서 청자가 모르는 부분이나 확인을 위해 중요한 부분만을 반복하는 담화 형태에 의한 것을 하나의 이유로 들 수 있다.

명령문과 청유문은 종결어미에 의한 실현만이 있었다는 점에서 주목할 만하다. 이는 한국어에서 명령형과 청유형을 만들어 주는 고유한 종결어미의 역할이 크다는 것을 의미한다고 볼 수 있다. 청유문의 실현이 적은 이유는 분석한 대화 자료가 인터뷰 형식이기 때문이다. 따라서 청유문의 경우 통계적 의미를 찾아보는 것에 큰 의미를 부여하기는 힘들 것이라고 판단된다. 그러나 한국어 모어 화자들의 대화를 분석한 정지선(2007)의 결과에서 총2,669문장 중 청유문은 모두 17문장으로 약 0.63%의 빈도를 보였다고 밝혔다. 이 수치를 감안해 볼 때 외국인 유학생들이 한국어 모어 화자의 담화 패턴과 비슷하게 발화하고 있다고 볼 수 있다.

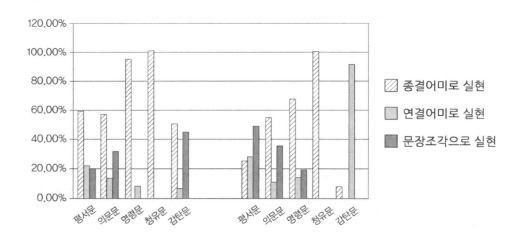

<그림 5> 외국인 유학생과 한국어 모어 화자의 문장 종류별 종결표현 양상

감탄문의 경우 감탄형 종결어미 '-구나', '-군' 등에 의한 실현과 '우와!' '이야!'와 같은 부사어에 의한 문장 조각으로 실현된 경우도 있었다. 감탄문을 만드는 종결어미인 '-군'은 단순한 [감탄]의 의미가 아닌 어떤 사실을 처음 알게 된 것을 바탕으로 [지각], [확인], [유추], [추측], [화자중심]등의 의미자질을 가지고 있다. '-군요' 혹은 '-군'은 의미자질을 참고로 하여 발화의도를 [제시]와 [정표]로 나누었다(이윤아 2012). 외국인 유학생의 담화에서 나타난 '-군'은 [제시-확인]의 발화의도로 다른 사람의 발화의 사실을 확인하며 자신의 놀라움을 드러

내고 있다. 다음은 외국인 유학생 담화 중 자기소개 관련 부분에서 '−군요'가 사용된 예이다.

SV2 : −그냥 시간 있을 때는 집에서 그냥 막 책보고 음악 듣고 공부하고 또 그 집에서도
    친구도 만날 수도 있고 네 그냥 집에 있는 거 좋아요. 원래 여행도 가고 싶은데 여
    행가면 <u>호텔에 있어요.</u>
SJ3 : (@안 <u>나가시는군요?</u>@)
SV2 : (@<u>안 나가요</u>@) 사실은 호텔에서 고 주변 밖에서 보는 취미가 있는 거 같아요.

【자료 1】

4.1.2. 대화 참여자의 언어권별 종결표현 양상

대화 참여자의 모어에 따라서 종결표현의 실현 양상을 다음과 같이 정리할 수 있다.

<표 10> 대화 참여자의 언어권별 종결표현 실현 횟수와 빈도

언어권	실현양상	자료1	자료2	자료3	자료4	자료5	총 출현 빈도
중국	종결어미	90	90	62	70	50	362(55.78%)
	연결어미	39	40	22	17	16	134(20.65%)
	문장 조각	48	31	23	26	25	153(23.57%)
	총 출현 빈도	177	161	107	113	91	649
베트남	종결어미	177	131	61	93	76	538(65.45%)
	연결어미	42	53	10	14	11	130(15.82%)
	문장 조각	31	37	19	29	38	154(18.73%)
	총 출현 빈도	250	221	90	136	125	822
일본	종결어미	103	81	47	55	78	364(51.27%)
	연결어미	49	54	15	34	22	174(24.50%)
	문장 조각	64	40	13	26	29	172(24.23%)
	총 출현 빈도	216	175	75	115	129	710

외국인 유학생 그룹의 대화참여자 중 종결표현의 실현 횟수가 가장 많았던 언어권은 베트
남어권으로 총822회이며 일본어권 대화참여자가 710회, 중국어권 대화참여자가 649회로 종
결표현을 실현하였다. 베트남어권 학습자가 발화기회를 많이 가졌기 때문에 종결표현이 많이
나타났을 수도 있으나 연결어미를 사용하여 문장을 이어 말하기보다는 단문으로 말하려는 경
향이 있기 때문이라고도 할 수 있다. 중국어권 학습자의 경우 종결표현이 종결어미로 실현 >
문장 조각으로 실현 > 연결어미로의 실현의 순서를 보인다. 이를 통해 큰 틀에서의 각 언어권

별로 나타나는 종결표현의 실현은 비슷함을 알 수 있다.

4.2. 여성 결혼이민자의 종결표현 양상

여성 결혼이민자의 대화 자료를 분석한 결과 실현된 총 종결표현은 1,959회로 나타났다. 가장 많이 실현된 종결 형태는 종결어미에 의한 실현으로 총 1,294회, 전체의 66.05%의 빈도를 보였다. 다음으로는 문장조각에 의한 종결표현 실현은 476회, 연결어미에 의한 실현은 189회의 출현 횟수를 보였다. 출현빈도순으로 나열해 보면 종결어미의 의한 실현(66.05%) 〉 문장 조각에 의한 실현(24.29%) 〉 연결어미에 의한 실현(9.64%)이다. 이것을 표와 그래프로 나타내면 다음과 같다.

<표 11> 여성 결혼이민자의 문장 종결표현 실현 횟수와 빈도

자료	종결어미에 의한 실현	연결어미에 의한 실현	문장 조각에 의한 실현	총 실현 횟수
자료1	574(66.59%)	73(8.47%)	215(24.94%)	862
자료2	325(67.01%)	41(8.45%)	119(24.54%)	485
자료3	141(68.12%)	27(13.04%)	39(18.84%)	207
자료4	110(61.80%)	20(11.24%)	48(26.97%)	178
자료5	144(63.44%)	28(12.33%)	55(24.23%)	227
자료합	1,294(66.05%)	189(9.64%)	476(24.29%)	1,959

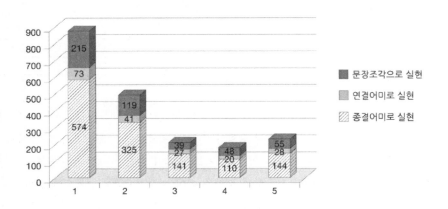

<그림 6> 여성 결혼이민자의 문장 종결표현 실현 횟수

　　종결어미에 의한 종결표현 실현이 다른 요소에 비해서 높게 나타난 것은 이정희(2011)에서 지적한 것처럼 여성 결혼이민자가 문장을 연결해서 말하기보다는 단문의 형태로 발화하는 양상을 많이 보여준다는 결과를 입증하는 것이라고 할 수 있다.

　　문장을 연결하는 역할을 하는 연결어미의 사용이 많지 않다는 것과 문장을 종결할 때 역시 연결어미의 사용이 적다는 것은 결국 여성 결혼이민자 집단이 '연결어미'에 대한 이해가 부족한 것이 아니냐는 유추를 가능하게 한다. 교육현장에서 문법의 범주에서 가장 많이 다루고 있는 부분이 연결어미임을 감안할 때 공식교육을 접하기 힘든 여성 결혼이민자 집단에서 연결어미에 대한 이해가 낮을 수밖에 없을 것이다. 문장 조각에 의한 실현 중 두드러지는 부분은 단어 자체의 의미를 알지 못해서 그 어휘를 설명하는 과정에서 다양한 형태로 문장이 종결이 된다는 점이었다.

　　다음은 여성 결혼이민자의 담화에서 나타난 종결어미를 목록화한 것이다.

<표 12> 여성 결혼이민자의 담화에서 나타난 종결어미 목록

종결에 사용한 종결어미	출현 횟수	종결에 사용한 종결어미	출현 횟수
-아/어요	887	-(으)ㄹ까	6
-아/어	195	-는/(으)ㄴ가요?	5
-잖아요	53	-(으)세요	4
-지	22	-느/으냐	3
-죠	17	-(으)ㄹ까요	3
-지요	17	-구나	2
-다	14	-대	2
-잖아	9	-나	1
-네	8	-네요	1
-(으)ㄹ거야	8	-아/어라	1
-습/ㅂ니다	6	-오	1

　　여성 결혼이민자들 역시 '-아/어요'의 종결어미 사용이 두드러졌다. '-아/어요'는 전체 사용된 종결어미 중에서 70.11%의 고빈도를 보였다. 총 22종류의 종결어미를 사용하였는데 이는 외국인 유학생들이 30개의 종결어미를 사용한 것과 비교하면 적은 수치이다. 이는 여성 결혼이민자들이 다양한 종결어미의 사용을 보이지 않고, '-아/어요'와 같은 범용 종결어미로 문장을 종결하려는 경향과 자신에게 익숙한 종결어미만을 사용하는 양상을 보여준다고 할 수 있

다. '-아/어'의 경우 인터뷰가 진행될수록 더 많은 빈도를 보여, 시간이 흐름에 따라 대화 참여자들 간의 친밀도가 높아지고 나이가 많은 참여자가 반말체를 사용하였다. 외국인 유학생 집단은 비슷한 또래로 구성된 반면, 여성 결혼이민자 집단은 나이차가 있는 대화 참여자들로 구성된 결과로도 볼 수 있다.

또한 한국어 모어 화자들이 구어에서 보이는 특이한 음운적 현상도 여성 결혼이민자 집단에서 나타났다. 예를 들면 "같아요"를 "같애요"로 발음하거나 '-을게요'를 '-을께요'로 발음하는 등의 양상이 나타난다. 'ㅏ'가 'ㅐ'로 변해 발음되는 현상은 모음조화가 파괴되어 일어나는 현상으로 표현성을 강화하기 위해서 나타난다고 볼 수 있다(서상규 외 2002). 공식교육을 받지 않고 자연스럽게 한국어를 노출을 통해 습득한 집단이기 때문에 한국어 모어 화자들이 가진 음운적 특징까지 습득한 것으로 보인다.

여성 결혼이민자들은 연결표현을 사용해서 문장을 종결한 횟수가 적고 종결기능 연결어미의 종류 또한 적다. 이를 목록으로 제시하면 다음과 같다.

<표 13> 여성 결혼이민자의 담화에서 문장 종결에 나타난 연결어미

종결에 사용한 연결어미	출현 횟수	종결에 사용한 연결어미	출현 횟수
-고	69	-아/어	3
-는/(으)ㄴ데	38	-거나	2
-아/어서	23	-냐면	2
-(으)니까	16	-라고	2
-으면	12	-거든	1
-아/어도	6	-던데	1
-(으)면서	5	-(으)려고	1
-지만	5	-아/어야	1
-다고	4		

종결표현에서 사용된 연결어미는 총 17종류로 외국인 유학생 담화에 나타난 것보다 적은 종류가 문장 종결에 쓰였다. 그러나 사용 빈도가 10회 넘는 종결기능 연결어미는 '-고' > '-는/(으)ㄴ데' > '-아/어서' > '-(으)니까'의 순으로 외국인 유학생들의 사용 양상과 비슷한 모습을 보이고 있다.

종결어미에서처럼 종결기능 연결어미의 경우에도 한국인 모어 화자에게 나타나는 음운적인 특징을 볼 수 있었다. '-고'를 '-구'로 발음하는 경향이 그 대표적인 예라고 할 수 있다. 'ㅗ'

가 'ㅜ'로 변하는 현상은 편의성을 추구해서 발음하려는 경향 때문인데, 보통 둘째 음절 이후에 나타나는 것이 일반적이다. '-고'뿐만 아니라 '-라고, -다고'도 '-라구, -다구'로 발음하는 모습을 확인할 수 있었다[21].

외국인 유학생들은 '-거든'을 많이 사용한 반면 여성 결혼이민자들은 '-으면'을 종결표현으로 사용하는 양상을 보여주었다.

다음은 문장 조각에 의한 종결표현이 실현된 양상을 살펴본 결과를 표로 정리한 것이다.

<표 14> 문장 조각의 유형과 출현 횟수

문장 조각 유형		출현 횟수
체언	명사	185
	명사+조사	101
	대명사	4
	의존명사(구)	34
수식언	수관형사+명사	41
	부사	87
용언	어간	5
	관형형	12
	부사형	10
관계언	조사	4

여성 결혼이민자 집단은 외국인 유학생 집단보다 문장 조각에 의한 종결표현 실현 빈도가 높았다. 문장 조각의 유형을 살펴보면 명사나 명사와 조사가 결합된 명사구의 출현 빈도가 높다는 것을 알 수 있다. 화자가 명사로 문장을 종결할 경우, 청자가 이를 반복하여 발화하는 것을 많이 볼 수 있었는데, 이는 맞장구 표현을 사용하여 청자가 친화 전략을 사용한 경우라고 할 수 있다. 이러한 현상으로 인해 명사 혹은 명사구의 빈도가 높음을 이해할 수 있을 것이다.

또한 수관형사와 명사 등의 구조 또한 자주 나타남을 볼 수 있었다. 그 예로 "일 학년", "서른 살", "삼십만 원"등을 들 수 있다. 이 경우 역시 화자와 청자 간의 반복이 많이 나타났는데 이는 의사소통의 문제에서 야기된 것으로 볼 수 있다. 화자가 전달하려는 메시지를 청자가 제대로 받아들이지 못해서 계속 그 부분을 반복하며 서로 수정을 해가는 과정에서 나타난 문장 종결표현의 한 형태로 볼 수 있다.

외국인 유학생 집단에서는 조사로 문장이 종결된 경우를 찾아볼 수 없었으나 여성 결혼이

---

21) 서상규 외(2002) 참고.

민자 집단에서는 '에', '동안'등의 조사만으로 이루어진 종결의 형태를 볼 수 있었다는 점이 특이했다. 또한 '여기', '거기', '그거'와 같은 대명사에 의한 종결표현도 찾아볼 수 있었다.

4.2.1. 문장 종류에 따른 종결표현 양상

다음은 여성 결혼이민자의 대화 자료를 분석하여 문장 종류에 따른 종결표현 실현 양상을 표로 나타낸 것이다.

<표 15> 문장 종류별 종결표현 실현 횟수와 빈도

문장종류	종결어미에 의한 실현	연결어미에 의한 실현	문장 조각에 의한 실현	총 실현 횟수
평서문	1,007(65.65%)	175(11.40%)	352(22.95%)	1534
의문문	268(66.00%)	14(3.45%)	124(30.54%)	406
명령문	15(100%)	-	-	15
청유문	1(100%)	-	-	1
감탄문	3(100%)	-	-	3

평서문 〉 의문문 〉 명령문 〉 감탄문 〉 청유문의 순으로 문장 종류가 나타났는데, 외국인 유학생 집단이 명령문보다 감탄문이 많이 출현했다는 점에서 차이가 난다고 할 수 있다. 역시 의사소통에서 평서문의 비중이 크다는 것을 알 수 있다. 종결어미 중에서 '-아/어요'의 사용이 두드러졌다. '-아/어요'는 평서문뿐만 아니라 의문문이나 명령문 등에서도 빈번히 출현하는데 상승 억양일 경우는 의문문으로, 하강 억양일 경우는 평서문 혹은 명령문으로 볼 수 있다. 화자의 발화의 의도를 알고 청자가 이에 적절하게 대처하기 위해서는 억양 교육 역시 필수적임을 알 수 있었다.

명령문, 청유문, 감탄문은 모두 그 문장 종류를 결정짓는 고유의 어미들에 의해서 실현되었다. 실현 횟수가 적어서 통계적 수치에 대해서 유의미한 결과를 도출할 수 없었지만 외국인 유학생 집단과 비슷한 실현 양상을 보였다는 점에서 그 의미를 찾을 수 있다. 그러나 감탄문의 경우, 문장 조각에 의한 실현이 없었다는 점은 외국인 유학생 집단과의 차이점이라고 할 수 있다. 문장의 종류에 따라서 종결을 실현하는 형태의 변이가 나타남을 확인할 수 있다.

4.2.2. 대화 참여자의 언어권별 종결표현 양상

다음은 여성 결혼이민자 집단의 대화 참여자들의 언어권별로 문장 종결표현의 실현 양상을 표로 나타낸 것이다.

<표 16> 대화 참여자의 언어권별 종결표현 실현 횟수와 빈도

언어권	실현양상	자료1	자료2	자료3	자료4	자료5	총 출현 빈도
중국	종결어미	136	71	80	13	68	368(70.91%)
	연결어미	2	3	1	3	4	13(2.50%)
	문장조각	63	34	10	14	17	138(26.59%)
	총 출현빈도	201	108	91	30	89	519
베트남	종결어미	247	104	21	31	20	423(70.38%)
	연결어미	36	6	9	5	12	68(11.31%)
	문장조각	66	15	9	6	14	110(18.30%)
	총 출현빈도	349	125	39	42	46	601
일본	종결어미	191	150	40	66	56	503(59.95%)
	연결어미	35	32	17	12	12	108(12.87%)
	문장조각	86	70	20	28	24	228(27.18%)
	총 출현빈도	312	252	77	106	92	839

총 종결표현 실현 수에서는 일본어권 여성 결혼이민자가 베트남어권 여성 결혼이민자보다 약 1.5배정도 많은 출현 횟수를 보였다. 여성 결혼이민자의 언어권별로 나타난 종결표현의 실현빈도순은 일본(839회) 〉 베트남(601회) 〉 중국(519회)로 정리할 수 있다. 그러나 중국어권과 베트남어권 여성 결혼이민자에 비해 일본어권 여성 결혼이민자는 종결어미에 의한 실현빈도가 낮았다. 중국어권 여성 결혼이민자의 문장 종결에서 연결어미에 의한 실현이 낮았다는 점은 특징으로 보인다. 그러나 이와 같은 종결표현 변이양상이 대화 참여자의 모국어에 의한 것인지를 알아보기 위해서는 외국인 유학생의 종결표현과 비교가 필요할 것이다.

4.3. 외국인 유학생과 여성 결혼이민자의 종결표현 변이 양상

4.1장과 4.2장에서 외국인 유학생과 여성 결혼이민자의 문장 종결표현의 양상에 대해서 알아보았다. 총 4,140회의 문장 종결표현을 문장 종류에 따른 종결표현 양상과 대화 참여자의 언어권별 종결표현 양상을 살펴본 결과, 두 집단 간의 종결표현 실현 양상에서 변이가 나타남을 확인할 수 있었다.

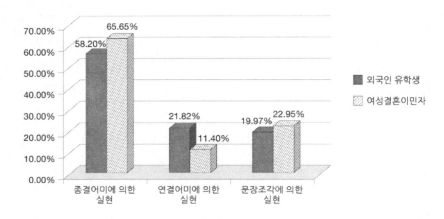

<그림 7> 외국인 유학생과 여성 결혼이민자의 문장 종결표현 실현 양상

위 그림에서 알 수 있듯이 여성 결혼이민자 집단이 종결어미로 문장을 종결시키는 경향을 더 많이 보였으며, 외국인 유학생 집단은 여성 결혼이민자보다 연결어미로 문장을 종결하는 경우가 더 많았다. 문장 조각에 의한 실현은 여성 결혼이민자 집단이 더 많이 나타났으나, 실현 빈도의 수치가 비교적 큰 차이를 보이지 않고 있음을 확인할 수 있었다. 이는 실현된 문장 수와 비교하여 보면 여성 결혼이민자가 문장을 이어 말하기보다 단문 사용을 선호하기 때문에 종결어미의 실현 빈도가 높았다고 할 수 있다. 이정희(2009)에서 밝힌 것과 동일한 결과가 산출되었음을 확인할 수 있었다.

세 가지 종결형식 중에서 외국인 유학생과 여성 결혼이민자 집단이 가장 큰 차이를 보인 것은 종결기능 연결어미의 사용이었다. 연결어미를 사용하여 문장을 자연스럽게 종결시킨 경우는 외국인 유학생 집단이 더 많이 나타났다. 이러한 현상의 이유 중 하나는 외국인 유학생은 연결어미의 기능 중 하나인 종결기능에 대한 습득과 산출이 자연스럽게 일어나기 때문일 것이다. 이에 반해 여성 결혼이민자 집단은 종결기능 연결어미의 사용이 두드러지게 나타나지 않았으며, 사용된 종결기능 연결어미의 종류도 다양하지 않았다. 연결어미는 한국어 교육에서 문법으로 많이 다루는 언어 요소이며 이는 주로 공식교육에서 이루어지고 있음을 감안한다면 여성 결혼이민자들의 종결기능 연결어미 사용이 저조한 원인을 찾을 수 있을 것이다. 공식 교육 경험이 없는 여성 결혼이민자의 경우22), 종결기능 연결어미 사용이 자연스럽지 않고 단문 사용과 문장 조각으로 인한 문장 종결 등의 양상을 보인다. 이와 같은 현상들을 통해서 학습자 집단의 성격으로 인한 문장 종결표현에서의 변이가 존재함을 확인할 수 있었다. 같은 성격의 문장을 종결할 때도 어떤 집단은 종결어미에 의한 것을 선호하여 선택하고, 다른 집단은 종결기능 연결어미로도 문장을 종결시키는 모습을 보이기도 했다.

외국인 한국어 구어 담화에서 나타난 문장 종결표현의 다양한 모습을 살피기 위해서 문장 종류를 결정하는 종결표현이 어떻게 실현되었는지 그 양상을 살펴보았으며, 대화 참여자들의 언어권별로 종결표현 양상을 분석하여 종결표현의 변이 선택 기제가 학습자의 모국어와 관련성이 있는 지를 확인하는 작업 또한 실시하였다.

먼저 문장 종류에 따른 종결표현 변이는 유의미한 결과값이 존재하는 평서문과 의문문을 중심으로 살펴보도록 하겠다. 다음 그림은 평서문에서의 종결표현 실현 양상을 집단별로 살펴본 것이다.

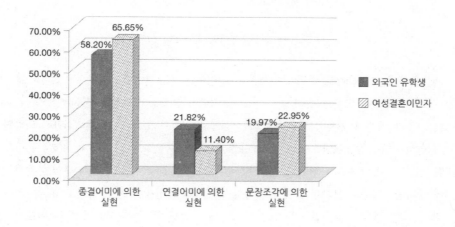

<그림 8> 평서문에서의 종결표현 실현 양상

22) 이정희(2011)에서는 여성 결혼이민자의 연결어미 사용 빈도가 외국인 유학생보다 높아 형식적인 쓰임에서는 큰 차이가 없다고 하였으나, 여성 결혼이민자의 연결어미 사용에서 있어서 정확한 의미 전달이 이루어지지 않음을 지적했다. 또한 학습자가 익숙한 연결어미만을 사용하여 다양한 연결어미 종류가 나타나지 않았다고 밝혔다. 이는 본 연구의 결과와도 일맥상통하는 부분이 있으며, 이와 같은 현상을 종합적으로 볼 때 여성 결혼이민자는 한국어 공식 교육 경험이 없고 목표어에 대한 노출과 입력으로 언어를 '습득'하기 때문에 이러한 특징을 보여주는 것으로 유추해 볼 수 있다.

외국인 구어 담화자료 대부분의 문장이 평서문이었다는 사실은 평서문이 의사소통 상에서 갖는 의존도나 담화 기능이 많음을 보여준다. 한국어 모어 화자를 대상으로 한 연구 결과(정지선 2007)에서도 평서문의 실현이 다른 문장 종결 표현에 비해 많이 나타난 점과 동일한 결과였다. 이러한 이유로 그래프의 형태가 전체 문장 종결표현의 양상과도 비슷하게 나타났다.

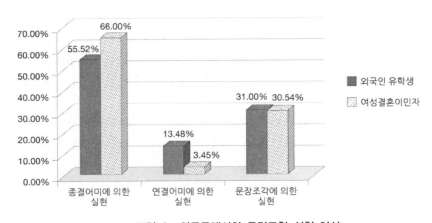

<그림 9> 의문문에서의 종결표현 실현 양상

의문문에서는 문장이 종결어미에 의해서 실현되는 경우가 약 60%였으며, 문장 조각에 의한 실현은 두 집단 모두 비슷하게 나타났다. 외국인 유학생의 의문문 실현은 한국어 모어 화자의 그것과 아주 비슷한 양상을 보였다는 점에서 의의가 있다. 정지선(2007)에 의하면 의문문 실현의 경우, 종결어미로 실현이 54.98%, 연결어미에 의한 실현이 10.86%, 문장 조각에 의한 실현이 34.16%로 나타났다. 유창성[23]의 기준을 한국어 모어 화자와 비슷하게 말하는 것에 둔다면, 의문문 실현에 있어서 외국인 유학생의 유창성은 아주 높다고 볼 수 있다.

한편 여성 결혼이민자 집단은 의문문 실현에서 종결기능 연결어미의 사용 빈도가 낮다는 특징을 찾을 수 있었다. 그리고 잦은 문장 조각에 의한 의문문 실현은 화자가 미리 언급한 것을 그대로 다시 반복하여 어휘나 의미에 대한 질문을 하는 데서 원인을 찾을 수 있었다.

문장 종결표현에서 나타나는 변이의 선택 기제가 대화 참여자의 모국어에 의한 영향인지를 확인하기 위해서 집단에 상관없이 같은 모국어를 공유하는 집단으로 나누어 문장 종결표현 실

---

23) 이정희(2010)는 유창성은 원어민 화자와 같은 자연스러운 발화를 해낼 수 있는 능력으로 정의하였다. 본 연구에서도 가장 중요하게 생각하는 것 역시 한국어 모어 화자처럼 말하여 모어 화자와의 의사소통에서도 자연스럽게 그 흐름을 이어가는 것이라고 할 수 있다.

현 양상을 살펴보았다.

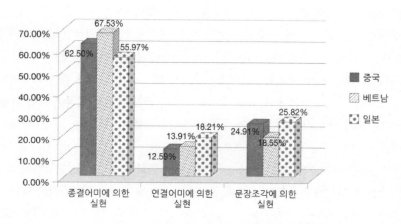

<그림 10> 대화 참여자의 언어권별 종결표현 실현 양상

그 결과 대화 참여자의 모국어에 따른 종결표현 실현 양상에는 큰 차이가 없었다. 외국인의 한국어 담화에서 종결표현 실현 양상이 중국어권, 베트남어권, 일본어권 대화 참여자의 담화에서 비슷한 양상으로 나타나 종결표현 변이 선택 기제로 모국어의 영향이 없다는 사실을 확인하였다. 외국인 유학생과 여성 결혼이민자 집단이 가진 성격 차이로 인해 언어 사용에 변이가 나타난다는 사실을 문장 종결표현을 살펴봄으로써 확인할 수 있었다.

지금까지의 논의를 통해서 외국인 유학생과 여성 결혼이민자 집단의 성격에 따라서 문장 종결표현의 변이가 나타남을 확인하였다. 또한 외국인의 담화에서 나타난 종결표현의 변이적인 특징은 한국어 모어 화자의 것과는 상당한 차이가 있다는 결론을 내릴 수 있었다.

5. 한국어 문장 종결표현 교수-학습을 위한 제언

효과적인 구어에서의 문장 종결표현의 교육을 위해서 먼저 외국인 유학생과 여성 결혼이민자를 위한 교재에서는 문장 종결표현이 어떻게 제시되어 있는 지를 확인하고 한국어 교육에서 문장 종결표현 교육 시 유의해야 할 점을 제시해보고자 한다.

현재 한국어 교육에서는 종결어미에 의해 문장의 종결법이 실현된다는 관점을 취하여 교육을 진행하고 있다(김종록 2008). 외국인 유학생을 위한 교재[24]는 담화 형식이 주로 강연이나 대담, 발표로 이루어져 있어 일반적인 대화 상황을 접하기 어려웠으며 문장 종류에 의한 다양한 종결표현이 실현되지 않았다. 실제 대화에서 나타나는 문장 조각이나 다른 어미에 의한 종결형태는 찾아볼 수 없었다. 학문목적 학습자를 대상으로 개발되었기 때문에 그 특성상 구어 텍스트가 완전한 구어가 아닌 준구어의 특징을 가지고 있었다.

여성 결혼이민자를 위한 교재25)에서는 안내방송을 제외하고는 일반적인 대화로 구성되어 있었다. 평서문에 있어서는 '-습/ㅂ니다'보다 '-아/어요' 종결어미 사용이 두드러졌다. 외국인 유학생을 위한 교재와는 다른 점으로 '-는/(으)ㄴ데', '-고', '-면서' 등과 같이 연결어미에 의한 종결표현의 양상이 나타난 것을 주목할 수 있다. 이는 교재가 실제 한국어 모어 화자의 언어 사용 양상을 많이 반영하여, 그 사용자가 한국인과의 원활한 의사소통을 가능하게 하려는 교재의 목적에 부합하는 것이라고 볼 수 있다.

여러 한국어 교재에서 종결표현 제시 시 한국어 구어 담화의 특징26)을 반영하려 노력하지만, 다양한 상황 제시와 한국어 모어 화자의 종결표현 사용에 가까운 자연스러운 담화는 찾아보기 힘들었다. 문어 텍스트와 구어에서 종결표현은 분명하게 큰 차이가 있음에도 불구하고 종결표현이 문법 교육의 대상으로만 남아 있는 것은 한국어 교재가 가지는 한계라고도 할 수 있다.

말하기 평가에서 외국인 한국어 학습자가 연결어미나 문장 조각으로 문장 종결표현을 실현했을 경우, 문어에서의 평가 기준을 적용하여 오류로 보는 것이 아니라 중간언어적 관점이나 구어의 특성을 고려하여 평가하여야 한다. 구어 평가를 위해서는 '수험자 중심성', '실세계 중심성', '상호결합 중심성'의 원리가 적용되어야 한다(지현숙 2006). 이 중에서도 본 연구와 특히 관련 있는 것은 '실세계 중심성'으로 실제 모어 화자들이 담화를 구성하는 모습과 비슷하다면 구어에서는 이를 오류로 처리하는 것보다 한국어 학습자의 변이로 인정해야 한다는 것이다.

지금까지 현재 한국어 교육 교재에서 나타난 문장 종결표현 교육에 대해서 살펴보았다. 그 결과 한국어 구어 담화에서 효과적인 한국어 문장 종결표현을 교육하기 위해서 몇 가지 유의점을 제시하면 다음과 같다.

여성 결혼이민자를 위한 교재는 다양한 담화 상황과 대화 참여자들의 관계들이 제시되어

---

24) 이화여자대학교(2009), 『유학생을 위한 대학 한국어 1, 2 말하기·듣기』를 참고하였다.

25) 국립국어원(2010, 2011), "여성 결혼이민자와 함께하는 한국어 1~4"와 박주영 외(2012), "학령기 자녀를 둔 결혼이민자를 위한 한국어"를 분석하였다.

26) 지현숙(2006)에서는 한국어 구어 담화의 특징을 다음 세 가지로 요약하였다. 첫째, 귀납적인 표현 방식을 선호한다. 둘째, 맥락 의존적이며 대화 상대자 지향성이 강하다. 셋째, 말을 따져 하는 것보다 말을 삼갈 줄 아는 것을 미덕으로 여긴다.

여러 종류의 종결표현이 등장하지만, 학습자들이 이것을 자연스럽게 사용하기 위해서는 공식 교육이 필요할 것이다. 이를 위해서 구어 담화 상의 종결표현 교육의 목표를 제시해보면 다음과 같다.

첫째, 종결표현이 무엇인가를 알아야 한다. 종결표현은 문장 끝에 나타나는 요소이며 이를 발화하기 위해서는 문법적 지식과 종결표현의 범주적 지식도 아는 것이 중요하다. 그러나 이러한 차원은 문어에서의 문법이 아니라 구어 문법의 범주 안에 들어야 하는 것이며 쓰기교육에서의 그것과는 차별을 두고 교육해야 할 것이다.

둘째, 문장 종결표현이 다양하게 나타나는 현상에 대한 이해가 필요하다. 종결표현은 종결어미만으로 실현되는 것이 아니라 이 외에도 종결기능을 하는 연결어미나 명사구, 부사 등과 같은 문장 조각으로도 실현이 가능하다는 것에 대한 인지가 필요하다. 다양한 현상에 대한 이해는 한국어 모어 화자와의 자연스러운 의사소통을 가능하게 할 수 있을 것이다.

셋째, 언어 사용과 관련지어 구어 담화에서 적절한 종결표현을 선택할 수 있어야 한다. 대화 참여자는 다양한 담황 상황이나 환경에서 담화의미를 고려하여 적절한 종결표현을 선택하는 것이 중요하다. 본 연구 대상의 경우, 계속적으로 같은 종결표현만을 고집하여 사용하는 경향을 볼 수 있었다. 자신의 상황에 맞는 발화 의미를 실현하기 위해서는 다양한 종결표현을 익히고 그 차이점을 인지하여 사용할 수 있어야 한다.

6. 결론

한국어 교육의 목표는 정확성과 유창성을 기반으로 한 원활한 의사소통에 있다고 생각한다. 그 중에서 구어 교육의 목표는 정확성보다는 유창성을 더욱 중요시해야하며 이를 위해서 외국인 구어 담화를 분석하여 그 양상을 살펴보고 한국어 모어 화자의 담화 양상과의 비교가 필요하다고 생각한다. 이러한 연구는 한국어 구어 교육의 기초 자료가 될 수 있다는 점에서 의의를 가질 수 있다.

본 연구에서는 외국인의 한국어 구어 담화에서 나타나는 종결표현에서 나타나는 변이가 나타난다는 전제 하에 연구를 진행했다. 한국어 구어의 종결표현은 모어 화자의 담화에서도 다양한 형태로 나타나기 때문에 외국인의 담화에서도 역시 다양하게 나타날 수 있다는 생각을 바탕으로 하여 이를 중간언어로 보고자 하였다. 학습의 방식이 다르면 언어 사용에 있어서의 변이가 나타난다는 가설을 검증하고자 종결표현을 외국인 유학생과 여성 결혼이민자의 담화를 분석하였다.

12명의 대화 참여자의 담화를 녹음, 전사 한 뒤 마련된 기준에 따라 종결표현 양상을 나누어 살펴보았다. 다양한 종결표현의 양상을 종결어미에 의한 것과, 연결어미에 의한 실현 마지막으로 문장 조각에 의한 실현으로 나누었으며, 집단 간 양상 비교 및 문장 종류별 종결표현의 양상, 국적별 종결표현의 양상이 어떻게 나타나는 지를 살펴보았다.

외국인 유학생과 여성 결혼이민자 집단의 문장 종결표현 실현 양상을 분석, 비교한 결과 여성 결혼이민자들이 종결어미로 종결을 실현하는 경향을 더 많이 보였으며, 외국인 유학생은 종결기능을 하는 연결어미를 사용하여 문장을 끝맺는 경우가 여성 결혼이민자보다 많았다. 문장 조각에 의한 종결 실현은 두 집단 모두 비슷한 빈도를 보여 유의미한 차이를 나타나지 않았으나 그 유형에 차이가 있음을 알 수 있었다. 문장 종류별로는 청유문, 명령문, 감탄문의 경우 그 출현빈도가 적어 통계적으로 유의미한 결과를 도출하지 못하였으나, 평서문과 의문문의 경우 집단 간의 변이를 살펴볼 수 있었다. 종결어미인 '-아/어요'는 평서문과 의문문 모두에서 가장 많이 쓰인 종결어미이며 이를 구별하기 위해서는 억양 교육이 필요함을 알 수 있었다. 외국인 유학생의 의문문 실현은 한국어 모어 화자와 상당히 비슷하여 의의가 있다고 볼 수 있었다. 또한 종결표현의 변이의 선택 기제가 모국어에 의한 영향인지를 확인하기 위하여 12명의 대화 참여자를 국적별로 묶어서 확인한 결과 그 실현 양상이 대화 참여자의 종결표현 실현 양상이 비슷하게 나타나 모국어에 의한 영향은 아님을 확인하였다.

본 연구는 외국인의 구어 담화에서 종결표현을 분석한 결과 외국인 한국어 학습자 집단의 변이를 찾아내어 앞으로 구어 종결표현의 기초 자료를 제시했다는 점에서 의의가 있다. 또한 본 연구결과를 말하기 평가에도 적용할 수 있다는 가능성을 제시했다.

그러나 본 연구는 다음과 같은 몇 가지 한계점을 지닌다. 첫째, 다양한 담화 상황을 배경으로 한 자료를 분석하지 못했다는 점에서 연구 결과를 일반화시키기에 다소 무리가 있다. 둘째, 각 담화에 나타난 종결표현의 의미를 더욱 구체화시켜 분석해야 할 필요가 있다. 언어 형태적 분석뿐만 아니라 각 종결표현이 지니는 의미를 살펴보는 절차가 필요하다고 생각한다. 셋째, 외국인 구어 담화에서 나타난 종결표현 변이의 선택 기제가 무엇인지를 자세히 밝히지 못했다는 점에서 한계가 있다. 마지막으로 실제 교육현장에서 적용이 가능한 한국어 종결표현의 교수모형을 보여주지 못했다. 앞으로의 연구가 위와 같은 한계점을 보완하여 이루어진다면 더 유의미한 결과가 나올 것이라고 예상한다.

<Abstract>

A study of the variation of Korean ending expressions in spoken discourse

Kwon, Mijin (Kyung Hee University)

The aim of the study is to figure out the variation of Korean ending expressions between international students and female immigrants in spoken discourse, and to give a systematic presentation of variation in order to make the use of it as a basic data for speaking education. Based on the result of analysing the variation aspect, this study further aims to suggest the objectives on learning for the ending expressions in Korean language education.

Firstly, it describes the necessity of this study and considers implication and limitations of major study through reviewing previous researchers on the variation of Korean ending expressions between international students and female immigrants in spoken discourse. The second chapter confirms that there would be linguistic variation between two groups having different learning methods by examining interlanguage variation for theoretical background. In addition, this part investigates the importance of teaching the ending expressions of sentences in spoken language, looking into the aspect of the ending expressions in spoken discourse. Then, the third chapter explains the procedure to collect datum and the way to analyze the collected datum, after selecting the subjects for the research and conducting a preliminary investigation in order to collect datum of conversation for international students and female immigrants. The next chapter divides the different use aspect for the ending expressions in spoken discourse into three types such as 'by word endings', 'by connective endings' and 'by the segment of a sentence', and looks into the characteristics of the different use aspect for each group. Finally the study suggests the objectives on learning for the ending expressions for international students and female immigrants, based on the result from the study.

Through this study, we discovered the variation of use aspect for the ending expressions in spoken discourse for international students and female immigrants having different learning methods. The ending expressions in spoken discourse are realized not only as word endings, but also as various forms. Therefore, the object on the education of the ending expressions in Korean spoken dicourse is different from the object of teaching writing, and for teaching speaking, the objective is set up recognizing the variation of use aspect for the ending expressions and the aspect of strategic use as well. In this way, by analyzing the variation of the ending expressions in spoken discourse for international students and female immigrants, this study has a signification in that the study provides base datum for teaching speaking and evaluation.

Key Words

variation(변이), ending expressions(종결표현), interlanguage(중간언어), discourse (담화), systematic variation(체계적 변이)

한국어 구어 발화에 나타난 평균발화길이와 유창성 문제

유예진 _경희대학교 국제교육원

1. 서론

현재 한국어교육의 목표는 학습자가 목표어를 유창하게 구사할 수 있도록 의사소통 능력을 향상시키는 것이라고 할 수 있다. 의사소통 능력을 향상시키기 위해서는 몇 가지 살펴보아야 할 항목이 있는데 Canale과 Swain(1980:27-28)은 의사소통 능력의 하위범주를 문법적 능력, 사회언어학적 능력, 전략적 능력으로 구성하였다. 이 중 본고에서는 하위범주 내 유창성 항목을 중심으로 살펴보고자 한다. 한국어교육에서 정확성은 계속 대두되어온 문제이나, 유창성에 관하여 논의된 적은 드물며 실제로 어떻게 유창성을 높일 것인가에 대한 연구는 그다지 심도 있게 다뤄지지 않았다. 이정희(2009)에서는 유창성이 본격적으로 논의되지 못했던 이유를 첫째, 한국어교육에 대한 연구가 그리 길지 않은 역사를 가지고 있기 때문에 학문적 정체성을 찾기 위한 외연을 넓히는 작업이 우선시되었기 때문이고 둘째, 유창성이라는 개념이 '의사소통능력'처럼 교수법의 기초를 뒤흔들 만큼의 중요한 개념이 아니기 때문이며 셋째, 국가에서 공인된 한국어 말하기 시험이 없기 때문에 평가 하위 요소 혹은 평가 범주로서 논의된 적이 없기 때문일 것이라고 논하였다. 하지만 유창성의 경우, 영어교육에서는 다소 논의되었던 주제이나 아직 뚜렷하게 정의되지 않았으며 또한 여러 학자들의 의견 또한 통일되지 않았다. 그렇기 때문에 한국어 교육 분야에서도 많은 연구가 필요한 범주라고 할 수 있다. 일례로 한국어 학습자들이 '한국 사람처럼 자연스럽게' 이야기하기를 목표로 하고 있는 것을 관찰할 수 있는데, 유창성 판단의 기준이 확실하게 정해져 있지 않아 같은 학습자임에도 불구하고 한국어 모어 화자들에 따라 유창성에 대해 다양한 평가를 하는 것을 찾아볼 수 있다. 한국어 능력을 객관적으로 측정할 수 있는 한국어 능력 평가 TOPIK(Test of Proficiency in Korean)

의 경우 읽기, 듣기, 쓰기, 어휘 및 문법에 대한 측정을 하고 있지만 아직 말하기에 대한 측정 방법은 마련되지 않았다. TOPIK 읽기 항목에 '말하기' 항목이 일부 포함되어 있지만 학습자 들이 원하는 실제적인 의사소통 능력을 측정할 수 있도록 실제 말하기를 평가할 수 있는 테스트가 개발되어야 한다는 사실은 명백하다. 이를 위해 유창성에 대한 정의 확립과 한국어만의 유창성을 측정하는 척도가 마련되어야 할 것이다. 학습자들의 요구충족 및 바람직한 한국어 교육을 하기 위해서는 유창성에 대하여 정의하는 일이 필요하므로 본 연구에서는 유창성에 대한 학자들의 의견을 살펴보고 유창성 측정 방법의 하위범주인 발화길이를 주제로 외국인 한국어 화자의 발화길이를 측정하도록 하겠다.

언어병리학에서는 발화길이가 길어질수록 유창성이 떨어진다는 연구가 선행된 바 있으나 많은 실험이 말더듬과 같은 유창성 장애를 갖고 있는 아동을 중심으로 이루어진 연구이기 때문에 한국어 교육에 적용하기에는 무리가 따른다. 최근 한국어 교육에서 평균발화길이[1]를 사용한 연구가 선행되었으나, 여성 결혼이민자만을 대상으로 하였거나 성인 한국어 학습자의 경우 쓰기자료를 중심으로 분석한 것이기 때문에 외국인 유학생과 여성 결혼이민자의 한국어 구어발화를 분석하는 것이 유의미한 실험이 되리라 생각한다. 따라서 평균발화길이가 유창성과 어떤 상관관계가 있는지 밝히기 위하여 자연스러운 상황에서의 구어 발화 자료를 분석하고자 한다.

본고를 통해 다음을 밝히고자 한다. 분석 대상인 외국인 유학생은 공식교육을 통해 한국어를 학습하였고 여성 결혼이민자의 경우 가족이나 직장에서의 대화를 통해 한국어를 습득하였으며 공식교육을 받은 적이 없다. 공식교육을 받지 않고 한국어를 습득한 여성 결혼이민자가 공식교육을 받은 외국인 유학생에 비하여 더 짧은 평균형태소길이를 사용할 것이라고 생각한다. 또한 평균발화길이가 차이가 나는 이유에 대해서도 알아보고자 한다.

2. 유창성과 비유창성의 개념

2.1. 유창성의 개념

유창성의 경우 보통 말하기와 쓰기 영역에 주로 적용할 수 있으며 다양한 의미를 담고 있기 때문에 한 문장으로 축소시켜 말하기 힘들다. 홍경선(2005)에서는 유창성이 언어 사용의 양상을 기술하는 용어로 등장하면서 언어구사력(proficiency)이라는 광의의 개념과 언어 사용

---

1) 평균발화길이(MLU: Mean Length of Utterance)

능력의 한 구성요소로서 보는 협의의 관점이 혼재하여 유창성이라는 타이틀로 다양한 연구가 양산되었다고 한다.

먼저 사전에서 찾아볼 수 있는 유창성의 의미는 다음과 같다. 표준국어대사전에서는 '유창하다'를 말을 하거나 글을 읽는 것이 물 흐르듯이 거침이 없다는 뜻으로 보고 있으며 박경자(2001)의 응용언어학사전에서는 유창성을 '원어민 화자처럼 휴지, 리듬, 억양, 강세, 말하는 속도, 간투사 등을 사용하는 것을 포함하여 원어민 화자처럼 자연스럽고 정상적인 특질들을 말에 부여해주는 특질들. 언어 장애 때문에 정상적인 말을 못하게 되어(예를 들어, 실어증이나 더듬거림) 생기는 말을 disfluent(유창하지 못한) 혹은 disfluency(유창하지 못함)의 예'로 들고 있다.

학자들이 언급한 유창성의 정의는 다음과 같다. Skehan(1996)에서는 언어수행의 세 가지 측면을 언급하면서 유창성은 '주저하거나 멈춤 없이 말을 생성할 수 있는 학습자의 능력'이라고 하였다. Hammerly(1991)는 유창성을 말을 빠르고 부드럽게 하지만 반드시 문법적으로 옳은 것을 의미하지는 않는 것이라고 하였다.

한편 Fillmore(1979)는 유창성을 다음 네 가지로 정의하였다.

첫째, 유창성은 말로써 일정시간 채울 수 있는 능력과 다소 지연된 시간동안의 휴지 없이 말을 할 수 있는 능력이다. 둘째, 유창성은 언어의 의미론적, 통사론적 요소를 완전히 습득했음을 보여주는 응집력 있고 논리적인 문장들을 말하는 능력이다. 셋째, 유창성이란 광범위한 문맥 속에서 적절하게 말할 수 있는 능력이다. 이러한 능력을 가져야 타인을 만났을 때 말문이 막힌다거나 예기치 못한 상황에 부딪혔을 때 어떻게 말을 해야 할지 모르는 일이 없게 된다. 넷째, 유창성이란 언어를 창의적이고 상상력이 풍부하게 사용할 수 있는 능력을 말한다. 농담을 한다든지 은유적인 표현을 만드는 능력을 의미한다.

또한 Wood(2001)는 유창성에서 휴지의 중요성을 강조하면서 말의 속도, 휴지, 전체 휴지 시간과 빈도, 휴지의 위치 중에서 가장 강력한 유창성의 척도로 휴지의 위치를 들었다.

이정희(2009)에서는 유창성을 원어민 화자처럼 자연스럽게 말하는 능력으로 정의하면서, 다음과 같은 유창성의 하위 요소를 제시하였다.

(1) 언어적 요소: 문법 사용의 정확성, 발음·억양의 자연스러움, 어휘 사용의 실제성, 적절성, 다양성
(2) 태도 및 내용: 자신감 있는 태도, 주제에 집중하는 능력, 대화 내용의 일관성 등
(3) 비언어적 요소: 적절한 휴지, 적절한 속도, 즉각적 반응, 총 발화량, 표정, 몸짓언어 등
(4) 전략적 요소: 코드스위칭, 신조어, 풀어말하기, 회피

(5) 담화적 요소: 고쳐 말하기, 접속어 등 담화 표지 사용, 맞장구 등

(6) 사회언어학적 요소: 경어법 사용, 적절한 호칭과 지칭 사용 등

그밖에도 Brumfit(1984)에서는 유창성과 정확성을 함께 다루며 유창성에 대해 정의내리는 것은 매우 어려운 일이라고 언급하였다.

2.2. 비유창성의 개념

비유창성의 개념은 언어병리학의 유창성 장애 분야에서 주로 사용되는 용어로, 아동기에 단어 수가 늘고 문장을 사용하게 되면서 간혹 나타나는 언어발달 상의 '정상적 비유창성 (normal disfluencies)'과 빈도와 정도에 있어 그 이상을 보이거나 유형에 있어 차이를 보임으로써 말더듬(stuttering, fluency disorders)으로 진단되는 비유창성의 두 가지 개념을 모두 포괄하는 것이며 말더듬으로 진단될 때 관찰되는 비유창성을 보다 협소한 의미의 '말더듬 (stuttering)'이라 부른다.

Ambrose & Yairi(1999)는 Johnson et al.(1959)에서 제시한 아홉 가지의 비유창성 범주에서 여덟 가지로 비유창성의 형태를 수정, 분류하였다. 제외된 내용은 휴지(tense pause)로, 신뢰성 있게 확인하기 어렵고 대화 시 발생하는 여러 가지 외부 소음과 혼동될 가능성이 높기 때문이라고 하였다. 여덟 가지 형태 기준을 정리하면 다음 표와 같다.

<표 1> 비유창성의 형태 (출처: Ambrose & Yairi(1999))

범주	비유창성 형태	예[2]
SLD[3]	단어 부분 반복 (Part-word Repetition, PR)	그렇게 하는 노인들 <u>많많</u>이 있으니까 (b-but, thi-thi-this)
	단음절 단어 반복 (Single-syllable word Repetition, SR)	<u>왜왜왜</u> 이렇게 늦게 왔어? (you you you, and and)
	비운율적 발성 (Disrhythmic Phonation, DP): – 연장 (Prolongations, DPPL) – 막힘 (Blocks, DPBL) – 단어의 깨짐 (BrokenWords, DPBW)	(1) <u>여-건 나-눠</u> 먹으라고 준거야. 　　(mmmy, coookie) (2) 무 물 속에 살잖아 (I , PR 동반) 　　(#toy) (3) 갈증˘이 나˘서 으-음) ˘pause 표시 　　(o#pen)
OD[4]	삽입 (Interjection, I)	공공장소에서는 지나친 <u>뭐</u>, 스킨십은 <u>뭐</u>, 뭐지? (um)

수정/미완성 구 (Revision/Abandoned Utterances, R)	좀 <u>창, 부끄럽고,</u> 우리가 부끄럽잖아. (Mom ate/Mom fixed dinner. I want/ Hey look at that)
다음 절 반복 / 구 반복 (Multisyllable / Phrase repetition, MR)	좀 <u>배우고=배우고</u> 시펀 거보다 (because because, I want I want to go)

이수진 외(2001)에서도 Ambrose & Yairi(1999)의 비유창성 형태에 맞추어 발화길이와 유창성 간의 교환효과를 연구하였는데, 피험자가 2음절 이상의 한 단어를 한 어절로 구성하여 발화하는 경우가 많아 2어절 이상의 구 반복과 구별하기 위하여 단어 전체 반복(whole word repetition)과 구 반복(phrase repetition)을 분류하여 사용한 바 있다.

본 연구에서는 피실험자의 발화에 나타난 비유창성 형태를 Ambrose & Yairi(1999)의 기준을 따라 확인하되 표에 제시된 비유창성의 형태 중 OD(정상적 비유창성) 형태를 비유창성 형태로 간주하고 이를 중심으로 분석하고자 한다. 단, OD 형태만을 확인하며 발화자의 문법적 오류는 비유창성 형태에 포함시키지 않는다.

2.3. 평균발화길이 (MLU: Mean Length of Utterance)

평균발화길이(MLU:Mean Length of Utterance)는 표현 언어 발달의 지표이며 언어 능력 진단 및 평가 기준의 하나로 개별 화자의 각 발화(문장) 속에 포함된 형태소나 낱말 또는 어절 수의 평균을 구한 값을 산출하여 문법 발달 및 표현 언어 발달의 일반적인 지표로 사용되어 왔다. Brown(1973)은 통사적 발달 정도를 측정하는 하나의 방법으로 평균발화길이를 제시하였으며 다섯 단계의 평균발화길이 발달단계를 설정하였다. 평균발화길이를 사용한 통사와 비유창성, 그리고 발화길이 간의 관계에 대한 연구는 말더듬 분야에서 활발히 진행되어 왔다.

평균발화길이의 경우 형태소 길이를 측정한 평균형태소길이(MLU-m)와 낱말 길이를 측정한 평균낱말길이(MLU-w)를 살펴 볼 수 있다. 평균형태소길이는 각 발화의 형태소의 수를 총 발화의 수로 나누어 평균을 구하며, 지금까지 가장 많이 사용되는 평균발화길이 척도이자 가장 세밀한 분석 척도로 알려져 있다. 평균발화길이는 초기 언어 발달 단계에서 표현 언어

---

2) 영문 예시는 Ambrose & Yairi(1999)의 원문을 차용한 것이다. 국문 예시의 경우 SLD 예시는 김영태(1999)를 차용하였다.

3) Stuttering-like disfluency: 말더듬 같은 비유창성, 단어 내 비유창성 유형 포함

4) Other disfluency: 정상적 비유창성, 단어 간 비유창성 유형 포함

발달의 척도가 될 수 있기 때문에 고급 화자들보다 초·중급 화자들에게 더 적절할 것으로 판단된다. 각 발화길이 세부 항목은 다음과 같다.

1) 평균형태소길이 (Mean Length of Utterance in morphemes: MLU-m)

평균형태소길이 = 각 발화 형태소 수의 합 ÷ 총 발화의 수

2) 평균낱말길이 (Mean Length of Utterance in words: MLU-w)

평균낱말길이 = 각 발화 낱말 수의 합 ÷ 총 발화의 수

이외에도 평균어절길이, 최장발화길이, 최단발화길이 등이 있으나 체계적인 연구가 별로 없으며 김영태(1997)에서 최단발화길이의 경우 유의미한 결과를 도출할 수 없다고 밝힌 바가 있어 본 연구에서는 평균형태소길이와 평균낱말길이를 기준으로 형태소 및 낱말 길이를 분석하고자 한다.

3. 연구 방법

3.1. 연구 대상

이정희(2008) 논문[5]의 대상이 되었던 자료로, 외국인 유학생 3개 그룹, 여성 결혼이민자 3개 그룹 총 6개 그룹이 참여하였다. 외국인 유학생과 여성 결혼이민자 각 그룹은 베트남, 일본, 중국[6]국적 각 1명씩 총 3명으로 구성되어 있으며 본 연구 분석은 6개 그룹 총 18명을 대상으로 하였다. 본 자료는 외국인 유학생과 여성 결혼이민자의 그룹 인터뷰 동영상이다. 1년간의 장기 연구로 진행되었으며 중국, 일본, 베트남으로 구성된 3인 1조 포커스 그룹 형식의 그룹 인터뷰를 통해 언어 사용 양상을 관찰하였다. 본 연구를 위해 동영상과 전사 자료를 함께 활용하여 발화길이를 분석하였다. 외국인 유학생의 경우 공식적인 기관을 통하여 한국어를 공부하였으며 고급 수준의 학습자이고 여성 결혼이민자의 경우 '습득(비공식 교육, 자연 언어 습득)'의 과정으로만 한국어를 접하고 있다. 발화자 표시는 다음과 같다. 세 그룹으로 나뉘어 대화에 참여한 발화자 총 18명에게 국적을 함께 표시한 고유 번호를 부여하였다.

---

5) 본 동영상 자료는 한국학술진흥재단의 "여성 결혼이민자와 외국인 한국어 사용 양상 비교 연구"(과제번호:20071176, 20081091)의 일부이다.

6) 법무부 자료에 따르면 베트남, 일본, 중국 순으로 국제결혼을 가장 많이 한다고 집계되었으므로 이에 따라 연구대상의 국적을 결정하였다.

<표 2> 발화자 표시

그룹		외국인 유학생			여성 결혼이민자		
국적		베트남	일본	중국	베트남	일본	중국
발화자 표시	1팀	SV1	SJ2	SC3	IV1	IJ2	IC3
	2팀	SV4	SJ5	SC6	IV4	IJ5	IC6
	3팀	SV7	SJ8	SC9	IV7	IJ8	IC9

3.2. 연구절차

유창성을 평가하는 데 있어 하위범주인 발화길이가 어떠한 위치를 차지하는지 알아보기 위하여 동영상을 바탕으로 한국어 구어발화를 분석하였다. 우선 외국인 유학생 그룹과 여성 결혼이민자 그룹으로 나누어 각 그룹의 발화의 평균형태소길이와 평균낱말길이를 분석하여 화자의 발화길이가 유창성과 상관관계가 있는지 살펴보고, 나아가 화자의 발화에서 나타난 비유창성의 특징을 살펴보고자 한다.

평균발화길이를 분석한 서양의 연구들은 Brown의 분석 기준을 그대로 적용하였으나, 한국어는 첨가어로 굴절어인 영어와 다르게 기준을 수정할 필요가 있으며 각 항목에 관하여 세부적인 기준 설정 또한 필요하다. 먼저 발화의 구분은 (1) 문장이 바뀌거나 (2) 문장보다 작은 단위라 하더라도 두드러진 목소리나 운율의 변화, 침묵, 또는 생각이나 주제의 변화를 나타내는 숨쉬기 등을 기준으로 삼았다. 단, 부자연스럽거나 발화자가 흥미를 잃어 그 대표성이 의심되는 부분을 제외시키고 분석하였다. 기타 항목(낱말, 형태소, 어절)의 기준은 구어발화를 분석한 김영태(1997)의 기준을 따르되 본 기준은 아동의 발화를 기본으로 하였으므로 한국어 학습자에 맞도록 검토 후 수정[7]을 하였다. 평균발화길이를 측정하기 위해서는 최대한 자연스러운 환경에 노출되어야 하는데 본 동영상의 경우 각 주제들이 최대한 자연스러운 대화를 유도하고 대화 참여자 간 상호작용이 원활히 일어날 수 있도록 하기 위해서 일상적이고 친근한 주제로 선정되었기 때문에 평균발화길이를 측정하는 데 적합할 것으로 보인다.

3.3. 평균발화길이 분석

본 그룹 인터뷰는 주제에 따라 진행되는 방식이 다른데, 제1 주제~제5 주제는 간단한 질문지를

---

7) 평균발화길이 측정 시, 학자마다 조금씩 다른 기준을 제시하는 경우가 있는데 대표적인 것이 조사이다. 본고에서는 조사를 하나의 낱말로 취급하여 분석하였다.

작성하여 7~8개의 항목을 구체화하여 이야기를 하였으며, 제6 주제 이후부터는 주제만 제시한 후 자유 토론의 형식으로 진행하였고 보조연구원의 개입도 최소화하였다. 따라서 제6 주제 이후의 경우, 자유 토론의 형식을 따르고 있기 때문에 자연발화에 가장 근접하다고 평가할 수 있을 것이다. 보다 자연스러운 발화에서의 측정을 위하여 본고에서는 6주제를 중심으로 분석하였으며 한국인과의 비교를 위하여 외국인 유학생과 여성 결혼이민자와 같은 조건 하에 한국인을 대상으로 실험하고 전사한 후 외국인 유학생과 여성 결혼이민자와의 비교를 통해 두 집단이 같은 조건에서의 한국 사람의 발화에 얼마나 근접한지 알아보았다. 다음은 본 조사에 사용된 대화 자료를 정리한 표이다.

<표 3> 대화 자료 녹음 현황

	주제	그룹		녹음 시간
6	한국 사람에게 배우고 싶은 것과 배우고 싶지 않은 것	외국인 유학생	1	25분
			2	22분
			3	21분
		여성 결혼이민자	1	18분
			2	21분
			3	21분
	외국인에게 자랑하고 싶은 한국문화	한국인		20분
총 148분				

한국인을 대상으로 한 실험은 20분 동안 녹음하였으며 6주제와 비슷하게 설정된 '외국인에게 자랑하고 싶은 한국문화'에 대하여 그룹 인터뷰를 진행하였다. 두 그룹과 비슷한 환경을 조성하기 위하여 여성을 피실험자로 설정하였으며 한국인 피실험자는 모두 20대 초반 대학생으로 각각 KW1, KW2, KW3으로 표시하였다. 다음은 외국인 유학생과 여성 결혼이민자, 한국인 대학생의 형태소 길이와 낱말 길이를 분석한 결과이다.

<표 4> 각 그룹별 평균발화길이, 낱말길이 및 총 발화 수

		표기	국적	형태소 길이		어절 길이		총 발화 수
				총 개수	평균	총 개수	평균	
외국인 유학생	1팀	SV1	베트남	1744	13.84	1322	10.49	126
		SJ2	일본	1155	10.41	866	7.80	111
		SC3	중국	731	11.79	530	8.55	62
	2팀	SV4	베트남	1266	9.74	905	6.96	130
		SJ5	일본	1426	11.79	1044	8.63	121
		SC6	중국	663	10.52	521	8.27	63
	3팀	SV7	베트남	886	7.64	660	5.69	116
		SJ8	일본	536	13.40	392	9.80	40

		SC9	중국	991	9.44	795	7.57	105
		IV1	베트남	672	9.60	544	7.77	70
	1팀	IJ2	일본	1533	15.33	1125	11.25	100
		IC3	중국	274	6.52	242	5.76	42
여성		IV4	베트남	524	10.48	414	8.28	50
결혼	2팀	IJ5	일본	834	13.45	653	10.53	62
이민자		IC6	중국	630	6.43	513	5.23	98
		IV7	베트남	195	5.42	161	4.47	36
	3팀	IJ8	일본	1048	8.06	756	5.82	130
		IC9	중국	2573	9.82	1924	7.34	262
한국인		KW1	한국	1339	15.39	1030	11.84	87
		KW2	한국	931	18.25	685	13.43	51
		KW3	한국	941	22.40	707	16.83	42

3.4. 자료 분석 방법

전사된 자료 분석을 통해 연구 대상자 발화의 형태소 및 낱말길이를 측정하였다. 모든 작업은 발화자별로 분류하여 Excel에 입력하고 정리한 뒤, 계산한 것이다. 발화분석은 구두점 '.'을 이용하여 구분하였으며 형태소경계는 '/'를 이용하여 코딩하였다. 형태소분석의 경우 1차로 지능형 형태소 분석기를 이용하여 형태소 분석을 하였고 본 연구의 특성 상 피험자의 발화에서 많은 오류가 보일 수 있으므로 2차로는 연구자가 기준에 맞게 수정하였다. 낱말경계는 '#'를 이용하여 코딩하였으며 각 표지의 개수를 센 후 평균발화길이 공식에 따라 총 발화수로 나누었다. 연구 대상자의 오류는 중간언어의 한 단계로 판단하여 수정 전 상태에서 평균발화길이를 측정하였다. 보다 정확한 결과를 도출하기 위해 형태소분석 시 몇 가지 판단 기준을 마련하고 그 기준에 따랐다. 작문 자료가 아닌 실제 담화 자료를 바탕으로 한 연구이기 때문에 문장 단위가 아닌 발화자의 발화에 따라 발화 단위를 결정하였으며 세부 기준은 다음과 같다.

1) 1문장 1발화를 원칙으로 한다.

연구 대상자들의 발화 중 통상적으로 문장으로 간주할 수 있는 부분은 마침표 '.' 를 사용하여 전사하였다.

　① SJ2 : 근데 못 마셔도 못 마셔도 외국인인데도 그까 막 아 외국인이라고 하면 안되는 건가?. 아무튼 못 마신다고 막 그래도 한 잔만 마시라고 끝까지 막 그러니까　한 잔 어쩌 어쩔 수 [없이 마시게] 되잖아.

> SC3 : [맞아요. 〈X한 잔 아니고X〉]
> SJ2 : 그럼 마실 수 있다 이러구 그 다음 계속 따라줘요. 아 못 마시겠다고
> 　　　〈@한국　에서 살라면 마셔야 돼. [1막 이러구@〉1]
> SC3 : [1맞아 맞아1] 이런 한국의 술 문화 [2아주 좀2] 부담스러워요.
> SJ2 : [2그러니깐은2] 부담스러워요. 진짜

2) 시간의 경과(대략 5초 이상)나 두드러진 운율의 변화, 주제의 변화가 있을 때는 발화 수를 나눈다.

(1) 시간의 경과:

> ② SJ2 : 우와 아니 아 일본사람들끼리 막 되게 농담처럼 이야기를 하는데 일본
> 에서는　사람이 먼저거든요. (발화1)
> (5초 후)
> 문화가 [일단] (발화2)

(2) 두드러진 운율의 변화:

> ③ SV1 : 사 게 교통사고 게 날 수 있어요. (발화 1) 게 당할 수 있어요 (발화 2)

(3) 주제의 변화:

> ④ SV1 : [아] 네. 그런 경우 많이 네 사진 네 책을 많이 읽어보니까 그렇게 많
> 이 알게 됐고(발화 1) 아, 저는 옛날에 한 이천 이천 이년 전(발화 2)

3) 같은 말이라도 다른 상황이나 문맥에서 표현되거나, 새로운 의미로 표현되었을 때에는 다른 발화로 취급한다.

> ⑤ SV1 : (SJ2를 보며) 맞아요. (발화1)
> 　　　　(SC3을 보며) 맞아요. (발화2)

4) 스스로 수정하거나 새로운 의미의 첨가 없이 낱말이나 구를 반복할 때는 한 문장 안에 넣되 (　　)로 구분하고 분석에서 제외시킨다.

> ⑥ SV1 : 음:: (뭐랄까) 요즘은 (어떤 어떤) 어떤 문학가가 조금 사람의 사람 사
> 는 마음이 좀 뭐랄까

5) 습관적으로(샘플자료의 10% 이상의 발화) 사용하는 간투어는 분석에서 제외시킨다.

⑦ SV1 : 네 갔다왔다 해요. 그래도 그냥 많이 부탁해요. <u>이케(간투어로 처리)</u> 말
해야 되고 [선물까지도 해야 되고.]

6) '아', '오' 등의 감탄하는 소리나 문장을 이어가기 위한 무의미 소리들(예: '음',
'어…' 등의 말이음)은 분석에서 제외시킨다.

⑧ SV1 : 근데 여기서 항상 저는 저는 양보 하잖아요 베트남에서 똑같이 그런
습관을 가지고
SJ2 : <u>음(제외)</u>

4. 발화 길이 비교 및 유창성 문제

4.1. 외국인 유학생과 여성 결혼이민자의 발화 길이 분석

4.1.1. 평균낱말길이(MLU-w)

평균낱말길이는 발화의 총 낱말 수를 총 발화수로 나누어 평균을 구한 것으로 이를 통해 한
발화 내에서 평균적으로 몇 개의 낱말을 사용했는지 알 수 있다. 즉, 평균낱말길이값이 높다는
것은 많은 낱말을 사용해서 문장을 생성한다는 의미이고, 평균낱말길이값이 낮다는 것은 그만
큼 적은 수의 낱말로 문장을 생성한다는 의미이다. 따라서 학습자의 한국어 수준이 높을수록
평균낱말길이값이 높고, 낮을수록 평균낱말길이값이 낮을 것임을 예측할 수 있다. 다음은 이
연구에 참여한 외국인 유학생과 여성 결혼이민자들의 평균낱말길이값이다.

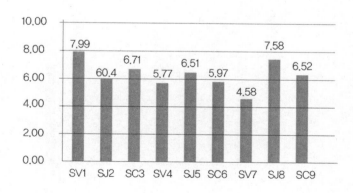

<그림 1> 1, 2, 3팀 제6 주제 외국인 유학생의 MLU-w값 비교

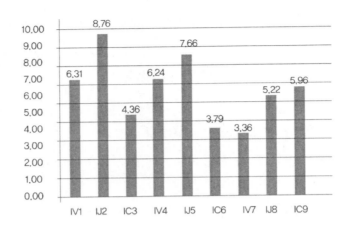

<그림 2> 1, 2, 3팀 제6 주제 여성 결혼이민자의 MLU-w값 비교

위 그래프에서 외국인 유학생 경우 SV1의 평균낱말길이가 7.99로 가장 높고 여성 결혼이민자의 경우에는 IJ2가 8.76으로 가장 높다는 것을 알 수 있다.

4.1.2. 평균형태소길이(MLU-m)

평균형태소길이는 한 발화 내 평균 형태소 수를 나타내는 값으로 평균형태소길이의 값이 클수록 다양한 문법형태소들을 결합시켜 발화한다고 볼 수 있다. 다음 표는 외국인 유학생과 여성 결혼이민자들의 평균형태소길이를 나타낸 것이다.

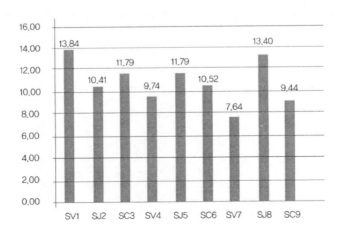

<그림 3> 1, 2, 3팀 제6 주제 외국인 유학생의 MLU-m값 비교

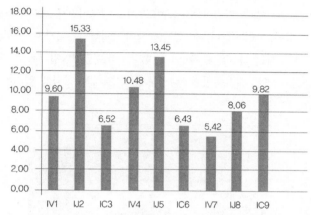

<그림 4> 1, 2, 3팀 제6 주제 여성 결혼이민자의 MLU-m값 비교

위 그래프에서는 외국인 유학생 경우 SV1의 평균형태소길이가 13.84로 가장 높고 여성 결혼이민자의 경우에는 IJ2가 15.33으로 가장 높다는 것을 알 수 있다. 다만 특이할 점은 SJ3과 SC5 그리고 SC6, SC9의 차이를 살펴볼 수 있다. SJ5는 SC3보다 0.2만큼 낱말길이가 낮았으나 평균형태소길이에서는 11.79로 동일한 수치를 보였으며 SC6은 SC9보다 평균낱말길이가 더 낮은 것으로 조사되었으나 평균형태소길이에서는 SC9보다 더 높게 나타났다. 여성 결혼이민자에서도 약간의 변동을 관찰할 수 있다. IV1의 경우 평균낱말길이에서는 6.31로 세 번째로 높은 값을 측정하였으나 평균형태소길이에서는 9.60으로 다섯 번째로 높은 값을 측정할 수 있었다. 위의 변동사항은 조사와 보조 용언의 상용에 따른 것으로 보인다.

4.1.3 한국인과의 비교

다음은 한국인 그룹과 비교한 것이다.

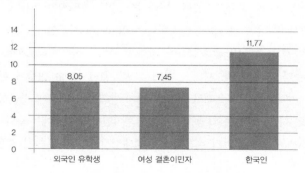

<그림 5> 각 그룹의 MLU-w 비교

외국인 유학생 그룹의 평균낱말길이는 8.05이고 여성 결혼이민자 그룹의 평균낱말길이는 7.45으로 예비조사에서 확인한 바와 같이 외국인 유학생의 평균낱말길이가 여성 결혼이민자의 평균낱말길이보다 약 108% 길다는 사실을 알 수 있다. 한국인의 평균낱말길이는 11.77로 외국인 유학생보다 146%가 더 길고 여성 결혼이민자보다 158% 더 길다는 사실을 알 수 있다.

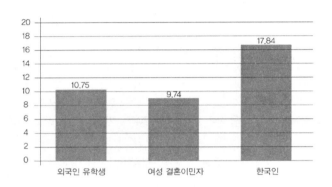

<그림 6> 각 그룹의 MLU-m 비교

가장 높은 평균형태소길이 값과 가장 낮은 평균형태소길이 값을 각각 제외한 외국인 유학생의 평균형태소길이는 10.75이고 여성 결혼이민자의 평균형태소길이는 9.74로 외국인 유학생의 평균형태소길이가 여성 결혼이민자의 평균형태소길이보다 약 110% 높다는 사실을 알 수 있다. 한국인의 평균형태소길이는 17.84로 외국인 유학생보다 166%, 여성 결혼이민자보다 183% 더 길다는 것을 알 수 있다.

한국인의 평균발화길이를 기준으로 보았을 때, 평균낱말길이에서는 외국인 유학생과 3.72만큼의 차이를, 여성 결혼이민자와는 4.32만큼의 차이를 보인 반면 평균형태소길이의 경우 외국인 유학생과 7.09, 여성 결혼이민자와 8.1의 차이를 보여 평균형태소 값의 차가 평균낱말길이 값의 차보다 약 두 배 만큼인 것으로 나타났다. 이는 한국인이 외국인 유학생이나 여성 결혼이민자에 비해서 더 많은 형태소를 사용한다는 의미이며 바꾸어 말하면 외국인 한국어 화자들의 낱말 사용량이 한국인 모국어 화자에 비해 더 적고 특히 형태소사용에 있어 어려움을 겪고 있음을 보여준다. 이는 아래 제시된 KW1의 발화에서 볼 수 있듯이 한국인은 복문구조를 주로 사용하고 연결어미를 사용해서 문장을 길게 발화했기 때문에 평균형태소길이에 차이가 생긴 것으로 보인다. 외국인 유학생 및 여성 결혼이민자의 경우에는 단문구조의 문장을 많이 발화하였으며 조사생략이 잦았기 때문에 평균형태소길이의 값이 높지 않은 것으로 보인다.

⑨ KW1: 근데 그게 반대로 좋은 면도 많잖아요. 그러니까 우리만의 그 특수한:: 우리
　　　　엄마, 우리 집같은 표현처럼:: 한국 사람들은 니 일이 니 일 아니라 우리 일
　　　　이라고 생각하는 경우도 많아서:: 사실은 사랑의 리퀘스트? 이런 프로그램이
　　　　성공한 나라는 한국밖에 없대요. 그런 식으로 어려운 사람이 있으면 당연히 도
　　　　와줘야 하고 그렇게 함께 하는 사회를 만들려고- 하는 게 정서적으로도 배어있
　　　　지 않나 하는 그런 생각이 들어요.

4.1.4. 발화자 개인별 분석

Watkins & Yairi(1997)에서는 집단 분석의 연구결과는 불완전한 정보를 제공하므로 집단
분석과 더불어 개별 양상을 함께 보여주어야 한다고 하였다. 본 연구에서는 외국인 유학생 그
룹과 여성 결혼이민자 그룹의 집단 평균발화길이 분석 이외에도 개별적인 양상을 제시함으로
써 균형적인 정보를 제시하고자 한다. 개별 분석 대상은 SJ8과 IC9로 이정희(2009)에서 실시
된 인상적 평가 방식에 의한 유창성 인식 조사[8]대상과 동일하게 설정하였다. SJ8과 IC9 두
피실험자의 정보를 살펴보면 다음과 같다. SJ8 일본인 유학생의 경우 대학교에서 3년째 수학
중이며 대학원에 입학하기 전에 1년간 한국에서 교환학생으로 어학연수를 받은 적이 있다. 여
성 결혼이민자 IC9는 녹화 당시 한국에서 중국어 강사로 일하고 있었고 한국 체류기간은 4년
이었다. 공식적으로 한국어를 배워본 적이 없으며 시어머니와 남편의 적극적인 지원으로 한국
어를 할 수 있게 되었다고 한다.

SJ8과 IC9 모두 양적으로 많은 발화를 하고 있으며 SJ8은 논리적으로 본인의 생각을 한국
어로 표현하는 동시에 문화적이고 구어적인 어휘 또한 사용하고 있는 반면 IC9는 전체 대화
를 이끌어내는 양상을 보이며 다른 두 여성보다 월등히 발화를 많이 하는 점을 관찰할 수 있
었다.

이정희(2009)에서는 두 피실험자를 대상으로 일반인 집단 120명, 전문가 집단 91명에게 유
창성 인식 조사를 실시한 바 있다. 일반인 집단의 경우 61명(50.8%)이 IC9를, 59명(49.2%)
이 SJ8을 더 유창하다고 판단하였다. 전문가 집단의 경우 32명(35.2%)이 IC9를, 59명
(64.8%)이 SJ8을 유창하다고 판단하였으며 경력별 조사에서는 3년 미만 경력의 전문가 중
19명(52.8%)이 SJ8을 더 유창한 발화자로 꼽은 반면 3년 이상 경력을 갖고 있는 전문가의 경

---

8) 유창성 인식 조사는 2008년 2월부터 2009년 2월까지 진행되었으며 예비조사를 통해 SJ8과 IC9가
　가장 유창하게 발화를 하고 있음을 밝혀내었다.

우 40명(72.7%)이 SJ8을 더 유창한 발화자로 인식하여 경력이 많은 전문가의 경우 경력이 3년 미만인 전문가보다 외국인 유학생의 발화를 더 유창하다고 생각하고 있음을 보여준다. 일반인은 여성 결혼이민자가, 전문가 집단은 외국인 유학생이 더 유창한 발화를 했다고 인식하였음을 알 수 있다. 평균형태소길이 및 평균낱말길이를 중심으로 두 발화자를 정리하면 다음과 같다.

<표 5> SJ8과 IC9의 평균발화길이 비교

	평균형태소길이	평균낱말길이	총 발화 수
SJ8	13.40	9.80	40
IC9	9.82	7.34	262
차이	3.58	2.46	−222

제6 주제(각 21분)를 대상으로 SJ8은 총 40발화를 하였고 IC9는 262발화를 하였다. 본 발화 수는 평균형태소길이를 측정하기 위해 오류를 수정하지 않고 발화 구분 원칙에 의거하여 발화 수를 측정하였다. 가시적으로는 IC9가 SJ8보다 약 6.5배 더 많이 이야기를 했음을 알 수 있다. 하지만 평균형태소길이 및 평균낱말길이를 살펴보면 SJ8의 경우 각각 13.4, 9.80, IC9의 경우 9.82, 7.34로 IC9의 총 발화 수가 더 많음에도 불구하고 SJ8이 1.36배 더 많은 형태소와 1.34배 많은 낱말을 사용하여 발화하였음을 알 수 있다.

또한 SJ8과 IC9의 담화에서 다음과 같은 사실을 발견할 수 있었다.

1) SJ8의 경우 조사 및 연결어미, 종결어미를 정확하게 사용한다.

⑩ SJ8: 제가 일본에서 오래 <u>살았잖아요.</u> 그래 가지구 그~ 일본에서는 식당 들어가도 〈Q막 어서 오세요.Q〉 막 그런 식으로 〈Q뭐 드릴까요? 뭐 도와드릴게 있어요?Q〉 그런 식으로 다 해주구, 물 같은 것도 우리가 말을 안 해도 다 갖다 주고 <u>이래요.</u>

　　SC9: 아, [1그래요?1]

　　SJ8: [1그런데1] 한국에서는:: 식당 같은 데 들어가두 막 아줌마들이 앉= 앉아 계시구 막 왔냐고 막 우릴 [2째려보고 막::2]-

　　진 : [2〈vocal desc='웃음 소리,으흐흐'〉2]

SJ8: 〈Q어, 그냥 대충 앉으세요.Q〉 막 그런 식으로 하고, 그리고 물 같은 것도 딱 우리가 셀프로 해야 되잖아요? 그니까:: [3서비스::3]–

SV7: [음::3]

SJ8: 같은 거는:: 저는 한::국〈@보다는@〉 우리 일본에서 더 배우고 싶다고 <u>생각하구요</u>. 근데, 어, 제가 저번에:: 술집에 갔을 때 봤는데 한국 사람들이:: 싸울 때 **빠** 대 심하게 싸우는 것 <u>같애요</u>. 그래서 뭐, 쏘주병 같은 걸로–

진: 허어::

SJ8: 이렇게 머리에 때려 가지구::–

진: 〈vocal desc='놀라는 소리, 허'〉

SJ8: 그렇게 <u>싸웠었</u>〈@거든요, 저번에@〉〈vocal desc='웃음 소리, 에헤'〉 그래서 술　마시는 문화는:: 그런 그니까 그 술 마시는 스타일은 저는 한국 <u>좋아하는데요?</u>　그래서 막 술 먹다가 그렇게 싸우는 거는:: 네, 좀:: 〈@<u>그렇다고 [1생각해　요.</u>@〉1]

위의 예에서 보이듯이 '살았잖아요.' '생각해요.' '되잖아요?' 와 같이 종결어미를 사용해서 문장을 끝맺고 있으며 완벽하지는 않지만 복문 구조를 이용하여 발화를 하고 있음을 알 수 있다.

2) IC9의 경우에는 대부분 종결어미로 끝을 맺고 있으나 문장 당 길이가 길지 않고 간투사를 삽입한다거나 자가 수정을 하는 경우가 많아 형태소 분석 시 이러한 항목이 제외되어 실질적인 평균형태소길이가 줄어든 것으로 보인다.

⑪ IC9: 좀 <u>배우고=배우고</u> 시펀 거 보다, <u>이렇게,</u> 어떻게 말하면, <u>~음 히=힘든=힘들</u> 때 많아요. 배우고 싶은 거는 <u>그 이렇게</u> 한국 사람들 예의 지키는 거. 서로　이렇게 언행::갈 때.

IJ8: 응. 응.

IC9: 아니면 <u>이케</u> 우체국이나 <u>모 이케</u> 공공장소 갈 때 있잖아요. 그 사람들 친　절하게 <u>해 주는 거, 그 대해 주는 거?</u>

IJ8: 음::

IC9: 〈vocal desc='목청 가다듬는 소리, 쓰읍'〉 이거 중국에서 –을 때는 없던 거예요. 중국에 있을 때 연행에 있으면 줄 서야 되고 그 <u>태도도=태도가</u> 안 좋　아요.

IJ8: 음::

IC9: 근데 <u>쭈, 한국</u>에 있을 때는 이게 친::짜 배우고 싶어요.

4.2. 유창성 문제

각 화자의 발화에 나타난 유창성 문제를 측정하기 위해 Ambrose와 Yairi(1999)에서 제시된 비유창성의 형태를 바탕으로 비유창성의 빈도를 측정하였다. 외국인 유학생과 여성 결혼이민자, 한국인을 대상으로 6주제의 담화에 나타난 비유창성 특징을 분석하였으며 그 결과는 다음과 같다.

다음은 외국인 유학생의 발화에 나타난 비유창성 유형별 빈도 및 백분율이다.

<표 6> 외국인 유학생 비유창성의 유형별 빈도 및 백분율

대상	SLD	SLD 합계	OD MR, P	OD R, A	OD I	OD 합계	SLD+ OD 합계	발화 수	OD 빈도	SLD+ OD 빈도
SV1	9 16%	9	25 43%	14 24%	10 17%	49	58	126	39%	46%
SJ2	0 0%	0	3 13%	5 21%	16 67%	24	24	111	22%	22%
SC3	3 23%	3	2 15%	0 0%	8 62%	10	13	62	16%	21%
SV4	3 12%	3	6 23%	4 15%	13 50%	23	26	130	18%	20%
SJ5	6 40%	6	2 13%	3 20%	4 27%	9	15	121	7%	12%
SC6	1 17%	1	2 33%	1 17%	2 33%	5	6	63	8%	10%
SV7	1 6%	1	4 24%	3 18%	9 53%	16	17	116	14%	15%
SJ8	1 11%	1	0 0%	2 22%	6 67%	8	9	40	20%	23%
SC9	13 38%	13	12 35%	5 15%	4 12%	21	34	105	20%	32%

SLD: Stuttering-like disfluencies, OD: Other disfluencies, MR: Multisyllable/phrase repetition, R: revision, A: abandoned utterances, I: interjection. %=(해당 비유창성/ 전체 비유창성) x 100.

SV1의 경우 총 비유창성 빈도가 45%이고 정상적 비유창성 빈도 또한 39%로 가장 많은 비유창성 특징이 관찰되었으며 발화 수는 두 번째로 많은 것으로 나타났다. 정상적 비유창성의 특징은 49번으로 가장 높게 측정되었는데 그 중 다음절 반복, 구 반복이 가장 많았다. 발화

수가 가장 많은 SV4의 경우 총 비유창성 빈도가 20%, 정상적 비유창성 빈도는 18%로 나타 났으며 이는 평균보다 낮은 수치이다. 발화 수가 가장 적은 SJ8의 경우 총 비유창성 빈도는 23%, 정상적 비유창성 빈도는 20%로 나타났다. SC6의 경우 가장 낮은 비유창성 빈도를 보 였는데 총 비유창성 빈도는 10%, 정상적 비유창성 특징은 8%를 보였다. 발화 수는 63으로 다섯 번째로 긴 발화이다.

다음은 여성 결혼이민자의 발화에 나타난 비유창성 유형별 빈도 및 백분율이다.

<표 7> 여성 결혼이민자 비유창성의 유형별 빈도 및 백분율

대상	SLD	SLD 합계	OD			OD 합계	SLD+ OD 합계	발화 수	OD 빈도	SLD+ OD 빈도
			MR, P	R, A	I					
IV1	2	2	1	1	2	4	6	70	6%	9%
	33%		17%	17%	33%					
IJ2	13	13	6	11	29	46	59	100	46%	59%
	22%		10%	19%	49%					
IC3	3	3	6	0	0	6	9	42	14%	21%
	33%		67%	0%	0%					
IV4	1	1	4	14	7	25	26	50	50%	52%
	4%		15%	54%	27%					
IJ5	7	7	6	5	5	16	23	62	26%	37%
	30%		26%	22%	22%					
IC6	1	1	6	4	5	15	16	98	15%	16%
	6%		38%	25%	31%					
IV7	0	0	2	1	2	5	5	36	14%	14%
	0%		40%	20%	40%					
IJ8	5	5	0	18	18	36	41	130	28%	32%
	12%		0%	44%	44%					
IC9	10	10	14	27	15	56	66	262	21%	25%
	15%		21%	41%	23%					

IJ2의 경우 59%의 총 비유창성 빈도와 46%의 정상적 비유창성 빈도를 확인할 수 있었다. 발화 수는 100으로 세 번째로 긴 발화를 하였으며 두 발화 중 한 번 꼴로 비유창성 특징을 확 인할 수 있었다. 가장 발화 수 많은 것은 IC9로 262번의 발화 중 25%의 총 비유창성 빈도와

21%의 정상적 비유창성 빈도를 확인할 수 있었으며 이는 평균이다. 36발화로 가장 발화 수가 적은 IV7은 총 비유창성 빈도 IV1에 이어 두 번째로 낮은 비유창성 빈도를 확인할 수 있었다.

다음은 한국인의 발화에 나타난 비유창성 유형별 빈도 및 백분율이다.

<표 8> 한국인의 비유창성 유형별 빈도 및 백분율

| 대상 | SLD | SLD 합계 | OD | | | OD 합계 | SLD+OD 합계 | 발화 수 | OD 빈도 | SLD+ OD 빈도 |
			MR, P	R, A	I					
KW1	0	0	0	3	3	6	6	87	7%	7%
	0%		0%	50%	50%					
KW2	0	0	0	0	4	4	4	51	8%	8%
	0%		0%	0%	100%					
KW3	0	0	1	4	10	15	15	42	36%	36%
	0%		7%	27%	67%					

한국인의 경우 말더듬 비유창성의 특징은 찾아볼 수 없었으며 정상적 비유창성 특징 또한 미미하였다. 단, 본 분석에서 의미하는 비유창성 빈도는 발화 내에서 관찰 된 비유창성 특징의 수를 기준으로 한 것이므로 전체 발화가 모두 비유창하다는 의미는 아니다. 각 피험자 별로 발화길이가 모두 다르기 때문에 발화 수뿐 아니라 형태소 수에도 초점을 맞추어야 한다. 다음으로 정상적 비유창성과 말더듬 비유창성과 정상적 비유창성을 모두 더한 총 비유창성 빈도를 그래프로 나타내면 다음과 같다.

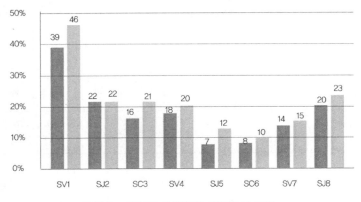

<그림 7> 외국인 유학생의 비유창성 빈도

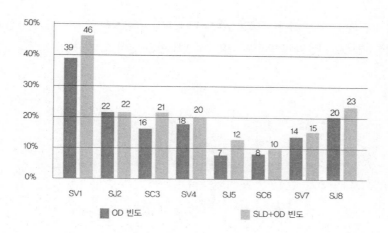

<그림 8> 여성 결혼이민자의 비유창성 빈도

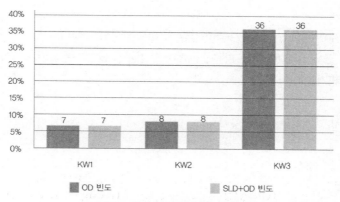

<그림 9> 한국인의 비유창성 빈도

　본 그래프에서 살펴볼 수 있듯이 SLD 특징은 극히 미미하다. 피험자의 담화에서 살펴 본 SLD 특징은 단어가 기억나지 않아 말을 더듬는 것으로 관찰9)된다. 외국인 유학생의 경우 SJ5와 SC9가 각각 40%, 38%의 SLD 특징을 보였으며 이를 제외한 피험자에서는 25%미만 의 SLD의 특징이 발견되었다. 여성 결혼이민자의 경우 IV1과 IC3이 각각 33%, IJ5가 30% 의 SLD 특징을 보였고 이를 제외한 피험자는 22% 미만의 SLD 특징을 보였다. 한국어를 모 국어로 사용하고 있는 한국인의 경우 SLD의 특징은 전혀 찾아볼 수 없었다. 피험자들 중 말

---

9) SV1의 경우 '질문 그냥 하 하려는데 생각이 안 나서', '하학교에서도 그렇고 만약에 저 베트남에서 어떤 서류 받으려면 하루 이틀 일 뭐 일주일 걸려요.' 와 같은 SLD 특징을 확인할 수 있었다.

더듬 특성10)을 갖고 있는 사람이 없었기 때문에 말더듬 비유창성 특징에 대하여 살펴보는 것은 무의미할 것으로 판단되어 정상적 비유창성 빈도만을 살펴보고자 한다.

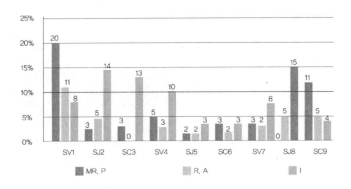

<그림 10> 외국인 유학생의 정상적 비유창성 빈도

외국인 유학생의 경우 개인차가 보이지만 삽입(I) 양상이 두드러지게 나타나는 것을 알 수 있다. SC3의 경우 수정(R) 혹은 미완성구(A)가 발견되지 않았으며 SJ8은 다음절(MR), 구 반복(P)이 관찰되지 않았다.

다음은 여성 결혼이민자의 정상적 비유창성 빈도이다.

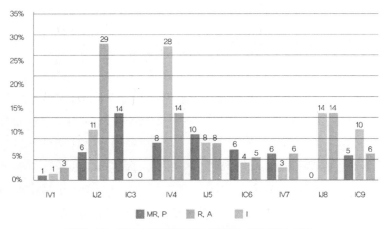

<그림 11> 여성 결혼이민자의 정상적 비유창성 빈도

---

10) 보통 100음절당 10회 이상 SLD가 측정될 경우 말더듬으로 추정한다.

　여성 결혼이민자의 경우 IC3과 IJ8을 제외한 모든 피험자에게서 세 가지 정상적 비유창성 특징이 대체로 고루 나타났다. IC3은 수정(R) 혹은 미완성구(A), 수정(I)가 전혀 발견되지 않았다는 것이 특이할 만한 사항이다. IC3의 경우 총 발화 수가 42로 전체 여성 결혼이민자 중 두 번째로 발화를 적게 하였으며 형태소 수는 274로 역시 두 번째로 발화를 적게 하였기 때문에 비유창성 빈도 또한 낮은 것으로 보인다.

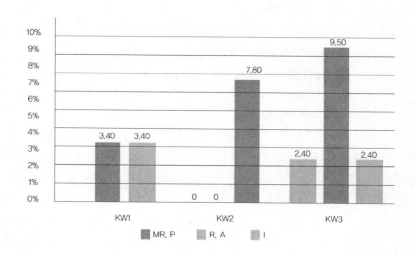

<그림 12> 한국인의 정상적 비유창성 빈도

　한국인의 경우 KW1과 KW2에서는 삽입(I)양상이 가장 두드러졌고 KW3의 경우 수정 (R) 및 미완성구(A)가 높은 비중을 차지하였다. 이는 토론 형식으로 진행된 실험이기 때문에 KW3의 말에 동의를 하는 경우가 있었으며 자가 수정에 의한 것으로 보인다. 정상적 비유창성의 항목 중 전희정, 고도흥, 신문자(2004), 심흥임(2004)에서는 가장 빈번한 비유창성 형태는 삽입, 수정, 미완성이며 삽입이 가장 빈번한 비유창성이라고 제시하고 있는데 본 연구에서는 유학생그룹과 한국인그룹에서 삽입이 가장 많은 비중을 차지하고 있음을 알 수 있었다.

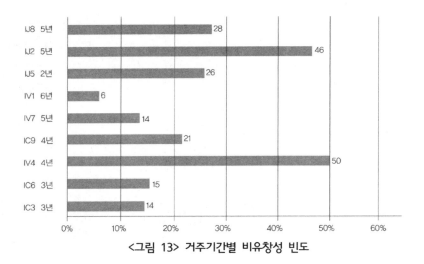

<그림 13> 거주기간별 비유창성 빈도

　　다음은 여성 결혼이민자의 거주기간 별로 비유창성 빈도를 정리한 표이다. 일본 국적의 여성 결혼이민자의 경우 평균 한국 거주기간이 14년으로 상당히 긴 편에 속하며 일본어가 한국어와 같이 교착어인 점을 감안했을 때 상당히 높은 비유창성 빈도를 보이고 있다. 이는 김선정(2007), 결혼 이주 여성 정착 사업-후에서 언급한 것처럼 공식교육을 받을 기회가 거의 없었던 초기 여성 결혼이민자의 경우 습득의 과정에서 문법적 오류를 수정하지 못한 채 화석화가 된 것으로 보인다.

　　IV4를 제외한 기타 중국, 베트남 국적의 여성 결혼이민자는 21% 내의 비유창성 빈도를 보여주고 있다는 점이 주목할 만하다. IV4의 경우에는 발화의 절반 정도가 비유창성 특징을 띠고 있는 것으로 나타났으며 집에서 한국어를 100%사용하고 있음에도 불구하고 상당히 높은 수치임을 알 수 있다. 이는 거주기간이 비슷한 다른 피험자에 비하여 두 배 이상의 빈도를 보이기 때문에 다른 개인적인 요인이 더 있을 것이라고 보인다.

4.2.1. 발화자 개인별 분석

　　SJ8과 IC9를 대상으로 비유창성 특징을 자세히 살펴보면 다음과 같다. SJ8의 경우 비유창성 빈도가 23%로 전체 발화 중 약 절반가량이 비유창성 특징을 띠고 있는 것으로 나타났다. SLD(말더듬형 비유창성)의 특징은 한 번 관찰되었으며 OD(정상적 비유창성) 특징은 총 8번 관찰되었다. SJ8의 경우 다음절 반복 및 구 반복은 나타나지 않았으며 수정 및 미완성구, 삽입양상은 각각 두 번과 네 번으로 나타나 삽입이 가장 많은 비중을 차지하였다.

1) 삽입양상 (I)

⑫ SJ8: 뭐, 공공장소에서는 지나친 **뭐**, 스킨십은 **뭐**, 뭐지?

삽입 양상의 경우 음, 뭐, 네, 와 같이 다음 발화의 시간을 끌기 위한 간투사로 많이 사용을 하고 있다. 하지만 이 또한 여섯 번으로 관찰되어 상당히 미미한 수준이다.

IC9의 경우 비유창성 빈도가 25%로 전체 발화 중 약 1/4이 비유창성 특징을 띠고 있는 것으로 나타났다. SLD(말더듬형 비유창성)의 특징이 전체 비유창성 특징의 15%를 차지하고 있으나 OD(정상적 비유창성) 특징만을 분석하도록 한다.

삽입양상 중 간투사의 경우 평균형태소길이나 평균낱말길이를 측정할 때는 제외되었으나 비유창성 특징을 측정할 때는 포함되었다. 삽입의 경우 총 15번이 측정되었으며 전체 비유창성의 23%를 차지한다.

⑬ IC9: 쪼끔 ⟨vocal desc= '목청 가다듬는 소리, 쓰읍' ⟩ 한국:: 미래가 걱정
되는 거도 있   고 ⟨@그래!@⟩ 그리구, **모::** 제가, 자식들 없지만:: 자
식들 있으면 **모 이렇게** 한국 피씨방:: 다들 문 닫으면 좋겠어요.

IC9: 근데::, 배우고 싶지 않은 거는 ⟨vocal desc= '목청 가다듬는 소리, 쓰
읍' ⟩ **~오 가 끔::** 이거는:: **별로 아,** 어떻게 표현하면 욕 얻어 먹는
데, 한:: 저녁 때:: 식사할   때 마=밥 먹을 때 있잖아요.

2) 수정 및 미완성구 양상(R, A)

SJ8의 40번의 발화 중 수정 및 미완성구 양상은 2번으로 조사되었으며 이는 총 비유창성 특징 중 22%를 차지한다.

⑭ SJ8: 좀 **창, 부끄럽고**. 우리가 부끄럽잖아. 보는 사람들─

위와 같이 경우 '창피하다'를 사용하려 했으나 '부끄럽다'는 단어로 대체하였음을 알 수 있다.

IC9의 경우 수정을 하거나 미완성인 채로 다른 발화를 하는 것은 총 27번으로 비유창성 특징을 41% 차지하고 있으며 발화 내 비유창성 특징 중 가장 높은 비율을 차지하는 것으로 나타났다.

⑮ IC9: 왜냐하면 낮에 어떻게 되는 지 몰라지만 저녁 때 그렇게 **살름=살=사는** 방식이 별로 안 좋아요. 젊은:: 나인데 희망가 안 보이는 거 같애.

IC9: 싸움는 거 이거 별로 많지 않잖아. 이런:: 거=일 때문에 모 이렇게 막:: **싸=치고 박고 싸우는** 거 별로 없잖아. 그게 배우고 싶어.

IC9: 〈@다양하게 친′짜로@〉 제가 어디가면 이거::- 한국 재료 모::든 **음식=음식** 이거 거의 구십(90) 프로 중에, 꼬추 가루하고 마늘 들어가는 거- 다른 거 없어 두 다시다. 꼬추가루하고 마늘.

IC9: 〈X그게 쎄게X〉 왜냐면 지역마다 다, 다르기 때문에:: 이 지역마다에 특별히 있는 음식=음식도 있고 그냥 다른 데도 가면 또 다른 엄식이 있어요. 우리=우리 북방사람에:: 남방사람 가면? **남방한테=남방에서** 가면:: 그기서 음식 못 먹어요.

IC9: 오,쯤은 엄마들이 오히려 아이들가 한국어 **못해다고=못한다고?** ~아우 우리 아이는 영어만 잘해. 한국어는 싫어해. 오히려 그런 말이 자랑스럽게 하는 거예요.

IC9: 배워, 〈@깊이 있는 거 아니구.@〉 **현새=현새=어,. 현생**이잖아요. 현생, 그 현상. 안 그래요? 진짜로. 그 상상 프러스에서 나오는 프로 있잖아요.

위와 같이 IC9는 말을 한 후 내부모니터링을 거쳐 '**음식=음식**', '**현새=현새=어,. 현생**'과 같이 단순히 어휘를 교정하거나 '**남방한테=남방에서**'와 같은 조사 교정, '**살름=살=사는**'과 같은 관형형을 수정한다.

3) 다음절 및 구 반복 양상 (MR, P)

IC9의 262발화 중 다음절 반복 및 구 반복은 14번으로 조사되었으며 이는 총 비유창성 특징 중 21%를 차지한다.

⑯ IC9: 〈vocal desc=′웃음, 하하′〉 〈@어? **많이=많이** 있을 텐데?@〉

IC9: 좀 **배우고=배우고** 시펀 거 보다, 이렇게, 어떻게 말하면, ~음 히=힘든=힘
    들 때 많아요. 배우고 싶은 거는 그 이렇게 한국 사람들 예의 지키는 거.
    서로 이렇 게 언행::갈 때.

해당 양상이 나타난 곳에 굵은 글씨와 밑줄로 표시를 하였으며 별다른 수정이나 상황변화
없이 다음절을 반복한 것을 볼 수 있다.

4.3. 한국어 교재의 평균발화길이

분석 결과에서 나타난 외국인 유학생과 여성 결혼이민자의 평균형태소길이 및 평균낱말길
이의 차이의 가장 두드러지는 원인으로는 공식교육의 유무를 들 수 있다. 분석대상이 되었던
여성 결혼이민자의 경우에는 공식교육을 받은 적이 없었으나 공식교육을 받은 여성 결혼이민
자와의 평균발화길이 비교를 위해 각 목적별 교재에 나타난 대화문을 분석하였다. 외국인 유
학생의 한국어 학습에 사용된 K대학교 한국어교재의 경우 대부분의 듣기 지문이 대화 형태로
제시되었으므로 담화형식을 대상으로 분석하였다. 이외에도 Y대학교 한국어교재와 결혼이민
자용을 위한 한국어교재를 같이 살펴보고 교재에 수록된 대화문에서 평균형태소길이에 차이가
있는지 알아보았다. 그 결과는 다음과 같다.

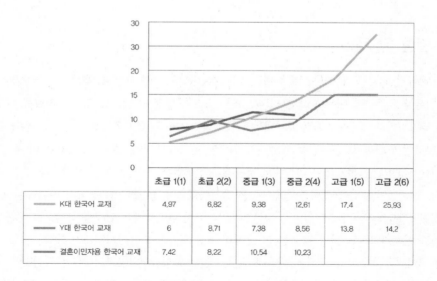

	초급 1(1)	초급 2(2)	중급 1(3)	중급 2(4)	고급 1(5)	고급 2(6)
K대 한국어 교재	4.97	6.82	9.38	12.61	17.4	25.93
Y대 한국어 교재	6	8.71	7.38	8.56	13.8	14.2
결혼이민자용 한국어 교재	7.42	8.22	10.54	10.23		

<그림 14> 목적별 교재의 대화문에 나타난 평균형태소길이 비교

K대학교 한국어교재의 경우 초급 1에서 고급 2까지 총 6권으로 꾸준히 평균형태소길이가 증가하고 있음을 볼 수 있다. Y대학교 한국어교재의 경우 총 6권으로 대화문에 사용된 발화만을 분석한 결과 제2 권을 제외한 모든 급에서 점차 평균형태소길이가 늘어나는 추세를 보였다. 결혼이민자용 한국어는 특수목적별 교재로서 2010년 처음 1, 2권이 출간되었으며 2011년 3, 4권이 이어 출간되었다. 특이할 점은 결혼이민자용 한국어 교재 또한 마찬가지로 평균형태소길이가 증가하는 것을 관찰할 수 있는데 학문목적 한국어교재와 비교했을 때, 처음부터 다소 높은 평균형태소길이인 7.42로 시작하였다는 것이다. 최종 등급의 경우 K대학교 한국어교재 고급2는 25.93이고 Y대학교 한국어교재 6은 14.2로 나타났다. K대학교의 경우 고급 2의 대화 지문 등장인물이 전문가로 설정되어 있어 Y대학교의 실생활 대화보다 더 많은 형태소길이가 측정 된 것으로 보인다. 본 실험에 참가한 한국인의 평균형태소길이는 17.83으로 K대학교와 Y대학교의 평균 수치이다. 하지만 한국인의 평균형태소길이와 고급 2교재에 나타난 평균형태소길이 모두 외국인 유학생의 평균형태소길이보다 월등히 높다. 외국인 유학생의 평균적인 낱말과 형태소는 실제 한국인의 발화와 비교했을 때 약 70%정도를 사용하고 있는 것으로 드러났다. 교재를 기준으로 보면 평균형태소길이의 값이 가장 높은 IJ8의 경우 13.40으로 K대 교재 기준 중급 2와 고급 1 사이, Y대학교 교재 기준 5급 정도의 평균형태소를 보이고 있다. 보다 자세한 원인을 알아보기 위해서는 각 교재와 피험자의 발화에 나타난 문법 사용 양상을 살펴보아야 할 것이다.

5. 결론 및 제언

이상에서 외국인 유학생과 여성 결혼이민자를 대상으로 평균발화길이(MLU)와 발화에 나타난 비유창성 특징에 대하여 살펴보았다. 3인 1조로 구성된 인터뷰그룹의 녹화자료를 바탕으로 평균낱말길이와 평균형태소길이로 나누어 측정하였으며 외국인 유학생과 여성 결혼이민자 모두 한국인에 비하여 낮은 값을 보였지만 외국인 유학생이 여성 결혼이민자보다 더 높은 값을 보여 한국인의 발화에 더 근접한다는 것을 알 수 있었다. 또한 외국인 유학생과 여성 결혼이민자, 한국인의 발화에서 비유창성 특징을 측정하였으며 정상적 비유창성의 하위범주 중 어떤 특징이 주로 보이는지에 대하여 기술하였다. 또한 한국어 교재의 담화를 중심으로 평균형태소길이를 분석하고 피험자의 평균형태소길이와 어떤 차이가 있는지 살펴보았다.

본 연구를 통해 얻은 결과는 다음과 같다. 첫째, 발화길이와 유창성 간에 직선적인 상관관계는 찾기 어려웠다. 하지만 거주기간이 유창성에 영향을 미칠 수도 있는 것으로 조사되며 좀 더 심층적인 연구와 더불어 더 큰 표본이 필요할 것이다. 둘째, 외국인 유학생의 평균발화길이와 여성 결혼이민자의 평균발화길이를 비교한 결과 외국인 유학생의 평균발화길이의 값이 더 높은 것으로 조사되었다. 이러한 차이는 공식교육의 유무에서 기인된 것으로 보이며 여성 결혼이민자의 좀 더 유창한 발화를 위해서는 공식교육이 필요함을 알 수 있었다. 또한 외국인 유학생의 '한국인처럼 자연스러운' 발화를 위해서는 좀 더 많은 형태소와 낱말을 사용하여 발화할 필요가 있는 것으로 나타났다.

본 연구에서는 평균형태소길이와 평균낱말길이 분석을 통하여 공식교육을 받은 외국인 유학생이 여성 결혼이민자보다 유창한 발화를 하고 있음을 밝히는 데 의의를 찾을 수 있으나 다음과 같은 한계점을 찾아볼 수 있었다. 본 연구에서는 대표성을 띠고 있는 세 국적을 대상으로 각 6명씩 분석하였으나 표본이 충분하지 않았다. 좀 더 큰 표집을 대상으로 장기적으로 평균발화길이를 분석한다면 보다 유의미한 결과를 도출할 수 있을 것이다.

마지막으로 후속 연구에 대한 제언을 하고자 한다. 한국어 공식교육을 받지 않은 여성 결혼이민자를 대상으로 공식교육을 받기 전의 발화에서 평균발화길이를 측정하고 공식교육 후에 다시 평균발화길이를 측정하여 비교한다면 공식교육효과를 검증할 수 있을 것이다. 또한 어휘 다양도에 대해서도 분석하여 각 집단별 취약한 어휘군을 파악한다면 그에 알맞은 교육방법을 마련할 수 있을 것이다.

<Abstract>

A study on the mean length of utterance and disfluency features in spoken discourse by international students and female immigrants

Ryu, Yeajin (Kyung Hee University)

The aim of this study is to measure the Mean Length of Utterance(MLU) of international students and female immigrants in spoken discourse. Each speaker's MLU in Morphemes and MLU in Words were measured, and disfluency features in the discourse were arranged. Another experiment based on the native Korean speaker discourse was designed to compare and analyze native Korean speakers with non-native Korean speakers in order to check the non-native Korean speakers developmental stage.

This paper shows each MLU in Morphemes and MLU in Words of non-native Korean speakers and compares with native Korean in order to examine how many words and morphemes the non-native Korean use. Not only the MLU, disfluent features were checked and showed the features frequency. And the last, three different textbooks were analyzed in order to show the difference between the textbook MLU and the real utterance by native Korean.

In conclusion, I provided the limitations of this study and suggested further areas based on the results of the experiment.

Through this study, I discovered the MLU in Morphemes and MLU in Words of international students who studied Korean Language in a official institute were longer than female immigrants who learned Korean in a real life only. The reason for this difference seems to be due to official education. In terms of comparing with native Korean, international students should speak advanced level Korean, but were using 70% of the amount of words and morphemes of native Korean. But advanced-2 level textbooks show similar MLU as a native speaker, so it looks like textbooks are implying real speaking conditions in terms of length. It was hard to find a clarified relationship between MLU and fluency but length of residence could be a possible reason. There is a need for further long—term experiments with larger sampling.

Key Words

Mean Length of Utterance(MLU, 평균발화길이), MLU-m(평균형태소길이), MLU-w(평균낱말길이), fluency(유창성), disfluency(비유창성)

구어 발화에 나타난 관형사형 어미 오류 분석

김형주 _경희대학교 국제교육원

1. 서론

　본 연구는 한국어 학습자들의 관형사형 어미의 사용과 오류 양상을 기능 중심으로 분석하고 이를 바탕으로 한국어 관형사형 어미의 효과적인 교육 방안을 제시하는데 그 목적이 있다. 한국어의 관형사형 어미는 주로 과거, 현재, 미래 등의 시제를 담당하고 있지만, 상, 양태 등 다양한 영역에 걸쳐 있기 때문에 하나의 영역으로 설명하기에는 어려움이 있다. 이처럼 관형사형 어미는 기능적이나 형태적인 면에서 다양한 양상을 지니고 있기 때문에 외국인 한국어 학습자들이 관형사형 어미를 사용함에 있어 어려움을 겪고 있다. 조철현 외(2002)에서는 초급에서 고급까지 전체 한국어 학습자에게서 관형사형 어미 오류가 관찰되어 학습자들이 관형사형 어미의 학습에 어려움을 겪고 있음을 밝혔다.

　관형사형 어미는 한국어 학습자에게 아주 중요한 문법 항목이다. 사용 빈도가 높을 뿐만 아니라 초급 학습자가 중·고급 단계로 넘어갈 때 익혀야만 하는 복문을 구성할 수 있도록 하는 것이 바로 관형사형 어미이다. 즉 관형사형 어미를 제대로 익혀야만 한국어를 다양하고 풍성하게 구사할 수 있게 되며, 이를 통해서 학습자의 한국어 성취도를 판가름할 수 있다. 따라서 본 연구에서는 한국어 학습자의 관형사형 어미의 사용 양상을 기능적인 측면에서 살펴보고 한국어 학습자가 실제 범하고 있는 관형사형 어미의 오류를 분석할 것이다. 또한 오류 분석 결과를 토대로 효율적인 오류 수정 방안과 관형사형 어미를 정확하게 이해한 수 사용할 수 있도록 하여 원활한 의사소통에 도달할 수 있는 효과적인 교수 방안을 제시하고자 한다.

　이 연구에서는 관형사형 어미를 단순 시제나 형태로 구분하는 것이 아니라 그 기능에 따라 (1) 과거 (2)현재 (3) 미래 (4) 서법상 가능 (5) 서법상 직설 (6) 서법상 추측 (7) 서법상 회상

(8) 진행상 (9) 시간 명사와의 결합으로 구분하여 한국어 학습자가 어떤 기능적인 부분에서 오류를 범하고 있는지 확인해보고자 한다.

2. 선행 연구

외국어로서의 한국어 교육 분야에서 오류에 대한 연구는 1980년대 후반부터 활발히 이루어지기 시작하였다. 한국어 학습자의 수와 국적이 다양해지면서 그들이 생산해 내는 다양한 오류를 분석할 필요가 증가하며 오류 연구 분야도 다양해졌다. 전체적인 오류 양상을 분석한 연구에서부터 일부 문법과 어휘에 집중한 연구도 이루어졌다. 이들 중 관형사형 어미의 오류를 다룬 연구는 1990년대 후반부터 진행되었다. 초창기에는 시제, 어미 오류의 일부분으로 관형사형 어미 오류를 다룬 연구가 많았으나, 이후 관형사형 어미 오류만을 다룬 연구도 활발히 진행되었다.

한국어의 관형사형 어미 오류를 다룬 연구는 크게 네 가지로 볼 수 있다. 첫째, 시제와 어미 오류의 일부로 관형사형 어미 오류를 다룬 연구, 둘째, 전성어미 오류에 초점을 두고 그 일부로 관형사형 어미 오류를 다룬 연구, 셋째, 관형사형 어미 오류만을 독립적으로 다룬 연구, 그리고 넷째로 관형사형 어미의 교육 방안을 주로 다룬 연구로 나눌 수 있다.

관형사형 어미가 담당하고 있는 시제 기능으로 인하여 초창기에는 시제와 어미 오류의 일부로서 관형사형 어미가 연구되었는데, 이에 대한 연구는 이수경(1996), 이정희(2001), 강현화·조민정(2003), 이해영(2003), 김정남(2006)이 있다.

이수경(1996)은 기초단계 이상의 일본인 한국어 학습자들의 조사, 접속어미, 보조용언, 시제와 상의 오류를 연구하였는데 이 중 시제와 상의 일부로 '-(으)ㄴ', '-(으)ㄹ', '-던', '었던'의 오류에 대해 다루었다. 이정희(2001)은 중급 한국어 학습자를 대상으로 한 시제 오류 연구를 통하여 시제 형태소를 선어말어미와 관형사형 어미로 나누었으며, 오류 유형을 언어간 전이와 언어내적 전이로 나누어 분석하여 일본인 화자가 중국인 화자보다 시제 오류를 더 많이 발생시키는 원인을 한국어 시제를 모국어 시계 체계에 맞추어 사용하는 언어간 전이에서 기인하였다고 밝힌데 의의가 있다. 강현화·조민정(2003)은 한국어와 스페인어의 문형 대조분석 자료를 바탕으로 스페인어권 한국어 학습자의 조사와 어미(연결어미, 전성어미, 종결어미) 오류, 그리고 이와 관련된 문법범주(시제와 상, 사동법)에서의 오류를 다루며 이의 일부로서 관형사형 어미의 오류를 연구하였다. 이해영(2003)은 함축적 평가를 이용한 구어 자료로 일본인과 중국인 한국어 학습자의 한국어 시제표현 문법 항목을 습득할 때의 발달 양상을 제시하였다는 성과를 찾을 수 있다. 이를 위해 시제표현 문법 항목을 관형형어미와 선어말어미로 구분하였는데, 일본인 학습자와 중국인 학습자 모두 시제표현 문법항목 습득 양상이 유사하여 모국어의 영향보다는 목표어에 의한 영향이 크다고 지적하였다. 하지만 관형형 습득의 순서에 있어서는 두 집단 간의 차이가 크다고 지적하며 모국어 영향을 배제할 수 없음을 보여주었다. 김정남(2006)은 중국어권 초, 중급 한국어 학습자의 시제 및 연결어미와 관련된 오류 유형을 연구하였는데, 이 중 시제표현 오류의 일부로 관형사형에서의 시제 의미·형태 오류를 다루었다. 이 연구들은 그 대상을 특정 언어권에 한정하여 진행되었거나, 다루는 문법 항목 중의 하나로 관형사형 어미를 언급하였기 때문에 관형사형 어미에 대한 연구가 부족하다는 한계가 있으며 교육 방안을 제시하지 못하고 있다는 한계가 있다.

　전성어미 오류에 초점을 두고 그 일부로 관형사형 어미 오류를 다룬 연구로는 조철현 외(2002), 한송화(2002)가 있다. 조철현 외(2002)는 문화관광부의 지원 연구로, 한국어 학습자의 대규모 말뭉치 중 오류문을 대상으로 각각 어휘적 오류, 조사 오류, 종결 어미 오류, 연결 어미 오류, 전성 어미 오류, 존대어미와 시제 어미 오류, 관형어 오류로 나누며 이를 각각 급별, 언어권별로 나누어 오류율을 분석하였다. 이 중 전성 어미 오류의 일부로 관형사형 어미의 오류를 다루며, 전성 어미 오류 중 관형사형 어미 오류가 가장 많은 비율로 일어나고 있음을 지적하였다. 한송화(2002)는 문화관광부의 한국어 학습자 오류 유형 조사 연구의 말뭉치 자료를 바탕으로 전성 어미 오류의 전반적인 양상을 다루었다. 전성어미 오류의 일부로서 관형사형 어미 오류를 분석하였으며, 이를 각 언어권과 등급별로, 그리고 오류 양상과 오류율을 제시하였다. 이둘 연구는 다양한 언어권의 한국어 학습자들이 발생시키는 전성어미 오류를 연구하였다는데 의의가 있으나 제대로 된 교육방안을 제시하지 못하였다는 한계를 지니기도 한다.

　관형사형 어미 오류만을 독립적으로 다룬 연구로는 성지연(2002), 전영아(2004), 이은기(2005), 이진경(2006), 최서원(2009), 조수현(2010), 임시현(2011)가 있다. 성지연(2002)은 일본인 중급 한국어 학습자의 문어 자료를 바탕으로 관형사형 어미 오류를 분석하였으며, 누락, 첨가, 오형태, 대치 등 다양한 형태의 오류의 원인을 언어 간 오류와 언어 내 오류로 제시하였다. 이는 관형사형 오류만을 다룬 최초의 연구라는 점에서 그 의의를 찾을 수 있으나 다양한 양상을 보이는 관형사형 어미를 단순히 현재, 과거, 미래로 제시하여 구분한 점은 아쉬움이 남는다. 전영아(2004)는 영어권 학습자의 한국어 관형사형 전성 어미 관련 오류 양상을 살펴본 후, 한국어 관형절 교수 개선 방안을 모색하였다. 이를 위해 관형사형 어미 오류를 형태적 오류와 '-는', '-(으)ㄴ', '-(으)ㄹ', '았을', '-던', '-았던'과 관련된 오류로 정리하고 이의 원인과 교육 방안을 제시하였다. 이은기(2005)는 일본인 학습자들이 생산한 한국어 관형절 시제의 오류로 학습자들의 언어인식을 분석한 후 그에 따른 관형절 교수방안을 동사, 형용사, 관형구로 나누어 제시하였다. 하지만, 이 논문 역시 관형절 교육을 시제로 한정하고 상과 서법 등의 기능에서는 제시하지 못한 한계가 있다. 이진경(2006)은 문화관광부(2002)자료를 바탕으로 관형사형 어미가 사용되는 환경을 특성별로 분류하고, 그 환경별로 오류의 원인을 규명하였다. 즉 관형사형 어미의 오류 유형을 누락, 환언, 형태, 대치, 첨가, 기타 오류로 나눈 후 사용 환경을 동격관형절, 명사화소, 관계관형절, 관용구, 고정된 표현 등 다섯가지 환경을 제시하였다. 또한 이런 오류 분석 결과를 바탕으로 '−던'과 동격관형절의 관형사형 어미 교육 방안을 제시하였으나 문어 자료만을 분석 대상으로 하여 한국어 학습자의 실제 언어생활에서의 관형사형 어미 사용에 대한 오류 양상은 확인하지 못하였다는 한계가 있다. 최서원(2009)은 중국인 중급 한국어 학습자의 쓰기 자료를 바탕으로 대치 오류 중심의 관형사형 어미 오류를 분석하였다. 하지만 오류 중심의 연구가 진행되어 교육방안 제시는 미흡하였다는 한계를 갖는다. 조수현(2010)은 중국어권 한국어 학습자들의 작문 자료에서 관형사형 어미 오류양상을 살펴보았다. 하지만 실험 참가자가 초급에서 중급으로 넘어가는 수준의 학습자여서 다양한 수준의 학습자를 살펴보지 못하였다는 아쉬움이 남는다. 임시현(2011)은 관형사형 어미의 서술어 정보와 문법 기능을 중심으로 효과적인 교수, 학습방안을 모색하고자 하였다. 이를 위해 학습자의 관형사형 어미 사용율과 오류율을 확인한 후 실제 수업 구성 방식으로 교육방안을 제시하였는데, 실제 수업에 적용 후 그 결과를 분석해보지 못하였다는 아쉬움이 남는다. 이들 연구를 통해서 본격적으로 관형사형 어미에 대한 연구가 이루어지기는 했지만, 오류 분석을 바탕으로 한 교수 방안을 제시하지 못하거나, 제시하더라도 관형사형 어미 중 일부만을 다루고 있어 아쉬움이 남는다.

　관형사형 어미의 교육 방안을 주로 다룬 연구에는 안주호(2004), 정소희(2007), 정대현(2008), 김지혜(2009)가 있다. 안주호(2004)는 한국어 교육에서 어미 제시순서의 일부로 관형사형 어미를 다루었다. 이 연구에서 사용빈도수, 활용도, 제약, 문법 기능, 문법 형태소, 구어와 문어의 비중 등의 여섯 가지 기준으로 어미 제시 순서의 효율성을 확인하였다. 하지만, 동일한 어미의 여러 의미와 기능에 대해서는 다루지 못하였다는 한계가 있다. 정소희(2007), 정대현(2008)은 시각적 입력 강화가 한국어 학습자의 관형사형 시제 표현 문법 학습과 텍스트 이해에 미치는 영향을 밝히고자 하였다. 이를 위해 시제 관형사형 어미 항목을 선정한 후 실험집단에는 해당 문법항목에 큰 글씨 크기, 밑줄, 굵은체 처리를 하여 실험집단이 통제집단보다 학습 성취도가 높았음을 제시하였다. 하지만 이 연구 결과를 한국어 학습자 전체에게 일반화하여 해석하기에는 무리가 있으며, 실험집단과 통제집단의 크기가 작아서 더 큰 규모의 실험시 결과가 달라질 수 있다는 한계가 있다. 이 연구는 관형사형 어미의 교수 방안을 제시하였다는 데 의의가 있으나, 형태적인 습득에만 치우쳐 시제의 의미가 아닌 문장의 경우 의미 습득에는 효과가 없을 수도 있다.

이처럼 기존의 연구는 관형사형 어미를 시제 표현이나 어미의 일부분으로 다루며 관형사형 어미의 표현의 다양성을 담아내지 못하고 단순히 과거, 현재, 미래의 방식으로 설명을 하였거나, 관형사형 어미의 형태적인 오류에 치중하여 그 효과적인 교수, 학습 방안의 제시에는 미흡하였다. 또한 그 오류의 원인을 주로 모국어의 원인에서 찾는 등 한국어의 관형사형 어미의 특징을 살피려는 노력이 부족하였다. 이에 본 연구에서는 관형사형 어미의 전반적인 기능을 살핀 후, 이에 따른 오류를 분석할 것이다. 그리고 이 오류 분석 결과를 바탕으로 한국어 학습자들에게 효과적으로 적용할 수 있는 교수, 학습 방안을 제시하고자 한다.

3. 이론적 배경

3.1. 오류분석 가설(error analysis hypothesis)

3.1.1. 오류의 개념

의사소통에 있어서 오류는 장애요소로 작용하지만, 언어 학습 시 학습자의 오류는 자연적으로 발생할 수밖에 없는 필연적인 과정이다. 이는 학습자의 모국어와 목표언어 사이에 독립적인 영역을 차지하는 중간언어의 성격을 지닌 학습자 언어의 특성에서 기인한다. 즉, 이러한 오류는 제2언어에 대한 불완전한 지식에서 발생하는 경우가 많은데, 오류분석 가설이란 이와 같은 학습자의 오류를 체계적으로 수집한 후 분류, 분석하고 발생한 오류의 원인과 빈도수, 그리고 학습의 난이도를 추정하여 효과적인 교육방안을 수립하고자 하는 이론이다. 하지만, 학습자의 오류(error)와 실수(mistake)는 구분하기에 경계가 모호할 뿐 아니라 연구자의 주관에 의해서 판정을 내려야 하기 때문에 그 둘을 명확하게 구별하는 것은 쉬운 일은 아니다. Corder(1967)는 오류와 실수를 구별하여 언어수행에서 표출되는 잘못을 실수, 잠재능력에서 비롯된 잘못을 오류라고 정의하고, 실수는 우연히, 불규칙적으로 일어나며 즉시 수정을 할 수 있는 것이지만, 오류는 언어의 기본 지식이 변칙적으로 나타나는 것으로 규칙적으로 발생한다고 하였다. 즉 실수는 착오나 우연으로 발생하는 잘못으로 발생할 경우 화자가 즉시 깨달아 수정을 하는 경우가 많으며 체계적으로 발생하지 않는다. 그러나 오류는 언어의 지식에 대한 잘못된 이해로 발생하는 것이기 때문에 그 발생 양상이 매우 체계적이며 학습자는 반복적으로 오류를 범하게 된다. Brown(1980)은 실수를 언어수행 과정상의 오류, 즉 억지 추측이나 실수로 인하여 잘못된 언어 체계를 사용했지만 수정 능력이 있는 것으로, 오류는 언어능력의 부족으로 말미암아 발화하는 과정에서 정당한 코스를 벗어나 길을 잃고 다른 곳으로 간 것이라고 하였다. 즉, Corder와 Brown의 정의를 종합해보면, 실수는 외부적 요인으로 주로 발생하는 언어 수행 상의 문제인 반면 오류는 잘못된 언어 체계 습득으로 인한 중간 언어 단계의 언어 양상이라 할 수 있다. 즉 오류는 잘못된 것, 교정되어야 할 것과 같은 부정적인 대상이 아니라 발생되는 오류를 분석하고 원인을 규명한 뒤 교수방안으로 활용될 수 있다는 의의가 있다.

Corder(1967, 1981)은 학습자의 오류를 연구하는 것이 교사, 연구자, 학습자의 세가지 측면에서 의의가 있다고 하였다. 교사의 측면에서 오류는 학습자가 학습한 것과 그렇지 못한 것에 대한 현재 학습자의 수준과 앞으로 무엇을 더 가르쳐야 하는지에 대하여 알려주는 장치이다. 연구자의 측면에서는 학습자가 제2언어를 학습할 때 어떤 전략을 사용하고 어떻게 언어를 습득하는지를 알 수 있게 해주며 학습자의 측면에서는 목표 언어에 도달하는 과정 가운데 시도하는 가설의 타당성을 검증할 수 있게 해준다. 학습자에게는 오류에 대한 피드백을 받음으로써 목표어에 대한 규칙을 발견할 수 있는 장치로서의 역할을 한다.

학습자 오류를 분석하기 위해서는 학습자의 오류를 수집, 분석, 분석 후 단계가 필요하다. Ellis & Barkhuizen(2005)은 오류 분석의 단계를 5단계로 정의하였다. 첫 번째는 학습자 언어 수집 단계(Collection of a sample of learner language)로 오류를 분석하고자 하는 학습자들의 언어를 채집하는 단계이다. 두 번째는 오류 확인(Identifying Errors) 단계로 학습자가 생산한 언어에서 정상적으로 생산된 언어와 오류가 발생한 언어를 분류하는 단계이다. 세 번째는 오류 기술하기(Describing Error)로써 전단계에서 확인한 오류를 각 특징별로 어떤 오류인지를 구별하는 단계이다. 네 번째 단계는 오류 설명하기(Explaining Errors)로써 그 오류가 어떤 원인으로 생산되었는지 등을 기술하는 단계이다. 마지막 5단계는 오류 평가하기(Error Evaluation) 단계로서 해당 오류가 발생하는 난도와 그에 대한 학습법 등을 평가하는 단계이다.

3.2. 오류의 유형

오류의 유형은 오류의 원인에 의한 분류와 오류 판정에 의한 분류로 나눌 수 있다. 오류의 원인에 의한 분류는 내용적 접근으로, 오류 판정에 의한 분류는 형식적인 접근이라고도 한다.

내용적 접근으로 Richard(1971)의 유형이 있다. 이는 학습자의 모국어 구조에 영향을 받아 일어나는 간섭 현상인 언어간 오류(interference errors)와 학습자의 언어 배경과 무관하게 발생하는 오류가 있는데, 후자는 목표어 규칙의 과잉 적용이나 잘못된 적용으로 발생하는 언어내 오류(intralingual errors)와 제한된 경험으로 인하여 학습자 스스로 만드는 가설과 학습 전략으로 발생하는 발달오류(developmental errors)로 분류하였다. 간섭 오류는 학습자의 모국어가 목표어 학습에 영향을 주어 발생하는 오류이며, 언어내 오류는 학습자의 모국어와 상관없이 목표어의 문법 구조 등으로 인하여 학습상 발생하는 오류이다.

Corder(1973)은 오류의 발전 단계에 따라서 선체계적 오류(pre-systematic error), 체계적 오류(systematic error), 후체계적 오류(post systematic error)로 분류하였다. 선체계적 오류 단계에서 학습자는 그들이 오류를 생산하는 것에 대해 자각하지 못하여 오류 수정 가능성은 없으며 오류에 대한 설명 능력도 없다. 체계적 오류 단계에서 학습자는 누군가가 오류를 알려주었을 경우에만 수정이 가능한, 자각 능력은 없으나 문법 규칙에 대한 설명 능력은 지니고 있다. 이 단계에서 학습자는 목표어를 좀 더 일관성 있게 사용하게 되며, 그 규칙을 내재화시키게 된다. 후체계적 오류 단계에서 학습자는 상대방의 찡그림과 같은 작은 반응에도 오류를 즉시 수정할 수 있는 능력을 지닌다.

또한 Corder(1974)는 오류 발생 원인에 따라 언어간 전이(interlingual transfer), 언어내 전이(intralingual transfer)와 학습 환경 요소로 인한 오류의 세가지로 분류하였다. 언어간 전이는 학습자가 지닌 목표어의 지식이 부족할 경우 자신의 모국어의 규칙을 활용하여 문제를 해결하고자 하는데, 이로 인해 학습자의 모국어 습관이 목표어의 수행에 영향을 끼쳐 발생하게 된다. 이러한 언어간 전이는 목표어의 지식이 상대적으로 부족한 초급 단계의 학습자에게 많이 발생하여 학습자의 목표어 실력이 향상됨에 따라 감소하게 된다. 언어내 전이는 학습자가 목표어의 문법 규칙을 내재화하고 적용하는 과정에서 그 적용 범위에 대한 정확한 지식이 없는 상황에서 발생한다. 즉 다양하게 적용되는 목표어의 문법을 과일반화하거나 단순화하는 경우가 대표적이다. 마지막으로 학습 환경 요소로 인한 오류는 교사의 잘못된 설명, 수업지도 방법의 문제, 부적절한 교재 선택 등에 의해 발생할 수 있다.

Dulay, Burt and Krashen(1982)은 오류를 언어학적 범주, 표면 전략 범주, 모국어와 목표어의 비교분석에 따라 분류하는 모형을 제시하였다. 언어학적 범주에 따른 분류는 음운이나 발음, 통사, 형태, 의미, 어휘, 담화와 같은 언어 구성 성분의 오류나 문장 구성 요소에서의 오류이며, 표면 전략에서의 오류는 생략, 첨가, 누락, 변형, 어순의 오류, 형태의 오류이다. 그리고 비교 분석에 따른 오류는 발달적 오류와 언어간의 오류이다

형식적인 접근으로는 우선 Corder(1971)가 있는데 학습자 오류를 명백한 오류(overt errors)와 숨은 오류(covert errors)로 오류를 구분하였다. 명백한 오류는 문장에서 비문법적인 요소가 명백히 드러난 오류를 의미하며 숨은 오류는 문법적인 오류는 없지만 담화상, 맥락상 부적절한 것을 이야기한다.

Burt(1974)는 전체 오류와 부분 오류로 범주화하였다. 전체 오류는 문장의 의미를 이해하는데 있어 영향을 미치는 오류를 뜻한다. 이러한 전체 오류는 잘못된 어순, 접속사의 잘못된

사용이나 생략, 문법 규정의 과일반화 적용, 통사 규칙의 생략 등으로 발생한다. 그리고 부분 오류는 명사 사용 오류, 굴절 오류, 관사나 조동사의 오류와 같은 전체적인 의미 전달에는 영향을 주지 않는 단어 사용의 부분적인 오류를 이야기한다. Burt는 오류 분석에서 학습자에 의해서 생산되는 오류뿐 아니라 그 내용을 받아들이는 상대와의 의사소통 과정에 주목하였다.

Kleppin(1998)은 오류의 분류 방법으로 오류의 원인에 따른 분류, 수행 오류와 능력 오류로 분류, 의사소통에 장애를 주는 오류와 장애를 주지 않는 오류로 분류, 언어 층위에 따른 분류 방법 등 다양한 분류 방법이 있다고 하였다. 이 중 의사소통에 장애를 주는 오류는 화자의 의도를 상대방이 이해하지 못하도록 하는 오류이며, 의사소통에 장애를 주지 않는 오류는 부분적 문제는 있지만 화자의 의도를 상대방이 알아챌 수 있을 정도의 오류이다. 그리고 언어 층위에 따른 분류 방법으로는 발음 오류나 정서법 오류인 음성·음운 오류, 동사 인칭 변화에서 어미의 변화가 잘못된 경우와 형태상의 오류와 어순 잘못과 같은 통사적 오류를 포함하는 형태·통사론적 오류, 맥락에 맞지 않은 단어를 사용하는 등의 어휘·의미론적 오류, 문체가 맞지 않거나 상황에 맞지 않은 표현이나 해당 언어 문화에 적합하지 않은 오류인 화용론적 오류, 내용이 잘못된 내용 오류로 나눌 수 있다.

<표 1> 학습자 오류 유형 분류

내용적 접근	Richard (1971)	언어간 오류
		언어내 오류
		발달 오류
	Corder (1973)	선체계적 오류
		체계적 오류
		후체계적 오류
	Corder (1974)	언어간 전이
		언어내 전이
		학습 환경 요소로 인한 오류
	Dulay, Burt & Krashen (1982)	언어학적 범주
		표면 전략 범주
		모국어와 목표어의 비교분석에 따른 오류
형식적 접근	Corder (1971)	명백한 오류
		숨은 오류
	Burt (1974)	전체 오류
		부분 오류
	Kleppin (1998)	오류의 원인에 따른 분류
		수행 오류와 능력 오류
		의사소통에 장애를 주는 오류와 장애를 주지 않는 오류
		언어 층위에 따른 오류 분류

4. 관형사형 어미의 기능별 오류 양상

4.1. 연구 대상 및 연구 방법

본 연구는 외국인 유학생과 여성 결혼이민자를 대상으로 하는 이정희(2008)의 자료로 진행되었다.[11] 외국인 유학생과 여성 결혼이민자 각 3개 그룹씩 총 6개의 그룹으로 구성되어 있으며, 각 그룹당 일본, 중국, 베트남 국적 1명씩 참여하여 모두 18명이 참여하였다. 이들은 정규 한국어 교육 과정을 통하여 한국어를 학습한 후 학부, 대학원에 진학한 외국인 유학생과 3년 이상의 한국 생활으로 한국어를 자연스럽게 습득한 여성 결혼이민자로 모두 한국어 숙달도 고급 이상이다. 본 연구에서는 이들의 포커스 그룹 인터뷰의 녹화 동영상과 전사자료를 활용하여 이들의 관형사형 어미 사용 양상과 오류에 대하여 연구하였다. 인터뷰는 관찰자에 의하여 제공된 주제로 진행되었다.

외국인 유학생과 여성 결혼이민자 각 집단 간의 대화에서 관형사형 어미의 사용 및 오류 양상에 대해 살펴보기로 한다. 오류는 관형사형 어미의 오류만을 대상으로 삼았으며, 같은 어절에서 오류가 있다고 하더라도 관형사형 어미의 사용 오류가 아닌 부분은 제외하였다. 관형사형 어미 사용 및 오류 양상은 (1) 과거 (2)현재 (3) 미래 (4) 서법상 가능 (5) 서법상 직설 (6) 서법상 추측 (7) 서법상 회상 (8) 진행상 (9) 시간 명사와의 결합으로 분류하였다. 이는 관형사형 어미가 한국어에서 주로 시제를 담당하며 시제로 교육을 진행하고 있지만, 시제가 아닌 여러가지 의미 기능을 담당하고 있기 때문이다.

4.2. 관형사형 어미의 사용 및 오류 양상

외국인 유학생과 여성 결혼이민자들은 각 3개 그룹씩 6개의 그룹이 각각 10개의 주제로 전체 60번의 인터뷰를 진행하였다. 각 주제당 2~30분 정도의 토론을 진행하였으며, 60번의 인터뷰 중 42번, 총 1064분의 인터뷰를 분석하였다.

<표 2> 관형사형 어미의 사용 양상과 오류율

총 어절수	관형사형 어미 사용 어절수	사용율	관형사형 어미 오류 어절수	오류율
92,342	4,321	4.67%	213	4.92%

---

11) 본 논문의 오류분석 자료는 한국학술진흥재단의 지원으로 이루어진 이정희(2007, 2008)의 "여성 결혼이민자와 외국인 유학생의 한국어 사용 양상 비교 연구(KRF-2007-332-B00442)"의 일부이다.

전체 발화 어절은 92,342 어절이며, 이 중 관형사형 어미가 사용된 어절의 수는 4,321 어절로 관형사형 어미의 사용율은 4.67%임을 알 수 있다. 이 중 오류 어절은 213어절로 관형사형 어미 사용 어절수 대비 오류율은 4.92%로 나타났다. 이는 W조철현(2003)에서 나타난 관형사형 어미 오류율 3.9% 보다는 높으나, 이진경(2005)의 8.1% 보다는 낮은 수치이다.

각 기능별 관형사형 어미 사용 양상 및 오류율은 아래와 같다.

<표 3> 기능별 관형사형 어미 사용 양상 및 오류율

	어절수	관형사형 어미 대비 사용율	오류 어절수	오류율
과거	357	8.27%	47	13.15%
현재	2,029	46.95%	102	5.02%
미래	79	1.83%	2	2.51%
서법상 가능	339	7.85%	6	1.76%
서법상 직설	773	17.87%	15	1.94%
서법상 추측	69	1.58%	2	2.91%
서법상 회상	11	0.25%	1	9.23%
시간 명사와의 결합	513	11.86%	29	5.65%
진행상	152	3.50%	9	5.93%
합계	4,321	100%	213	4.92%

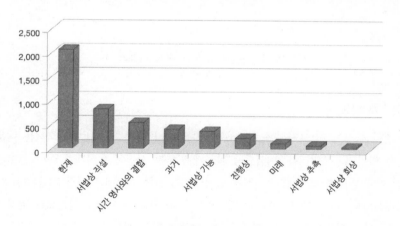

<그림 1> 관형사형 어미 사용 빈도 그래프

사용 빈도는 관형사형 어미의 기능 중 현재 시제의 빈도가 압도적으로 높다. 현재 시제로서의 관형사형 어미의 사용이 2,029 어절로 관형사형 어미 사용 대비 46.95%의 빈도를 보이고

있다. 이후 서법상 직설과 시간 명사와의 결합이 뒤를 잇는데, 이들 세 가지 기능이 전체 관형사형 어미 사용 빈도의 75%를 차지하고 있다. 하지만 서법상의 회상, 추측 그리고 미래시제로서의 관형사형 어미는 거의 사용되지 않고 있는데 이는 한국에서의 체류 경험을 바탕으로 하는 개인적인 인터뷰의 특성상 그 기능의 사용 빈도가 높지 않았을 것을 추측할 수 있다. 그리고 오류율은 과거, 진행상, 시간 명사와의 결합 순으로 나타나고 있다. (빈도가 적은 서법상 회상은 제외하였다.) 과거 시제의 경우 13.15%로 다른 관형사형 어미 기능의 대체로 2% ~ 6%의 오류율을 보이는 데 비하여 압도적인 오류율을 보이고 있다. 남기심·고영근(1985)에서도 언급되었듯 과거시제는 관형사형에서 독특한 방식으로 표시가 되고 있는데, 이로 인하여 학습자들은 과거 시제 표현인 '-(으)ㄴ'의 학습에 어려움을 느끼고 있음을 알 수 있다.

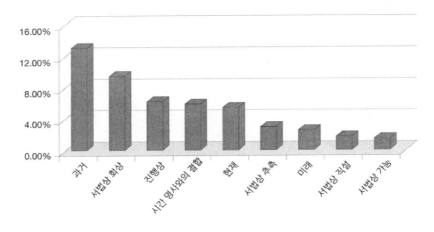

<그림 2> 관형사형 어미 오류 그래프

1) 시제상의 오류

시제는 어떤 사건이 어느 시점에 발생하였는지에 따라 이를 기준삼아 발화되는 내용의 상황의 시간을 나타내는 문법 범주이다. 즉 화자가 말하는 사건이나 상태가 이미 일어난 것인지, 아니면 현재 발생하고 있는지, 미래에 일어날 것인지를 나타내는 시간 개념이다. 이런 시제에는 절대시제와 상대시제가 있다. 절대시제는 화자의 발화 시간을 기준으로 발화 내용의 시간적인 위치를 나타내는 것이다. 상대시제는 화자의 발화 시간이 아닌 다른 시점을 기준으로 시간적인 위치를 나타내는 것이다. 시제상의 오류의 경우 이러한 절대시제와 상대시제의 이해 부족으로 인하여 발생하는 경우가 대부분이다.

① 과거 시제에서의 오류

357 어절이 사용되고 이중 47어절에서 오류가 발생해 13.15%의 오류율을 보인 과거 시제는 '-(으)ㄴ' 으로 표현되고 있다. 관형사형 어미 '-(으)ㄴ'은 동작동사와 결합할 경우 과거를 나타내고, 상태동사와 결합할 경우 현재를 나타낸다. 아래 표를 보면 '-(으)ㄴ'대신에 '-는'이 사용된 오류가 압도적으로 많음을 알 수 있는데, 이것으로 학습자들이 동작동사와 형태동사의 시제 표현에 어려움을 느끼고 있음을 알 수 있다.

<표 4> 과거 시제에서의 오류 양상

'-는' 으로 사용	'-(으)ㄹ' 로 사용	'-던' 으로 사용
43	2	2

과거 시제 표현 오류 47건 중 91.48%에 해당하는 43어절에서 '-(으)ㄴ'으로 사용되어야 할 과거 시제를 '-는'로 사용하는 오류를 보이고 있다.

(1) ㄱ. 일이년 전에 돌아가시는(√돌아가신) 할머니
　　 ㄴ. 아빠한테 물어보는(√물어본) 적 있어요
　　 ㄷ. 시험에 다 공부하는(√공부한) 거 나왔어요
　　 ㄹ. 우리 미국에서 오는(√온) 지도 5개월 됐어요

이는 결과성을 의미하는 '-(으)ㄴ'과 진행성을 의미하는 '-는'의 차이를 정확히 인지하지 못한 데서 기인한다. 위 예문 모두 과거의 결과를 의미한다. 즉 동작의 결과 이후 그 결과가 현재까지 지속되고 있으나 위 예문은 모두 동작의 진행을 의미하는 '-는'을 사용하였다. 즉, (1ㄱ) '돌아가시다', (1ㄹ) '오다'모두 그 결과가 지금까지 지속되고 있는 것이다.

② 현재 시제에서의 오류

관형사형 어미에서 현재 시제는 '-는'으로 표현되는데, 전체 2,029어절에서 사용되었고, 그 중 102어절에서 오류가 나타나 5.02%의 오류율을 보이고 있다.

<표 5> 현재 시제에서의 오류 양상

형용사에서 '-는' 사용	'-(으)ㄴ' 으로 대치	'-(으)ㄹ' 로 대치
75	20	7

(2) ㄱ. 중국서 이거 필요하는(√필요한) 사람 있어요

　　ㄴ. 조금이라도 뛰어나는(√뛰어난) 소질이 있어도

　　ㄷ. 근데 죽은(√죽는) 사람도 많아요

　　ㄹ. 직장하고 가정에서 차별할(√차별하는) 거는

　(2ㄱ) 과 (2ㄴ)은 모두 형용사에서 '-는'을 사용한 경우로, 형용사에는 '-(으)ㄴ'을 사용하여 현재의 기능을 나타내고 있으나 동사에서의 현재 시제를 나타내는 '-는'을 일반화하여 사용한 것으로 보인다.

　그리고 (2ㄷ)은 형태적으로는 문제가 되지 않으나 의미적으로 그 당시에 죽는 사람을 일컫는 것이지만, 과거 기능을 담당하는 관형사형 어미 '-(으)ㄴ'을 사용한 것이다. (2ㄹ)은 현재 발생하는 점을 이야기하고 있으나 미래의 관형사형 어미로 잘못 표현 하였다.

③ 미래 시제에서의 오류

　미래 시제의 경우는 79어절이 사용되고 이중 2어절에서 오류 양상이 나타나 2.51%의 오류율을 보이고 있다. 미래 시제는 관형사형 어미 '-(으)ㄹ'로 표현되고 있다. 그러나 '-(으)ㄹ'의 경우 시제 요소로 사용되는 경우 보다는 서법 범주에서 더 많이 사용되고 있다. 그러나 현재 한국어교육에서는 과거, 현재, 미래의 시제 개념으로 관형사형 어미를 주로 교육하고 있기 때문에 이로 인하여 학습자들이 혼란을 일으킬 가능성도 있다.

　(3) ㄱ. 결혼하는(√결혼할) 여자 없어 인기 없어

<표 6> 미래 시제에서의 오류 양상

'-(으)ㄴ' 으로의 대치	'-는' 으로의 대치
1	1

　(3ㄱ) 의 경우 미래 시제를 나타내는 관형사형 어미'-(으)ㄹ'에 대하여 정확한 개념을 숙지하지 못하여 발생한 오류로 판단된다. 즉 아직 발생하지 않을 사건이 앞으로 발생할 것을 예상하거나 기대될 경우 '-(으)ㄹ'을 사용하여야 하지만, 진행상을 의미하는 '-는'을 사용하였다.

2) 서법상의 오류

서법이란 화자가 말하는 내용에 대하여 갖는 심정적인 태도를 나타내는 문법 범주로 화자는 낱말 등의 구성 요소를 규칙적으로 배열하여 말하고자 하는 내용에 대한 자신의 태도를 보여주게 된다. 이는 어휘 범주와 구분되어 문장에 전반적으로 나타나며 문장의 문법적인 기능을 드러낸다. 서법상의 오류는 가능, 직설, 추측, 회상의 경우로 나누어 구분하였으나 회상의 경우 그 발화 빈도수가 적어 제외하도록 하겠다.

① 서법상 가능 오류

서법상 가능을 의미하는 관형사형 어미는 전체 339어절이 발화되어 이중 6어절에 오류가 발생하여 1.76%의 오류율을 보였다.

  (4) ㄱ. 어떤 사람이 살려준(√살려줄) 수 있는 걸
        ㄴ. 스트레스 풀려면 먹는(√먹을) 거 많이 먹어요

기회, 가능성, 방법, 등의 명사와 결합하는 관형사형 어미는 '-(으)ㄹ'로 사용이 되어야 하지만, (4ㄱ)과 (4ㄴ) 역시 이런 음운 규칙을 제대로 숙지하지 못하여 발생한 오류이다. 또한 (4ㄴ)에서 보듯 관형사형 어미 '-(으)ㄹ'동작동사와 같이 쓰이게 될 경우 동작의 대상이 되는 전체 개념 명사가 되기도 한다. 즉, (4ㄴ)에서 '먹을 거'는 먹는 동작의 대상이 되는 전체 음식을 의미하게 되었으며 흔히 '입을 것', '마실 것'이라고 하면 옷이나 음료수를 통칭하여 말하는 것이다.

② 서법상 직설 오류

현실의 사실을 그대로 서술할 때 쓰이는 서법으로 일반적으로 의문형, 평서형의 종결어미에서 명확히 보여지나, 관형사형 어미에서도 '-느-'의 형태로 등장한다. 즉, 직설법 선어말어미 '-느-'와 관형사형 어미 '-(으)ㄴ'이 결합하는 것이다.

  (5) ㄱ. 종이 그 항상 걸이는(√거는) 거
        ㄴ. 공연한(√공연하는) 데는 열여덟(8)명 정도 한 오토바이 타서 이렇게

이와 같은 서법상 직설법은 전체 773어절 중 15어절에서 오류가 나타나 1.94%의 오류율을

보였다.

③ 서법상 추측 오류

'-(으)ㄹ'이 시제에서 미래 시제를 나타내기도 하지만 언어 활동에서는 시제상의 미래 표현이라기 보다는, 서법 범주로 설명되기 쉬운 부분이 많다. '-(으)ㄹ'로 표현되는 서법상의 추측 표현은 전체 69어절 중 오류어절이 2어절로 2.91%의 오류율을 보인다.

(6) ㄱ. 일본도 비쓸(√비슷할) 것 같아요

ㄴ. 인기 많은(√많을) 거 같아요

(6)는 지금 현재 정확하게 그렇다는 것이 아니라 그럴 것 같다는 화자의 추측표현이 사용되어야 하는 문장이다. 회상 표현을 관형사형 어미 '-던'이 담당하는 것과 마찬가지로 서법상의 추측 표현도 관형사형 어미가 '-(으)ㄹ'로 고정되어 있다. 하지만 서법 범주에서의 '-(으)ㄹ'에 대하여 정확하게 숙지하지 못할 경우 위와 같은 오류가 발생한다.

3) 기타 관형사형 어미 오류

① 시간 명사와의 결합 오류

관형사형 어미 뒤에 시간을 나타내는 명사가 올 경우, 의미상으로는 미래의 개념이 없다고 하더라도 '-(으)ㄹ'을 사용한다. 이런 시간 명사와의 결합으로 인한 관형사형 어미는 513어절이 등장하였고, 이 중 29어절에서 오류가 발생하여 5.65%의 오류율을 보였다.

<표 7> 시간 명사와의 결합에서의 오류 양상

'-(으)ㄴ' 으로의 대치	'-는' 으로의 대치
18	11

(7) ㄱ. 베트남에 있은(√있을) 때도

ㄴ. 선생님 진짜 바쁘시니까 고친(√고칠) 시간이 없어요

ㄷ. 열한시 반까지 하는(√할) 때도 있어

ㄹ. 남편보다 늦게 집에 가는(√갈) 때가 있네요?

(7ㄱ)과 (7ㄴ)은 모두 '-(으)ㄴ'을 사용한 경우이고, (4ㄷ)과 (4ㄹ)은 모두 '-는'을 사용한 경우이다. 하지만 뒤에 결합하는 명사가 시간 관련 명사로서 그 실제 의미가 과거, 현재, 미래를 의미함과 상관없이 '-(을)ㄹ'을 사용하여야 한다. 물론, 후행절과의 완료 시간의 선후 관계에 따라 '-었을'로 사용되는 경우도 있으나 이 역시 과거 선어말어미'-었-'과 관형사형 어미'-(으)ㄹ'의 결합으로 볼 때 시간 명사와 결합할 경우 관형사형 어미는 '-(으)ㄹ'이 사용된다라고 할 것이다.

② 진행상에서의 오류

동작 동사와 결합하여 동작의 진행을 표시하는 것으로 관형사형 어미에서는 '-는'으로 표현할 수 있다. 진행상은 상태동사와는 결합할 수 없으며 '-는 중'의 형태로 나타나기도 한다. 이러한 진행사은 모두 152어절이 발화되어 9어절의 오류를 보여 5.9%의 오류율을 나타내고 있다.

(8) ㄱ. 고스톱 치면(√치는) 사람은 일 안하잖아요

　　 ㄴ. 같이 놀아단(√놀아다니는) 거 좋아해요.

(8ㄱ)는 일을 안하는 시점에서 고스톱을 치고 있어야 하기 때문에 진행상을 나타내는 관형사형 어미가 사용되어야 하며, (8ㄴ)의 화자가 좋아하는 것은 같이 돌아다니는 행위 그 자체를 좋아하는 것으로 역시 진행상 관형사형 어미가 사용되어야 한다.

<Abstract>

Error analysis adnominal suffix on spoken language for Korean language learner

Kim, Hyoung-joo (Kyung Hee University)

This study would aim to suggest educational method for adnominal suffix which korean language learner have difficulties to study through Focus on Form. Following connective suffix, adnominal suffix is the second most used suffix of prefinal ending, final ending, connective suffix, adnominal suffix and nominalizer ending. But considering frequency of use for each grammatical features, adnominal suffix get heavy use of them.

In spite of frequency of use, korean language learner would make grammatical error for adnominal suffix second frequently in the whole grammatical fearure.

For research, this study analyze use aspect of adnominal suffix and error type for korean language learner based on recording data of focus group interview on foreign student for undergraduate or graduate studies and marriage immigrant women.

This study shows that korean language learner have difficulties applicating adnominal suffix of the past tense and the present of an adjective. Afterwards, we should suggest educational method for adnominal suffix based on this study.

Key Words

adnominal suffix(관형사형 어미), error analysis(오류분석), focus group interview(포커스 그룹 인터뷰)

참고문헌

강나영. (2007). 여성 결혼이민자의 한국어 의사소통 능력의 학습. 서울대학교 대학원 석사학위논문.

강범모. (2005). 한국어 형태소 및 어휘 사용 빈도의 분석. 서울: 고려대학교 민족문화연구원.

강소영. (2012). 이중언어 사용자의 코드 스위칭의 유형과 원인 분석. 한어문교육, 26, 207-237쪽.

강승혜. (2005). 한국어 고급 말하기 평가 도구 개발 기초 연구 -고급말하기 토론 활동을 중심으로-. 말, 30, 1-21쪽.

강현화. (2007). 한국인의 가치문화 교수방안. 언어와 문화, 3(2), 85-115쪽.

고은정. (2013). 한국어 학습자의 관계절 습득 연구. 이화여자대학교 국제대학원 한국학과 석사학위논문.

구지은. (2006). 국제결혼 이주여성을 위한 한국어 교재 개발 방안. -부산·경남 지역 중심-, 부산외국어대학교 교육대학원 석사학위논문.

구현정, 전영옥. (2005). 의사소통의 기법. 서울: 박이정.

국립국어연구원. (2002). 현대 국어 사용 빈도 조사. 국립국어연구원.

권미경. (2006), 다문화사회의 교육문화 과제 탐색: 여성 결혼이민자의 체험에 관한 질적 연구. 동아대학교 박사학위논문.

권미진. (2013). 외국인 유학생과 여성 결혼이민자의 한국어 담화에 나타난 종결표현 변이 연구. 경희대학교 교육대학원 석사학위논문.

김건희, 권재일. (2004). 구어 조사의 특성-문법 표준화를 위한 계량적 분석. 한말연구, 15, 1-22쪽.

김경령. (2001a). A study of the Syntactic Development of Korean-English Bilingual Children, 한국어 교육, 12(2), 71-88쪽.

김경령. (2001b). The Sociolinguistic Constraints on Code Switching, 이중언어학, 19(1), 111-135쪽.

김경령. (2002). Syntactic Constraints on Code Switching, 현대영어교육, 3(1), 3-16쪽.

김경지. (2001). 중급 학습자를 위한 한국어 교육 연구 : 영화와 노래를 중심으로 한 수업 활동. 경희대학교 교육대학원 외국어로서의 한국어교육 석사학위논문.

김광숙. (2010). 교사 피드백 유형과 수정활동 유무가 중학생의 영어 쓰기 능력 및 태도에 미치는 영향: 정확성과 유창성을 중심으로. 이화여자대학교 교육대학원 석사학위논문.

김광해 외. (1999). 국어지식탐구. 서울: 도서출판 박이정.

김기혁. (2001). 국어학. 서울: 도서출판 박이정.

김길영. (2003). 한국어 화용론. 서울: 세종출판사.

김덕기. (1989). 정확성과 유창성의 재조명. 영어교육, 37, 27-43쪽.

김립인. (2005). 교육 서비스 품질, 만족 및 전환장벽이 고객충성에 미치는 영향: 국내 대학의 외국인 학생을 중심으로, 고객만족경영연구, 7(2), 97-116쪽.

김미형. (2004). "한국어 구어와 문어의 특징 연구", 한말연구, 15, 23-73쪽.

김민재. (2004). 외국인 유학생을 위한 내용중심 대학예비교육과정 설계 연구. 경희대학교 석사학위논문.

김민희. (2012). 자가 수정과정이 영어 쓰기 유창성에 미치는 영향 연구. 성인 학습자를 중심으로. 중앙대학교 교육대학원 석사학위논문.

김보경. (2012). 재미동포 한국어 학습자의 서술어 오류 연구. 상명대학교 대학원 한국학과 박사학위논문.

김상수. (2009). 한국어 학습자 발화의 유창성 연구. 부산대학교 박사학위논문.

김선미. (2004). TV 프로그램을 이용한 한국 문화 학습 방안. 고려대학교 교육대학원 외국어로서의 한국어교육 석사학위논문.

김선정. (2006). 결혼 이주여성을 위한 한국어교재 구성 방안. 대구경북지역인적자원개발지원센터 연구보고서. 9-11쪽.

김선정. (2007). 결혼 이주 여성을 위한 한국어 교육. 이중언어학, 33, 423-446쪽.

김선정. (2008). 결혼 이민자 한국어 교육의 현황과 과제 -교육과 연구의 방향성 제시-. 국제한국어교육학회 학술대회논문집, 2008, 101-110쪽.

김선정, 강현자. (2012). 여성 결혼이민자의 구어 자유 담화 분석 -사회언어학적 능력을 중심으로-. 비교문화연구, 26, 509-533쪽.

김선정, 김목아. (2011). 중국인 한국어 학습자의 중간언어 연구 -평균발화길이(MLU)와 어휘적 특성을 중심으로. 비교문화연구, 22, 303-328쪽.

김수미. (2010). 여성결혼이민자 담화에 나타난 연결어미 오류 분석 연구. 경희대학교 교육대학원 석사학위논문.

김수정. (2002). 한국어 문법교육을 위한 연결어미 연구. 서울대학교 박사학위논문.

김양진. (2001). 다툼대화분석을 통한 말하기 교육 방법 연구. 인천교육대학교 교육대학원 초등국어교육 석사학위논문.

김영은. (2010). 한국어 비원어민 화자 간에 나타난 말 끼어들기 양상 연구. 경희대학교 교육대학원 석사학위논문.

김영태. (1997). 2-4세 아동의 발화길이에 관한 기초연구. 말-언어장애연구, 2, 5-26쪽.

김옥선. (1995b). 모국인 대 외국인의 의사소통에 나타난 바로잡기. 텍스트 언어학, 3, 363-384쪽.

김유미. (2000). 학습자 말뭉치를 이용한 한국어 학습자 오류 분석 연구. 연세대학교 석사학위논문.

김유정. (2005). 한국어 학습자 말뭉치 오류분석의 기준 연구. 한국어 교육, 5(1), 45-75쪽.

김은영. (2003). 중국인 한국어 학습자의 작문에 나타난 중간언어 양상 연구. 단국대학교 대학원 석사학위논문.

김은영. (2010). 한국어 교재 대화문에 나타난 명령 · 요청 · 제안의 적절성 연구. 경희대학교 교육대학원 석사학위논문.

김인규. (2003). 학문 목적을 위한 한국어 요구 분석 및 교수요목 개발. 한국어교육, 14(3), 81-118쪽.

김일란. (2007). 여성 결혼이민자 대상 한국어 교육을 위한 교수요목 개발 연구. 경희대학교 석사학위논문.

김정남. (2006). 한국어 학습자의 오류 유형에 대한 연구. 이중언어학, 32, 115-138쪽.

김정민. (2002). 한 · 일 국제결혼 가정에서 사용되는 호칭에 관한 연구. 중앙대학교 교육대학원 석사학위논문.

김정숙. (2000). 학문적 목적의 한국어 교육 과정 설계를 위한 기초 연구. 한국어 교육, 11(2), 1-19쪽.

김정숙 외. (2007). 한국어 표준 말하기 시험 측정 도구를 위한 기초 연구. 한민족어문, 51, 229-258쪽.

김정은. (2003). 한국어교육에서의 중간언어와 오류 분석. 한국어교육, 14(1), 29-50쪽.

김정은. (2004). 한국어 교육에서의 언어 문화 교육. 이중언어학, 26, 45-68쪽.

김정은. (2008). 문화 간 의사소통의 갈등 양상 분석, 한국어교육, 19(2), 1-38쪽.

김종록. (2008). 외국인을 위한 표준 한국어 문법. 서울: 도서출판 하우.

김종택, 임지룡, 이문규, 최웅환. (2001). 화법의 이론과 실제. 대구: 정림사.

김중섭. (2002). 한국어 학습자의 연결 어미 오류 양상에 관한 연구. 한국어 교육, 13(1), 87-109쪽.

김중섭. (2010a). 한국어 교육의 이해. 서울: 도서출판 하우.

김중섭. (2010b). 한국어 교육학의 정체성에 관한 연구. 한국어교육, 15(2), 75-92쪽.

김지혜. (2009). 외국어로서의 한국어 내포문 교육 연구. 한국어교육, 20(1), 45-67쪽.

김태경 외. (2006). 연령 및 성별 변인과 MLU의 상관관계 연구. 국제어문, 38, 107-124쪽.

김태경, 이필영. (2007). 유창성 요인으로 본 말하기 능력. 한국언어문화, 34, 25-44쪽.

김현숙. (2008). 국제결혼 이주여성의 한국 사회적응에 관한 연구. 호남대학교 석사학위논문.

김화영. (2005). 대학교육의 국제화를 위한 외국인유학생 유치 활성화방안. 울산대학교 석사학위논문.

남기심, 고영근. (1993). 표준국어문법론. 서울: 탑출판사.

남수경, 채숙희. (2004). 한국어 학습자의 연결어미 사용 연구. 한국어 교육, 15(1), 32-33쪽.

노구치 타카히로. (2004). 한국어교육 전공자용 한국어 전문 어휘 교육 연구. 경희대학교 교육대학원 석사학위논문.

노미연. (2012). 한국어 학습자의 구어 오류와 후속 상호작용 분석 연구 – 인터뷰 평가 담화를 중심으로. 동국대학교 대학원 국어국문학과 외국어로서의 한국어교육전공 박사학위논문.

두경자. (2003). 내국인 및 재한 외국인 유학생을 위한 공공가정 설계의 기초. 사회과학연구, 16, 1–10쪽.

문숙영. (2005). 한국어 시제 범주 연구. 서울대학교 대학원 국어국문학과 국어학전공 박사학위논문.

미기달치. (2006). 접속조사 て와 한국어 연결어미 대조 연구. 연세대학교 석사학위논문.

민자. (2001). 오류 분석을 통한 효율적인 한국어 지도 방안 연구: 초급 단계 중국인 학습자들의 작문에 나타나는 오류를 중심으로. 서울대학교 대학원 국어교육과 국어교육전공 석사학위논문.

박석준. (1999). 현대국어 종결어미의 체계화에 대한 몇 가지 –목록 설정과 관련하여 '–거든'과 '–려고'를 중심으로–. 교육연구, 7(1), 225–244쪽.

박석준, 남길임, 서상규. (2003). 대학생 구어 텍스트에서의 조사 · 어미의 분포와 사용 양상에 대한 연구. 텍스트언어학, 14호, 139–167쪽.

박성현. (1995). 한국어 말차례체계와 화제. 서울대학교 대학원 박사학위논문.

박소연. (2009). 고등학교 영어회화 교과서의 말하기 활동 분석 –정확성과 유창성을 중심으로–. 한양대학교 교육대학원 석사학위논문.

박숙영. (2007). 문화간 의사소통을 위한 가치문화 교육 방안. 경희대학교 교육대학원 외국어로서의 한국어교육 석사학위논문.

박아청. (1999). 외국인 유학생을 위한 상담의 체제. 대학상담연구, 10(1), 73–87쪽.

박영순. (2004). 한국어 담화 · 텍스트론. 한국문화사.

박영순. (2005). 한국어 문법 교육의 이론과 실제: 한국어 문법 교육의 방향. 국어교육연구, 16, 107–123쪽.

박영순. (2007). 한국어 화용론. 서울: 박이정.

박용익. (2003). 수업 대화의 분석과 말하기 교육. 서울: 도서출판 역락.

박은정. (2009). 이중문화가정 자녀의 평균발화길이와 어머니 언어입력과의 상관관계에 대한 일고찰. 언어와 문화, 5(2), 129–149쪽.

박은정, 김선정. (2010). 여성결혼이민자의 한국어 습득 양상 연구: 평균 발화 길이(MLU)를 중심으로. 언어연구, 26(2), 241–258쪽.

박재연. (2009). 한국어 관형사형 어미의 의미 기능과 그 문법 범주. 한국어학, 43, 151–177쪽.

박준언, R.C, Troike, 박매란. (1993). Constraints in Korean-English Code-Switching, 응용언어학, 6, 115–133쪽.

박지순, 서세정. (2009). 쓰기 텍스트 분석을 통한 한국어 학습자의 통사적 숙달도측정 연구, 언어와 문화, 5(2), 151–173쪽.

박지윤. (2007). 이중언어 환경 아동의 언어연령과 평균형태소길이의 특성, 특수교육저널: 이론과 실천, 8(3), 445-463쪽.

박혜진. (1997). 정보화 시대 대학교육 국제화에 관한 연구: 학생교류를 중심으로, 이화여자대학교 석사학위논문.

박효은. (2008). 자기수정을 통한 차이 조목하기가 한국어 말하기 정확성에 미치는 영향: 원인 연결어미와 연결표현을 중심으로, 이화여자대학교 국제대학원 석사학위논문.

방성원. (2000). 통합 교수를 위한 한국어 교재 개발 연구, 한국어 교육, 11(2), 111-131쪽.

백봉자. (1980). 연결어미 '-느라고, -느라니까, -느라면'의 의미와 기능. 외국어로서의 한국어교육, 5, 77-93쪽.

백봉자. (2001). 교재와 교수법을 통해 본 한국어 교육의 역사와 과제. 말, 25(1), 11-31쪽.

백봉자. (2006). 외국어로서의 한국어 문법 사전. 서울: 도서출판 하우.

백봉자 외. (2008). 세종학당 교재 개발 연구. 국립국어원.

백수진. (2010). 문말 '-는데'의 담화 기능에 대한 연구. 경상대학교 대학원 석사학위논문.

서경화. (2003). 일본·중국 유학생의 한국음식 기호도 및 한식당 만족도에 관한 연구. 경희대 관광대학원 석사학위논문.

서상규, 구현정. (2002). 한국어 구어 연구(I). 서울: 한국문화사.

서상규, 구현정. (2005). 한국어 구어 연구(2) -대학생 대화 말뭉치를 중심으로-. 서울: 한국문화사.

서정수. (1994). 국어 문법. 서울: 뿌리 깊은 나무.

서하석. (2008). 의사소통을 위한 언어와 문화의 이해, 서울: 한빛문화.

설동훈 외. (2005). 국제결혼 여성 결혼이민자 실태조사 및 보건·복지 지원 정책방안. 보건복지부.

성수진. (2001). 말더듬 아동에서의 발화길이 및 통사적 복잡성과 비유창성의 관계, 연세대학교 대학원 석사학위논문.

성수진, 심현섭. (2002). 학령전기 유창성장애아동의 발화길이 및 통사적 복잡성과 비유창성의 관계 연구. 언어청각장애연구, 7(1), 102-129쪽.

성지연. (2002). 오류 분석을 통한 한국어 관형사형 어미 사용 연구: 일본인 중급 학습자를 중심으로. 고려대학교 대학원 국어국문학 석사학위논문.

성지연. (2006). 초급 한국어 학습자의 어미 사용 양상. 어문연구, 34(4), 497-516쪽.

성지연. (2007). 초급, 중급, 고급 과정에 나타나는 한국어 학습자의 어말 어미 사용 실태 연구. 이중언어학, 34, 221-245쪽.

성진선. (2001). 외국인을 위한 한국어 교육의 연구. 사림어문연구, 14, 217-250쪽.

소윤희. (1989). Code-Switching in Inter-ethnic Communication. 응용 언어학, 2, 97-112.

손옥현. (2009). 한국어교육을 위한 종결기능 연결어미 양상 연구. 경희대학교 석사학위논문.

손호민. (1999). 미국에서의 한국어 교육 방법. 국어교육연구, 6(1), 167-194쪽.

손희연. (1999). 수업 담화의 바로잡기 연구. 연세대학교 대학원 국어국문학과 석사학위논문.

손희연. (2006). 한국어 수업 상황의 코드 스위칭 -프랑스의 한국어 수업에서 관찰되는 유형과 기능-. 이중언어학, 31, 123-151쪽.

송경숙. (2008). 담화 화용론. 서울: 한국문화사.

신경주, 장상옥, 안선민. (2006). 외국인 유학생의 주거계획을 위한 연구 -주거유형별 주거만족, 선호 및 요구를 중심으로. 한국생활환경학회지, 13(1), 31-44쪽.

신명선. (2011). 다문화가정 아동의 비유창성 특징. 한국콘텐츠학회논문지, 11(3), 254-261쪽

신문경. (2006). 학문 목적의 한국어 교육과정 개발 연구: 외국인 대학생의 교육 사례를 중심으로. 경희대학교 교육대학원 석사학위논문.

신상성. (2004). 현단계 한국어 교양교육의 현황과 문제점. 인문사회논총, 11, 31-46쪽.

신상현. (2013). 여성 결혼이민자와 유학생의 한국어 구어 발화에 나타난 의사소통 문제 연구. 경희대학교 교육대학원 석사학위논문.

신현정. (2005). 한국어 학습자들의 '-겠-'과 '-(으)ㄹ 것이' 사용에 나타난 중간언어 변이 연구. 이화여자대학교 대학원 석사학위논문.

심혜선. (2010). 결혼 이주 여성 대상 문화간 의사소통 훈련 효과 연구. 연세대학교 교육대학원 외국어로서의 한국어교육 석사학위논문.

심홍림. (2005). 정상 성인의 비유창성 특징과 말 속도에 관한 연구. 한림대학교 박사학위논문.

안경화. (2004). 일본어권 한국어 학습자의 언어간 전이 오류 연구. 어문연구, 32(3), 471-492쪽.

안길순, 양영희. (2004). Korean Students' Code-Switching in their Communications. 언어학, 12(2), 245-262쪽.

안선민. (2004). 주한 외국인 유학생 주거의 특성 및 만족도. 한양대학교 석사학위논문.

안정호. (2005). 학문 목적 한국어 학습자를 위한 학습 기술 향상 방안 연구: 학습 토론 수업을 중심으로. 한양대학교 교육대학원 석사학위논문.

안주호. (2013). 한국어 학습자 간(間) 담화에서의 코드전환 연구. 담화와 인지, 20(1), 137-159쪽.

양민애. (2006). 상경계 전공 외국인 유학생을 위한 경제학 기본 개념 교육에 관한 연구: 속담 활용 모색을 통하여. 연세대학교 석사학위논문.

엄철주. (1998). 유창성의 시간변인적 접근. 외국어교육, 4(2), 97-114쪽.

엄혜경. (2004). 국내 외국 유학생의 한국 문화 적응에 관한 연구. 중앙대학교 석사학위논문.

오경식. (2004). 외국인 학생 유치 및 지도사례: 동남아권 중심. 대학교육, 132, 23-29쪽.

오경화. (2011). 중국인 학습자의 한국어 쓰기 오류 분석 연구. 호남대학교 대학원 국어국문학과 국어학전공 석사학위논문.

오미영, 정인숙. (2005). (알기 쉬운 커뮤니케이션 길라잡이) 커뮤니케이션 핵심이론. 서울: 커뮤니케이션북스.

오윤정. (2010). 한국 고등학교 EFL 학습자들의 요청 화행 능력 연구. 숙명여자대학교 교육대학원 영어교육 석사학위논문.

오현진. (2008). 말하기 · 듣기 교육에서의 적절성에 관한 연구. 고려대학교 박사학위논문.

왕한석. (2006). 국제결혼 이주여성의 언어 적응의 제 양상. 담화 · 인지언어학회 학술대회 발표논문집, 3-17쪽.

왕한석. (2007). 또 다른 한국어. 파주: 교문사. 71-348쪽.

왕한석, 하건수, 양명희. (2005). 국제결혼 여성 결혼이민자의 언어 및 문화 적응 실태 연구 - 전라북도 임실군(및 순창군·남원시) 일원 사례 보고서-. 국립국어원.

원길상. (2004). 외국인 학생 유치 전략과 학생관리: KDI 국제정책대학원. 대학교육, 132, 30-37쪽.

원해영. (2011). 한국어교육을 위한 구어체 종결어미 '-잖아(요)' 연구. 한국언어문학, 79, 307-327쪽.

유승섭. (2010). 한국어 관형사형 어미의 형태적 오류와 교육 방안 ―'-(으)ㄹ 때/-었을 때'를 중심으로―, 국어문학, 48. 301-330쪽.

유영은. (2007). 결혼이주여성의 생활문화적응을 위한 사례 연구와 지원방안. 명지대학교 석사학위논문.

유예진. (2013). 외국인 유학생과 여성 결혼이민자의 구어 발화에 나타난 평균발화길이와 유창성 간의 상관관계. 경희대학교 교육대학원 석사학위논문.

유해헌. (2010). 재미 동포 아동의 코드 스위칭(Code Switching) 연구 -구어 담화를 중심으로-. 경희대학교 교육대학원 석사학위논문.

윤상호. (2012). 한국어 교육을 위한 의례적 인사표현 용법 연구. 세종대학교 대학원 국어국문학과 석사학위논문.

윤석민. (2000). 현대국어의 문장종결법 연구. 서울: 집문당.

윤숙희. (1987). Communication Practice의 이론 및 지도 방안에 관한 연구: Pattern Practice와의 연결을 중심으로. 이화여자대학교 교육대학원 어학교육전공 영어교육분야 석사학위논문.

윤영숙. (2007). 중국인 학습자의 한국어 어미오류 분석. 코기토, 61, 31-58쪽.

윤춘재, 송영복. (2010). 다문화 가정 아동의 읽기 유창성 평가 및 지도. 독서연구, 23, 207-228쪽.

윤평현. (2005). 현대국어 접속어미 연구. 서울: 도서출판 박이정.

윤혜리. (2006). 학문 목적 한국어 읽기 교재 개발 연구: 중국인 학습자를 대상으로. 경희대 교육대학원 석사학위논문.

윤희정. (2003). 초등 영어 수업에서의 의사소통 전략 지도: 현장 개선 연구. 이화여자대학교 교육대학원 영어교육 석사학위논문.

이경주. (2008). 한국어 학습자를 위한 우호적 청자반응표현 연구. 한국외국어대학교 교육대학원 외국어로서의 한국어교육 석사학위논문.

이국희. (2012). 어머니의 상호작용행동과 평균발화길이 영 · 유아의 평균발화길이 간의 경로분석: 다문화가정과 일반가정 비교, 울산대학교 대학원 석사학위논문.

이덕희. (2004). 요구 분석을 통한 학문 목적의 한국어 교육과정 설계 연구. 연세대 교육대학원 석사학위논문.

이명오. (2009). 구어 교육을 위한 한국어 어미 연구 -비격식체를 중심으로-, 계명대학교 대학원 석사학위논문.

이미혜. (2005). 한국어 문법 항목 교육 연구. 서울: 도서출판 박이정.

이민경. (2005). 대화 상대자에 따른 의사소통 전략 사용 양상 연구. 한국어 학습자의 중간언어 연구. 서울: 커뮤니케이션북스.

이민경. (2007). 이주여성을 위한 한국어 일일학습 교재 개발 방안 연구. 부산외국어대학 석사학위논문.

이석형. (2011). 한국인 영어학습자의 영어발화 유창성 등급과 발화에 내재된 시간적 변수간의 관계 분석. 중앙대학교 대학원 석사학위논문.

이성미. (2006). 신학전공 한국어 학습자를 위한 내용 중심 교육 연구. 경희대 교육대학원 석사학위논문.

이성영. (1994). 표현 의도의 표현 방식에 관한 화용론적 연구. 서울대학교 박사학위논문.

이소연. (2009). 외국인을 위한 한국어 복합종결어미 교육 방안. 한양대학교 석사학위논문.

이수경. (1996). 일본어를 모어로 하는 한국어 학습자의 오용의 경향에 관하여, 한국말교육, 7, 87-108쪽.

이수복 외. (2007). 취학전 이중언어아동의 비유창성 특성 연구. 언어청각장애연구, 12(2), 293-316쪽.

이수진, 황민아. (2001). 발화길이와 유창성 간의 교환효과. 음성과학, 8(4), 157-168쪽.

이숙. (2008). 생략의 담화 원리. 어문학논총, 27, 217-229쪽.

이옥주. (2007). 제2언어 학습자의 오류 이론에 관한 연구: 대조분석가설, 발전적 구문형성 가설, 오류분석가설을 중심으로. 위덕대학교 일반대학원 영어학 석사학위논문.

이완기. (1995). 대학생의 영어 말하기 능력 평가 모형. 영어교육, 50(1), 37-63쪽.

이용. (2003). 연결어미의 형성에 관한 연구. 서울: 역락.

이원표(1999). 토크쇼에서의 말 끼어들기: 담화 기능과 사회적 요인. 담화 · 인지 언어학회, 6(2), 29-30쪽.

이원표. (2001). 담화분석: 방법론과 화용 및 사회언어학적 실례. 서울: 한국문화사.

이윤아. (2012). 한국어 교육을 위한 종결어미 '-군요'의 담화 맥락 연구. 경희대학교 석사학위논문.

이윤진. (2002). 한국어 학습자의 연결어미 사용연구. 이화여자대학교 교육대학원 석사학위논문.

이은경. (1996). 국어의 연결 어미 연구. 서울대학교 박사학위논문.

이은기. (2005). 오류 분석을 통한 한국어 관형절 시제 교수 방안 연구: 일본인 학습자를 대상으로. 이화여자대학교 교육대학원 외국어로서의한국어교육 석사학위논문.

이은주. (2006). 결혼 이주여성을 위한 초급 한국어 교재 단원 내용 구성 방안: 의사소통 상황 중심. 선문대학교 교육대학원 석사학위논문.

이장호. (1979). 서울대학교 외국인학생의 수학현황 및 지도상의 문제점. 학생연구15(2), 139-150쪽.

이재경. (2002). 한국어 학습자의 연결어미 오류 분석과 지도 방안. 고려대학교 교육대학원 석사학위논문.

이재희. (1999). 초등 교사 교실 영어의 오류와 개선 방안. 영어교육, 54(4), 353-371쪽.

이정란. (1992). 교실 상황에서의 모국어 전이 현상 연구: 주어 구조를 중심으로. 서울대학교 대학원 석사학위논문.

이정옥. (2006). 경상북도 결혼이주여성 현황 및 적응교육, 한국어의 미래를 위한 제1차 토론회: 국외 동포 및 이주민을 위한 한국어 교육을 중심으로. 한국어의 미래를 위한 제1차 토론회: 국외 동포 및 이주민을 위한 한국어 교육을 중심으로, 2006, 72-84쪽.

이정화. (2010). 말하기 전략 활성화를 위한 어휘 교육 연구. 이화여자대학교 대학원 국어국문학과 박사학위논문.

이정희. (1999). 영화를 통한 한국어 수업 방안 연구. 국제한국어교육학회, 10(1), 221-240쪽.

이정희. (2001a). 한국어 학습자의 시제 오류 연구. 이중언어학, 18, 259-277쪽.

이정희. (2001b). 한국어 오류 연구의 현황 및 문제점에 관한 일고찰. 어원연구, 4, 165-183쪽.

이정희. (2002). 한국어 학습자의 표현오류 연구. 경희대학교 대학원 국어국문학과 박사학위논문.

이정희. (2003). 한국어 학습자의 오류 연구. 서울: 박이정.

이정희. (2008). 외국인 유학생과 여성결혼이민자의 언어 사용 양상 비교를 위한 기초 연구. 51회 국어국문학회 전국학술대회.

이정희. (2009). 여성 결혼이민자의 구어 담화 특징 연구, 이중언어학, 39, 265-292쪽.

이정희. (2010). 인식 조사를 통한 한국어 구어 유창성의 개념 및 요인 연구, 한국어 교육, 21(4), 183-204쪽.

이정희. (2011). 외국인의 한국어 구어 발화에 나타난 연결어미 사용 양상 연구 -결혼이민자와 외국인 유학생의 비교를 중심으로-. 이중언어학, 45, 189-207쪽.

이정희, 김중섭. (2005). 한국어 학습자의 어휘 오류 분류에 관한 연구. 이중언어학, 29, 321-346쪽.

이준규. (2010). A Structural Account of Intrasentential Code-switching in Korean-English Bilingual Speech. 언어학, 18(3), 93-110쪽.

이준호. (2008). 화용론적 관점에서 본 의문문 교육 연구: 한국어 교재에 나타난 의문문을 중심으로. 한국어교육, 19(2), 1-26쪽.

이진경. (2006). 한국어 학습자의 관형사형 어미 사용 연구. 연세대학교 교육대학원 외국어로서의 한국어교육 석사학위논문.

이진영. (2006). 국제결혼 여성 결혼이민자를 위한 한국어 문화어휘 교육 방안. 경희대학교 GK대학특성화사업단 제1회 국제학술대회 발표논문집.

이창덕, 임칠성, 심영택, 원진숙. (2000). 삶과 화법 -행복한 삶을 위한 화법 탐구-. 서울: 도서출판 박이정.

이해영. (2001). 대학의 외국인 유학생을 위한 한국어 교육. 이중언어학, 18, 279-302쪽.

이해영. (2002). 비교문화적 화용론에 기초한 한국어의 화용 교육. 이중언어학, 21, 45-70쪽.

이해영. (2003a). 일본인 한국어 고급 학습자의 거절 화행 실현 양상 연구. 한국어교육, 14(2), 295-326쪽.

이해영. (2003b). 한국어 학습자의 시제표현 문법항목 발달패턴 연구 -구어 발화 자료 분석을 토대로-. 이중언어학, 22, 269-298쪽.

이해영. (2004a). 과제 유형에 따른 한국어 학습자의 중간언어 변이 -영어권 학습자의 한국어 시제 표현 문법항목 습득을 대상으로-. 이중언어학, 25, 255-283쪽.

이해영. (2004b). 학문 목적 한국어 교과과정 설계 연구. 한국어교육, 15(1), 137-164쪽.

이해영. (2011). 학습자 언어 연구 -오류분석과 중간언어 연구-. 이중언어학, 47, 307-330쪽.

이해영 외. (2005). 한국어학습자의 중간언어 연구. 서울: 커뮤니케이션북스.

이효상. (2005). 한국어 문법 교육의 이론과 실제: 외국어로서의 한국어 교재와 문법 교육의 문제점. 국어교육연구. 16, 241-170쪽.

이효정. (2001). 한국어 학습자 담화에 나타난 연결어미 연구. 한국어 교육, 12(1), 233-252쪽.

임규홍. (2001). 국어 담화의 '끼어들기' 유형에 대한 연구. 언어과학연구, 20, 321-352쪽.

임동훈. (2009). -을의 문법 범주, 한국어학, 44, 55-81쪽.

임현정. (2012). 한국어 구어 교육 방안 연구 -종결 기능 연결어미를 중심으로-. 계명대학교 대학원 석사학위논문.

임형재. (2006). 중국 조선족 대화에서 나타난 표현 (expression)형 코드전환. 한민족문화연구 19, 123-143쪽.

장경현. (2006). 국어 종결부의 문체 특성 연구. 서울대학교 대학원 박사학위논문.

장광군. (1999). 한국어 연결어미의 표현론. 서울: 월인.

장수정. (2006). 국제이주여성을 위한 어휘교재 개발 연구. 상명대학교 교육대학원 석사학위논문.

장연. (2005). 재한 중국 유학생의 한국어숙달수준 및 문화적응 스트레스 분석. 목포대학교 석사학위논문.

장은정. (2000). 한국어 대화 종결 방법에 관한 연구. 한양대학교 대학원 석사학위논문.

장현진 외. (2011). 어머니 국적에 따른 다문화가정 아동들의 비유창성 특성 연구. 언어청각연구, 20(1), 17-29쪽.

전남진. (1988). 외국인 학생지도의 현황과 과제. 학생연구, 23(1), 128-135쪽.

전동근. (2007). 과제 유형에 따른 중간언어 변이 연구 -중국어권 학습자의 조사 '을/를' 습득을 중심으로-. 이화여자대학교 석사학위논문.

전만길. (2005). 외국인 주부의 바람직한 한국생활 정착을 위한 연구. 한국외국어대학교 교육대학원 석사학위논문.

전수정. (2004). 학문 목적 읽기 교육을 위한 한국어 학습자의 요구 분석 연구. 연세대학교 교육대학원 석사학위논문.

전영아. (2004). 영어권 학습자의 한국어 관형사형 어미 오류 분석. 한국외국어대학교 외국어로서 의한국어교육 석사학위논문.

전영옥. (2002). 한국어 담화표지의 특징 연구. 화법연구, 4, 113-145쪽.

전영옥. (2003). 한국어 억양단위 연구: 통사적 특징을 중심으로. 담화와 인지, 10(1), 241-265쪽.

전은주. (1998). 말하기·듣기의 본질적 개념과 교육과정 구성 방안 연구. 고려대학교 박사학위논문.

전홍식. (2012). 영어 유창성에 관한 연구: 영어 연수 참가자들의 자기평가와 원어민 진단 평가를 중심으로. 언어학, 20(2), 129-144쪽.

전후민, 이주현. (2012). 시간명사 구문 연구 −관형사절의 시제와 관형사형 어미의 의미와의 관련을 중심으로−. 한국어의미학, 38, 135-163쪽.

정덕원. (1998). 정부초청 외국인 장학생 관리에 관한 연구. 중앙대학교 교육대학원 석사학위논문.

정동빈. (1990). 언어습득론: 그 이론, 기저와 실제. 서울: 한신문화사.

정미향. (2009). 결혼이민자를 위한 한국어 방문교육 방안 연구. 경희대학교 교육대학원 석사 학위논문. 88-108쪽.

정소아. (2004). 과제 유형에 따른 학습자 언어의 변이 연구: 대용어의 기능을 중심으로. 이화여자대학교.

정소희. (2007). 시각적 입력강화가 한국어 학습자의 문법(관형사형 시제표현)학습과 텍스트 이해도에 미치는 영향. 이화여자대학교 대학원 한국학과 석사학위논문.

정은희. (2004). 농촌지역 국제결혼 가정 아동의 언어 발달과 언어 환경. 언어치료연구, 13(3), 33-52쪽.

정지선. (2007). 담화 상황을 고려한 문장 종결 표현 교육 연구. 숙명여자대학교 교육대학원 석사학위논문.

정혜진. (2000). 한국어 비모어 화자 간 대화 연구: 바로잡기 구조를 중심으로. 연세대학교 교육대학원 외국어로서의 한국어 교육 석사학위논문.

정희원. (2006). 국제결혼 여성 결혼이민자를 위한 한글 교육 −외래어 어문규정을 중심으로. 서울지역 국제결혼 여성 결혼이민자의 문화·복지 네트워크 워크숍 발표논문집.

조명숙. (2005). 한국어 문법 교육의 이론과 실제: 한국어, 베트남어 대비를 통한 문법 교육. 국어교육연구소, 16, 321-350쪽.

조선희. (2007). 여성 결혼이민자들의 한국어 조음에 나타나는 음향음성학 특성 연구 −일본과 필리핀 출신 여성 결혼이민자들을 대상으로−. 전북대학교 석사학위논문.

조수현. (2010). 한국어 학습자들의 관계절 사용 양상 연구. 비교문화연구, 19, 359-388쪽.

조철현 외. (2002). 한국어 학습자의 오류 유형 조사 연구. 서울: 문화관광부.

조현용. (2003). 비언어적 행위 관련 한국어 관용표현 교육 연구. 한국어교육, 14(1), 279-297쪽.

조현용. (2005). 한국어 교육의 실제. 서울: 유씨엘아이엔씨.

조효정. (2012). 여성 결혼이민자의 이문화 의사소통에 대한 민족지학적 연구. 영남대학교 대학원 외국어로서의 한국어교육 석사학위논문.

지현숙. (2006). 한국어 구어문법과 평가 I -이론편. 서울: 도서출판 하우.

진제희. (2004). 한국어 교실 구두 상호작용에 나타난 문제 해결을 위한 의미협상: 교사-학습자 대화를 중심으로. 연세대학교 대학원 국어국문학과 박사학위논문.

천민지. (2009). 한국어 비원어민 화자 간 대화 수정 양상 연구. 경희대학교 교육대학원 석사학위논문.

최문석. (2004). 의미 중심의 연결어미 교육 방안 연구. 한국어 교육. 15(1), 188-189쪽.

최상진. (2004). 국어 존대표현의 정도성 분석. 한국문화연구, 8, 145-168쪽.

최서원. (2009). 한국어 관형사형 어미 교육 방안: 대치 오류 분석을 중심으로. 부산외국어대학교 교육대학원 외국어로서의한국어교육 석사학위논문.

최영란. (2011). 담화 문법 관점의 구어 종결 표현 교육 연구. 서울대학교 대학원 박사학위논문.

최우영. (1997). 외국어로서의 한국어 학습자의 오류에 대한 연구: 작문에 나타난 오류를 중심으로. 이화여자대학교 대학원 한국학과 석사학위논문.

최은경. (2011). 한국어 교육을 위한 준말 종결형식 연구. 동국대학교 대학원 박사학위논문.

최인철. (2000). 영어 의사소통능력의 모의 구술 면접시험 방식 양상 타당성 검증. 한국응용언어학, 16(1), 215-246쪽.

최재오. (2006). 한-영 이중 언어 구사자들의 Code Switching 연구: 보편규칙 및 언어제약조건의 재조명. 이중언어학, 31, 253-276쪽.

최정순. (2006). 학문 목적 한국어 교육의 교육과정과 평가. 이중언어학, 31, 277-313쪽.

최주희. (2010). 한국어 교육을 위한 화용적 기능의 종결어미 억양 분석 연구 -중국인 고급 학습자를 대상으로-. 경희대학교 석사학위논문.

한길. (1991). 국어 종결어미 연구. 춘천: 강원대학교 출판부.

한상미. (2000). 외국어로서의 한국어 교육에서 교사말 연구: 상호작용 기능에 따른 유형을 중심으로. 연세대학교 교육대학원 외국어로서의 한국어 교육 석사학위논문.

한상미. (2005). 한국어 모어 화자와 비모어 화자 간의 의사소통 문제 연구 : 영어권 한국어 학습자의 화용적 실패를 중심으로. 연세대학교 대학원 국어국문학과 박사학위 논문.

한상미. (2012). 한국어 학습자의 토론 담화에 나타난 화용적 문제 분석: 담화표지 사용을 중심으로. 국제한국어교육학회 학술대회논문집, 2012, 335-348쪽.

한송화. (2002). 한국어 학습자의 오류 분석 -전성어미에서의 오류, 외국어로서의 한국어교육, 27, 571-608쪽.

한송화, 강현화. (2004). 연어를 이용한 어휘 교육 방안 연구. 한국어교육, 15(3), 295-318쪽.

한아름. (2011). 다문화가정 자녀의 한국어 습득 양상 연구: 취학 전 만2세~만5세 아동을 중심으로. 경희대학교 석사학위논문.

한윤정. (2010). 중국인 학습자의 한국어 조사 결합 변이 연구. 경희대학교 석사학위논문.

한정해숙. (2006). Code Switching as a Communicative Strategy: A Case Study of Korean-English Bilinguals. Bilingual Research Journal, 30(2), 293-307쪽.

허용. (2009). 여성결혼이민자를 위한 한국어 교육과정. 국립국어원.

홍경선. (2005). 영어 교육의 유창성 개념 분석. 언어학연구, 10(1), 129-140쪽.

홍윤기. (2007a). 한국어교육에서의 문법 연구와 문법 교육. 인문학연구, 12, 5-27쪽.

홍윤기. (2007b). 연결어미의 상적 의미 표시 기능: '-느라고, -(으)면서, -자마자, -다 보니, -고 보니'를 중심으로. 어문연구, 33(1), 109-129쪽.

황선영, 조선경(2006). 이주 여성 대상 한국어 교육을 위한 교수요목 설계 방안. 2006년 추계학술대회 발표논문집.

황현주. (2006). 학문 목적 한국어 교육과정 개발을 위한 과제 단위 요구 분석: 중국인 유학생을 대상으로. 연세대 교육대학원 석사학위논문.

Ambrose & Yairi. (1999). Normative Disfluency Data for Early Childhood Stuttering. Journal of Speech Language and Hearing Research, 42(4), pp. 895-909.

Austin, J. L. (1962). *How to do things with words*. New York: Oxford University.

Bachman, L. (1990). *Fundamental Considerations in Language Testing*. NY: Oxford University Press.

Beaugrand, R. & Dressler, W. (1991). 담화 텍스트 언어학입문_(김태옥 외, 역). 서울: 양영각. (원서출판 1981).

Blum-Kulka, S. and J. House. (1989). Cross-cultural and situational variation in requesting behaviour. In Blum-Kulka, J. House and G. Kasper(Eds.). *Cross-cultural pragmatics: Requests and apologies*. New Jersey: Ablex.

Brown, H. D. (2007). 외국어 학습·교수의 원리_(이흥수 외, 역). 서울: Pearson Education Korea. (원서출판 2007).

Brown, R. (1973). *A First Language: The Early Stages*. MA: Harvard University Press.

Brumfit, C. (1984). *Communicative Methodology in Language Teaching: The role of Fluency and Accuracy*. Cambridge: Cambridge University Press.

Burt, M. K. (1975). Error Analysis in the Adult EFL Classroom. *TESOL Quarterly*, 9(1), pp. 53-63.

Canale, M. & Swain, M. (1980). Theoretical bases of communicative approaches to second language teaching and testing. *Applied Linguistics*, 1, pp. 1-47.

Canale, M. (1983). From Communicative Competence to Language Pedagogy. In Richards, J. C. & Schumidt, R. W.(Eds.). *Language and Communication*. London: Longman.

Celce-Murcia, M. & Olshtain, E. (2000). *Discourse and Context in Language Teaching -*

A Guide for Language Teachers. Cambridge: Cambridge University Press.

Chomsky, N. (1969). *Language and responsibility.* Brighto; Harvester Press.

Clark, H. H. (1996). Communities, communalities and communication. In J. Gumperz and S. Levinson(Eds.). *Rethinking Linguistic Relativity,* New York: Cambridge University Press.

Clyne, M. G. (1977). Inter-cultural communication breakdown and communication conflict: Towards a linguistic model and its exemplification. In C. Molony, H. Zobal, and W. Stolting(Eds.). *Deutch im Kontact mit anderen Sprachen.* Krongerg: Scriptor Verlag.

Cook, G. (2003). *Language Teaching: Discourse.* New York: Oxford University Press.

Corder, S. P. (1967). The Significance of Learner's Errors. *International Review of Applied Linguistics in Language Teaching,* 5, pp. 161-170.

Corder, S. P. (1971). Idiosyncratic dialects and error analysis. *Internation Review of Applied Linguistics,* 9(2), pp. 147-160.

Corder, S. P. (1973). *Introducing Applied Linguistics.* Harmondsworth: Penguin.

Corder, S. P. (1974). *Idiosyncratic Dialects and Error Analysis.* New Frontiers in Second Language Learning.

Corder, S. P. (1981). *Error Analysis and Interlanguage,* New York: Oxford University Press.

David L. Morgan. (1997). *Focus Groups as Qualitative Research,* Thousand Oaks, CA, US: Sage Publication.

de Bot, K. (1996). The psycholinguistic of the output hypothesis. *Lanaguage Learning,* 46, pp. 529-555.

Deborah Schiffrin. (1994). *Approaches to Discourse.* Oxford: Blackwell Publishing.

Doughty, C. & Pica, T. (1986). Information gap tasks: Do they facilitate second language acquisition?. *TESOL Quaterly,* 20(2), pp. 305-325.

Ducharme, D. & Bernard, R. (2001). Communication breakdowns: An exploration of contextualization in native and non-native speakers of French. *Journal of Pragmatics,* 33, pp. 225-247.

Dula, E. L. (2001). *The effects of communication strategy training on foreign language learners at the university level.* Unpublished doctoral dissertation, The Temple University.

Dulay, H. C. and M. K. Burt. (1972). Goofing: an indicator of children's second language strategies. *Language Learning,* 22(2), pp. 235-252.

Dulay, H. C. and M. K. Burt. (1974a). Error and strategies in child second language acquisition. *TESOL Quarterly*, 8, pp. 129-136.

Dulay, H. C. and M. K. Burt. (1974b). Natural sequences in child second language acquisition. *Language Learning*, 24(1), pp. 37-53.

Dulay, H., Burt, M., & Krashen, S. (1982). *Language two*. New York: Oxford University Press.

Edward T. Hall. (1966). *The hidden dimension*. Garden City, New York: Anchor Books.

Elena M. Plante · Pelagie M. Beeson. (2008). 의사소통과 의사소통장애_(이상흔 외, 역). 서울: 시그마프레스. (원서출판 2010).

Ellis, R. (1985a). Sources of Variability in Interlanguage. *Applied Linguistics*, 6(2), pp. 118-131.

Ellis, R. (1985b). 외국어 습득론_(김윤경 역). 서울: 한신문화사. (원서출판 1998).

Ellis, R. (1994). *The Study of Second Language Acquisition*. NY: Oxford University Press.

Ellis, R. (2008). *The Study of Second Language Acquisition(2nd.)*. NY: Oxford University Press.

Ellis, R. & Barkhuizen. G. (2005). *Analysinig Learner Language*. NY: Oxford University Press.

Fillmore, Charles J. (1979). *Individual Differences in Language ability and Language Behavior*. New York: Academic Press.

Futaba, T. (1994). *Second language acquisition through negotiation: A case of non-native speakers who share the same first language*. Unpublished Ph.D. dissertation, University of Pennsylvania.

Gass, S. M. & Varonis, E. M. (1985a). Variation in native speaker speech modification to non-native speakers. *Studies in Second Language Acquisition*, 7(1), pp. 37-58.

Gass, S. M. & Varonis, E. M. (1985b). Task variation and nonnative/nonnative negotiation of meaning. In S. M. Gass and C. G. Madden (Eds.). *Input in second language acquisition*. MA: Newbury House.

Gass, S. M. & Varonis, E. M. (1991), Miscommunication in nonnative discourse. In N. Coupland, H. Giles, & J. M. Weimann(Eds.), *Miscommunication and Problematic Talk*. CA: Sage Publications.

Gordon, David & Lakoff. (1975). Conversational Postulates. *Syntactics and Semantics*. In Peter Cole and jerry L. Morgan(Eds.). Speech Acts, New York: Academic Press.

Greenfield, L. (1972). Situational measures of normative language views in relation to person, place and topic among Puerto Rican Billinguals. *Advances in the sociology of language*, 2, pp. 17-35.

Gumperz, J. J. (1982). *Discourse Strategies*. Cambridge: Cambridge University Press.

H. H. Stern(1995). 언어교수의 기본개념_(심영택 외, 역). 서울: 하우. (원서출판 1983).

Hamers, J. F. & Blanc, M. H. A. (1995). 2개언어 상용과 그 이론_(이혜란 외, 역). 서울: 한국문화사. (원서출판 1987).

Hammerly, Hector. (1982). *Synthesis in Second Language Teaching: An Introduction to Linguistics*. B.C: Second Language Publications.

Hatch, E. (1978). *Second Language Aquisition*. Rowley, Massachusettes: Newbury House.

Hatch, Evelyn. (1992). *Discourse and Language Education*. Cambridge University Press.

Heritage, J. (1984). *Garfinkel and Ethnomethodology*. Polity Press, Cambridge.

Heubner, T. (1979). Order-of-Acquisition vs. Dynamic Paradigm: A Comparison of Method in Interlanguage Research. *TESOL Quarterly*, 13(1), pp. 21-28.

Hoff-Ginsberg. E. (2007). 언어발달_(이현진 외, 역). 서울: 시그마프레스. (원서출판 2005).

Hofstede, G. (1995). 세계의 문화와 조직_(차재호 외, 역). 서울: 학지사 (원서출판 1995).

House, J. (1993). Toward a Model for the Analysis of Inappropriate Reponses in Native/Nonnative Interactions, In Kasper, G., & Blum-Kulka, S. (1993)(Eds.). pp. 161-183, *Interlanguage pragmatics*, New York: Oxford University Press.

Hymes, D. H. (1972). On Communicative Competence, Philadelphia: University of Pennsylvania Press, In Pride, J. B. & Holomes, J. (ED.). *Sociolinguistics*. Penguin Books.

James, C. (1998). *Errors in Language Learning and Use*. New York: Addison Welsey Longman Inc.

Johnson. J. S. & Newport, E.L.(1989). Critical period effects in second language learning: The influence of maturational state on the acquisition of English as a second language. *Cognitive Psychology*, 21. pp. 60-99.

Johnson, M. (2004). *A Philosophy of Second Language Acquisition*, Yale University Press.

Karin Kleppin. (2007). 외국어 학습자의 오류 다루기_(최영진 역). 서울: 한국문화사 (원서출판 1998).

Kasper, G. (1992). Pragmatic transfer. Second Language Research, 8, pp. 203-229.

Koponen, M & Riddenbach, H. (2000). Overview: Varying Perspectives on Fluency. In Riddenbach, H (eds.), *Perspective in Fluency*, University of Michigan.

Krashen S. D. (1981). *Second Language acquisition and Second Language Learning.* Pergamon Press.

Krashen, S. D. (1982). *Principles and Practice in Second Language Acquisition,* Oxford: Pergamon.

Krashen, S. D. (1985). *The Input Hypothesis: Issues and Implication.* Longman

Krashen, S. D. (1995). *Principle and Practice of second Language Learning,* Prentice Hall Europe

Leech, G. (1989). *The Principles of Pragmatics.* Longman.

Lennon, P. (1990). Investigating fluency in EFL: A quantitative approach, Language Learning 40(3), pp. 387–417.

Levelt, W. J. M. (1993) *Speaking* : From Intention to Articulation. Cambridge, MA: MIT Press.

Littlewood, W. T. (1980). Language Variation and Second Language Acquisition Theory, Applied Linguistics, 11(2), pp. 150–158.

Long, M. H. (1980). *Input, interaction and second language aquisition, Un*published Ph.D. Dissertation, University of California at Los Angeles.

Long, M. H. (1983). Native speaker/non-native speaker conversation and the negotiation of comprehensible imput. *Applied Linguistic,* 4(2), pp. 126–141.

Long, M. H. (1985). Input, interaction and second language acquisition. In S. M. Gass & C. G. Madden (eds.). *Input in Second Language Acquisition.* Massachusetts: Newbury House.

Long, M. H. (1996). The Role of the Linguistic Environment in Second Language Acquisition. In W. Ritchie and T. Bhatia (Eds). *Handbook of Second Language Acquisition.* SanDiego: Acadimic Press.

Loschkey, L., & Bley-Vroman, R. (1993). Grammar and Task-based methodology. In G. Crookes & S. Gass(eds.). T*asks and language learning.* Avon : Multilingual Matters.

Mahshid Hejazi. (2012). Teacher's Error Correction: A Key Factor in Developing Iranian EFL Learners' Speech Accuracy. *Theory and Practice in Language Studies,* 2(3), pp. 619–624.

Marianne. C. & Murcia. E. Olshtatin. (2000). *Discourse and Context in Language Teaching,* Cambridge: Cambridge University.

Myers Scotton, C. M. (1993). *Social motivations for code switching,* NY: Oxford University Press.

Olga, R.(1982). *Aspects of Code-Switching in Bilingual Children*, City University of New York.

Pica, T. (1987). Second language acquisition, social interaction, and the Classroom. *Applied Linguistics*, 8(1). pp. 3-21.

Pica, Young & Doughty. (1987). The Impact of Interaction on Comprehension, *TESOL Quaterly*, 21(4). pp. 737-758.

Pica, T., Holliday. L., Lewis., N., & Morhenthaler, L. (1989). Comprehensible output as an outcome of linguistic demands on the learner. *Studies in Second Language Acquisition*, 13(2). pp. 342-376.

Preston, D. (1989). *Sociolinguistics and Second Language Acquistion*, Oxford: Blackwell.

Richterich. R. (1971). *Analytic classification of the categories of adults needing to learn foreign language*. Oxford: Pergamon.

Sacks, H., Schegloff, E. A., & Jefferson, G.(1974). A simplest Systematics for the Organization of Turn-Taking for Conversation. *Language*, 50(4). pp. 696-735.

Schegloff, E. A. & Sacks, H. (1973). Sequencing in Conversational Opening. In J. J. Gumperz & D. Hymes(Eds.). *Directions in Socioliguistics -Ethnography of Communicatio*n, Oxford: Blackwell.

Schegloff, E. A., Jefferson, G., & Sacks, H. (1977). The Preference for Self-Correction in the Organization of Repair in Conversation. *Language*, 53(2). pp. 361-382.

Schegloff, E. A. (2000). When Others' Initiate Repair. *Applied Linguistics*, 21(1). pp. 205-243.

Schiffrin, D. (1987). *Linguistic Makers of Discourse Structure*. Cambridge: Cambridge University Press.

Schiffrin, D. (1994). *Approaches to Discourse*, MA: Blackwell Publishers.

Schwartz, J. (1980). The Negotiation for Meaning: Repair in Conversations between Second language learners of English. In D. Larsen-Freeman(ed.): *Discourse Analysis in Second Language Research*. MA: Newbury House.

Searle, John R (1969). *Speech Acts*: An Essay in the Philosophy of Language, Cambridge: Cambridge University Press.

Searle, John R (1979). *Expressing and Meaning*, Cambridge: Cambridge University press.

Seliger, H. (1983). "Learner interaction in the classroom and its effects on language acquisition". In H. Seliger & M. Long (Eds.). *Classroom oriented research in second language acquisition*. MA: Newbury House.

Selinker, L. (1972). Interlanguage. *International Review of Applied Linguistics*, 10(3), pp. 210-231.

Selinker, L. (1974). Interlanguage. In John H. Schumann · Nancy Stenson(Eds.). *New Frontiers in Second Language Learning*, Mass: Newbury House.

Skehan, P. (1996). A framework for the implementation of task based instruction. *Applied Linguistics*, 17(1), pp. 38-62.

Stephen D. Krashen· & Tracy D. Terrell. (1983). The Natural Approach: Language Acquisition in the Classroom. CA: The Alemany Press.

Stern. H. H. (1983). Fundamental Concepts of Language Teaching. NY: Oxford University Press.

Susan M. Gass & Larry Selinker. (2001). *Second Language Aquisition*, 2nd Edition, NY: Lawrence Erlbaum Associates.

Swain, M. (1985). Communicative competence: Some roles of comprehensible input and comprehensible output in its development. In S. M. Gass & C. G. Madden(eds.). *Input in second language acquisition*. Massachusettes: Newbury House.

Swain, M. & Lapkin, S. (1995). Problems in output and the cognitive process they generate: A step towards second language learning. *Applied Linguistics*, 17, pp. 84-119.

Swain, M. (1995). Three functions of Output in Second Language Learning. In G. Cook, H. G. Widdown & S. Babara(Eds.). *Principle & Practice in Applied Linguistics*, Oxford : Oxford university.

Swain, M. (2005). The output hypothesis: Theory and research. In E. Hinkel(Ed.). *Handbook of research in second language and learning*. Nj: Lawrence Erlbaum Associates.

Tannen, D. (1981). The machine-gun question: An example of conversational style. *Journal of pragmatics*, 5, pp. 383-397.

Tannen, D. (1984) *Conversational Style*: Analyzing Talk among Friends. Norwood, NJ: Ablex.

Tannen, D. (1987) Repetition in conversation: Towards a pietics of talk. *Language*, 63(3), pp. 574-605.

Tannen, D. (1990). Gender Differences in Topical Coherence : Creating involvement in best friends' talk. *Discourse Processes*, 13(1), pp. 73-90.

Tarone, E. (1980). Some thoughts on the notions of communicative strategy. *TESOL Quarterly*, 15, pp. 285-295.

Tarone, E. (1988). *Variation in Interlanguage*, London: Edward Arnold.

Terence Odlin. (1989). *Language Transfer*. The Cambridge applied Linguistics Series. Cambridge University Press.

Terrell, T. D. (1977). A natural approach to second language acquisition and learning. *Modern Language Journal*, 61, pp. 325~336.

Thomas, J. (1983). Cross-Cultural Pragmatic Failure, *Applied Linguistics*, 4, pp. 91-112.

van Ek, J. (1980). The Structure of Casual Conversation in English. *Journal of Pragmatics*, 3, pp. 267-298.

Vriginia LoCastro (2003). *An Introduction to Pragmatics*, The University of Michigan Press.

Wolfson, N. (1983). An emprically based analysis of complimenting in American English. In N. Wolfson & E. Judd (Eds.), *Sociolinguistics and Language Acquisition*, MA: Newbury House.

Wood, D. (2001). In Search of Fluency: What Is It and How Can We Teach It? *The Canadian Modern Language Review*, 57(4), pp. 573-589.

Yairi, E. & Ambrose, N. (1992). A longitudinal Study of stuttering in children: A preliminary report. *Journal of Speech and Hearing Research*, 35, pp. 755-760.

Yule, G. (2001). 화용론_(서재석 외, 역). 서울: 도서출판 박이정. (원서출판 2001).

부록

- 용어 정리

- 찾아보기_용어

  찾아보기_인명

용어 정리

가치 문화(value culture)

Hammerly(1982)의 세 가지 문화 유형 중 행동 문화(behavioral culture)와 관련된 것으로, 실질적인 행동이나 태도, 가치 등에 관한 문화로 의사소통에 중요한 역할을 하며 외국어 학습에 결정적인 영향을 주는 문화 유형이다. 한 사회 속에서 한 민족이 행동하는 양식은 기본적인 인간의 욕구(심리적, 신체적), 환경(지형적, 경제적, 정치적, 국가적)과 전통(역사, 관습)의 상호작용으로 설명된다. 행동의 유형(대화의 관용적 표현과 몸짓법 등)을 이해하는 것은 의사소통에 필수적일 뿐만 아니라 문학과 다른 문화의 유형을 이해하는 데에도 필요하다(Hammerly, 1982).

예) 성역할 : 가부장적 사고방식(국제통용 한국어교육 표준모형, 2011)
　　　　　 (한국과 문화 차이, 남녀 차별에 대한 대화 중)

> IC9:워=워히려(오히려) 남자도 힘들지만 나도 힘, 나는=나람대로 나도 힘든::데 그니까 〈Q왜 당신만:: 내가 다 해 내가 직장 다니면서 곧 집에 와서 또 다 해줘야 돼?Q〉 그런 생각이 있어요. 또 〈vocal desc='목청 가다듬는 소리,쓰읍'〉 특히 남자들이 있잖아요. 직장 우리 직장에서 그런 말 많이 들어요. 남자 와이샤쓰 입잖아요.
> 면:응.
> IC9:졸 쭈글쭈글 되던가 아니면 이렇게 조금 뭐가 있으면-
> IJ8:[1음::1]
> IC9:- 〈Q[1어휴1] 너도 참 장가 잘 갔다.Q〉 그런거고. 뭐 이케 아니 비웃음이 그런 거 있잖아요. 〈Q어:: 참, 마누라 잘 얻어야지.Q〉 뭐 그런 거에요. 그리고 뭐 한국어 속담도 뭐 이렇게, 뭐 〈Q집안에서 여자만 잘 들어오면 도덕 집안에도 [2뭐 부자 된다.2]Q〉
> IJ8:[2음::2]

IC9:뭐 그런 속담과 같은 거. 그니깐 뭘든 잘못하면:: [3여자 탓이고3]

IJ8:[3오.::3]

IC9:잘되면 남자가 출세했고:: [1그렇게 들린단 말이에요. 〈vocal desc='목청 가다듬는 소리,쓰읍'〉

IJ8:[1음:: ~아1]

공간 간격(space distance)

공간 간격이란 공간학(proxemics)에서 비롯된 용어로 사람들이 무의식적으로 다른 사람들과 상호작용할 때 사용하는 거리를 말하며 친밀 간격(intimate distance), 개인 간격(personal distance), 사회 간격(social distance), 공공 간격(public distance)의 네 가지로 분류된다(Edward T. Hall, 1966).

관계적 요소(relationship factor)

관계적 요소란 적절성을 구성하는 중요한 요소로 공간 간격에 따라 화자와 청자의 관계성을 규정하는 것이다. 즉 서로의 친밀도나 나이, 사회적 지위에 따라 청자의 화자의 관계가 어떻게 되는지 이야기 하는 것인데 나이에 따라서는 손위 관계, 동등 관계, 손아래 관계로 나눌 수 있으며 사회적 지위는 화자나 청자의 직업이나 교육 정도, 그 사회에 소속된 시기 등으로 상하 관계나 동료 관계가 결정된다. 이러한 관계 속에서 화자는 적절한 발화를 선택한다(Edward T. Hall, 1966).

대응쌍(adjacency pair)

대응쌍이란 화자와 청자 사이에서 '주는 말'과 '받는 말'이 쌍으로 구성된 것을 의미하며, 서로 인접하게 배치되어 관련된 발화를 하는 것이다. 즉, 질문을 하면 대답하고, 요청을 하면 승인하거나 변명을 하고, 제안을 하면 동의하거나 거절하고, 인사를 하면 인사를 받는 것과 같이 일상적으로 대화에서 나타나는 묵시적인 규칙에 의해 만들어진 쌍이다.(Sacks, Schegloff & Jefferson, 1973)

예) 질문—대답

(중국 사람들은 건강에 대해 어떻게 생각하는지에 대해 이야기하고 있다.)

진 : 건강:: 중요하게 생각하지 않아요?

IC6: 아니요. 지금 중요해요. 〈vocal desc = 웃음소리, 하하〉 옛날에:: 이거 안
　　　중요 안 중요해요.

말 중단시키기(interruption)

말 중단시키기란 현재 화자가 말을 하고 있을 때 두 번째 화자가 발화함으로써 현재 화자
의 말차례를 중단시키는 것을 말한다. 이 때 두 번째 화자는 결코 말차례의 추이적정지점이
될 수 없는 말의 중간 지점에서 말을 시작한다(Sacks, Schegloff & Jefferson, 1974).

예) (한국 아주머니의 특징에 대해 이야기하고 있다.)
　　　SV4 : 아줌마? 어 아줌마! 진짜! 아줌마들 서른:: 서른 살 맞아요? 서른 살 아
　　　　　　니고 마른 마 마흔!{ } 사십 살! 그때는{ } 머리는 좀 〈@작게 파마하는@〉
　　　SC6 : 응 뽀글뽀글 라면처럼
　　　SV4 : 어 진짜 라면처럼
　　　SC6 : 그쵸? 라면처럼
　　　SJ5 : 그건 일본도 마찬가지라서.〈vocal desc = '웃음'〉
　　　SV4 : 정말요? 〈vocal desc = '웃음소리, 하하'〉
　　　SC6 : 일본에! 뭐 **나**
　　　SJ5 : 나이가 들면, 진짜 여자들이 머리카락이 좀 없어지잖아요? 그러니까 **그**
　　　SC6 : 더 많아 보일려고

말실수(slip of tongue)

말실수란 '무심코 입 밖에 내는 것(slip of tongue)'과 같은 언어 수행상의 오류를 가리킨
다. 이는 모국어 상황이나 제2 언어 상황에서 모두 발생하지만, 원어민들의 경우 대부분 자
신의 말실수를 인식하고 바로잡을 수 있다. 왜냐하면 이는 언어 능력 부족으로 야기된 것이
아니라 발화 과정에서 나타나는 일시적인 문제이기 때문이다(Brown, 2006).

예)(한국에 처음 와서 무엇을 했는지에 대해 이야기하고 있다.)
SV1: 한 번에 와와서 여기 한국에 왔어 그때는 삼학년 때–
SC3: 네.
SV1: –게서 한 3개월 동안 **교육 아니 연수.**

SJ2: 응.

말의 겹침(overlap)

말의 겹침이란 현재 화자가 말을 하고 있을 때 두 번째 화자가 발화를 함으로써 두 사람이 얼마동안 동시에 말을 하는 경우를 말한다. 이 때 두 번째 화자는 현재 화자가 말할 때 추이적정지점을 예측하고 말을 시작한다(Sacks, Schegloff & Jefferson, 1974).

예) (드라마에 나오는 이상적인 며느리 상에 대해 이야기하고 있다.)
    SC6: 나중에 그 드라마 뭐지? 며느리 전성::시대! 그 드라마 [1 보고 있어요 1]
    SJ5: 〈@[1 진::짜 드라마 1]많이 보고 있는 거 같애@〉
    SC6: [2 <@심심하잖아요@> 2]
    SV4: [2 그러면! 2] 그   훌륭한   그 와이프! 어:: 그 뭐지? 와이프 되고
            싶은데요. 근데 그때::는 회사다니면서::
    SC6: 힘들어요.

말차례 가지기(turn-taking)

'말차례가지기'란 대화가 일정한 순서로 고정되어 있는 것이 아니기 때문에 반드시 화자와 청자로 구성되어야 하고 서로 순환되어야 한다. 말차례가지기는 대부분 자연스럽게 조절이 되는데, 이것은 화자와 청자 사이에 일정한 규칙을 가지고 있기 때문에 가능한 것으로 본다(Sacks, Schegloff & Jefferson,1974).

말차례 구성 단위(turn constructional unit)

말차례 구성 단위란 화자가 말차례 구성을 시작할 수 있는 다양한 단위 유형을 말한다. 영어의 말차례 구성 단위로 문장, 절, 구 및 어휘와 같은 구조를 포함하여 통사적 단위에서 말차례의 종결이 일어난다고 보았다.(Sacks, Schegloff & Jefferson, 1974)

예) 통사적 단위의 말차례 구성 단위
    (한국의 기부 문화에 대해 이야기하고 있다.)
    IJ4: 그 한국에는 뭐 종교단체나 열심히 하는 거 같애요.(문장)

진: 네~ 종교단체에서(구)

IJ4: 그쵸?(어휘)

명료화 요구(clarification check)

상호작용을 통한 대화 구조 조정에 의해 입력어가 이해되어 가는 과정으로 상대방의 발화 중 어떠한 것의 이해를 돕기 위해 더 많은 정보를 요구는 청자의 방법이다(Pica, Young & Doughty, 1987).

예)(베트남의 유명한 음식에 대해 이야기하고 있다.)

SJ8: 스프링롤! 그거 진짜 맛있는데.

SV7: 어! 그거 한, 만들 수 있어요.

SJ8: 어, 진짜요?

SV7: 응.

SC9: **스프링롤? 그거 뭐예요?**

SV7: 근데 그거는:: ―

SJ8: 스프링롤, 안에. 야채 몬가 싸있는 거.

SV7 : ―그거 싸, 싸는 종이 따로 사야 돼요.

SJ8: 네,네,네.

SC9 : 어어::

목적적 요소(purposeful factor)

목적적 요소란 적절성을 구성하는 한 요소로 의사소통을 통해 달성하고자 하는 것을 의미 한다. 의사소통의 목적은 설명, 주장, 설득, 협상, 요청, 사과, 감사, 칭찬, 격려, 축하, 거 절, 꾸중, 위로 등으로 구분될 수 있다. 화자가 전달하고자 하는 상황적 요소 관계적 요소 와 더불어 언어적 요소가 적절하게 표현되지 않으면 화자가 의도한(intentionality) 목적은 실패할 수 있다(Beaugrand & Dressler, 1981).

문법적 오류(grammatical error)

Corder(1967)에서는 문법적 오류를 '명백한 오류(overt error)'라 지칭하고 '숨은 오류

(covert error)'와 구분하였다. 여기서 '명백한 오류'란 문법적으로 잘못된 오류로 의사소통에 지장을 주는 것들이라고 할 수 있다. 한국어에서는 '나는 식당에 밥을 먹었습니다.'와 같이 문법적으로 명확하게 오류가 있는 문장들을 예로 들 수 있다. 그리고 '숨은 오류'란 문법적으로는 문제가 없지만 그것이 담화 맥락상으로 부적절한 것을 말한다. 실제 대화 상황에서 '어떻게 오셨어요?'라는 질문에 '지하철을 타고 왔습니다.(?)'라고 대답한다면 문법적인 오류는 나타나지 않지만 담화의 맥락을 이해하지 못했기 때문에 오류라고 할 수 있다. 또한 Brown(1994)는 오류를 언어학적인 범주에 따라 음운 혹은 철자, 어휘, 문법, 담화의 네 가지로 구분하였다. 즉, 문법적 오류라는 것은 문장 내에서 확인이 가능한 오류지만 어휘 오류와 구분을 지어야 함을 알 수 있다(이정희, 2002).

예) (서울 내 교통의 불편한 점에 대해서 이야기 중)
SV4: 네, <u>불편하는데요(불편한데요)</u>, 그 지하철 하는 거, 버스:: 좀 느려요!
SJ5: 〈@그런@〉[1〈vocal desc='웃음, 흐흐'〉1]

문법적 결속장치(grammatical binder)

문법적인 결속장치란 접속어, 지시어, 대용어를 의미한다. 이와 같이 접속어(그래서, 그러나, 그런데 등), 지시어(이, 그, 저 등), 대용어(그런, 저런, 이와 같은 등)를 통한 말 끼어들기는 대부분 문법적인 결속장치 뒤에 자신의 반응과 함께 표현하고자 하는 의도를 드러낸다. 이와 같은 말 끼어들기는 대화의 진행을 이끌어가거나 상대방의 말에 대해 긍정적인 반응과 태도를 보여준다(임규홍, 2001).

예) (스트레스를 받을 때 다른 나라 음식을 먹는다는 내용으로 이야기하고 있다.)
SJ8 : 요즘은 잘 [1안가요.1]
SV7: [1<u>근데(그런데)</u>, 〈X 저 안안X〉1]베트남 음식 맛있어요.
SJ8 : 근데 베트남 요리 먹고 싶어요. 인도 요리 가게도 많이 생기면 좋겠는데, 없어요.

부분적 오류(local error)

부분적 오류란 문장구조에서 의사 전달에 크게 영향을 주지 않는 간단한 요소인 즉, 명사, 동사, 굴절관사, 조동사 등에서 오는 부분적 오류를 말한다. 이는 문장의 한 부분이 조금 잘못된 것에 불과하기 때문에 청자나 독자가 의도된 의미를 이해하는 데 크게 지장을 주지는 않는다(Burt, 1975).

예) (각 나라의 교통수단에 대해서 이야기하고 있다.)
SV4: 베트남엔 그런거 없어요
SC6: [중국에도 없어요.]
SV4: [아직도 없어요] 응, 왜냐하면, 베트남은 아직도:: 발 한국만큼 발전하지 *않기(√않았기) 때문에.

비유창성(disfluency)

비유창성은 크게 SLD(Stuttering-like Disfluency, 말더듬같은 비유창성)와 OD(Other Disfluency, 정상적 비유창성)로 나뉘며 SLD는 단어부분반복, 단음절단어반복, 비운율적 발성으로 세분화하고 OD는 삽입, 수정/미완성구, 다음절 반복, 구 반복 등으로 세분화된다 (Ambrose & Yairi, 1999).

예) 삽입(I, Interjection) : 공공장소에서는 지나친 뭐, 스킨십은 뭐, 뭐지?
  수정/미완성구(R, Revision/Abandoned Utterances) : 좀 창, 부끄럽고, 우리가 부
      끄럽잖아.
  다음절 반복/구 반복(MR, Multisyllable, Phrase repetition): 좀 배우고=배우고 시
      펀 거보다

비체계적 변이(free variation)

비체계적 변이란 학습자의 중간언어 변이 중에서 무작위로 사용되며 그것이 나타나는 언어 사용 맥락을 예측할 수 없는 것을 말한다. 주로 학습 초기에 나타나며 그 존재 자체에 대한 논란이 있지만 학습자 언어 발달 단계를 규명하기 위해 필수적인 요소이다(Ellis, 2008).
예) (교통기관을 타는 이야기를 한다. 화자는 '하다'와 '타다' 동사를 같은 맥락에서 자유롭
    게 사용한다.)
SV4: 네, 불편하는데요, 그 지하철하는 거, 버스:: 좀 느려요!
SV4: 속도가 빠르::기는 하지만, 진짜 그 안전하는 느낌은 느지 않아요. 느끼지 않아요.
    맞죠? 그리고 밤에는 택시 타는 게 무서워요. 〈vocal desc = '웃음 소리, 흐흐'〉

사회언어학적 변이(sociolinguistic variation)

사회언어학적 변이는 언어 내적 변이와 언어 외적 변이로 나눠볼 수 있다. 언어 내적 변이는 언어적 환경이나 유표성, 제1언어의 전이에 의해 결정되며 이를 연구하기 위해서는 주로 장기적인 연구가 필요하다. 언어 외적 변이는 상황적 문맥이나 사회적인 요소 등에 의해서 영향을 받는 변이를 말하며, 발화에서의 집중의 정도에 따른 문체 변환(style shifting)등의 연구가 대표적이다.

예) 언어 습득 방식이 다른 집단에 따른 종결표현 실현 양상의 변이

문장종결표현 실현	외국인 유학생	여성결혼이민자
종결어미에 의한 실현	57.95%	66.05%
연결어미에 의한 실현	20.08%	9.64%
문장조각에 의한 실현	21.96%	24.29%

사회화용적 실패(sociopragmatic failure)

사회화용적 실패는 특정 사회적 상황에서의 언어 사용에 대해 언급할 때 사용한다. 이는 화용적 실패가 문화적인 인식의 차이에서 시작되고, 학습자의 언어적 지식뿐만 아니라 신념(belief)의 체계 때문이라고 보는 것이다. 이러한 사회화용적 실패의 요인으로는 부담의 크기(size of imposition), 금기(tabus), 상대적인 힘과 사회적 거리(relative power or social distance), 가치 판단(value judgements)이 있다(Thomas 1983).

예) 개인의 신념 및 가치관의 차이가 드러나는 예로 친족어를 호칭어로 광범위하게 사용하는 몽골이나 베트남 학습자의 경우 사람을 부를 때 쓰는 '저기요.', '여기요.'와 같은 표현이 자신의 모국어 환경에서는 물건을 가리키는 말이기 때문에 한국어로 발화할 때도 사용을 꺼려하는 경우가 있다.

상호작용 가설(interaction hypothesis)

이 가설은 의사소통의 문제 해결을 위해 대화 참여자들 간의 협상이 이루어지는 구어 상호 작용은 제2 언어에 대한 이해와 출력, 궁극적으로는 언어 습득을 촉진시킨다는 것을 주장하고 있다. 언어 습득을 위해서는 이해 가능한 입력어가 필요하며, 이해 가능한 입력을 수정된 상호 작용(modified)의 결과라고 가정했다. 수정된 상호 작용이란 모국어 화자와 다

른 대화 상대자들이 그들의 입력을 이해 가능하도록 하기 위해서 만들어내는 다양한 수정된 발화라고 정의할 수 있다(Long, 1980).

상황적 요소(situational factor)

상황적 요소란 적절성을 구성하는 하나의 요소이며 맥락을 구성하는 가장 기본적인 구성요소라 할 수 있는 장소를 의미한다. 회의장이나 연설장에서 공적인 자리에서의 적절한 언어는 다를 것이며, 또한 같은 음식을 먹는 장소여도 어느 정도 고급스러운지에 따라 종업원의 언어도 달라진다(Austin, 1962).

수정(repair)

수정은 의사소통의 상호작용 과정에서 문제 해결을 위한 발화들을 조직화하는 것이다. 수정을 교정보다 훨씬 일반적인 개념으로 사용할 수 있는데, 수정이란 '수정될 수 있는(repairable)' 혹은 '문제 요소'와 관련되어 있고, 명백한 오류가 나타나지 않는 상황에서도 수정은 일어날 수 있다고 하였다. 다시 말해 교정(correction)이 명백한 실수나 오류를 다른 것으로 대치하는 과정이라면, '수정'은 그보다 더 광의의 개념으로 오류나 실수를 포함하고 있지 않는 발화라 할지라도 발생하는 현상이라고 볼 수 있다(Schegloff, Jefferson & Sacks, 1977).

예) (일본인으로서 한국에서 살 때 느끼는 스트레스에 대해 이야기하고 있다.)
SJ2: 이거 어떻게 해야 하나?〈vocal desc '웃음=하하'〉
SC3: 아~불쌍해
SJ2: 〈vocal desc '웃음=하하'〉 그런 거 되게 많았어요. 되게 **한일 시합. 그까, 스포츠에서, 운동에서.**
SC3: 맞아, 맞아.

제2언어습득(second language acquisition)

제2언어 습득은 모국어를 학습한 후에 또 하나의 언어를 학습하는 것을 지칭하며 "자연스러운" 노출 상황에서뿐만 아니라 교실에서 이루어지는 제2언어 학습도 의미한다(Gass&Selinker, 2013). Krashen(1987)에 의하면 습득은 학습과 달리 실제적인 결과/산출을 얻기 위해 더 많은 시간을 요구하지만, 언어 발달이 이해가능하고 자연스러운 입력을 통해 이루어지기 때문에 습득을 통해 얻어진 지식은 학습을 통해 얻어진 지식보다 훨씬 오래 유지될 수 있다는 특징이 있다. 습득 과정에서는 지식이 부분으로 나누어지는 것이 아니라 덩어리로 저장되며, 이를 위한 입력은 이해 가능한 입력이어야 하며, 유의적인 것이어야 한다. 또한 각각의 입력이 독립적이고 자발적이며, 교육과정이나 제도에 의한 것이 아니어도 무방하다. 습득을 위한 교육 방법은 실생활에 바탕을 둔 교육이며, 선행 지식에 기초한 경험만이 유의미한 방법이 된다고 한다(이정희·김지영, 2003).

언어 적응 이론(speech accommodation theory)

언어 적응(speech accommodation)이란 두 화자가 의사소통을 할 때 상대방의 언어에 서로가 적응하게 되는 것으로, 같은 문화권에 있는 언어 사용자들 사이에서뿐만 아니라 다른 문화권에 있는 언어 사용자들 사이에서도 공통적으로 나타나는 현상이다. 1973년 Giles에 의해 최초로 연구되었다(Hamers, J. F. & Blanc, M. H. A., 1987; Myers Scotton, C. M., 1993; 김경령, 2001b).

(예) (재미 동포 아동(2-C2)이 한국어 발화자(A)인 대화 상대와 대화를 나눌 때는 한국어를 사용하지만("매운 떡볶이) 영어 발화자(2-C1)인 같은 재미 동포 아동에게 질문을 할 때는 "What's your favorite food?"와 같이 영어로 발화를 하고 있는 부분.)

2-C2 : 떡볶이::.
A : 어.
2-C2 : 월남국수::.
A : 우::.
2-C2 : 매운 떡볶이. What's your favorite food?
A : 어::.
2-C1 : My favorite food is 떡볶이, 짜장면, um::. 〈vocal desc='목청 가다듬는 소리,쩝'〉
                                                            [출처: 유해헌, 2010]

언어적 요소(linguistic factor)

언어적 요소란 적절성을 구성하는 요소 중 하나로 다른 요소들을 종합하여 표현되는 결과물이이다. 적절성의 언어적 요소로는 어휘와 문장을 이야기 하며 문장 차원의 적절성이란 상황이나 목적에 따라 적절한 문장의 종결 형식을 선택하고, 자신의 발화 의도를 보다 잘 전달할 뿐만 아니라 청자의 심리 상태나 감정 등을 배려하여 직접적인 표현을 선택하거나 간접적인 표현을 선택할 수 있어야 하는 것이다(Comsky, 1965).

여성 결혼이민자(female marriage immigrants)

결혼이민자(Marriage Immigrants)란 대한민국 국민과 혼인한 적이 있거나 혼인관계에 있는 재한외국인을 의미하는 것으로 여성 결혼이민자(Female Marriage Immigrants)는 혼인관계에 있는 여성 재한외국인을 말한다.
(통계청 e-나라지표, http://www.index.go.kr/egams/index.jsp)

오류(error)

오류(error)란 언어 학습자의 과도기적 언어 능력으로 인하여 발생되는 불완전한 언어 사용을 일컫는 개념이다. Corder는 오류를 정확한 규칙에 대한 지식의 결핍으로 인하여 초래되는 학습자의 일탈로 보고 이를 실수와 구별하여 사용할 것을 주장하였다. 또한 Brown도 오류는 원어민의 성인 문법으로부터 일탈된 것으로 학습자의 중간언어 능력을 반영하는 것으로 보았으며, Nunan은 오류를 표준문법규준에서의 일탈이 아닌 부분적으로 바르고 불완전한 발화로 봄으로써 이를 '틀린 것'이라기보다 다소 '다른 것'으로 보았다.   이와 같이 오류에 대한 다양한 견해가 있지만 대다수의 학자들이 오류를 부정적인 것으로 보지 않고 학습자의 언어 과정에서 나타나는 자연스러운 현상으로 보고 있다(이정희, 2003).

유창성(fluency)

유창성이란 원어민 화자처럼 자연스럽게 말하는 능력으로, 언어적 요소, 태도 및 내용, 비언어적 요소, 전략적 요소, 담화적 요소, 사회언어학적 요소를 하위 요소로 둔다. Fillmore(1979:93)에서는 유창성을 네 가지 차원으로 설명하고 있다. 첫째는 '말을 하면서 시간을 채울 수 있는 능력'이다. 이는 일반적으로 말하고 있는 유창성의 개념으로 양적인 능력을 가리킨다고 볼 수 있다. 그는 이러한 능력을 발달시키기 위해 모니터링은 무의식적으로 혹은 자동적으로 이루어져야 하며, 대화의 질은 양보다 그리 중요하지 않다고 밝히고 있다. 둘째는 '결속성을 가지고, 이치에 맞고, 짜임이 있는 문장-언어의 의미와 통사 규칙을 알고 있는 것을 보여주는-으로 대화를 할 수 있는 능력'이다. 이는 질적인 차원의 접근으로 언어의 형식과 의미에 대해서 잘 이해하고 이에 대한 사용을 보여줄 수 있는 능력이 될 것이다. 셋째는 '넓은 범위의 맥락에서도 적절성을 가지고 말할 수 있는 능력이다. 이는 화용적인 부분으로 말을 할 때 말하는 목적, 상황, 언어 형식의 적절성을 가지고 발화할 수 있냐에 관한 것이다. 넷째는 언어 사용에 있어 창조적이고 유연한 상상력을 통해 그들의 생각을 문학적인 방법, 말장난, 유머 등으로 표현할 수 있는 능력을 말한다고 한다. 한편, 유창성을 정확성과 함께 다루고 있는 Brumfit(1984:52-67)에서는 유창성에 대한 정의를 내리는 것이 매우 어려운 작업이라고 하고 그 이유를 언어 학습의 오랜 논의 과정에서 항상 유창성은 정확성 위에서 그 내용을 언급해 왔기 때문이라고 지적하고 있다. 정확성과 유창성의 구별은 본질적으로 방법론적인 구별이며 교사가 수업의 내용과 다양한 형태의 활동에서 시간을 배분하는 것을 결정하는 데 영향을 미친다고 보고 있다. 유창성은 학습자가 습득한 언어 체계 중 가장 효율적인 행동이라고 보는 것인데, 이러한 주장은 학생들을 언어를 가능한 한 유창하게 사용해야만 하는 상황에 노출시킴으로써 창조적인 구조를 만드는 절차를 보다 활성화시킬 수 있으리라는 것이다(이정희, 2009).

의미 협상(negotiation of meaning)

상호작용의 특별한 유형인 의미 협상(negotiation of meaning)은 대화 참여자 상호 간의 공유된 의미를 가질 때까지 행하는 구두 상호작용의 과정을 일컫는 것으로 의사소통 과정에서 문제 해결을 하거나 대화의 지속을 위해 대화 참여자들이 자신들의 발화를 수정, 조정해 나가는 과정을 말한다. 그러므로 의미 협상의 필요성은 상호적인 활동에서 잠재된 의사소통의 장애를 방지하거나 혹은 이미 일어나 의사소통의 장애를 해결하기 위해 대화 구조를 조정하고자 노력하는 과정에서 일어난다(Long, 1980).

예) (사회 생활에 대해 이야기하고 있다.)
SC6: 그냥 학교에서 방법을 배우고 사회에 나가면 **실천하고**.
SV4: **어, 실: 거, 뭐지? 거, 실, 실체, 아::**
SC6: **실천? 직접 해 보는 거,**
SV4: **어, 직접, 직접 하는 것**은 진짜 그거 경험이야 좋아요.
SJ5: 음, 맞어!

의사소통 능력(communicative competence)

의사소통 능력(communicative competence)이란 Dell Hymes가 만든 용어로, 어떤 상황에서 메시지를 보내고 또한 받아 해석하면서 상호 간에 의미를 협의할 수 있도록 하는 능력을 의미한다(Brown, 2007) Hymes(1972)는 의사소통 능력으로 다음의 네 가지 능력을 포함시켜 말한다. 첫 번째는 Chomsky(1965)가 말한 언어 능력(linguistic competence)과 유사한 것으로 언어 구조가 문법적인지를 판단할 수 있는 능력을 말한다. 두 번째는 언어를 실제적으로 사용할 수 있는 능력을 말하는 것으로 지식에 대한 구체적 실행을 의미한다. 세 번째는 맥락을 고려해 상황 속에서 어떤 문장이 적절한지를 판단할 수 있는 능력을 말한다. 네 번째는 어떤 언어 구조가 실제 현실에서 사용되는지에 대한 여부를 아는 능력을 의미한다(서하석, 2008, 재인용; 오미영·정인숙, 2005). Canale & Swain(1980)은 의사소통 능력을 네 가지 하위 범주로 나누어 설명하고 있는데 문법적 능력(grammatical competence)은 '음운 규칙에 관한 지식, 어휘, 형태, 통사, 의미'를 포함하는 능력을 의미하고 담화적 능력(discourse competence)은 담화 전체의 의미를 이해하는 능력으로 문장 사이의 상호 관계와 연관되어 있다. 그리고 사회 언어적 능력(sociolinguistic competence)은 언어 자체의 능력보다는 담화의 사회 문화적 규칙에 관한 지식을 중시한다. 전략적 능력(strategic competence)은 언어를 사용할 때 어떤 변인이나 불완전한 언어 능력으로 인하여 의사소통이 중단되는 경우 이를 보완하기 위하여 사용하는 언어적, 비언어적 의사소통 전략을 의미한다(Brown, 2007).

의사소통 전략(communication strategies)

언어 수행 시 발생하게 되는 변인 혹은 완전하지 못한 언어 능력으로 인하여 의사소통 시 겪게 되는 문제들을 보완하기 위해 사용하는 언어적이고 비언어적인 의사소통 전략을 뜻한다. 그 예로 메시지 포기, 화제 회피, 우회적 화법, 근접 대체어, 다목적어 사용, 단어 만들기, 조립식 문형, 비언어적 신호, 직역, 외국어화, 언어 전환, 도움 요청, 시간 벌기나 시간 끌기 작전이 있다(Brown, 2007).

이중 언어 사용(bilingual)

이중 언어 사용(Bilingual)이라는 용어는 객관적인 사용과 주관적인 사용으로 구별할 수 있는데 'Canada is a bilingual country(캐나다는 이중 언어 사용 국가이다)'라고 할 때에는 캐나다에서 영어와 프랑스 두 개의 언어가 객관적이고도 합법적인 지위를 가지고 있음을 진술한다. 그러나 이것은 그 나라의 모든 사람이 '이중언어 사용자(bilingual)'임을 즉 두 개의 언어에 모두 숙달되어 있음을 의미하지는 않는다. 이는 캐나다 국민의 일부는 한 언어의 원어민 화자이며 또 다른 일부는 다른 언어의 원어민 화자라는 것을 의미할 뿐이다. 이중 언어 사용이라는 용어의 주관적인 사용의 예는 'I'm bilingual in French and English(나는 프랑스어와 영어의 이중 언어 화자다).'와 같은 진술에서는 두 개의 언어를 동시에 학습한다는 것을 암시하며, 일정한 수준의 숙달도를 시사한다. 이러한 숙달도의 측면에서 고찰해 볼 때 이중언어능통(bilingualism)은 두 개의 언어 모두 L1의 숙달도를 지니고 있는 것으로 해석되는 보다 폭넓고 융통성 있는 정의로 바뀌어가고 있다(Stern, 1983).

이해 가능한 입력(comprehensible input hypothesis)

이 가설은 언어 습득은 인간은 메시지를 이해하거나, 혹은 이해 가능한 입력을 수용함으로써 언어를 습득한다고 진술하며 이해 가능한 입력이 '제2 언어 습득에 유일한 진정한 원천'이라고 주장한다. 이해 가능한 입력이란 학습자들이 극도의 불안감을 느끼지 않는 환경에서 이용가능하게 만들어진, 현 단계(interlanguage)의 언어 능력보다 조금 더 높은 수준(i+1)의 언어 구조를 가진 언어 입력이며, 이것은 듣거나 읽기를 통해서 이해하는 것이다. 입력 가설의 관점에서 보면 학습자가 이해 가능한 입력어에 충분히 접근할 수 있으면 문법적인 능력이 습득되는 것으로 보기 때문에, 습득에 필요한 조건은 이해 가능한 입력어만으로 충분하다는 것이다. 또한 입력 가설은 말하기를 습득의 결과로 보기 때문에 상호작용이나 출력어 자체에 큰 의미를 두지 않는다(Krashen, 1982, 1985). 그러나 이에 대해 Gass(1977)는 언어적인 입력(linguistic input)이 학습자의 능동적인 참여나 상호작용 없이 이해 가능한 것으로 만들어 질 수 있는가에 대해 의문을 가지고 이를 비판하였다. 다시 말해 제2 언어의 발달을 위해 입력이 중요하지만, 이러한 입력을 이해 가능하게 만들기 위해서는 학습자들의 상호작용을 통한 조정(interactional modifications)의 과정이 필요하다고 주장하였다(Gass, 1977).

이해 가능한 출력(comprehensible output hypothesis)

이 가설은 제2 언어 습득이 효과적으로 일어나기 위해서는 학습자가 자신의 언어를 재구조화할 수 있는 기회를 가져야 한다는 것을 주장한다. 학습자들의 표현 기회의 중요성을 강조하는 것으로 학습자가 이해 가능한 입력어에 노출되는 것보다 목표어를 조정해서 이해 가능한 출력어로 표현해 낼 수 있는 기회를 제공하는 것이 더욱 중요하다는 것이다. 또한 협상을 통한 상호작용은 메시지를 전달하는 것뿐만 아니라, 정확하고 응집력있게 그리고 적합하게 전달하는 것이 필요하다고 주장하였다(Swain, 1985).

이해 점검(comprehension check)

상호작용을 통한 대화 구조 조정에 의해 입력어가 이해되어 가는 과정으로 상대방이 말한 것을 제대로 이해하고 있는지 확인하고자 하는 것이다(Pica, Young & Doughty, 1987).

예) (과외를 받는 학생들에 대해 이야기하고 있다.)
SV7: 오:: 삽::, 하는 거:: 아니에요?
SC9: **사업하는 거요?**
SV7: 응. 사업하려고 온 사람들 아니에요?

적절성(appropriateness)

적절성이란 의사소통을 위해서 언어지식을 사회적으로 적절하게 사용할 수 있는 능력을 말한다. 즉, 발화가 일어나는 상황적 요소, 화자가 전달하고자 하는 발화의 목적적 요소, 그리고 발화를 만들어 내고 해석하는 청자와 화자의 관계적 요소를 고려하여 그에 맞는 언어 사용을 할 수 있는 능력을 말한다(Hymes, 1971).

예) "같이 밥 먹으러 갈까요?"라는 발화는 문법의 수준에서 적절하지만 청자가 윗사람이고 화자가 아랫사람라면 적절하게 쓰인 문장이 아니다. 먼저 공손함에서 벗어나는 어휘를 선택했으며, 높임법과 관련된 어미도 사용하지 않았다. 또한 윗사람과의 관계성 정도를 생각했을 때 개인적으로 잘 알지 못하거나 또는 개인적으로 잘 알더라도 나이 차이가 많이 난다면 위의 문장은 매우 부적절한 발화가 되는 것이다.

전체적 오류(global error)

전체적 오류는 잘못된 어순 등과 같이 전체 문장 구조에 영향을 끼치는 오류이다. 이 경우, 문장이나 발화를 이해하기가 어렵거나 불가능하여 의사소통을 방해할 뿐만 아니라 한국어 습득 과정을 방해하기 때문에 반드시 예방되어야 한다. 총체적 오류의 예는 학습자가 무엇을 말하고자 하는지 전혀 파악할 수 없는 경우가 대부분이다. Burt(1975)는 오류분석 시 의사소통의 중요성을 고려하여 오류를 구분할 것을 주장하면서 전체적 오류는 통제되어야 한다고 주장하였다. 왜냐하면 전체적 오류는 모국어 화자에게 전달하고자 하는 내용이 무 엇인지 분명하지 않아 의사소통에 실패하게 되기 때문이다(이정희, 2003).

종결표현/종결어미(ending expressions)

종결어미는 문장을 끝맺는 기능을 할 뿐만 아니라 문장에 담긴 명제적 내용에 대하여 화자 가 청자에게 가지는 의향을 표현하는 기능도 한다. 이처럼 문장 종결 어미에 의해 화자가 청자에 대한 의향을 드러내는 문법 현상을 문장종결법이라고 한다(김광해 외 2008). 그러 나 문장종결법이 종결어미에 의해서만 실현되는 것은 아니며 연결어미나 문장조각, 혹은 억양이나 상황, 문맥 등 다양한 요소에 의해서 화자의 의향이 실현되는 경우도 있기 때문에 이를 아울러 '종결표현'이라고 한다(권미진, 2003).

예) (대화자들이 자기소개를 하며 어디에 사는지를 이야기하고 있다.)
    SV2 : 지금 혼자 사세요?
    SC1 : 예. 저는 지금 생활관에서 기숙사.
    SJ3 : 아. 거기?

중간언어(interlanguage)

중간언어(interlanguage)란 외국어 학습자가 사용하는 불완전한 상태의 목표 언어이다. 이 용어는 Weinreich의 'interlingual'에서 차용하여 Selinker가 처음 사용하였는데, 이후 많 은 학자들이 중간언어의 개념에 또 다른 명칭을 붙이게 되었다. Nemser(1971a)의 '근사체 계(approximative system)', Corder(1967, 1971)의 '과도적 능력(transitional competence), '특이한 방언(idiosyncratic dialect)'가 있고, 그밖에도 Faerch, Haastrop, & Phillipson(1984)의 '학습자 언어(learner language)' 등이 있다. 이러한 용어들은 조금 씩 초점을 달리 하지만, 일반적으로 자주 쓰이는 용어는 중간언어이다. 중간언어는 수많은 요소로 구성되어 있는데, 그 요소에는 모국어와 목표어에서 온 것뿐만 아니라 모국어나 목 표어 어느 것에서도 그 기원을 찾을 수 없는 요소들도 있다. 중요한 것은 학습자가 자신의 구문을 이용하여 내재화된 체계를 형성하는 창조적 과정이라는 것이다(이정희, 2003).

청자반응신호(back-channel)

청자반응신호란 화자가 말하는 동안에 그 말에 대한 관심이나 참여 또는 관여의 표시로서 보내는 반응을 말하는데 주로 '응, 어, 네, 예, 음, 아와 같은 표현이 사용된다. 이 때 상대방의 발언에 대한 반응을 보이는 데서 끝나기 때문에 이전에 말을 했던 사람이나 다른 사람이 발언권을 가지게 된다. 그렇기 때문에 발언권을 빼앗을 의도가 아니라는 점에서 대화를 긍정적으로 유도하는 역할을 수행하고 있다고 할 수 있다(이원표, 2002).

> 예) (한국과 다른 나라의 기부 문화가 어떤 차이가 있는지에 대해 이야기하고 있다.)
>   IV1: 그 무슨:: 전쟁에 [있는]-
>   IJ2: [응응응.]
>   IV1: - [전쟁 많잖아요.]
>   IJ2: [응응응.]

체계적 변이(systematic variation)

체계적 변이는 비체계적 변이와 달리 학습자의 언어 변이성이 언어 사용의 맥락이나 그 외의 요소가 변할 때마다 나타나는 것이다. 학습자의 체계적 변이는 설명이 가능하고 변이형 선택의 원리도 밝힐 수 있는 변이다. 체계적 변이는 사회언어학적 변이와 심리언어학적 변이로 나눠 설명할 수 있다(Ellis, 2008, Tarone, 1988).

예) (화자가 자기소개를 하고 있는데 정형화된 담화에서는 격식체를 사용하고 그렇지 않은 일반적인 대화 상황에서는 비격식체를 사용하고 있다.)
IJ2: 에, 그러면 제가 <u>소개하겠습니다.</u> 아, 저는 일본 사람이구요. 그 함국(한국)에 살고 십오년 전도(정도) 가까이 돼요. 오래 〈@사르죠?@〉 에, 그런데 얼마 전에, 어르마.., 몇 년 전에 개하하고(귀화하고) 일단 그:: 구쩍(국적)은 한국 사람이 되어 있어요. 한국 사람이 되어 있고-
    (...)
IJ2:특별하게 그냥 그 언어에 대해서 가르치거나 그런 거 <u>없었어요?</u> 뭐, 선생님 부르거나 어디 학원 바,보내거나-

추이적정지점(transition-relevance place)

추이적정지점이란 화자가 말할 권리를 다음 화자에게 넘겨줄 것이라고 청자가 예상할 수 있는 위치를 가리키는 말이다. 한 말차례 안에서 추이적정지점 위치에서 다음 화자 선택의 과정이 일어나고 또 그 다음 추이적정지점에서 다음 화자의 선택 과정이 일어난다. 이러한 추이적정지점은 문장, 절, 구 그리고 단어와 같은 단위에서 일어난다고 보았다.(Sacks, Schegloff & Jefferson, 1974)

예) (한국 사람들의 문화 중에서 배우고 싶은 것에 대해 이야기하고 있다.)

    SJ2 : 아 맨 처음에 그런 거 좋았어요. 약간 나이 많은 사람 만나면 사준다는
               거 아 그니까 ⟨#밥 먹을 **때**#⟩

    SC3 : 아 **그거**.

    SJ2 : 근데 그게 막상 자기가 나이가 ⟨@많아지면 되게 힘들다는 **거**@⟩

    SC3 : ⟨#⟨@맞아. 처음엔 좋았**다가**@⟩#⟩

    SJ2 : ⟨@아 요즘 그래요. 맨 처음에 좋았**다가**@⟩

    SV1 : 네. 정말**요?**

    SJ2 : 예 많이 사줘**요.** ⟨vocal desc = '웃음소리, 하하'⟩

    SC3 : 진짜 1학년 때부터 많이 얻어먹었어**요.**

친밀감(intimacy)

친밀감이란 동일한 대상에 대해 청자가 친밀하게 느끼는 정도를 말한다. 친밀도에 따라 언어 사용이 달라지는 것이다(P.Farb,1974).

예) 직업이 교사인 김지혜를 부를 때, 학교 동료들은 친밀도에 따라 '김 선생님', '김 선생'으로 부르고 친한 친구는 '지혜야' 부모님은 '우리 딸', 남동생은 '누나', 여동생은 '언니' 남편은 '여보, 자기야'라고 부른다.

코드 스위칭(code switching)

코드 스위칭이란 동일한 화자의 발화에서 언어 A와 언어 B가 서로 교체 되는 것을 말하는데, 이것은 단어, 구, 절, 문장, 담화 차례에서 넓게 나타날 수 있다(Hamers, J. F. &

Blanc, M. H. A., 1987; 손희연, 2006). 코드 스위칭은 관점에 따라 다양하게 해석된다. MCLure & Wentz(1975)와 Thelander(1976)는 코드 스위칭을 코드 믹싱(code mixing)과 코드 체인징(code changing)을 모두 포함하는 개념으로 보았는데 코드 믹싱은 한 문장 성분 안에서 일어나는 전환으로 보았고 코드 체인징은 문장 경계에서 나타나는 전환(switching)과 담화 차례 사이에서 일어나는 전환으로 보았다(Olga, R., 1982, 재인용).

예1) (자기소개 부분에서 각자의 성격을 이야기하면서 IV1이 사람들을 대하게 될 때 스스로 거리감이 있다고 말하고 있다.)

IV1 : 그 뭐지? 외로운 것 같애(같아).
IJ1 : 응.
IV1 : 좀 항상 그 다른 사람한테 음 그 뭐지? 간격? *디스턴(distance)* 있어요.

예2) (M이 무슨 밥을 먹었느냐는 질문에 1-S2는 Uh라는 말로 잠시 주저함을 보이다가 코드 스위칭을 사용하여 답을 하고 있다. 이는 현미밥을 말하고 싶은데 어떻게 한국어로 말해야 하는지를 몰라서 자신이 알고 있는 한국어 '밥'에 영어 어휘 'gray'를 결합시켜 새로운 어휘 'gray 밥'을 만들어 발화한 것이다.)

M : 어. 무슨 밥 먹었어요?
1-S2 : Uh.
M : [1현.1]
1-S2 : *[1G1]ray 밥.*
M : Gray 밥이 아니고 현미밥.
1-S1 : 현미밥.   [출처: 유해헌, 2010]

평균낱말길이(Mean Length of Utterance in words)

평균낱말길이는 발화 시 얼마나 많은 단어를 사용하는가를 측정하는 것이다. 각 발화의 낱말 수를 총 발화 수로 나누어 평균을 구한다(Brown, 1973).
예) 평균낱말길이:14/3=4.66 (발화 당 평균 4.66개의 낱말을 사용함)
SJ8: 여기#랑# 비슷해#요#. 거의# 다# 똑같해#요#. 우리# 학교#에# 있는# 거#랑#.

평균발화길이(Mean Length of Utterance)

표현 언어 발달의 지표이며 언어 능력 진단 및 평가 기준의 하나로 개별 화자의 각 발화(문장) 속에 포함된 형태소나 낱말 또는 어절 수의 평균을 구한 값을 산출하여 문법 발달 및 표현 언어 발달의 일반적인 지표로 사용되어 왔다. 평균형태소길이, 평균낱말길이, 최장발화길이, 최단발화길이 등으로 세분화하여 측정한다(Brown, 1973).

평균형태소길이(Mean Length of Utterance in morphemes)

평균형태소길이는 각 발화의 형태소의 수를 총 발화의 수로 나누어 평균을 구하며, 지금까지 가장 많이 사용되는 평균발화길이 척도이자 가장 세밀한 분석 척도로 알려져 있다 (Brown, 1973).

예) 평균형태소길이:18/3=6 (발화 당 평균 6개의 형태소를 사용함)
SJ8: 여기/랑/ 비슷/하/아요/. 거의/ 다/ 똑/같/아요/. 우리/ 학교/에/ 있/는/ 거/랑/.

학습(learning)

외국어교육에서 '학습'이라는 용어는 Krashen(1987)에서 습득과 학습을 구분하여 사용하기 시작한 이후로 자연적인 '습득'과 구분하여 사용하고 있다. Krashen에 따르면 학습은 부자연스럽고 의식적이라는 특성을 가지고 있으며, 뇌에 저장된 지식을 지나치게 의식하는 경향이 있다. 또한 여기에서의 지식은 조각(bits)과 부분(part)으로 나누어져 있는 것으로 여겨지며, 학습자에게 주어지는 입력은 이해가능하지 않고, 유의하지 않은 입력이 대부분이다. 교육 방법은 항상 미리 계획되어야 하고, 교수자에 의해 이끌어지는 특성이 있다(Krashen, 1987).

화용언어적 실패(pragmalinguistic failure)

화용언어적 실패는 언어적인 문제이지만 '언어 사용'에 관한 지식의 부족에서 기인한 것으로 '언어 자체'에 대한 지식의 부족에서 기인한 문법적 오류와 구분된다. 문법적 오류가 문장 차원에서 오류를 판명할 수 있는 반면에 화용언어적 실패는 문장 차원을 넘어선 대화 맥락의 차원에서 확인할 수 있다. 이는 발화 의도의 손상으로 인한 것으로 발화자의 의도와는 다른 발화 효력이 나타날 수 있기 때문이다. 영어의 예로 교실에서 교사의 "Would you like to read?"라는 발화에 대해 학생이 "No, I wouldn't"라고 대답을 하였다면 또한 학생의 발화가 교사에게 무례하게 하려고 했던 것이 아니라 단지 자신의 의견만을 밝히려 하는 발화였다면 발화 효력이 전혀 다른 반응을 일으키게 된다는 것이다(Thomas, 1983).

예) (한국의 외국어 교육 열풍에 대한 대화 중) 다음의 대화에서 IC9은 권유 표현을 '명령'의 화행으로 실현하고 있다.

IC9: 끄, 모 애국'자 아니구. 그냥..내 태=내가 거기서 태어났는데.. 그 살았는데 설마 애가 거기서 삼십(30)년 살았는 거 여기서 사(4)년 동안 살았다고 그거 삼십(30) 년 다 잊어 버리면 안되잖아.

IJ8: 응응응:: 맞아.

IC9: 그거는, 그런 거 같아요.

IJ8: 응::

　　IC9: 그렇지? <u>베트남 말 꼭 잊지 말아라.</u> (베트남 말 절대 잊지 마세요. 베트남 말 절대 잊지 말아요.) 〈vocal desc='웃음, 하하'〉

IV7:〈vocal desc='웃음, 흐흐'〉

화용적 능력(pragmatic competence)

화용적 능력은 상호행위적 시나리오와 스크립트에 의존하여 이루어지는 언어 자료(언어 기능의 산출, 화행)의 사용을 조정하는 능력이다. 이다. 이 능력에는 담화능력, 응결성과 응집성 그리고 텍스트 종류와 유형, 반어와 패러디를 이해하는 것도 포함한다. 이 화용적 능력에서는 상호행위의 영향과 이 능력이 생겨난 문화적 환경의 언ㅇ적 능력에서보다 그 영향이 훨씬 덜 강조된다. 특정 목적을 성취하기 위해 효과적으로 사용하는 능력이고, 또한 맥락 상 언어를 이해할 수 있는 능력이다.(Thomas, 1983) 또한, Bachman(1990)에서는 화용적 능력을 언표내적 능력 혹은 발화수반 능력(illocutionary competence)과 사회언어적 능력(sociolinguistic competence)으로 구분했는데, 언표내적 능력은 화자가 의도했던 의미를 전달하면 수신자가 그 의미를 이해하는 것과 관련되며, 사회언어적 능력은 공손함(politeness), 격식(formality), 은유(metaphor), 언어 사용의 문화적 측면 등과 관련된다(Bachman, 1990).

예) 화자의 의도 몰이해

가 : 오늘 날씨가 정말 덥네요.(화자의 의도: 창문 좀 열어도 될까요?, 요청)

나 : 네, 정말 덥지요?

화용적 실패(pragmatic failure)

Thomas(1983)는 의사소통 문제와 관련해서 화용적 실패(pragmatic failure)라고 언급했는데, 문법성은 규범적인 규칙(prescriptive rules)에 의해 판단될 수 있지만 화용적 능력은 범주화된 규칙보다는 개연성이 있는 규칙(probable rules)에 의해 다뤄지기 때문이다. 따라서 화용적 모호성에 대해 발화의 화용적 힘이 '잘못(wrong)'이라고 말할 수 없고, 화자의 목표를 성취하지 못했고 '실패했다'고 한다. 화용적 실패의 하위 범주로는 화용언어적 실패(pragmalinguistic failure)와 사회화용적 실패(sociopragmatic failure)가 있다(Thomas, 1983).

예) A의 '불평' 화행을 B는 단순 '질문'으로만 받아들이고 있다. A는 설탕을 넣지 않은 것에
대해 불평하면서 B로부터 사과와 함께 다시 설탕을 넣은 커피를 받을 것을 의도했지만,
B는 A의 의도를 이해하지 못하고 있다.
A : Is this coffee sugared?
B : I don't think so. Does it taste as if it is?

확인 점검(confirmation check)

상호작용을 통한 대화 구조 조정에 의해 입력어가 이해되어 가는 과정으로 상대방의 이해가 올바른지를 확인하는 발화자의 방법으로 선행 발화의 전부나 일부에 강세를 두고 반복하는 것이다(Pica, Young & Doughty, 1987).

예) (일본에서 느끼는 남녀 차별에 대해 이야기하고 있다.)
SV1 : 며느리에게 조금 뭐::
SC3 : 잘 대우 잘 못 [받는 거에요?]
SV1 :[그쵸. 그쵸.]
SJ2 : 어, 일본 천황 있잖아요. **천황, 아, 알아요?**
SC3 : 처=천황?
SJ2 : 일본에서. 막 여기는 대통령 있고::
SC3 : 어, 맞아,맞아. [천황, 아:: 천황.]
SJ2 : [천황있는데] 그거, 거기는 무조건 천황이 남자가 되어야 되거든요.

찾아보기 (용어)

찾아보기 (인명)